Also in the Variorum Collected Studies Series:

[illegible]
[illegible]

[illegible]
[illegible]

[illegible]
[illegible]

[illegible]
[illegible]

[illegible]
[illegible]
[illegible]

[illegible]
[illegible]

[illegible]
[illegible]

[illegible]
[illegible]
[illegible]

STEPHAN KUTTNER
Studies in the History of Medieval Canon Law

JAMES A. BRUNDAGE
The Crusades, Holy War and Canon Law

[illegible]
[illegible]

[illegible]
[illegible]

[illegible]
[illegible]

[illegible]
[illegible]

Also in the Variorum Collected Studies Series:

E. WILLIAM MONTER
Enforcing Morality in Early Modern Europe

J. RUSSELL MAJOR
The Monarchy, the Estates and the Aristocracy in Renaissance France

ANDRÉ-E. SAYOUS
Structure et évolution du capitalisme européen, XVIe–XVIIe siècles

ANDRÉ-E. SAYOUS
Commerce et finance en Méditerranée au Moyen Age

MARC LIENHARD
Un temps, une ville, une Réforme:
La Réformation à Strasbourg

PAUL GRENDLER
Culture and Censorship in Late Renaissance Italy and France

VINCENT ILARDI
Studies in Italian Renaissance Diplomatic History

ADAM VETULANI
Institutions de l'Eglise et canonistes au Moyen Age:
De Strasbourg à Cracovie

STEPHAN KUTTNER
Studies in the History of Medieval Canon Law

JAMES A. BRUNDAGE
The Crusades, Holy War and Canon Law

ETAN KOHLBERG
Belief and Law in Imāmī Shī'ism

R.B. SERJEANT
Customary and Shari'ah Law in Arabian Society

GEORGE MAKDISI
Religion, Law and Learning in Classical Islam

JEAN GAUDEMET
Droit de l'Eglise et vie sociale au Moyen Age

Sorcellerie et Justice Criminelle
(16e–18e siècles)

Dr Alfred Soman

Alfred Soman

Sorcellerie et Justice Criminelle: Le Parlement de Paris (16e–18e siècles)

Routledge
Taylor & Francis Group
LONDON AND NEW YORK

First published 1992 by Variorum, Ashgate Publishing

Published 2017 by Routledge
2 Park Square, Milton Park, Abingdon, Oxon, OX14 4RN
52 Vanderbilt Avenue, New York, NY 10017

Routledge is an imprint of the Taylor & Francis Group, an informa business

A CIP catalogue record for this book is available from the British Library and the US Library of Congress.

ISBN 13: 978-0-86078-320-6 (hbk)

COLLECTED STUDIES SERIES CS368

TABLE DES MATIÈRES

Ce volume est composé de xiii + 328 pages

NOTE DE L'ÉDITEUR

Les articles dans ce volume, comme dans tous les autres de la Série Recueils d'Etudes, n'ont pas reçu une nouvelle pagination suivie. En vue d'éviter une confusion possible et de faciliter la consultation lorsqu'il est fait référence ailleurs à ces mêmes études, on a maintenu la pagination originelle partout où c'était faisable.

Tous les articles ont été pourvus d'un numéro en chiffres romains dans l'ordre de leur parution, conformément au Sommaire. Ce numéro se répète sur chaque page et se retrouve aux titres de l'Index.

Dans chaque étude, les passages concernés par les Corrigenda et Addenda sont indiqués dans la marge par un astérisque.

A

Pierre Chaunu

et à la mémoire de ma fille

Sylvia Alexandra Soman
(1971–1990)

AVANT-PROPOS

Les quinze articles réunis dans ce volume représentent autant d'étapes successives d'un même projet de recherche: l'interprétation des archives criminelles du Parlement de Paris, ainsi que d'autres fonds collatéraux qui viennent s'ajouter au dossier principal – recherche de très longue haleine que j'ai entamée en 1975 et qui continuera à m'occuper pendant les années à venir.

Si, malgré leur importance capitale évidente, ces archives n'avaient jamais fait l'objet d'une tentative de saisie globale, si l'exploitation en avait été réservée pour ainsi dire à un étranger, la raison en est triple: 1) le laconisme des documents les plus lisibles et l'extrême difficulté de lecture présentée par les textes plus parlants (voir les exemples reproduits *infra*, p. XIV 16 et p. XV 8); 2) le gigantisme de la tâche et l'absence d'instruments commodes de travail, qui semblaient interdire toute recherche autre que ponctuelle; 3) les archives du Parlement parisien jouissaient, par conséquent, d'une mauvaise réputation: on les imaginait non seulement impénétrables mais en outre lacunaires – ce qui n'est pas le cas.

Il est vrai que les parlements, sauf exception, ne jugeaient qu'en appel et que, faute de pouvoir consulter les archives des sièges subalternes (pratiquement inexistantes pour les XVIe et XVIIe siècles), on peut se poser bien des questions sur la représentativité de notre banque de données. Cependant, d'un autre point de vue, connaissant la quasi-totalité des affaires passées devant la Haute Cour, nous sommes en mesure de retracer les axes majeurs des évolutions jurisprudentielles de ce tribunal, la plus importante instance séculière de France, voire d'Occident (cf. la carte, p. XIV 10). En effet, les archives criminelles du Parlement se prêtent admirablement à l'exploitation sérielle, à une saisie dans la longue durée, à la fois quantitative et qualitative, c'est-à-dire, textuelle. Les deux aspects de la recherche se complètent: les textes descriptifs facilitent l'analyse des courbes et, réciproquement, la statistique procure un cadre de référence pour une meilleure interprétation du discours fourni par les documents.

C'est par le moyen des écrous de la Conciergerie du Palais (unique prison du Parlement) que j'ai trouvé mon entrée dans la masse des procès. Conservés aux Archives de la Préfecture de Police à Paris, les registres d'écrou permettent un dépouillement rapide: les appels sautent aux yeux et, puisque le motif d'inculpation est généralement explicité et que les dates des arrêts définitifs figurent dans la colonne de gauche, ils constituent une sorte de table chronologique et thématique des documents judiciaries proprement dits.

Mes premiers contacts avec cette source remontent à 1970 et j'ai commencé d'emblée à la mettre à contribution sur des points précis (voir, à la bibliographie annexe, mes articles publiés en 1973 et 1976). Mais j'ai mis presque cinq ans avant de me rendre compte de tout son potentiel. Pour cela, ma rencontre avec Pierre Chaunu, au début de l'année 1975, a été décisive: inspiré par la force de sa personnalité et par sa méthode sérielle, j'ai trouvé la voie de ma recherche.

D'une manière très classique, le projet est né de la constatation d'une anomalie. En feuilletant les registres d'écrou relatifs à la première décennie du XVIIe siècle, j'ai remarqué que les affaires de sorcellerie s'écartent largement du schéma communément reçu. Alors que je m'attendais à une majorité écrasante d'appelantes féminines, ainsi qu'à un taux d'exécution extrêmement élevé, j'a été surpris de trouver un grand nombre de sorciers et très peu de condamnations au bûcher ... De deux choses, l'une: ou mon échantillon initial n'était pas représentatif, ou la France constituait une exception notable à la règle générale (telle qu'on la formulait à l'époque).

Armé désormais d'une méthode appropriée, je me suis appliqué à cerner ces phénomènes dans le temps et dans l'espace – avec les résultats que le lecteur trouvera dans les deux premiers articles de ce recueil. En même temps je me suis acharné à relever le défi paléographique et, lorsque j'eus amassé quelques centaines d'interrogatoires transcrits, j'ai tenté d'en tirer un modèle de la sorcellerie française (N° III). Au terme de ma recherche ce portrait du sorcier me semble toujours valable; toutefois, parce que les procès eux-mêmes manquent, il était évident qu'une documentation sur les appels se prête assez mal à l'anthropologie historique et qu'il fallait élargir les bases conceptuelles de l'enquête.

Les articles IV et V représentent ma contribution au grand débat des années 1970 sur les rapports entre les archives judiciaries et l'ensemble de la criminalité. Parallèlement j'ai abordé des questions plus propres au génie de mes sources: telles que l'instauration de l'appel de droit, bien avant qu'il soit édicté par l'Ordonnance criminelle de 1670; la politique du Parlement vis-à-vis de la torture (encore des surprises, le taux d'aveux s'avérant étonnement bas, à moins de trois pour cent); et enfin les contradictions entre le discours public émané de l'institution judiciaire et la jurisprudence effectivement pratiquée (N°s VI et VII).

Une série de 106 procès de bestialité – crime juridiquement très simple – permet d'illustrer, d'une part, la sûreté des conclusions qu'on peut en tirer et, d'autre part, les dangers que présente le recours aux collections factices de copies plutôt qu'aux originaux (N° VIII). Ensuite, les déboires de Guy Patin fournissent l'exemple d'un procès presqu'entièrement conservé, raconté à l'aide de sources complémentaires, souvent indispensables à la compréhension d'une affaire criminelle. Dans le cas de Jean Fontanier (procès déjà bien connu quoique mal interprété) je publie un extrait du journal intime de Nicolas de Bellièvre, président de la Chambre criminelle, qui complète et éclaire la documentation dont on disposait. Grâce à ce journal, nous pénétrons dans les coulisses du Parlement et prenons connaissance des motivations qui ont commandé chaque étape de la procédure – motifs gommés, bien entendu, dans les documents officiels. Puis, l'article le plus récent de la présente collection (N° XI) aborde le problème du comportement des témoins. On risque fort de s'égarer en prenant leurs dépositions pour des récits naïfs et spontanés; au contraire, elles font partie intégrante d'une stratégie litigieuse, exigeant une lecture toujours attentive au demi-mot, au non dit...

Enfin, les quatre derniers articles du volume mettent en lumière les changements de perspective opérés depuis mes premiers travaux sur la sorcellerie: un essai sur l'ensemble du ressort de Paris, deux études régionales bien contrastées et finalement, une tentative de synthèse à l'échelle européenne.

Certains des articles sont disponibles en deux versions (les dates entre parenthèses font référence à la bibliographie annexe): N° II en traduction néerlandaise (1978a); une partie du N° IV en français (1982); N° VII en version préliminaire anglaise (1981); N° XIV, *idem* (1986); N° XV en version française (1992).

Très évidemment, une recherche de ces dimensions n'aurait jamais été possible si je n'avais pu m'y consacrer à plein temps pendant bien des années. Je tiens, par conséquent, à remercier le Centre national de la Recherche scientifique et le Centre de Recherches sur la civilisation de l'Europe moderne (Université de Paris-IV) d'avoir accueilli si chaleureusement un historien nord-américain. De même, j'ai accumulé une montagne de dettes de gratitude envers professeurs, archivistes, collègues et étudiants: qu'ils trouvent ici, tous et toutes, le témoignage de ma vive reconnaissance, plus particulièrement Elisabeth Labrousse qui m'a apporté sa précieuse collaboration pour trois des articles ici reproduits, et (en order alphabétique) Bernard Barbiche, Yves-Marie Bercé, Elizabeth (Peggy) Brown, Michel Bruguière (†), Nicole et Yves Castan, Denis Crouzet, François Crouzet, Natalie Z. Davis, Jeanne Favret-Saada, Marijka Gijswijt-Hofstra, Gustav Henningsen, Gábor Klaniczay, Christina Larner (†), Emmanuel Le Roy Ladurie, Alexandre Mericskay, E. William Monter, Roland Mousnier, Bruno Neveu et Nancy L. Roelker.

ALFRED SOMAN

Paris, 1991

REMERCIEMENTS

Pour la permission de reproduire les articles ici recueillis, l'auteur remercie les personnes et les organismes suivants: la direction des *Annales: Economies, Sociétés, Civilisations* (I); MM. Robert M. Kingdon et Robert V. Schnucker, éditeurs du *Sixteenth Century Journal* (II); M. Jean Jacquart et le Comité des Travaux historiques et scientifiques (Ministère de l'Education nationale) (III, VII, VIII); M. Louis A. Knafla et la revue *Criminal Justice History* (IV, XV); la Société de l'histoire du protestantisme français (V); M. Georges Molinié et la Société d'Etude du XVIIe siècle (VI, X); Mlle Madeleine Foisil et la direction de la revue *Histoire, économie et société* (IX, XII); MM. Yves-Marie Bercé et Yves Castan (XI); M. Georges Bertin et la direction de *L'Orne en française* (XIII); la Société d'études ardennaises (XIV).

I

LES PROCÈS DE SORCELLERIE AU PARLEMENT DE PARIS (1565-1640)

Certaines traditions historiographiques héritées des Lumières ont la vie dure, tel par exemple l'accaparement, jusqu'aux environs de la dernière décennie, de la vague de sorcellerie des XVIe et XVIIe siècles par l'historien des idées et le folkloriste. Il a fallu attendre qu'une nouvelle génération de chercheurs — historiens de la société ou chercheurs en sciences sociales s'intéressant au passé — entreprît l'exploitation systématique des archives judiciaires de plusieurs régions qui nous ont légué une documentation suffisante, pour qu'on pût cerner les grandes lignes de ce phénomène, et non pas la seule histoire de la démonologie. L'étude comparée des différentes « chasses aux sorciers » en est encore à ses débuts, et la comparaison reste toujours difficile ; les archives subsistantes sont si diverses — quantitativement et qualitativement — qu'elles ne répondent que partiellement à une liste de questions prédéterminées (à supposer qu'un consensus existe entre les historiens). Toutefois, grâce aux études de Macfarlane sur le comté d'Essex [1], de Monter sur Genève, le Jura suisse et la Franche-Comté [2], de Midelfort sur le sud-ouest de l'Allemagne [3] et de Larner sur l'Écosse [4], il apparaît dès maintenant que la sorcellerie des Temps modernes ne fut nullement un phénomène monolithique. Des variations importantes se révèlent de région à région dans les pratiques occultes des sorciers supposés, dans la sociologie des personnes poursuivies, ainsi que dans la procédure pénale employée à leur encontre.

Parmi les documents qui nous restent, les archives du Parlement de Paris présentent un intérêt particulier. Sa compétence, juridique (Haute Cour en appel, plus le pouvoir discrétionnaire de traiter d'affaires en première instance) et territoriale (les deux tiers septentrionaux de la France, Bretagne, Normandie et Bourgogne exceptées, soit une population de huit à dix millions), était de loin la plus étendue de toute la chrétienté. En outre, ses hauts magistrats jouissaient, aux yeux des contemporains, d'un prestige intellectuel avec lequel aucune autre cour ne pouvait rivaliser ; et le Parlement de Paris fut l'une des premières cours en Europe à mettre fin aux poursuites massives et aux exécutions de sorciers.

Les archives criminelles du Parlement n'ont encore été que peu explorées, pour la période comprise entre le Moyen Age et le XVIIIe siècle, moins à cause du gigantisme de la tâche (on y compte environ 3 000 cartons et registres) que de la nature même des documents et l'absence d'instruments commodes de travail. La série des arrêts intermédiaires et des sentences définitives est quasiment intacte, mais ces documents sont d'un tel laconisme, que la nature du crime n'y est souvent précisée que par une référence aux sacs des procès (détruits depuis longtemps, pour des raisons de place vraisemblablement). Pour sa thèse *Magistrats et sorciers en France au XVIIe siècle* (1968), Robert Mandrou a effectué un dépouillement de seize cartons (soit deux années) d'arrêts. Ayant tenté la même approche, je comprends d'autant mieux qu'il ait renoncé à poursuivre l'enquête que la grande chasse aux sorciers appartenait largement au passé pour la période (1639-1641) qu'il avait retenue. En conséquence, R. Mandrou a circonscrit sa recherche aux documents qui parvinrent jusqu'au stade de l'impression, ainsi qu'aux collections de copies manuscrites, compilées par les juristes en vue d'un usage personnel. Malheureusement, tout échantillon ainsi constitué tend à mettre l'accent sur l'exceptionnel plutôt que sur le quotidien, qui risque donc de nous échapper.

La présente étude repose moins sur les arrêts, évoqués précédemment, que sur deux séries consécutives de documents qui restaient inexploitées d'une manière sérielle, l'une parce que peu connue, l'autre en raison de la difficulté qu'en présente le déchiffrement [5].

Les registres du greffe de la Conciergerie du Palais n'ont pas été versés aux Archives nationales, mais aux Archives de la préfecture de police. La Conciergerie était la seule prison sur l'île de la Cité ; aussi, à quelques exceptions près, passait par ses guichets quiconque se voyait jugé par le Parlement ou faisait appel d'une sentence prononcée par une juridiction inférieure. La série commence en 1564 et, jusqu'en 1639 (quand un nouveau geôlier modifia le système) ; le délit était enregistré avec les autres informations essentielles concernant chaque prisonnier. Dans la marge de gauche était annotée la référence à l'arrêt du Parlement qui ordonnait l'élargissement ou l'exécution du détenu. On dispose donc là d'une clef unique qui permet de pénétrer dans la « jungle » des arrêts, pour une période de 75 ans. Or, le hasard fait parfois bien les choses, c'est au cours de ce laps de temps que les poursuites pour fait de sorcellerie furent les plus nombreuses. Il ne m'a fallu que trois ou quatre mois pour parcourir les 33 registres d'écrous, alors que le dépouillement des arrêts de cette période aurait demandé à peu près le même nombre d'années. Compte tenu de lacunes et d'erreurs, ces registres mentionnent entre 80 et 90 % des jugements prononcés pour la plupart des crimes ; l'examen minutieux des arrêts n'aurait guère conduit à un meilleur résultat. En attendant les crédits nécessaires pour le vaste projet d'une étude statistique approfondie des procès criminels du Parlement, je me suis contenté (pour un premier dépouillement) d'écarter les crimes les plus fréquents — homicides, violences et vols — pour ne retenir que sorcellerie, infanticide (ou avortement), homicide du conjoint, bigamie, sodomie, blasphème, diffamation, crime de lèse-majesté, et (sur une période de quinze années seulement) incendie volontaire, plus un certain nombre d'infractions peu communes [6].

Les registres d'écrous facilitent l'utilisation de la seconde des sources principales mentionnées ci-dessus : les notes de greffiers, prises au cours des interrogatoires des accusés devant la Cour. Ces plumitifs de la Tournelle sont, de l'avis de chacun, d'une lecture extrêmement difficile. Leur conservation quasiment parfaite est la conséquence vraisemblable de leur faible volume : un mince registre annuel. (Il n'y a que les paléographes professionnels à s'y intéresser, moins pour leur contenu que pour la morphologie des écritures ; les historiens qui se sont risqués à les déchiffrer, se comptent sur les doigts d'une main.) Il faut avouer que ces interrogatoires sont moins précis et cohérents que ceux, plus lisibles de surcroît, conservés aux archives de Lorraine et de Franche-Comté (hors la juridiction du Parlement de Paris) [7] ; ils n'en sont pas moins indispensables, étant les seuls documents capables de nous renseigner sur les charges précises et les preuves retenues contre les inculpés.

J'ai ainsi réussi à retrouver, jusqu'à présent, 750 procès de sorcellerie, ce qui représente 1 094 appels individuels de sentences prononcées pour sorcellerie ou magie (fig. 1), plus 25 cas jugés en première instance. Il est cependant malheureusement impossible d'avancer une estimation du pourcentage de ces appels par rapport au nombre global des poursuites pour fait de sorcellerie. Certains des condamnés, on y reviendra, ne firent jamais appel ; d'autres furent persuadés ou contraints d'y renoncer ; et dans certaines régions, les plus sévères chasses aux sorciers furent de simples lynchages. Les archives des juridictions subalternes remontant à l'époque qui nous intéresse font défaut, à de très rares exceptions, et les conditions sont tellement dissemblables d'une région à l'autre que ces quelques documents épars ne permettraient pas un contrôle systématique. Les conclusions quantitatives proposées ici ne peuvent être, par conséquent, considérées comme absolues ; il est possible, bien qu'improbable, que les appels ne donnent pas un reflet fidèle de l'ensemble des procès. Ce qui ne doit pas nous décourager outre mesure. Même si l'anthropologue eût préféré un tableau plus détaillé de la sorcellerie en France, même si nous ne sommes pas capables de cerner avec une précision souhaitable la réalité de la grande chasse aux sorciers dans le ressort de Paris, nous nous contenterons des approximations les plus exactes possible. Ayant examiné la grande majorité des procès jugés par le Parlement de Paris, nous sommes en mesure de discerner l'évolution de l'activité de la Cour vis-à-vis de la sorcellerie — question importante, puisqu'elle éclaire cette « révolution mentale » qu'évoquait Lucien Febvre [8]. Sur l'ensemble des procès, j'ai déchiffré plus de 400 plumitifs et parcouru plusieurs centaines d'autres. J'ai aussi transcrit plus de 50 procès-verbaux de torture et d'exécution, ainsi qu'une dizaine d'autres pièces d'instruction, tirées de séries incomplètes et mal inventoriées. Lorsque ce travail sur les sources parisiennes sera achevé, je me tournerai vers les archives départementales. Il sera alors possible de suivre un petit nombre de procès du début jusqu'à la fin, ainsi que de retrouver quelques affaires jugées sans appel. Quoique inachevée, ma recherche est suffisamment avancée pour que plusieurs conclusions générales se dégagent — conclusions tranchant nettement sur certaines interprétations avancées par R. Mandrou, et qu'il est peut-être opportun de rappeler ici.

Selon R. Mandrou, tous les magistrats de la fin du XVIe siècle et du tout début du XVIIe firent preuve d'une extrême sévérité envers les sorciers. Participant de l'état d'esprit des démonologues (tel Bodin), les juges confirmaient automatiquement les sentences de mort : « Dans presque tous les cas, la condamnation au bûcher est la sanction adoptée » (p. 93). « Les magistrats qui hésitent et qui doutent sont encore un très petit nombre ; et ils ne parlent pas très fort » (p. 74). Les rares mesures de clémence sont de circonstance ; l'unique

I

LA SORCELLERIE (XVIe-XVIIe SIÈCLE)

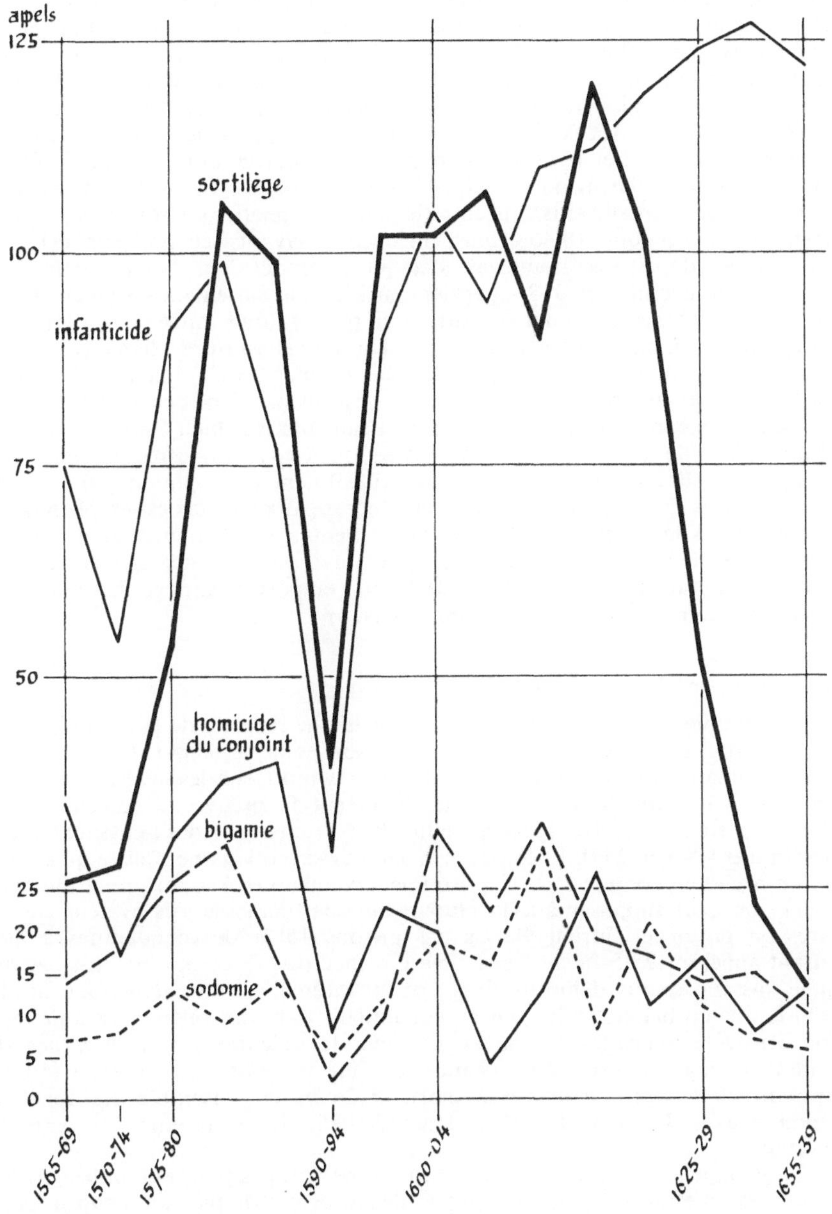

FIG. 1. — Appels au Parlement de Paris, par périodes quinquennales.

indice d'une attitude plus rationnelle envers la sorcellerie est l'abolition, en 1601, de l'épreuve de l'eau. Les exécutions d'innombrables sorcières de villages ne provoquent aucune crise de conscience. Il a fallu la série des grands procès scandaleux, en milieu urbain, à l'occasion de possessions diaboliques (des couvents entiers de nonnes issues de familles honorables sont alors touchés) pour que les magistrats commencent à s'interroger. Les séances publiques * d'exorcismes — à Aix-en-Provence en 1611, à Loudun de 1632 à 1634, et à Louviers entre 1643 et 1647 — « alimentent le scandale, multiplient à l'infini les curiosités, et très vite les doutes » (p. 552). Au cours des grands débats, les parlementaires, gens intelligents qui entretiennent des relations étroites avec l'intelligentsia de l'époque (théologiens, médecins, savants et philosophes), sont prompts à adopter les nouvelles idées et à réviser leur comportement. Le « revirement décisif » (p. 312) intervient en 1624 : le Parlement arrête que désormais toute sentence entraînant la torture, la mort et toute autre peine corporelle, sera soumise automatiquement à l'appel. Un nouvel esprit de clémence apparaît et amène la Haute Cour à tempérer de plus en plus les châtiments ; l'évolution est telle qu'aux environs de 1640, « les magistrats parisiens décident de prendre des sanctions contre les juges condamnant sans preuves bien établies » (p. 359). Cette « nouvelle jurisprudence » est très en avance sur les autres parlements du royaume de France, sans parler bien évidemment de l'opinion publique. La Cour de Paris donne pourtant le ton, et la chasse aux sorciers est en plein déclin après 1670. A la fin du siècle, la révolution mentale est pratiquement accomplie. Les crimes imaginaires ne sont plus poursuivis ; quant aux crimes réels, ils cessent d'être attribués aux suppôts de Satan : empoisonneurs et charlatans sont désormais considérés et punis comme tels.

La sorcellerie dans la criminalité

Au premier coup d'œil, la figure 2 appelle une révision de la chronologie de R. Mandrou, du moins en ce qui concerne son point de départ. Loin de confirmer automatiquement toutes les sentences de mort sur lesquelles il eut à se prononcer à la fin du XVIe siècle, le Parlement fit preuve au contraire d'une clémence étonnante. De 1564 à 1600, 30 % seulement des sentences furent confirmées (74 sur 243). Et le pourcentage des exécutions ne s'élève qu'à 19 % si l'on prend en compte les 147 prisonniers condamnés à la torture et qui firent appel ; on peut supposer que la plupart auraient confessé s'ils avaient été torturés en province. Furent élargis des prisons 15 % des condamnés à mort faisant appel, et 28,5 % de l'ensemble des inculpés — ce qui ne veut pas dire qu'ils fussent absous définitivement ; ce fut rarement le cas, mais tout au plus reçurent-ils un blâme de la Cour et leur infligea-t-on une amende pécuniaire. Si l'on considère toutes les 75 années, il y eut 115 exécutions, soit 24 % des 463 peines de mort en première instance, et 10,5 % seulement du total (1 094). Environ 20 % des condamnés à mort, et 36 % de l'ensemble des appelants furent relaxés. Un seul des 25 condamnés définitifs en première instance fut exécuté [9].

Si 54 appelants moururent en prison, on ne doit pas pour autant les grouper parmi les exécutés. La Conciergerie n'était peut-être pas un endroit particulièrement salubre, mais, aussi étonnant qu'il puisse paraître, son taux de mortalité était assez bas, excepté pendant les périodes de peste. Bon nombre des

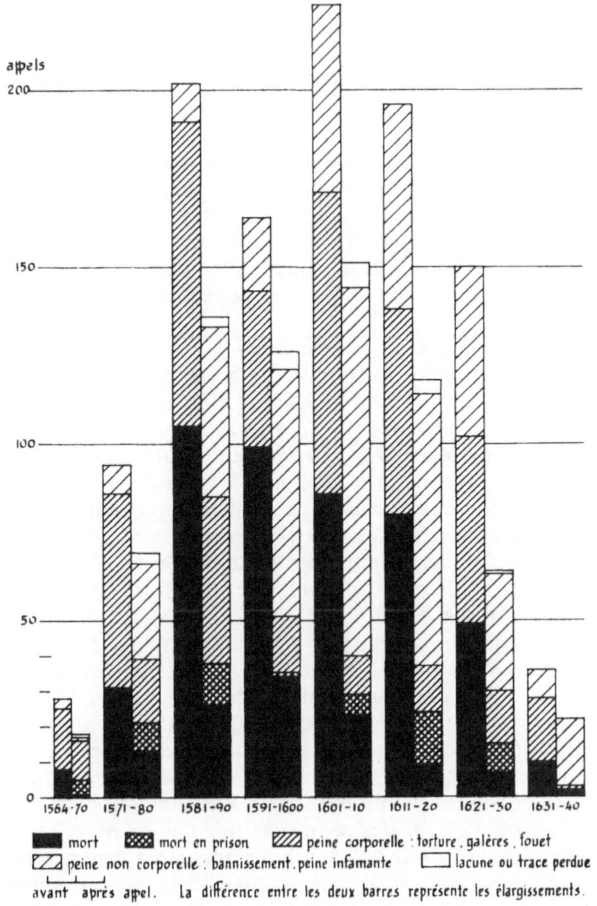

FIG. 2. — Sortilège. Appels au Parlement de Paris.

sorciers présumés étaient âgés, et arrivaient à Paris dans un état déjà lamentable — une femme mourut dans les quelques heures après son arrivée —, moins à cause des rigueurs du voyage que des souffrances endurées avant qu'ils ne fassent appel. Pour les inculpés de sorcellerie, le temps moyen entre l'incarcération et la mort en prison est exactement d'un mois ; une seule de ces morts est survenue après la torture appliquée à Paris. La justice criminelle, à l'encontre de la procédure civile, était rapide ; la plupart des jugements en appel intervenaient dans le mois suivant l'emprisonnement ; il était exceptionnel qu'un prévenu demeurât plus de trois mois à la Conciergerie.

Les chiffres sur la torture devant être complétés, ils n'ont pas été pris en compte dans la figure 2 ; la distorsion cependant n'est pas grave. De toute façon, subir la torture, à Paris relativement modérée (par rapport à ce qui se passait

dans bon nombre de juridictions provinciales — voir plus loin), peut être considéré comme une atténuation du châtiment. En outre, les catégories arbitraires où nous avons groupé les diverses sentences sur notre figure, tendent à dissimuler le degré de clémence des magistrats : par exemple, la catégorie « punitions corporelles » recouvre aussi bien les galères à perpétuité que le « simple » fouet sous la custode ; les châtiments non corporels vont de l'humiliante amende honorable au bannissement perpétuel du royaume. L'échelle des châtiments était extrêmement complexe, et leur sévérité était fonction de facteurs qu'il nous est parfois malaisé de comprendre. On note cependant qu'en
* dehors des peines de mort confirmées, plus de 90 % des sentences sont atténuées, souvent en réduisant la durée des galères ou du bannissement. L'aggravation du châtiment (en dépit des appels *a minima)* ne se rencontre qu'exceptionnellement.

Ces statistiques doivent être placées dans la perspective plus large de l'ensemble des affaires criminelles examinées en appel par le Parlement : l'atténuation des peines, on ne saurait trop y insister, était pratique courante, en partie peut-être pour encourager les appels et corriger ainsi une sévérité excessive, ou des abus des juridictions inférieures. On ne peut apprécier le degré de clémence accordé à nos sorciers que si on le compare à celui dont bénéficiaient d'autres criminels en appel. Cette comparaison est illustrée pour deux périodes de treize ans choisies au hasard (voir figures 3 et 4). (On reviendra plus loin sur les motifs de la rigueur à l'encontre des infanticides et des bigames.) Là encore, il apparaît que le tableau, traditionnellement sombre, des procès de sorcellerie au XVIe siècle s'accorde mal avec la réalité.

Revenons à la figure 2 : notons que la sévérité maximum se situe non pas au milieu du XVIe siècle, mais entre 1580 et 1600, années correspondant à la fin des guerres de Religion. Déjà dans la première décennie du XVIIe, on remarque une plus grande modération, suivie d'une accélération brusque après 1610, qui n'est pas une illusion optique inhérente au graphique même. Ici, comme pour bien d'autres phénomènes, l'assassinat d'Henri IV semble avoir eu des répercussions profondes et insoupçonnées. Il n'y eut, après Ravaillac, que 18 exécutions pour sorcellerie, c'est-à-dire 12,5 % des sentences initiales de mort et 4,6 % du total des sentences. Près de la moitié (45,5 %) des appelants furent relaxés. Même si le nombre d'appels n'est pas forcément le reflet fidèle de l'ensemble de la chasse aux sorciers dans le ressort du Parlement, il est néanmoins frappant de noter la chute des appels après le 14 mai 1610 :

	sorcellerie	*infanticide*	*bigamie + sodomie + homicide du conjoint*	*lèse-majesté*
	—	—	—	—
1608	30	13	7	0
1609	41	24	16	0
1610	32 (21/11)	21 (10/11)	13 (6/7)	25 (0/25)
1611	11	25	17	5
1612	5	19	12	2

Note : les chiffres entre parenthèses représentent le nombre des appels avant et après le 14 mai 1610.

On s'attendait plus ou moins à cette montée subite des accusations de lèse-majesté en l'année 1610. Le chiffre baissa l'année suivante, pour varier désormais inversement à celui de la sorcellerie. Le chiffre des appels pour sorcellerie

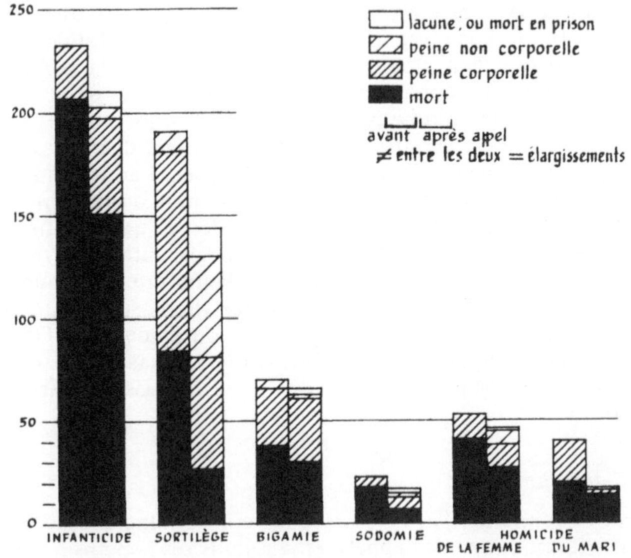

FIG. 3. — Appels au Parlement de Paris, 1572-1585 (lacune 1574).

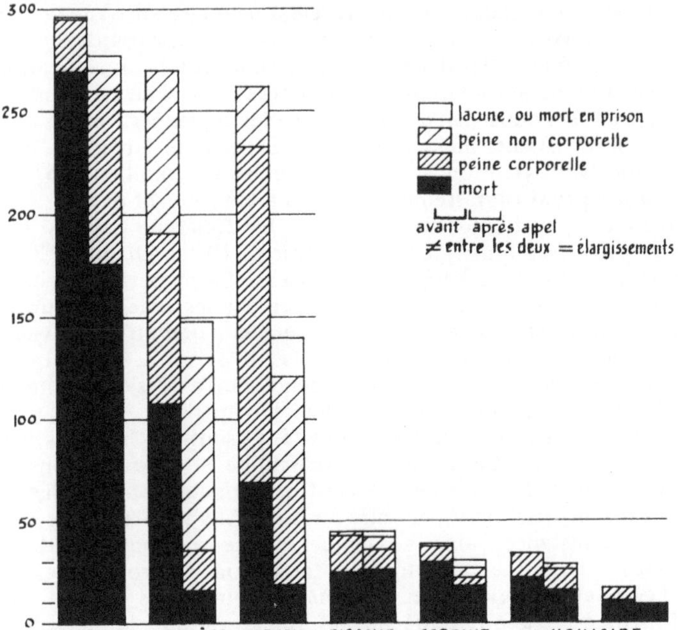

FIG. 4. — Appels au Parlement de Paris, 1614-1626.

ne revint à son niveau normal que dans les années 1614-1616, pour décroître à nouveau, au début de la guerre civile, avant de remonter vers un dernier sommet : 43 appels en 1623. Auparavant, pendant les guerres de Religion, une autre correspondance inverse s'était établie entre la sorcellerie et la persécution des huguenots ; si l'ensemble des appels connut un déclin après la Saint-Barthélemy, il n'y eut pas chute brutale comme ce fut le cas pour la sorcellerie, phénomène d'autant plus remarquable qu'il survint en pleine période d'accroissement d'affaires de sortilèges : 20 appels pour sorcellerie avant le 24 août 1572, alors qu'il n'y en eut plus qu'un seul dans les quatre derniers mois de la même année, et deux dans toute l'année 1573. Étant donné les limites de notre statistique, il est prématuré de trop insister sur les relations possibles entre guerres civiles et vagues de criminalité. (Il est vraisemblable par ailleurs que l'étendue même du ressort du Parlement interdit de dégager des corrélations significatives entre la criminalité et d'autres catastrophes, telles famines ou épidémies.) On ne risque pas trop de se tromper cependant si l'on affirme que la chasse aux sorciers était, avec la poursuite des hérétiques et des traîtres, une expression, parmi d'autres, des tensions sociales.

Sociologie des appelants

A l'instar de Macfarlane, j'ai établi une série chronologique de cartes pour figurer l'origine géographique des appels, et je rejoins ses conclusions : la sorcellerie était endémique. On y remarque de nombreuses petites flambées collectives (semblables à celles de la Suisse romande), ainsi que maints cas isolés. Les poussées de procès en certaines régions révèlent peut-être l'activité de magistrats fanatiques, parfois avec le concours de devins « connaisseurs de sorciers », ou un état de frayeur général (les deux n'étant évidemment pas incompatibles). Les régions les plus touchées, tout au long des années ou lors de crises sporadiques, semblent s'être situées dans les pays forestiers : les Ardennes (région notoire), le Bassigny et la forêt d'Othe, ainsi que dans le Berry et le Nivernais. La grande majorité des appels provient du milieu rural : plus de la moitié (57,5 %) de personnes liées à la terre. Contrairement à ce qui a été souvent avancé, les bergers semblent avoir été peu nombreux (8,5 %) [10]. Se déclarent artisans 27 %. Les autres exercent diverses professions : 20 officiers, 19 marchands, 15 prêtres et 14 médecins, herboristes ou barbiers-chirurgiens. La plupart des inculpés sont gens d'humble condition ; d'autres, à en juger par les amendes qui leur sont infligées, et qui affirment par ailleurs qu'ils sont là parce qu'on en veut à leurs biens, sont loin d'être pauvres. Peut-être est-il possible, dans un nombre appréciable de cas, que la confiscation, l'amende ou l'extorsion criante aient pu constituer des raisons parmi d'autres, d'une inculpation.

Un peu plus de la moitié des appelants (565) sont des hommes, ce qui ne laisse pas de surprendre. Cette majorité masculine — diverses considérations techniques permettent de l'affirmer — n'est pas imputable à une distorsion au niveau de la Conciergerie, mais peut-être au fait qu'il s'agit de procès en appel et non en première instance ; ainsi s'expliquerait que la proportion des sorciers mâles soit plus élevée que pour toute autre région d'Europe étudiée jusqu'à présent [11]. Les femmes étaient-elles en général moins aptes que les hommes à faire appel ? On est d'abord tenté de l'affirmer, puisque le stéréotype de la sorcière — veuve décrépite ou vieille fille — s'avère sous-représenté. La situation familiale des sorcières nous est connue dans 440 cas sur 529 : 9 % de célibataires, 38 % de veuves, mais 53 % de femmes mariées (proportion elle aussi relativement élevée) [12]. Il est possible que des femmes démunies aient pu être particulièrement empêchées de faire appel, encore que les veuves aient pu avoir des fils, et les vieilles filles des frères ou des neveux pour les assister. En revanche, les interrogatoires et les arrêts font souvent référence à d'autres sorciers, qui ne firent pas appel : la moitié étaient des hommes ! Il y a lieu, là encore, de se montrer prudent, les sorciers (masculins) interrogés faisant surtout allusion à des non-appelants masculins, si bien qu'une distorsion initiale se perpétuerait d'elle-même. L'étude de l'ensemble des dossiers permettra peut-être de mieux comprendre (ou de cerner géographiquement) ce fort pourcentage de sorciers masculins, pour le moins déconcertant [13].

L'âge des inculpés ne figure malheureusement pas dans les registres du greffe de la prison ni dans les arrêts. On le trouve de temps à autre dans les interrogatoires — avec trop d'erreurs manifestes pour que l'on fasse confiance à de tels chiffres. Vaille que vaille, une pyramide des âges peut être établie pour 80 hommes et 84 femmes : la distribution est assez semblable pour les deux sexes, avec un âge moyen qui gravite autour de 50 ans [14].

Criminalité et sorcellerie

L'examen des écrous et quelques sondages dans les registres de plumitifs tendent à confirmer l'hypothèse pénétrante de Pierre Chaunu, avancée il y a une quinzaine d'années [15] ; la nature de la criminalité s'est radicalement transformée entre le début du XVIIe et la fin du XVIIIe siècle. Dans la première période, le crime était de caractère violent, voies de fait ou violences verbales ; au contraire, à la fin de l'Ancien Régime, le vol, l'escroquerie et le faux prédominent. Mes recherches sur la période 1565-1640 permettent, me semble-t-il, d'introduire une distinction supplémentaire : les crimes violents, commis dans un état paroxystique, provoqué par la colère, la misère noire ou la faim, sont rarement punis de mort, alors que les crimes prémédités, inspirés par la ruse, surtout « nuitamment », ainsi que les abus de confiance, sont considérés comme beaucoup plus atroces. Le notaire prévaricateur, le tuteur qui abuse de sa pupille, sapent les bases de la société — en 1611, « il y va de la vie à un officier qui fait fausseté » ; d'autre part, les vagabonds sont traités avec beaucoup plus de mansuétude qu'ils ne le seront au XVIIIe siècle. Maint inculpé de vol ou d'homicide prétendait avoir été tenté par le diable ; mais je n'ai trouvé que les accusés de sodomie, fausse monnaie et sorcellerie pour s'exclamer : « Dieu ne m'a point tant délaissé ! »

Une illustration de cette distinction est donnée par les châtiments réservés aux bigames, très différents selon qu'il s'agit d'un homme ou d'une femme. Canoniquement, la gravité de la faute était la même ; si c'était parfois l'occasion pour un homme d'accaparer deux dots, une femme n'y avait rien à gagner. Aussi, nombreux étaient les bigames masculins à être exécutés, alors que les femmes s'en tiraient le plus souvent par l'amende honorable ou le fouet (et encore, la fustigation fut rare, sauf au lendemain des guerres civiles). L'infanticide en est un autre exemple : le crime était commis en privé, donc très difficile à prouver. La mort d'un enfant avant le baptême était chose trop horrible pour que l'on s'en tînt à la défense habituelle : l'enfant était mort-né. D'où l'édit draconien de 1556, qui imposait aux femmes de déclarer leur grossesse, et d'accoucher en présence d'un témoin. Après lecture répétée, au prône, de cet édit, « à ce que aucune n'en prétende cause d'ignorance », désormais toute femme dissimulant son état et accouchant clandestinement, devenait automatiquement coupable si son bébé était mort-né (l'édit transforma deux présomptions de culpabilité en preuves). Bien qu'on puisse s'interroger sur les intentions des servantes, par exemple, qui ne se seraient aperçues de leur état qu'au moment des premières douleurs, la Cour fit exécuter un très grand nombre de femmes, le crime étant, par définition, prémédité. De la même façon, à mesure que l'on appliquait plus strictement les édits royaux, le vainqueur d'un duel fatal n'était plus condamné aux réparations et banni pour homicide involontaire, mais exécuté pour assassinat avec préméditation.

Parmi les crimes prémédités, deux occupaient une place particulière, passant pour le comble de la perversité : le suicide et la sorcellerie. Le suicide présupposait le plus grave des péchés, celui d'avoir perdu tout espoir de salut ; la sorcellerie était l'expression la plus achevée d'une âme corrompue par la malice. L'interrogatoire de Simon La Truphe en 1608 nous donne en clair la définition de la sorcellerie couramment admise par le Parlement : « Être sorcier, c'est de s'être donné à l'esprit malin. » Ce même engagement, passé dans un moment de colère, était le fait du blasphémateur ; les peines prononcées à son encontre étaient, dans la pratique, beaucoup moins sévères que ne le prescrivait inlassablement toute une longue série d'édits royaux. A l'inverse du blasphémateur, même habituel, le sorcier avait définitivement rompu avec Dieu pour se mettre au service du diable, « ennemi de la gloire de Dieu et du genre humain ». Toutes les superstitions, tout le folklore entourant cette définition centrale ne doivent pas nous empêcher d'avoir présent à l'esprit le postulat des contemporains (pas trop invraisemblable par ailleurs) qu'une telle malice était non seulement possible, mais existait réellement parfois, quand bien même on la redoutait plus qu'elle ne le méritait.

Quelle sorcellerie ?

Les résultats de ma recherche s'inscrivent dans le modèle continental de la typologie élaborée par Christina Larner afin de différencier les sorcelleries européennes de l'époque moderne et celles des tribus africaines contemporaines [16]. Dans presque tous les plumitifs que j'ai déchiffrés, même en l'absence d'une mention directe, on entrevoit que les magistrats présumaient qu'un prévenu, s'il était coupable, avait passé un pacte (explicite ou implicite) avec le diable, et avait participé au sabbat au moins une fois. Ces assemblées nocturnes sont imaginées, tantôt nombreuses, tantôt limitées à une ou deux autres personnes ; le terme s'applique aussi aux tête-à-tête avec le Malin, sauf quand il se présente sous la forme d'un incube. Les uns s'y rendent à pied ; les autres se « graissent » d'un onguent, s'envolent par la fenêtre ou la cheminée, à califourchon sur un balai ou sur le dos du diable, à moins que ce ne soit dans un tourbillon. La réunion se tient presque toujours assez près de la maison du sorcier — à moins de deux ou trois kilomètres : on boit, on mange, on danse et on chante. Le cérémonial renverse le rituel chrétien. Les « fidèles » offrent une chandelle noire au démon, qui apparaît sous la forme, le plus souvent, d'un « grand homme noir », ou d'un bouc, et on baise « son derrière » (cf. l'anneau de l'évêque). Le diable célèbre alors « une espèce de messe », parfois la messe catholique à rebours, et prononce un sermon : les plus bavards des interrogés ne peuvent, même avec la meilleure volonté du monde, se souvenir d'un seul mot de ces prédications (pas plus que du prône du curé du dimanche précédent ?). L'urine ou la semence du démon remplacent l'eau bénite. D'un coup de baguette, il adoube ses « fidèles » à genoux devant lui, sur l'épaule, d'où sa fameuse « marque ». (L'épaule est l'endroit de préférence pour la marque du diable ; un procès-verbal de la question nous donne l'exemple de conseillers de la Cour qui renoncent à une recherche plus minutieuse dès que l'inculpé montre « ses épaules à nu ».)

Quelques-unes des croyances folkloriques, traditionnelles en d'autres pays, semblent être rares en France. Très peu nombreux sont les interrogatoires où il est fait mention d'une confession rituelle des méfaits et de leur rétribution par le Malin. Il n'est pratiquement jamais fait allusion à des enfants dévorés. Même l'orgie sexuelle est plutôt exceptionnelle. Je n'ai trouvé que deux allusions à des orgies incestueuses, dont une qui se déroule (en 1616), non pas au cours d'un sabbat, mais en plein jour après un bon repas, à batifoler autour d'une chèvre ; la Cour, opinant que la dénonciatrice avait été la victime d'une hallucination, relaxe les prisonniers. Les visions du sabbat ne sont pas toujours l'expression des désirs refoulés. Les parias des villages ne sont pas forcément, eux-mêmes l'affirment, au centre de ce qui s'y passe ; beaucoup n'observent que de loin. Les enfants, ainsi qu'ils le racontent, se tiennent en spectateurs pendant que les adultes se gobergent ; ils boivent de l'eau quand le vin circule parmi les « grands ». Une paysanne s'imagine chassée de la collation par les bourgeoises qui y participent (c'est elle qui le souligne). Les éléments composants le sabbat varient à l'infini. Plutôt que de classer ces éléments selon les catégories raisonnées — ce qu'a fait Étienne Delcambre dans son ouvrage sur la Lorraine [17] —, il semble préférable de rechercher une forme d'analyse nouvelle, qui tienne compte de tous les aspects de l'expérience individuelle de chaque sorcier.

Un pacte avec le diable était indispensable pour accomplir tout acte de *maleficium*, excepté, peut-être, nouer l'aiguillette afin de rendre un homme impuissant. Le plus souvent, l'instrument du sort était une poudre nocive distribuée au sabbat, capable de donner la mort ou la maladie aux hommes et au bétail. Il ne semble pas qu'en France les catastrophes, telles la peste (comme à Genève) ou les tempêtes de grêle (comme en Allemagne) aient été imputées à l'activité des sorciers. Alors que théoriquement le sorcier était tant soit peu maître des éléments, on trouve peu d'accusations en ce sens, hormis de rares exemples de gelées, précoces ou tardives, qui endommagent les vignes. Un homme est accusé d'avoir dirigé la foudre sur le cheval de son voisin, et une femme « maudit les terres, et de fait n'y est venu du blé ». Ces maléfices étaient exceptionnels, ainsi que les accidents domestiques. En Angleterre, au contraire, on accusait fréquemment les sorciers d'empêcher le barattage du beurre ou le brassage de la bière. Les cas de possession démoniaque, qui abondent en Franche-Comté, sont plutôt rares dans le ressort du Parlement de Paris ; je n'ai découvert qu'une poignée de sorciers accusés d'avoir ensorcelé la victime par l'envoi d'un « diable au corps ». En général, les maléfices dont il est fait mention dans nos procès se limitent à l'ensorcellement des membres proches de la famille du sorcier, de ses voisins et de leur bétail. L'ensorcellement au sein de la famille est moins fréquent, encore que cette distinction ne soit pas essentielle. On trouve souvent des époux s'accusant mutuellement, et des parents dénoncés pour avoir ensorcelé leurs enfants (je n'ai pas rencontré l'exemple d'un enfant ayant pratiqué le *maleficium* sur un parent).

Il existait, en France, deux types principaux d'accusations : les unes étaient, comme en Angleterre, le fait des victimes de maléfices, qui déposaient une plainte et déclenchaient une enquête ; les autres provenaient, comme dans le Saint Empire, de dénonciations faites par d'autres accusés ou des convaincus de sorcellerie. Les arguments de Keith Thomas et d'Alan Macfarlane [18] rendent compte de la plupart des accusations anglaises ; ils y voient la projection, sur les pauvres âgés, d'un sentiment de culpabilité provenant de la non-observation des règles traditionnelles de la charité : le suspect réclame assistance à son voisin, qui refuse ; il marmonne alors une imprécation, bientôt suivie d'une mésaventure où la victime verra l'effet d'une vengeance. A l'intérieur de ce schéma classique, l'accusation se dirige du haut vers le bas de l'échelle sociale. Il en va de même en France, mais quelques affaires nous incitent à reconsidérer, sur des bases plus larges, cette projection du sentiment de culpabilité. Un domestique, ayant mal fait son travail (une femme, par exemple, refuse de nettoyer la cheminée), ou dont la conduite laissait à désirer (tel ce valet qui pisse habituellement sur la fenêtre), s'imaginent ensorcelés par leurs maîtres ; de même des enfants, surpris en train de mentir ou de chaparder des pommes : ces accusations procèdent donc de bas en haut dans l'échelle sociale [19], mais l'accusé est déjà soupçonné de sorcellerie, sinon le plaignant risque un procès en diffamation. Ce qui me semble particulièrement significatif, c'est que la conviction d'être ensorcelé peut suivre des infractions aux normes sociales extrêmement variées. En 1615, un nommé Jean Brunet s'accuse : pour avoir trop souvent maudit son fils, il s'imagine que le diable l'a enlevé et qu'il s'est rendu au sabbat pour « ravoir son enfant ».

Même si les catégories s'enchevêtrent, on peut, grosso modo, distinguer entre nos inculpés. Il y a d'abord les magiciens, qui invoquent et conjurent les démons afin de découvrir les trésors cachés, d'apprendre le secret des médicaments, des élixirs d'amour et de la pierre philosophale, ou de tirer l'horoscope du roi et des grands. La prédiction est surtout redoutée, mais toute forme de magie est répréhensible, et se distingue difficilement de la sorcellerie, l'une et l'autre reposant sur un savoir diabolique. La magie proprement dite est limitée à une certaine élite, encore que de pauvres paysans analphabètes aient pu posséder leurs propres méthodes de conjuration.

La deuxième catégorie renferme tous ceux qui confessent spontanément leur commerce avec le diable. Accablés par le sentiment de leur culpabilité (aggravé par l'expérience de l'arrestation et de l'incarcération), ils pensent pouvoir trouver le salut dans la confession, le repentir et « le rachat de l'âme par le corps » (1604). Bodin met en garde tout particulièrement les juges sur ces auto-confessions : « Telles personnes ne cherchent que à mourir [20]. » Sorcellerie et suicide sont étroitement liés : celui-ci étant considéré comme tentation diabolique, le suicidaire n'a aucun mal à assimiler tout le folklore du sabbat pour expliquer comment il est tombé dans les griffes du Malin. Parmi ceux qui avouent leur participation au sabbat, certains nient fermement être des sorciers parce qu'ils n'ont accompli aucun maléfice. Il y a peut-être là une discordance dans la définition de la sorcellerie propre aux juges et aux paysans ; presque toujours, cependant, on trouve quelques accusations de *maleficium*, ce qui dénote au moins quelques suspicions locales.

Ces deux catégories sont infimes, comparées au nombre des guérisseurs, devins et devineresses de village. En France, la magie blanche était beaucoup plus suspecte qu'en Angleterre. Chaque village possédait probablement son guérisseur, qui concoctait des potions et prononçait des oraisons pour les gens et pour leur bétail. S'il ne se faisait pas trop remarquer, n'acceptant qu'une rétribution modeste, il ne courait pas de risque extraordinaire. Si, au contraire, il réclamait des prix exorbitants, ou s'il se mêlait de désensorceler, ses jours étaient en danger. Une réussite exceptionnelle dans la guérison de maladies « naturelles » sous-entendait la possession d'un savoir diabolique ; d'autre part, les seules méthodes humaines étaient bien incapables de venir à bout de maladies « surnaturelles », dont les victimes auraient dû alors s'en remettre aux soins de Dieu et de l'Église. Aussi pouvait-on penser, en toute logique, que seul pouvait désensorceler celui qui, justement, avait auparavant ensorcelé [21]. On lit dans maints et maints interrogatoires : « Remontré qu'il a désensorcelé » un tel... La déduction s'impose : Marie Martin (en 1586) affirme avoir reçu du démon 2 sols 6 deniers pour la mort d'un homme, 2 sols quand la victime est une femme, et un sol lorsqu'il s'agit d'une bête ; quand le sort n'est pas mortel, mais « pour les faire languir tant seulement », le diable ne lui verse rien, « pour autant qu'elle en tirait profit de ceux qu'elle guérissait [22] ». Le guérisseur qui prétend n'agir qu'au nom du Père, du Fils et du Saint-Esprit est regardé par les juges comme l'agent, ou tout au moins la dupe, du démon : le sacré est perverti dans des intentions diaboliques, les miracles appartenant au domaine de l'Église, non aux laïcs.

On peut ranger dans une dernière catégorie tous ces inculpés qui, sans être des guérisseurs célèbres, se firent, d'une manière ou d'une autre, une réputation de sorcier. C'est le cas des enfants des sorciers, de leurs frères et sœurs (issus du même sang), de leur mari ou de leur épouse : qui, sinon un sorcier, aurait convolé avec une sorcière ? Il y a aussi des mendiants, trop prompts à maudire les pingres, et des bougons qui ont toujours « le diable en bouche » ; d'autres ont une apparence bizarre, d'autres encore, que les loups ni les crapauds n'effraient pas, sont suspects (le rôle du crapaud dans la sorcellerie française se laisse difficilement cerner ; sans être des « esprits familiers », au sens strict du terme, ils font partie intégrante de la panoplie du sorcier). Ces gens vivent dans une atmosphère tout imprégnée de la peur du sorcier : l'attouchement, fût-il accidentel, d'un suspect entraîne des symptômes psychosomatiques alarmants — tel cet homme, dont la jambe enfla démesurément — qui ajoutent encore à une réputation déjà funeste.

La procédure et les sentences

Le paragraphe précédent ne fait que nuancer ce que l'on sait déjà depuis longtemps. Il faut revenir au problème central : comment interpréter la clémence inattendue du Parlement dans les procès de sorcellerie ? Pour R. Mandrou, les relaxes ne pouvaient être qu'exceptionnelles tant que les magistrats croyaient à la possibilité de miracles diaboliques quotidiens ; aussi les relaxes prononcées, les peines tempérées au XVIe siècle, demeuraient des mesures isolées sans portée (p. 154). L'essor d'une mentalité plus rationaliste, pourtant, ne peut

I

nullement expliquer nos chiffres pour le dernier tiers du XVIᵉ siècle. Dès 1587-1588 — années critiques, on y reviendra, dans la jurisprudence en matière de sorcellerie —, sur un total de 65 appels, pas moins de 30 inculpés (dont 13 condamnés à mort) furent relaxés ; et sur 36 peines de mort, 9 seulement furent confirmées. Toutefois, au moment même où le Parlement prononça ces arrêts, on interrogeait Nicolas Petit (décembre 1587) de cette façon :

> Remontré qu'il est accusé d'avoir fait passer une araignée sur la table, et ne voulut qu'on la touche.
> — Dit qu'elle chut du haut sur la table, et n'y attoucha point.
> — Interrogé si ce n'était le Diable.

Divergences d'opinion parmi les magistrats ? Les registres des plumitifs ne nous renseignent pas ; la Cour se donnait toujours une façade d'unanimité. Une lecture attentive des interrogatoires et des jugements fait apparaître néanmoins que le Parlement (dans son ensemble) devint de plus en plus méfiant dans le domaine des preuves légales, plus défiant des abus de procédure en première instance — et ce bien avant de douter de la réalité de la sorcellerie elle-même.

Il est important par conséquent de définir le système de preuves employé aux procès de sorcellerie. Bodin en parle tout au long du livre IV de sa *Démonomanie*. Mais personne ne prend plus cet ouvrage au sérieux ; on y voit un tissu d'obscurantismes indigne de l'intelligence de son auteur ; d'autre part, faute d'une connaissance suffisante des procès, on n'est guère en mesure de
* comprendre à quel point Bodin était modéré, et non fanatique, en ce qui concerne le jugement de ces sorciers qu'il redoutait tant. Ceci mérite une rapide digression sur la procédure criminelle dans la France des Temps modernes [23].

Il est de mode aujourd'hui de s'appesantir sur les horreurs de ce système judiciaire : procédure secrète, recours à la torture, obligation surtout pour l'inculpé de reprocher les témoins adverses avant même de connaître le contenu de leurs dépositions. On a tendance à retenir comme modèles, pour toute l'Europe continentale, les pires des chasses aux sorciers, avec leurs réactions en chaîne : tortures répétées et chaque fois plus cruelles, jusqu'à ce que l'inculpé avoue et dénonce d'autres participants au sabbat, nouvelles arrestations, nouvelles tortures, etc. En principe une telle procédure était, ou devait être, impossible dans le ressort du Parlement ; et si elle fut employée par certaines juridictions subalternes, la Cour usa de tous ses moyens pour y mettre un terme. Pour y voir plus clair, nous reprendrons les trois composantes les plus choquantes aujourd'hui d'un tel système : la torture, la délation, la « mauvaise réputation » en tant que preuve.

Dans le ressort de Paris, la torture était très modérée, si on la compare aux atrocités perpétrées dans le Saint Empire — et çà et là dans les provinces françaises, bien qu'elles y fussent illégales. La procédure normale n'avait rien de commun avec le supplice infligé à Ravaillac ou à Damiens. De par la loi, pour tout délit, il fallait une délibération et une sentence formelles avant d'appliquer la torture, et des preuves nouvelles étaient nécessaires pour recommencer. Dans l'esprit d'une ordalie, la souffrance était calculée : si la douleur était très aiguë au moment même de l'opération, elle ne devait laisser aucune mutilation. Le prisonnier était lié et étendu, puis soulevé en extension au moyen d'un tréteau, pendant qu'on lui versait un nombre prédéterminé de coquemars d'eau tiède dans la bouche : huit pour une question « entière » ou « extraordinaire » ; de un à quatre pour une question « modérée » ou « ordinaire ». La Cour n'avait recours, très souvent, qu'à la simple menace, la « présentation » de la question : le prisonnier, introduit dans la Chambre de la question, croit qu'il va subir une torture « extraordinaire » ; interrogé par deux conseillers de la Cour (dont le rapporteur), on lui attache les câbles aux poignets et aux chevilles ; s'il n'avoue toujours pas, la question est terminée, et l'on passe aux mesures déjà arrêtées [24]. On voit, en effet, à la façon dont la torture était prescrite, que le Parlement n'espérait guère d'aveux : « arrêté à la question modérée, et si *nihil fateatur*, informer plus amplement et lui ouvrir les prisons », ou « bannir du bailliage pour trois ans ». Même après avoir été torturées, — leurs hurlements enregistrés *verbatim* — la plupart des victimes sortaient de la Conciergerie sur leurs deux jambes, le jour même ou le lendemain. Sur 160 condamnés à la question à Paris, 61 n'en subirent que la présentation ; et c'est la présentation qui provoqua la seule confession que je connaisse.

Quoique certaines juridictions aient pu prêter foi aux dénonciations faites au pied de la potence, le Parlement n'y faisait guère attention, à moins qu'il n'existât d'autres preuves de culpabilité ; si ces preuves supplémentaires étaient ambiguës, la dénonciation était prise en considération, il est difficile d'ailleurs de dire jusqu'à quel point. Il est certain que, dans certains cas, la Cour inventa, ou pour le moins exagéra, une telle incrimination, afin de battre en brèche la défense de l'inculpé et de provoquer une confession — ce qui, en fin de compte, jette le doute sur la réalité des dénonciations évoquées en bien d'autres procès. Le Parlement, néanmoins, se fit envoyer parfois des procès-verbaux, pour se renseigner sur les dernières paroles d'un condamné exécuté ; elles auraient pu, dans quelques procès, faire pencher les plateaux de la balance d'un côté ou de l'autre.

En ce qui concerne la culpabilité par « bruit commun », il faut se rappeler qu'un système pénal dont se serait méfiée la grande majorité de la population n'aurait pu subsister aussi longtemps dans une société privée de tout effectif policier. Dans le monde étroit et conformiste des villages, au sein des corporations serrées des villes, la pratique de faire « reprocher » les témoins, avant même de les entendre, n'était pas dépourvue de sens : elle était un moyen efficace d'écarter les délations malicieuses d'« ennemis mortels », de partis adverses dans d'autres procès, et de personnes à la réputation douteuse. La diffamation était par ailleurs sévèrement réprimée : la loi ne se souciait pas de ce qu'il pouvait y avoir de véridique dans une injure ; seule lui importait la tache qui pouvait être faite à une réputation [25]. Aussi, quand 40 ou 50 témoins (c'était souvent le cas) affirmaient que l'inculpé était sorcier, le magistrat ne pouvait que prendre ces rumeurs au sérieux ; une personne innocente, présumait-il, se serait plainte à la justice bien avant que la rumeur ne prît de telles dimensions. En outre, l'accusé était protégé par les sanctions retenues pour faux témoignage.

Le bon fonctionnement du système judiciaire dépendait de la probité des magistrats subalternes ; contre la corruption, l'incompétence ou l'excès de zèle possibles de ces magistrats, il y avait un garde-fou : l'appel. En principe, l'appel était chose facile ; on pouvait l'interjeter à n'importe quel stade du procès criminel ; il suffisait que l'inculpé en manifestât l'intention, et son cas, sans passer par les juridictions intermédiaires, était porté directement au Parlement, où il pouvait espérer bénéficier de la modération des peines qui était la pratique courante. On le voit au travers des interrogatoires, le Parlement, dans son ensemble, était assez bien renseigné sur l'honnêteté du personnel dans les juridictions inférieures de son ressort, du moins dans les plus importantes ; aussi pouvait-il trancher sur les « causes d'appel » proférées par les prisonniers. Nombre d'appelants accusaient le greffier du lieu d'avoir « écrit ce qu'il a voulu », et eux, analphabètes, en étaient les victimes innocentes. Autre reproche fréquent : le juge en voulait à l'accusé, par exemple parce qu'il convoitait un lopin de terre que l'accusé avait refusé de lui vendre. Ces arguments étaient tout à fait plausibles, mais, dans la plupart des cas, le Parlement ne leur prêtait guère attention. Il arrivait pourtant qu'un procès fût suspendu pour la vérification d'un tel reproche. En 1597, le procès en appel de Simon Achard dura cinq mois, l'inculpé prétendant que le présidial d'Angoulême avait forgé de toutes pièces sa confession — jusqu'à ce qu'il fût confronté à sa propre signature, et qu'il se vît confirmer la sentence de mort. En 1586, Gabriel Laigle nia avoir renoncé publiquement à Dieu ; un supplément d'information fut ordonné, à la suite de quoi la Cour lut à haute voix la déclaration sous serment du curé du village, de deux cordeliers et de six autres témoins : la défense de Laigle s'écroula. En revanche, si des abus étaient découverts, les magistrats concernés pouvaient être semoncés et interrogés sur leur conduite.

Les juridictions inférieures voyaient naturellement d'un mauvais œil cette ingérence du Parlement. Le transfert d'un prisonnier à Paris pesait lourd dans le budget communal (c'était le receveur des amendes qui le payait) ; aussi les magistrats des lieux agissaient-ils parfois pour décourager d'éventuels appels. Le Parlement poursuivait avec diligence les abus de cette sorte, l'exécution « par-dessus appel » comptant parmi les fautes les plus graves dont un magistrat subalterne pût se rendre coupable. Afin de mieux poursuivre les sorciers, certains tribunaux demandèrent à plusieurs reprises à pouvoir juger en dernière instance ; le Parlement leur opposa toujours un refus, leur enjoignant même de « suivre l'ancienne usance », c'est-à-dire d'encourager les appels [26]. L'arrêt de 1624, qui institua l'appel automatique pour crime de sorcellerie, était beaucoup moins novateur qu'il n'y paraît à la lecture de R. Mandrou. Déjà, trente-six ans auparavant, en 1588, les gens du roi présentèrent requête au Parlement :

> ... qu'il soit enjoint aux juges des provinces de déférer à leurs jugements pour le regard des sorciers, soit qu'il n'y ait appel de leurs jugements, et qu'ils (les accusés) soient amenés (à Paris) ; et que commission leur soit délivrée pour informer des appellations interjetées auxquelles l'on n'a déféré, et apporter les procès et monitions ; et faire apporter les minutes des procès jugés, ores qu'il n'y ait appel [27].

La Journée des Barricades ne se fût-elle pas produite moins de deux mois après, l'histoire de la chasse aux sorciers en France s'en fût trouvée radicalement transformée.

Les juristes butaient contre un obstacle : comment prouver un crime commis en privé et souvent « nuitamment » ? Les démonologues redoutaient que les systèmes de preuves traditionnels ne permissent à bon nombre de coupables d'échapper à l'exécution ; toutefois, Bodin et le Parlement étaient fondamentalement d'accord pour ne retenir que trois genres de preuves contre les sorciers :

1) les preuves matérielles : pactes signés adressés au diable, autographes marginaux sur un livre de magie, etc. ; ainsi que la possession de tout l'attirail propre à la sorcellerie, figurines de cire percées d'épingles, boîtes de graisse ou de poudres mystérieuses, pire encore si la poudre contenait du poison ;
2) les aveux faits librement, sans torture, ni menace de torture ;
3) le témoignage oculaire irréprochable d'un acte de sorcellerie. (C'est sur ce troisième point, selon Bodin, que la jurisprudence traditionnelle était trop stricte ; de même, une condamnation à la torture ne devait demander autant de preuves préalables.)

Toute autre évidence n'était que présomption de culpabilité, et non preuve. Si les présomptions étaient « violentes » et nombreuses, les peines pouvaient être sévères, « jusqu'à la mort exclusivement ». Les peines étant arbitraires, il n'y avait pas de tarif bien défini. Les interrogatoires ne renseignent guère sur ce point ; il arrivait que la Cour ne revînt pas sur les preuves, quand elles étaient parfaitement établies dans les pièces du procès, préférant interroger l'inculpé sur des questions tangentielles. Passer pour un sorcier dans son village, surtout être reconnu comme tel par le seigneur ou le curé, était peut-être la plus forte des présomptions. Présomption grave aussi : ces dénonciations au pied de la potence. Un sorcier repentant ne mentirait pas, car son salut en dépendait, mais l'agent de Lucifer impénitent pouvait prendre un malin plaisir à faire condamner un innocent. La « marque du diable » n'était pas retenue à titre de preuve « violente », ce en quoi Bodin était d'accord. (En revanche, on ne trouve pas mention, dans les procès à Paris, d'un indice qui, aux yeux de Bodin et de Boguet, était très fort : l'incapacité pour le sorcier de verser des larmes.)

Les aveux arrachés par la force, et rétractés par la suite, constituaient aussi un indice grave de culpabilité. Le Parlement devait ici faire preuve de discernement : maint inculpé invoquait l'extorsion de sa confession, et il devait être très difficile de faire le départ entre la force illégale et l'interrogatoire dur mais restant dans les bornes légales. Il n'apparaît pas que la plus ou moins grande résistance des individus aux diverses pressions psychologiques ait pesé d'un grand poids dans la balance. On considérait simplement que les hommes étaient plus résistants que les femmes. Une victime de ce critère simpliste se voit dans la personne de Guillaume Legeret, vieillard de 75 ans, qui se plaignit (en 1616) qu'on lui eût extorqué ses aveux : « Les officiers m'ont outragé et m'ont bouté les fers aux pieds, et m'ont bouché la vue. » La Cour n'en tint pas compte, et le condamna à mort. Les magistrats avaient pour habitude, dans les cas d'aveux prétendus extorqués, de demander à l'inculpé : « Si cela n'est, pourquoi vous l'avez dit ? » On apprécie mieux le problème si l'on se souvient que le procès dans son entier était alors considéré comme ordalie : l'innocence doit triompher de toute épreuve, et la culpabilité être dévoilée au cours d'un procès bien mené. La torture, relativement douce, infligée par le Parlement faisait partie intégrante de cette ordalie, tout comme l'épreuve de réciter le Pater Noster, le Credo et l'Ave Maria sans se tromper.

La qualité des interrogatoires est trop inégale pour qu'une conclusion positive puisse en être tirée ; mais il y a suffisamment de détails, qui, rapportés au pourcentage de condamnations, laissent apercevoir une application de plus en plus stricte des règles de la preuve, le Parlement s'intéressant tout particulièrement au mode d'obtention des aveux utilisé au cours du premier procès. Les progrès se faisaient par sauts et par bonds, souvent à la suite d'une période de sévérité. Huit condamnations à mort furent prononcées en 1587 — année record ; dès la fin octobre, toute une série de scandales amena les magistrats à s'interroger de plus près sur les procès, ainsi qu'à envisager (on l'a vu) la possibilité de rendre l'appel automatique — pour ne rien dire des sanctions contre des magistrats subalternes, dont nous parlerons plus loin. Il fallut attendre trente-six ans pour que l'arrêt fût prononcé. La Ligue entraîna un changement du personnel au sein du Parlement, d'où une nouvelle période de rigueur au lendemain des sièges de la capitale. Des scandales éclatèrent de nouveau autour de 1600, ce qui amena une seconde période de modération. Le changement le plus radical, en 1610, eut, semble-t-il, des causes extrinsèques aux procès eux-mêmes ; mais, tout comme en 1588, l'arrêt de 1624 sur l'appel automatique fut précédé par un nombre anormal d'exécutions : cinq en neuf mois.

Peut-être la meilleure méthode pour apprécier la manière dont les sorciers furent jugés après 1610 consiste-elle à s'arrêter un instant sur les 18 exécutions ordonnées par le Parlement dans les trente dernières années de notre période. Les femmes, traitées un peu plus sévèrement que les hommes jusqu'en 1600, bénéficièrent de plus d'égards après cette date. Sur nos 18 condamnations à mort, on compte 12 hommes, dont 5 magiciens : trois de ces derniers avaient conclu et signé un pacte avec le diable, et l'un ne faisait aucun mystère d'avoir gardé, des années durant, un démon dans une fiole. On a déjà vu que la Cour ne retint pas l'excuse de Guillaume Legeret (extorsion de ses aveux), moins encore celle de Jean Estienne en 1624, qui prétendait que les capucins lui avaient brouillé l'esprit. Quant à Jean Brunet, il réitéra ses aveux, mais en toute liberté... Parmi les six femmes, trois furent exécutées en compagnie de leur mari ! Si deux de ces couples essayèrent de revenir sur leurs confessions, Barthélemy Minguet et son épouse avouèrent tout : le sabbat, l'adoration du diable, la renonciation au baptême, etc. Concernant les trois autres femmes, les preuves étaient manifestes. Louise Rolin (1614) confessa à son curé, et le confirma devant la Cour, qu'elle avait tiré la sainte hostie de sa bouche à l'instigation de son amant, un sorcier réputé. Toinette Brenusson (1616) avait été aperçue au sabbat par Minguet et son épouse — preuve moins grave qu'une boîte de graisse découverte chez elle. Catherine Bouillon (1625) prétendit que ses deux fils, de onze et neuf ans, étaient trop jeunes pour qu'elle leur apprît à prier Dieu ; devant la Cour ils n'en récitèrent pas moins des prières au Malin, enseignées par leur mère : prières pour se rendre au sabbat, pour que tombe la grêle, pour déterrer les petits enfants morts. De 1626 à 1640, il n'y eut que trois exécutions, tous des hommes, tous pour avoir passé des pactes écrits avec le diable [28].

Le bûcher d'un côté, la relaxe de l'autre, n'étaient pas les seules peines dont disposait le Parlement. Une bonne moitié de nos 1 094 appelants furent condamnés à d'autres peines, corporelles ou non. On n'avait pu retenir contre les uns que de simples présomptions, mais non des preuves ; les autres (et les deux catégories se recoupent) étaient trouvés bien coupables, non de sorcellerie, mais de charlatanerie ou de chantage. La Cour voyait d'ailleurs d'un mauvais œil les devins, qui se faisaient fort de retrouver objets perdus ou dérobés au moyen de miroirs, et les guérisseurs qui désensorcelaient leurs clients, les persuadant qu'ils étaient guéris en recrachant les crapauds qu'ils avaient dans le ventre. En pleine vague de sorcellerie, on peut comprendre que le Parlement tenait celui qui demandait, pour un simple breuvage, deux écus (ce qu'un artisan pouvait gagner en six mois), sinon pour un sorcier, du moins pour un charlatan qui prenait un risque calculé et tirait profit des superstitions populaires. Pareillement, plus d'un pauvre paysan, sachant bien qu'il était réputé sorcier, devait profiter délibérément de la crainte dont il était entouré ; on voit mal, autrement, comment il aurait pu gagner sa vie en demandant l'aumône [29]. Une conclusion paradoxale s'impose à nous : si le crime de sorcellerie est, en lui-même, imaginaire, il ne s'ensuit pas forcément que tous les accusés, ni même la plupart, aient été totalement innocents.

La violence populaire

On comprend mal les procès en appel à Paris, si on oublie que les procès en première instance se déroulaient dans une atmosphère d'hystérie collective. En 1588, Nicolas Leger, un laboureur de Juniville dans les Ardennes, fut condamné à mort « pour homicide et autres cas », par le bailli de l'abbaye Saint-Remi-de-Reims. Il fit appel, et son témoignage évoque ce que pouvait être un procès de sorcellerie :

> Dit qu'il était accusé de la mort d'un sorcier à Juniville.
> — Enquis comment il savait qu'il était sorcier,
> — A dit qu'il n'en sait autre chose (sauf) qu'il a été jeté en l'eau et n'y a enfoncé, et aussi qu'il avait la marque de Satan. Il est mis prisonnier, où il a été huit jours, y étant les personnes esquels il avait fait le sort jusques au nombre de seize, qui étaient tous contrefaits. Le procureur d'office et le maire font ouïr au son de tambour que chacun se tienne à sa place, à peine d'un écu. Il (Leger) était au labourage ; quand il revint sa femme luy dit que c'était pour le jugement des sorciers. Il y alla. Il vit qu'on (le) jeta à l'eau. Il se dépouilla, et parce qu'il n'enfonçait, le maire et le procureur fiscal lui commandèrent de mettre la main sur ce sorcier, ce qu'il fit, et de fait l'enfonça en l'eau. A l'instant il revint sur l'eau par trois fois. Enfin il fut mis hors de l'eau, et lui (Leger) s'en aller habiller. Lors ce sorcier s'enfuit. On courut après lui. Le peuple croyait adunc que cet homme s'adressa à lui. Il l'arrêta, et fut ramené. Le peuple le prit et le voulut tuer. Le maire et le procureur fiscal commandèrent de le porter en la place hors la ville, avec les fagots et de la paille pour les brûler. Et tout ce qui a été fait, ce a été par le commandement du maire et (du) procureur fiscal [30].

Leger, on le voit, rejeta la responsabilité sur les magistrats, lesquels, à leur tour, s'excusèrent en disant qu'ils étaient impuissants à y remédier. Le maire témoigna qu'il « voulait empêcher le peuple », mais « s'il voulait soutenir les sorciers, qu'on le jetterait en l'eau lui-même [31] ». C'était peut-être vrai, mais le Parlement n'en exigea pas moins que, une fois l'émotion apaisée, les responsables fussent châtiés — comme il advint dans la petite juridiction de Somme-Yèvre (Marne) en 1588. Dans l'affaire de Juniville, la peine de Leger fut commuée ainsi : amende honorable, fouet et neuf ans de bannissement du Vermandois et de la justice de Saint-Remi. Un prévôt-fermier du même village, convaincu d'avoir fait pendre par les pieds une prétendue sorcière et de l'avoir fait tuer nonobstant son appel, subit une peine identique. Le maire, le procureur d'office, le greffier, un sergent et deux particuliers passèrent plusieurs mois en prison avant de se voir condamnés, eux aussi, à l'amende honorable.

Ceci ne constitue qu'un des treize scandales qui attirèrent l'attention du Parlement entre la fin 1587 et l'été 1588. Tous se produisirent dans les cinquante kilomètres autour de Reims du nord-ouest au sud-est ; « Y a un mal en la Champagne », dit le procureur général du roi en juin 1588, « c'est qu'on estime la plupart des habitants sorciers ». Dans huit de ces affaires, c'est le témoignage des appelants qui dévoila le scandale, et ce, devant sept rapporteurs différents : presque tous les conseillers de la Tournelle avaient donc une expérience directe du problème. Trois femmes moururent au cours de leur procès en appel, et deux autres furent envoyées à l'Hôtel-Dieu pour être soignées.

L'épreuve de l'eau ne devait être pratiquée qu'à la suite d'une sentence prononcée en toute légalité, mais dans la plupart de ces cas l'accusé était empoigné par la foule et jeté à l'eau avant qu'on pût lui poser la moindre question. Certains furent lapidés et moururent noyés ou de froid ; certains furent pendus par les pouces avec des chaînes ; on graissa la plante des pieds à d'autres, avant de les exposer devant une belle flambée : un homme eut les pieds brûlés « jusques aux os ». Dans un autre cas, un notable du village « jeta de la poudre à canon sur le feu » — « ce n'était pour en mal faire », dit-il. Un jugement de relaxe fut supprimé afin de permettre à la soldatesque du château de lyncher le suspect. De sept femmes condamnées à mort au cours d'un même procès, une seule réussit à faire appel ; le Parlement se vit obligé de faire informer sur le sort des six autres. Deux chirurgiens s'étaient montrés si maladroits, ou si sadiques, en « piquant » pour trouver la fameuse « marque du diable », que la Cour les ajourna. La recherche de la « marque » se prêtait à la concussion ; on cherchait à mettre en cause les plus fortunés du lieu. Un autre abus consistait à priver l'inculpé de toute boisson pendant une semaine, après quoi on lui présentait du vin juste avant son interrogatoire. Dans toutes ces affaires, aucun juge ne suivait « l'ancienne usance » selon laquelle il devait faire appel à la place du condamné défaillant.

Tous ces faits furent à l'origine de la requête des gens du roi, en 1588, qui visait à rendre l'appel automatique en matière de sorcellerie. Il fallut attendre 1624 pour que l'arrêt fût prononcé ; dans l'intervalle, le Parlement continua de recourir à la vieille méthode de la punition exemplaire quand les circonstances s'y prêtaient. Dans deux arrêts de 1588, concernant deux seigneuries différentes dans les Ardennes (Brieulles-sur-Bar et Condé-lès-Autry), on trouve les mêmes clauses :

> ... la Cour a fait et fait inhibitions et défenses auxdits juges... de plus permettre, à la clameur et instance du peuple, ni autrement, plonger ni mettre à l'épreuve de l'eau, aucune personne que ce soit et commencer leurs procès par ladite épreuve et exécution, ains leur enjoint faire et instruire les procès suivant les édits et ordonnances, et d'appeler au jugement d'iceux les plus anciens et fameux avocats du siège royal plus proche de la justice..., sur peine de privation de leurs états et punition corporelle s'il y échet ; fait aussi défenses aux habitants et justiciables de la justice... et à toutes autres personnes que ce soit, de s'entremettre du fait de la justice ni user de contrainte et menaces à l'endroit des juges, ains la poursuivre et demander avec le respect et honneur dû aux officiers, sur peine de punition corporelle ; ordonne que le présent arrêt sera lu ès sièges de Ste-Ménehould et des justices (concernées) à jour de plaids, iceux tenant, à ce que aucuns n'en prétendent cause d'ignorance [32].

Trois nouveaux scandales éclatèrent en 1600 et 1601. L'avocat du roi à Gien s'était décidé à extirper le mal par la racine, en l'occurrence plus de deux cents sorciers, « et que le pays en est infecté » ; son greffier voulut s'y opposer, « il s'en est adressé au greffier pour lui faire le procès comme sorcier ». Le Parlement ne mit fin à ses exactions qu'après la mort de cinq hommes. En 1587, au contraire, un appel arrêta tout court le juge de Brieulles-sur-Bar, qui n'avait pas dénombré moins de 7 760 sorciers dans le voisinage, avant qu'il n'y eût de morts. Toutefois, les environs de Reims, évoqués précédemment, connurent la pire des chasses illégales aux sorciers dans le ressort de Paris. En 1601, le procureur général du roi se plaignait au Parlement que, depuis 1593,

> on aurait fait exécuter à mort plus de trois cents personnes accusées du crime de sorcellerie, sans avoir procédé à l'encontre d'eux par les voies ordinaires et accoutumées en justice, ains seulement par visitations (pour la marque) et épreuves... ; et d'autant que tels procès sont extraordinaires et grandement préjudiciables aux sujets du roi, aucuns desquels ont été travaillés par géhennes et tourments, et autres exécutés à mort nonobstant les appellations par eux interjetées, a requis commission pour informer [33]...

Deux magistrats d'Aubenton furent emprisonnés et suspendus six mois « de l'exercice de leurs charges et offices », et le bourreau de Rocroi (qui avait de surplus largement profité de sa prétendue « science de connaître les sorciers ») se vit condamné aux galères perpétuelles. A Aubenton, l'appel devint désormais automatique en matière de sortilèges [34]. A la suite d'un lynchage survenu en 1594 à Dinteville (Haute-Marne), il fut interdit, en 1601, à toutes les juridictions du ressort, de recourir à la preuve par immersion [35]. Dans cette affaire, la faute la plus grave des magistrats était de ne pas avoir encouragé le condamné à faire appel, comme ils avaient le devoir de le faire. Encore en 1609, les juges de Dinteville (parmi lesquels un vieillard de plus de 80 ans) étaient toujours pris dans le filet légal qu'eux-mêmes avaient mis en place : envoyés d'une prison à l'autre pour confrontation avec les témoins, confiscation de leurs biens, etc. Ces sanctions étaient légères, peut-être, comparées à la gravité des fautes, mais elle permirent de réfréner effectivement les lynchages de sorciers. Il n'y eut que quelques incidents en 1608-1609 et encore en 1623-1624 à la veille de l'arrêt sur l'appel automatique, mais ces événements furent beaucoup moins graves que ceux survenus auparavant.

Le Parlement de Paris était pleinement conscient de son image de marque en tant que source de la justice au nom du roi ; aussi devait-il se rendre compte que la clémence manifestée à l'égard des sorciers était considérée comme injuste par la grande majorité de la population [36]. Sa mission première étant le maintien de l'ordre public dans les limites de son ressort, un déséquilibre en ce domaine particulièrement sensible aurait été ressenti comme une atteinte intolérable. Aussi les considérations politiques jouèrent probablement un certain rôle dans les jugements qui furent rendus à l'encontre des sorciers. Les bannissements pouvaient être décrétés afin de ne pas s'aliéner la populace et les juridictions subalternes ; un nombre d'acquittements trop élevé aurait fait obstacle aux appels et encouragé les exécutions sommaires, les lynchages et les émeutes. Le bannissement n'était pas une mince punition, particulièrement pour les plus âgés ; mais on voit mal ce qui serait advenu de ces appelants à leur retour dans leur propre pays. En gros, il semble que le Parlement maintenait un équilibre. La figure 2 indique que la jurisprudence du Parlement ne fut pas sans inspirer les juridictions inférieures. Il est à remarquer, parmi les peines avant appel, le nombre croissant de bannissements, au détriment des sentences de mort. L'arrêt de 1624 s'insère dans une tentative plus large de normalisation et de centralisation de l'administration française [37]. Sa nouveauté réside moins dans l'idée elle-même — certains bailliages, tel Aubenton, étaient, dès avant sa promulgation, sujets à l'appel automatique, mais à titre exceptionnel —, que dans son application générale à toutes les juridictions du ressort. Il prit effet à un moment opportun, et la chute dramatique du nombre des appels après 1625 montre peut-être que la plupart des juridictions inférieures étaient disposées à se conformer à la jurisprudence nouvelle. Une baisse dans les taux de relaxe — 57 % dans les années 1620, 39 % dans les années 1630 — semble signifier que les bailliages commençaient à mener les procès en première instance selon des critères plus stricts.

Hormis quelques paniques provinciales [38], les poursuites contre les sorciers s'exercèrent désormais dans un cadre légal, dès le deuxième quart du XVIIe siècle. Une tendance nouvelle se manifesta sur un autre plan : les confessions des sorciers furent assimilées à des hallucinations dangereuses (passibles du bannissement) plutôt qu'à des indices d'une relation perverse avec le Malin. Les juges cessèrent dans le même temps de croire, d'abord à la fréquence, puis à la réalité des sortilèges, considérés dès lors comme les symptômes d'un état insensé mais inoffensif. Sur ce processus, nous renvoyons à la thèse de R. Mandrou, même si nous n'adhérons pas à son analyse du « revirement décisif » des années 1620. En effet, la réaction des parlementaires parisiens aux phénomènes de sorcellerie du XVIe siècle finissant n'a que peu à voir avec l'attitude de leurs moindres confrères (dont quelques démonologues renommés) en Franche-Comté et en Lorraine — ni même du célèbre Bodin à Laon. Les magistrats n'étaient à la remorque ni des médecins ni des théologiens ; ils recouraient, pour mettre fin aux désordres que représentaient les chasses aux sorciers, à des méthodes qui ne devaient pas grand-chose à la grande « révolution mentale » du XVIIe siècle — du moins telle qu'on la définit habituellement. On s'est intéressé, depuis quelques années, à l'essor d'une nouvelle historiographie critique au XVIe siècle [39], essor accompli à une époque où la philologie était indiscutablement la reine des sciences. Juristes-historiens, juristes-philologues et juristes tout court, ne doivent-ils pas trouver leur place dans l'avant-garde de cette monumentale transformation de la mentalité moderne ?

NOTES

1. Alan D. J. MACFARLANE, *Witchcraft in Tudor and Stuart England*, Londres, 1970.

2. E. William MONTER, *Witchcraft in France and Switzerland : the borderlands during the Reformation*, Ithaca-Londres, Cornell University Press, 1976. Les articles antérieurs de Monter, sur Genève et le Jura suisse, y sont incorporés sous une forme nouvelle.

3. H. C. Erik MIDELFORT, *Witch hunting in southwestern Germany (1562-1684)*, Stanford, Calif., 1972.

4. Christina LARNER, « Perceptions and proofs of the demonic pact in seventeenth-century Scotland », communication inédite, British Association for the Advancement of Science, Stirling, sept. 1974 ; « Theory and sources in interdisciplinary research : the case of Scottish witchcraft

prosecutions of the seventeenth century », à paraître dans *Social History*. (L'auteur m'en a communiqué la version dactylographiée, ce dont je tiens à la remercier.) Voir aussi son bref article, « Is all witchcraft really witchcraft ? », dans *New Society* (10 oct. 1974), pp. 81-83.

5. Il n'y a qu'une mince bibliographie de la criminalité en France aux XVIe et XVIIe siècles. Voir notamment : F. BILLACOIS, « Pour une enquête sur la criminalité dans la France d'Ancien Régime », *Annales E.S.C.* (1967), pp. 340-349 ; F. BILLACOIS, *Crimes et criminalité en France : XVIIe-XVIIIe siècle*, Paris, *Cahiers des Annales*, n° 33, 1971. Les principales sources de cet article sont : Archives de la préfecture de police, A^B 1-34 ; Archives nationales, registres d'Arrêts (X^{2A}), minutes d'arrêts (X^{2B}), plumitifs (X^{2A} 941-1005), procès-verbaux de la question et d'exécution (X^{2B} 1330-1331), pièces d'instruction (X^{2B} 1175-1181), registre d'audiences, 1587-1588 (X^{2A} 1395) ; Bibliothèque nationale, ms. fr. 10951 (plumitifs pour l'année judiciaire 1609-1610). Un ouvrage est actuellement en préparation : ici les références précises n'ont pas été signalées sauf pour les citations les plus importantes. (Au début de mon travail sur les plumitifs, j'ai reçu de M. Gérard Jubert maints conseils paléographiques ; qu'il trouve ici l'expression de ma reconnaissance. Je ne saurais assez remercier Mlle Claudine Dagnet pour son aide en ce qui concerne la version française.)

6. Par exemple, tentatives de suicide, sujet d'un article à paraitre, en collaboration avec Pierre Chaunu.

7. Cf. F. BAVOUX, *Les Procès inédits de Boguet en matière de sorcellerie*, Dijon, 1958.

8. L. FEBVRE, « Sorcellerie, sottise ou révolution mentale ? » dans *Au cœur religieux du XVIe siècle*, 2e éd., Paris, 1968, pp. 301-309.

9. Pour des statistiques comparées des autres régions étudiées, cf. MONTER, pp. 49-50.

10. Cf. Jonathan DEWALD, « The Magistrates of the Parlement of Rouen, 1499-1610 », thèse de doctorat inédite, Université de Californie à Berkeley, 1974, chapitre 6, p. 28. Dewald a dénombré huit bergers, sur un échantillon restreint de vingt arrêts.

11. Voir la table donnée par Monter, pp. 119-120. Dans l'Europe occidentale, le pourcentage des hommes était d'environ 20 %. Il était de 5 % dans l'évêché de Bâle et de 8 % dans le comté d'Essex, mais atteignait 36 % à Fribourg et 42 % à Lausanne. Sur cette question des sorciers masculins, voir les réserves formulées par l'ethnologue Max MARWICK, *Witchcraft and sorcery*, Penguin, 1970, pp. 283-284 : les stéréotypes populaires ne correspondraient pas nécessairement aux conclusions imposées par les données statistiques.

12. Cf. MONTER, pp. 121-122.

13. A l'inverse du Jura, il ne semble pas, dans le ressort de Paris, que les hommes aient été inculpés plus que les femmes de crimes autres que celui de sorcellerie, tels que le vol ou l'infraction sexuelle grave (cf. MONTER, pp. 135-136). Les différences ne sont pas importantes dans les accusations portées à l'encontre des uns ou des autres.

14. Je n'ai trouvé que trois huguenots, sur l'ensemble des 400 cas que j'ai étudiés attentivement.

15. Bernadette BOUTELET, « Étude par sondage de la criminalité dans le bailliage de Pont-de-l'Arche (XVIIe - XVIIIe siècle). De la violence au vol : en marche vers l'escroquerie », dans *Annales de Normandie* (1962), pp. 235-262, avant-propos de Pierre Chaunu, que je tiens à remercier pour nos discussions si fructueuses sur la criminalité. Voir aussi les articles faisant suite à ce premier, dans *Annales de Normandie*, 1966, 1967, 1971 et 1972.

16. Dans *New Society*, 10 oct. 1974, p. 82.

17. Ét. Delcambre, *Le Concept de la sorcellerie dans le duché de Lorraine aux XVIe et XVIIe siècles*, 3 vol., Nancy, 1948-1951.

18. K. THOMAS, *Religion and the decline of magic*, New York, 1971, chap. 18 ; MACFARLANE, chap. 12.

19. Un texte tardif de 1671 (MANDROU, p. 443) évoque ce phénomène. Cf. MONTER, p. 134.

20. Jean BODIN, *De la démonomanie des sorciers*, IV, iii, éd. de Paris, 1580, pp. 180 v°-181. Cf. DELCAMBRE, « Les procès de sorcellerie en Lorraine. Psychologie des juges », dans *Tijdschrift voor Rechtsgeschiedenis*, t. XXI (1953), p. 399.

21. Cf. DELCAMBRE, *Le Concept de la sorcellerie*..., t. III : *Les Devins-guérisseurs*, pp. 205-219 ; MONTER, pp. 167-185.

22. L. CHARONDAS LE CARON, *De la tranquillité d'esprit...*, Paris, 1588, pp. 175-176. L'authenticité de cette confession, faite à Laneuvilleroy (Oise), est confirmée par le témoignage déposé à Paris.

23. La meilleure étude qui existe n'est fondée que sur des édits royaux et des manuels de pratique : Ad. ESMEIN, *Histoire de la procédure criminelle en France...*, Paris, 1882, pp. 136-158. Cf. M. FOUCAULT, *Surveiller et punir*, Paris, 1975, pp. 39-46.

24. Les détails sont contenus dans un acte de 1697. Voir F. A. ISAMBERT et *al.*, *Recueil général des anciennes lois françaises*, Paris, 1821-1833, t. XX, pp. 281-284.

25. Sur la diffamation, voir mon article « Press, pulpit and censorship in France before Richelieu » dans *Proceedings of the American Philosophical Society*, t. CXX, n° 6 (déc. 1976), pp. 439-463.

26. Voir un arrêt du 15 oct. 1599 (refus d'une requête des officiers de Montmorillon), et MANDROU, pp. 356-357. Le texte d'un arrêt de 1611 n'autorise pas l'interprétation qu'en donne Mandrou (p. 181, note 64).

27. Arch. nat., X^2 956, 18 mars 1588.

28. Il est curieux de noter que, dans le comté d'Essex (à l'exception d'une panique sévère mais isolée en 1645), et à Genève (hormis une exécution en 1652), les dernières sentences de mort pour faits de sorcellerie furent prononcées en 1626. Voir MACFARLANE, pp. 57-60 ; MONTER, p. 61.

29. Un bel exemple, bien que tardif, est donné par R. Mandrou, p. 512. Cf. THOMAS, pp. 565-566.

30. Arch. nat., X^{2A} 956, 30 mai 1588. Ce texte n'est pas un procès-verbal, mais un plumitif de greffier.

31. *Ibid.*, 29 août 1588. Cf. BODIN, IV, i, éd. citée, p. 166.

32. Arch. nat., X^{2B} 156 (carton de minutes en désordre), 1er et 11 mars 1588.

33. *Ibid.*, X^{2B} 204, 28 nov. 1601.

34. Arch. nat., X^{2B} 213, 20 juin 1603 : « (la Cour) fait défenses audit lieutenant (d'Aubenton) de juger dorénavant en dernier ressort et sans appel les procès criminels des accusés de sortilège, ni recevoir iceux accusés à se désister de leurdit appel, ains déférer aux appellations qui seront interjetées des jugements de mort ou de la question ou autre portant peine inflictive de corps, et où lesdits accusés n'appelleraient, lui enjoint les faire interpeller par leurs greffiers d'interjeter l'appel et, ce fait, les envoyer incontinent prisonniers en la Conciergerie du Palais ». L'arrêt contre Jean Minard, bourreau de Rocroi, est classé parmi les prononciations du 9 juin 1603, *ibid.*

35. R. MANDROU, pp. 181-183. Bodin et Servin, le fait est à remarquer, utilisent le même argument pour dénoncer la « contre-magie » de l'épreuve de l'eau. Cf. BODIN, IV, iv, p. 194.

36. Apparemment, certains, dès 1622, étaient persuadés que le Parlement ne croyait plus à la sorcellerie. Voir Pierre DE LANCRE, *L'Incrédulité et mescréance du sortilège pleinement convaincue...*, Paris, 1622, p. 798.

37. Je remercie Roland Mousnier, qui m'a encouragé à ne pas voir, dans cette coïncidence, le simple effet du hasard.

38. Voir, par exemple, R. MANDROU, pp. 357-358.

39. Voir Donald R. KELLEY, *Foundations of modern historical scholarship. Law and history in the French Renaissance*, New York, 1970.

II

The Parlement of Paris and the Great Witch Hunt (1565–1640)

ANY THOROUGH REGIONAL investigation of early modern witchcraft and witchcraft trials is necessarily dependent upon adequate record survival. Studies such as Macfarlane's on Essex, Midelfort's on southwestern Germany, Monter's on French-speaking Switzerland and Franche-Comté, and Larner's on Scotland are models in this respect.[1] French archives do not lend themselves to this kind of research. Apart from the mountain of unclassified trials in the archives of the Parlement of Toulouse and the copies of trials preserved in the fiscal records of the dukes of Lorraine (utilized by Delcambre, who approached them from the standpoint of the folklorist rather than the social historian – and it should be remembered that Lorraine was at that time a part of the Holy Roman Empire), there are scarcely any records of local criminal courts surviving from the late sixteenth and early seventeenth centuries.[2]

The original trial papers of cases judged by the Parlement of Paris have almost all been destroyed. There remain, however, a great many surviving documents – three virtually unbroken series: prison ledgers, sentences, and scribbled notes taken by clerks during the interrogations of the accused in full court. These, plus a substantial number of rough drafts of procès-verbaux of torture and notes of lawyers' briefs, are sufficient to enable us to ascertain the evolution of this court's attitude toward witchcraft. In view of the size of the

*This article is an expanded and annotated version of a paper given at an international conference in Amsterdam and Leiden, May 16-18, 1977, organized by the Dutch Group for the Study of the History of Crime and Criminal Law.

[1] Alan D. J. Macfarlane, *Witchcraft in Tudor and Stuart England* (London: Routledge & Kegan Paw, 1970); H. C. Erick Midelfort, *Witch Hunting in Southwestern Germany (1562-1684)* (Stanford: Stanford University Press, 1972); E. William Monter, *Witchcraft in France and Switzerland: the Borderlands during the Reformation* (Ithaca: Cornell University Press, 1976); Christina Larner, *The Enemies of God* (forthcoming from Sussex University Press). Until we know more about the practice of criminal justice in the early modern period (a field still in its infancy), the general context of these specialized studies, and hence their full import, remains uncertain.

[2] Etienne Delcambre, *Le Concept de la sorcellerie dans le duché de Lorraine aux XVIe et XVIIe siècles* (3 vols.; Nancy: Société d'archéologie lorraine, 1948-1951). Delcambre died before he could write his history of the witch hunt in Lorraine – it would make a splendid subject for a Ph.D. dissertation –, but he did publish two important articles: "Les Procès de sorcellerie en Lorraine: psychologie des juges," *Tijdschrift voor Rechtsgeschiedenis*, XXI (1953), 389-419; "La Psychologie des inculpés lorrains de sorcellerie," *Revue historique de droit français et étranger*, XXXII (1954), 383-404, 508-526. *

jurisdiction – the northern two-thirds of France, with the exception of Normandy, Brittany and Burgundy, comprising a population of some eight to ten millions (making it by far the largest as well as the most prestigious secular court in Christendom) – the question of its jurisprudence with respect to witchcraft is intrinsically important. As Pierre Chaunu wrote apropos Robert Mandrou's thesis, *Magistrats et sorciers en France au XVIIe siècle* (1968), "Il fallait d'abord connaître le magistrat pour lui arracher le sorcier."[3]

Laboring under the general misconception that the Parlement archives are both unmanageable and illegible, Mandrou attempted to bypass research in these archives and drew a small sample of a few dozen cases from printed sources and from later, more legible manuscript copies. That his witchcraft trials for the years 1580-1620 happened to include an overwhelming number of cases which terminated in the execution of the accused gave him no cause to suspect that his sample was unrepresentative. On the contrary, he seems to have taken it for granted (as did Lucien Febvre in 1948) that the Parlement of Paris would not differ dramatically from the Parlement of Bordeaux (notably its severe witch hunt in the Labourd in 1609) or the courts of Lorraine.[4] Witchcraft was not a *crimen exceptum* in France. Since there was not even a passing mention of sorcery in any royal edict until 1682, and since no president or councilor in the Paris court ever expressed himself publicly on the issue, Mandrou seems further to have assumed that the demonological treatises of the era of large-scale witchcraft prosecutions reflected the views of the high magistrates – whereas, in fact, they turn out to have been written *against* the jurisprudence of the Parlement, which was always rather reluctant to condemn accused witches to death. The frequent citing of such cases as did result in death sentences is due not only to their sensationalism; they served as precedents to justify harsh sentences passed by lower courts, in an effort to dissuade the Parlement from commuting death sentences into lesser penalties. These precedents were gleefully seized upon in the age of the Enlightenment when self-congratulatory writers were only too happy to adduce further evidence that the preceding era was woefully superstitious.

It is not surprising, therefore, that Mandrou should have imagined that the Parlement's recotd with respect to witchcraft trials must have followed a pattern that dovetails neatly with the classic definition of the *révolution mentale,* based upon criteria deriving from Enlightenment values. In his thesis he maintains that, until the mid-1620s, the Parlement routinely confirmed the vast majority of death sentences it reviewed upon appeal; only 5% to 10% of

[3] P. Chaunu, "Sur la fin des sorciers," *Annales E.S.C.,* XXIV (1969), 902 n.; Mandrou, *Magistrats et sorciers en France au XVIIe siècle, une analyse de psychologie historique* (Paris: Plon, 1968).

[4] Mandrou, p. 92 and n. 38, p. 135 *et passim*; L. Febvre, "Sorcellerie, sottise ou révolution mentale?" reprinted in *Au coeur religieux du XVIe siècle* (2d ed.; Paris: S.E.V.P.E.N., 1968), pp. 301-309.

the accused managed to escape execution. It was not until a series of sensational scandals, involving demonic possession in urban convents of middle-class nuns, aroused a lively debate, that the magistrates began to re-examine their superstitions and adopt what may loosely be termed rationalistic standards, following arguments first advanced by doctors of theology and medicine. A landmark decision of 1624, which decreed that all witchcraft sentences (if they prescribed capital or corporal punishment) were subject to automatic appeal, is the key to a "crisis of consciousness" and a "decisive reversal" of policy. It was only then that harsh sentences began to be mitigated, and by 1640 the high court began to take punitive action against subordinate judges who tolerated summary executions. For the remainder of the seventeenth century the Paris court led the way in a campaign to coerce other French courts to follow its example.

Mandrou's thesis simply bristles with fallacies. 1) The supposed impossibility of research in the archives of the Parlement of Paris is largely a myth. 2) Errors in the chronology of the court's role in the great witch hunt derive, for the most part (and in turn help to perpetuate), a mistaken definition of the *révolution mentale* of the seventeenth century – a definition which takes little account of the great jurists and jurist-philologists who, in the eyes of their contemporaries, were the pre-eminent thinkers of the age. 3) It underestimates the wide disparity between the prestige and intellectual stature of the Paris court, on the one hand, and all the subordinate jurisdictions, as well as the lesser provincial parlements in France, on the other. 4) It assumes that, because the Parlement employed torture and secret procedure in criminal trials, there was no essential difference between its practices and those which prevailed in the most notorious continental chain-reaction trials so vividly evoked by Midelfort. 5) Even the nature of the charges and the evidence upon which accused witches were convicted is misunderstood.

1. The prison records of the Conciergerie du Palais have been much neglected, in part because they became separated from the Parlement archives and are housed, not in the Archives Nationales, but in the Archives de la Préfecture de Police. They can be perused rather quickly and, for the period 1564-1639, serve as a chronological index to most appeals. For the crime of witchcraft they yield the essential data on approximately 80% to 90% of the cases judged by the Parlement. True, the sentences (*arrêts*) to which imprisonments provide the key are often too laconic to add much information. But the notes of interrogations are often extremely rich in detail; the paleographic problems they present, while indeed formidable, have been unduly exaggerated. A valuable complement to this ensemble of documentation is furnished by the partially preserved series of notes of *audiences,* sessions in which lawyers and court officials argued certain cases.[5]

[5] The principal sources utilized are: Paris, Archives de la Préfecture de Police, AB 1-34; Archives Nationales, X2A (series of registers of *arrêts*) and X2B (series of minutes of

2. Between 1565 and 1640 the Parlement reviewed on appeal about twelve hundred individual sentences for witchcraft and judged several dozen cases in the first instance. The statistics which follow are based on 1123 appeals and 25 trials in the first instance. (Because it is impossible to estimate the ratio of the appeals to the total number of prosecutions, this brief paper will be confined to jurisprudential questions, leaving aside any discussion of the sociology of witchcraft, for which my evidence is more suggestive than solid.[6]) The great bulk of these cases falls between 1580 and 1625 when there was an average of twenty appeals a year – approximately the same as the number of appeals from infanticide convictions. In peak years (1587, 1609-1610, 1623) there were over forty cases, and in one six month period (early 1610) witchcraft accounted for no less than 10% of the total criminal business of the court. Earlier, from 1565 to 1575, the sorcery appeals, five or six a year, were roughly on a par with cases of bigamy and conjugal murder; after a precipitous decline beginning in 1625, the witchcraft appeals dropped to two or three a year.

The record of the Parlement's decisions is set forth in the accompanying table (page 35), showing the penalties before and after appeal, decade by decade. It will be noted that, except for the period 1580-1600, the death sentences, before appeal, were always well under half the total. Far from "automatically" confirming these sentences, even in the sixteenth century, the Parlement had an astonishing record of leniency. Through 1600, only 74 out of 249 death sentences were confirmed (30%). And if we include the appellants sentenced to be tortured (147), on the likely assumption that most of them would have been forced to confess if tortured in the provinces, the execution rate drops to 19%. Fifteen percent of those appealing from death sentences, and 29.5% of the total, were released outright – not necessarily absolved, to be sure, for that was seldom done, but suffering no more than an admonition in court and perhaps a monetary fine. After the period of greatest severity at the end of the sixteenth century, the first decade of the seventeenth already shows some degree of moderation, followed by a dramatic acceleration of the trend after 1610. From 1611 to 1640 there were only 18 executions for sorcery, 13% of the initial death sentences and 4.7% of the total; nearly half

arrêts), X2A 927-1005 (notes of interrogations), X2B 1330-1331 (procès-verbaux of tortures and executions), X2B 1175-1181 (more procès-verbaux and other interrogations), X2A 1395-1399 (*audiences* for the years 1586-1599, 1609-1612), X2B 1099-1101 (*feuilles d'audiences* for the same period); Bibliothèque Nationale, ms. fr. 10951 (interrogations for the judicial year 1609-1610).

[6] For some aspects of this subject see my earlier article, "Les Procès de sorcellerie au Parlement de Paris (1565-1640)," *Annales E.S.C.*, XXXII (1977), 790-814. The conclusions offered here are based on nearly double the number of trials studied in detail. Forty-two cases have been added and thirteen eliminated. Twelve cases mentioned only in the audiences are not included in the calculations. Considerable research remains to be done on the period 1565-1640, and ultimately the starting point of the study will be carried back to 1543.

TABLE

Witchcraft Appeals to the Parlement of Paris[1]

	death	corporal punishment[2]	non-corporal punishment[3]	died in prison[4]	unknown	released	total
1564-1570	8	17	3				28
	1	11	3	3	1	9	28
1571-1580	30	55	8				93
	12	18	27	8	3	25	93
1581-1590	109	86	15				210
	26	47	52	11	2	72	210
1591-1600[5]	102	44	27				173
	35	16	72	1	6	43	173
1601-1610	86	86	65				237
	23	10	111	6	7	80	237
1611-1620	80	58	58				196
	9	13	77	15	4	78	196
1621-1630	49	52	49				150
	7	14	34	8	1	86	150
1631-1640	10	18	8				36
	2	1	19			14	36
Total	474	416	233				1123
	115	130	395	52	24	407	1123

[1] For each decade, the upper row of figures represents sentences before appeal; the lower row, sentences after appeal.
[2] Galleys, whipping, or whipping and banishment. Appeals from sentences to torture also included.
[3] Banishment or public penance.
[4] Includes those committed to the hospital.
[5] N.B. Appeals came to a virtual halt in 1589-1594 due to the civil war.

(47%) of all the appellants were released. For the period as a whole (1565-1640) there were 115 executions in all, 24% of the 474 initially condemned to death, and only 10.2% of the total of 1123; nearly 20% of the persons appealing from death sentences, and 36% of the total, were released. Of the 25 cases tried in the first instance, there was one execution.

The fifty-two who died in prison or were committed to the hospital (not necessarily a fatal experience) should not be confused with those who were executed. Fully half of these deaths occurred within a month of incarceration and are probably attributable to maltreatment of the suspects before they arrived in Paris. What is not apparent from the table, owing to the arbitrary categories into which penalties have been divided, is that, apart from
* confirmed death sentences, over 90% were commuted to some extent, often by shortening the term of banishment or the galleys, or by reducing the monetary fine.

To place these statistics on witchcraft appeals in proper perspective, it must be emphasized that some moderation of penalties was the normal practice of the Parlement with respect to all offenses. In part, one suspects, it was done deliberately to encourage appeals, thereby providing a means of checking excessive severity or abuses on the part of subordinate jurisdictions. The degree of leniency accorded to accused witches can only be appreciated by comparing their treatment with the experiences of those appealing from sentences for other crimes, especially those which, like sorcery, were committed in secret and were not susceptible of eyewitness testimony.

In a sample period, 1614-1626, the number of appeals for arson was 262, of which 26% were from death sentences, and 25% of these were confirmed. During the same period the ratio of initial death sentences in 270 witchcraft appeals was higher (40%), but only 15% were confirmed. In cases of sodomy and conjugal murder, roughly half of all appeals resulted in executions.[7] The most dramatic example is infanticide; 90% of the appeals were from death sentences, and 70% of them were confirmed. What made conviction for infanticide a relatively simple matter for magistrates was the fact that the indices of culpability were clearly defined in an edict of 1556, which required every woman to register her pregnancy and to have a witness at the moment of birth. In the case of a dead baby, the difficult question of whether or not it was still-born was irrelevant. There was no need to show a corpus delicti; if the mother had not fulfilled at least one of the two abovementioned conditions, she was almost certain to be executed. What the law had done, in effect, was to elevate "a certain chain of presumptive evidence" into proof of guilt.[8] Infanticide was a *crimen exceptum* in France; similar

[7] For the entire period 1565-1640, there were 176 sodomy appeals, 121 from death sentences (69%); 77 were executed (63%, or 44% of the total), and 33 were released (19%). One appellant died in prison.

[8] The quotation is from Sir Walter Scott, *The Heart of Midlothian* (1818), chap. 23. For figures on the great infanticide craze in other regions, see Monter, p. 198, n. 14.

legislation could have been enacted with respect to witchcraft, and it is highly significant that it was *not.* In judging witchcraft appeals, the tendency of the Parlement to commute sentences was more pronounced than for almost any other capital crime.

3. The reason for this apparent leniency is not to be found in any precocious skepticism as to the reality of witchcraft itself – this is clear from the interrogations – but must rather be attributed to the difficulty of rendering a legally correct verdict of guilt. The rules of evidence are set forth plainly in Book IV of Jean Bodin's *De la démonomanie des sorciers* (1580) for readers who are prepared to take this work seriously instead of regarding it as an unfortunate lapse on the part of an otherwise intelligent author. As far as one can tell from the interrogations, Bodin was correct in stating that there were only three kinds of acceptable proof: a) tangible evidence, such as written pacts with the devil, or pots of unexplained grease or powders, especially if poisonous; b) free confessions, that is, not made under torture or the threat of torture; and c) the testimony of unimpeachable witnesses to an act of sorcery. These were the only *proofs,* the same proofs which applied to other crimes for which there was no special statute. All other forms of evidence – denunciations by convicted witches at the foot of the scaffold, confessions made under torture and later retracted, deep-rooted suspicion on the part of the witch's neighbors, the devil's mark, failure to sink when subjected to trial by water – were only *presumptions* of guilt. Conviction upon presumptions could entail severe punishment, but without one of the three proofs there could be no death sentence.

It must be remembered that, for all his intellectual brilliance, Bodin held only a mediocre position in the magistracy – in Laon, in the middle of an area where the witch craze raged most fiercely. It was the purpose of his book to urge the Parlement to relax its standards of evidence (e.g., to admit the testimony of prostitutes and other social undesirables normally unacceptable as witnesses, to reduce the amount of evidence necessary to proceed to torture, etc.), in order to close some of the legal loopholes through which so many sorcerers seemed to be escaping execution. The Parlement (collectively) was considerably less alarmed than Bodin and refused to make an exception in the evidentiary rules regarding sorcery. There can be no doubt, however, that Bodin found a sympathetic readership among some of the councilors and presidents of the high court. Despite all efforts to preserve a facade of unanimity, the archives of the Parlement reveal a definite tension between witch hunters and moderates. The moderates, when prodded into coordinating their decisions, were ordinarily in the majority and had the support of the king's advocate, Antoine Séguier, and the king's solicitor general, Jacques de La Guesle. As the latter said in a closed court session in 1588, "There is a madness in the province of Champagne: they think nearly everyone is a witch" – a statement which represents the Parlement's official, though unpublished, reply to Bodin.[9] Contrary to the recommendations of the *Démonomanie,* by fits and starts (usually in the wake of an abnormal number of executions), the standards of proof in witchcraft trials were actually tightened. Tangible evidence and eyewitness testimony were of course rather rare. Most executions were ordered on the basis of confessions, and the Parlement seems to have become increasingly suspicious as to the means by which confessions were being extorted in local trials.

As the tempo of witchcraft appeals began to accelerate in the early 1580s, there were two cases about which the court had obvious misgivings. In 1581 a man complained that he had been beaten and threatened in prison, and a neighboring royal judge was directed to conduct an investigation. Two years later, when another appellant described how he had been kept in a dungeon for months and forced to pay bribes in order to defend himself, the local judge was summoned to Paris to answer these charges in person.[10] Such isolated discoveries of abuses became a concerted campaign later in the decade. Eight witches were condemned to death in 1587, the largest number in a single year. Beginning in late October, and within less than a year, at least thirteen scandals were brought to light, all of them originating in Champagne and the Ardennes. In a few cases, suspects were literally lynched by unruly crowds; in others, trial by water was being improperly used and people were horribly tormented; and worst of all (from the Parlement's point of view), there were cases in which the accused were being denied their right to appeal. The following plea by an advocate is typical:

> Some had their thumbs smashed with hammers; others were hoisted into the air and "grilled" over a fire; others were summarily tossed into the water – which is what happened to Alison Legrand, even though she was pregnant. Twice she was subjected to trial by water and twice she sank, thus indicating she was no witch; but the result was that she miscarried and gave birth to an embryo.[11]

[9] "Y a un mal en la Champagne: c'est qu'on estime la plupart des habitants sorciers" (*audience* of June 18, 1588, Jean Malicet *vs.* Jacques Collart and Nicolas Aucher, mayor and *procureur d'office,* respectively, of Condé-sur-Marne; Arch. Nat., X2A 1395). Cf. variant in first draft: "... on estime tous les y demeurant sorciers" (*feuille d'audience,* X2B 1099).

[10] Nicolas de La Ribière, interrogation of Sept. 16, 1581 (X2A 950) and *arrêt* of Sept. 19, 1581 (X2B 115); Oger Basourdy, interrogation of July 15, 1583 (X2A 951); "décréter ajournement personnel contre le juge pour répondre à telles conclusions que le procureur général voudrait contre lui prendre et à celles dudit Basourdy." It is probably not a coincidence that the first of these cases should have occurred within two months after the court handled its first mass witchcraft trial: ten persons from Villefolle (*sic*), of whom seven had been sentenced to death, but only one sentence confirmed by the Parlement (Arch. Préf. Police, AB 7, f. 40v). The Villefolle witch hunt was concluded shortly thereafter; seven out of eight appellants were under sentence of death; none was executed (*ibid.,* f. 77v).

[11] *Feuille d'audience,* Mar. 19, 1588, "Joly pour Jean Grignet et consorts ..." (X2B 1099).

Subordinate magistrates responsible for these abuses were suspended, summoned, and interrogated; several were sentenced to do public penance. In at least two cases the Parlement specifically recognized that local judges were being coerced by the angry threats of overzealous villagers but held them accountable anyway. In March 1588 the king's attorneys presented a petition to the Parlement: ". . . that judges in the provinces be required to suspend all decisions concerning sorcerers, even when there is no appeal, and that [the accused] be brought [to Paris]; . . . that records of the trials be sent even when there is no appeal . . . ." And this, thirty-six years before the act which Mandrou regarded as a turning point! Obviously the magistrates of the Parlement of Paris were not intellectual camp followers dependent upon theologians and "scientists" to do their thinking for them.[12]

Owing to the political situation, the 1588 petition was not granted. In May of that year Henry III was driven from Paris, and the *Ligue* took over the Parlement the following January. Louis Dorléans, one of the pushing careerists who had ousted many of the conservative magistrates of the high court, became advocate general. Regarding witchcraft this is what he had to say: "In these times of misery, sorcery has crept into the realm and has become so common and widespread that something must be done about it."[13] Lest anyone assume that the division between witch hunters and moderates was along political and religious rather than social lines, and that witch hunting was linked to ultra-Catholicism, it should be remembered that the moderate Antoine Séguier was certainly no *politique*; in fact he was one of the most obstinate opponents of the Edict of Nantes. A more likely explanation lies in the lofty self-image of the established "high robe" families and their pride in traditions of jurisprudence fundamentally inimical to the popular fanaticism of the witch craze. The newcomers, whose attitudes were akin to those of provincial magistrates, were clearly responsible for the increased severity of the Parlement toward witches in the 1590s whereas the old guard would presumably have agreed with Shakespeare's doge of Venice, who replied when Othello was accused of witchcraft:

> To vouch this, is no proof,
> Without more certain and more overt test
> Than these thin habits and poor likelihoods
> Of modern seeming do prefer against him.
>
> I, iii

[12] For the French text of the petition, see Soman, "Les Procès de sorcellerie," p. 806. Cf. Mandrou, pp. 311-312, 343-345.

[13] *Audience* of May 6, 1589, case of "la veuve Vernesson" (X2A 1396): "Dorléans, pour le procureur général, dit que, en ce miserable temps, la sorcellerie est entrée en ce royaume, et est le crime si fréquent et si libre qu'il mérite quelque indigantion. Il s'écrie contre ceux qui ont dit qu'il n'y avait de sorciers, vu qu'il y a tant d'écrits de la sorcellerie. Le peuple qui en a senti les effets . . ." etc.

Shortly after peace was restored, the moderates began to reassert themselves against the witch hunters. There were seven executions in 1598, and in the course of the next year three cases of judicial abuse were uncovered. As a consequence of one of them the *vice-sénéchal* of Niort was forbidden to undertake any further prosecutions for witchcraft.[14] The number of executions declined sharply, but three more scandals were unearthed in 1600-1601. A royal official was severely reprimanded for permitting five men to be * tortured to death in Berry. A lynching in the upper Marne valley led to the banning of all further trials by water throughout the jurisdiction of the Parlement. And in the worst case of all, over three hundred illegal executions in the Ardennes resulted in the hangman being sent to the galleys for life, and one of the jurisdictions at fault was subjected thereafter to automatic appeal in witchcraft trials – the first precedent for the *arrêt* of 1624. Another locality was placed under the same restriction after a spate of eleven executions in 1608-1609.[15] That these local and specific measures were accompanied by stricter standards of evidence can be seen in the trials of the eighteen persons executed between 1610 and 1635. Four were convicted on the basis of tangible evidence, and five more repeated their confessions freely in Paris. (Owing to the sometimes sketchy nature of the interrogations, these are minimum figures.) Typically, the definitive 1624 *arrêt* on automatic appeals was preceded by five death sentences within nine months. The last execution for witchcraft was that of Catherine Bouillon in 1625. After her death there were three more executions, but all three were for ritual magic: invoking the devil to find buried treasures, a notorious confidence racket.

4. One of the indications of the scrupulousness with which the Parlement went about its business is its use of torture. On March 3, 1603, Marguerite Drouyn, an eighteen-year-old servant accused by another servant of "unnatural" sexual relations with their master, was sentenced to "moderate" torture, i.e., she was to be tied, stretched and have four measures of lukewarm water poured down her throat. If she did not confess, she was to be "released pending further evidence" (the usual formula for dropping charges). Through most of the torture she flatly denied the accusation. Then, near the end of the fourth measure of water, she confessed and threw in a few details. As soon as she was untied and placed on the straw pallet before the fire to

[14] "... fait icelle Cour inhibitions et défenses audit vice-sénéchal ou sondit lieutenant de prendre connaissance du crime de sortilège, sur peine de suspension de son état" (*arrêt* of Aug. 28, 1598, X2B 185).

[15] "Enjoint ladite Cour audit lieutenant [à Gurgy-le-Château] de faire entendre aux condamnés par lui pour crime de sortilège qu'il est permis d'appeler de ses sentences et jugements, et au procureur fiscal en interjeter appel pour eux en cas de condamnation de mort ou question" (*arrêt* of Dec. 14, 1609, X2A 175). For other texts and references, see Soman, "Les Procès de sorcellerie," pp. 810-811.

recuperate, she retracted her confession – and was simply released![16] The confession extracted under duress was null and void; to be valid, she would have had to reiterate it before the fire and once again in full court. Since she had undergone the complete ordeal prescribed by the Parlement, she could not be subjected to further torture; for that, substantial fresh evidence would be necessary.[17]

If I have cited a sodomy, rather than a witchcraft case, it is because this remarkable document is the only one of its kind known to me. Other victims, with only a handful of exceptions, never confessed at all. The confession rate was well under one percent! The court, by drafting its sentences before torture was applied, was indeed assuming that confessions would not be forthcoming. Of 160 accused witches sentenced to torture in Paris, 61 were merely subjected to an elaborate pantomime in the torture chamber and never suffered any physical pain; this was known as the *présentation de la question,* and it was the *présentation* which produced the single witchcraft confession under torture as administered by the Parlement.[18] In my research to date I have discovered only two other fatal confessions (both sodomy cases) and several partial confessions in homicide cases. The whole procedure was conducted in the spirit of a ritual "ordeal" (sometimes welcomed by the victim as an opportunity to prove his innocence) and was hedged about with so many safeguards that accidents were very rare. I know of only one death in the torture chamber (a homicide case) and one accused witch who died in prison two days afterwards. *

As Monter has argued, the exceptionally high execution rate in the Pays de Vaud (90%) was probably due to a failure to observe the limitations on torture prescribed by the 1532 *Carolina.* The limitations were far more tightly drawn in France. A case in 1610, originating in Pagny-sur-Meuse, where there was some dispute whether the village lay in the territory of France or the bishopric of Toul, illustrates a desire on the part of the local population to take advantage of the mansuetude of the Paris court. It is undoubtedly true

[16] Sentence to torture, Mar. 3, 1603 (X2A 965); procès-verbal of torture, Mar. 3, (X2B 1179); *arrêt,* Mar. 8, (X2A 156, f. 341v-343r, *in fine*). A detailed description of this method of torture is given in an *arrêt* of 1697 (F. A. Isambert *et al.* [eds.], *Recueil général des anciennes lois françaises* [29 vols.; Paris, 1821-1833], XX, 281-283).

[17] Ordonnance of Blois, Mar. 1498, art. 114 (*ibid.,* XI, 366). The ordonnance of Aug. 1670 (Title XIX, art. 12) decreed that no person could be tortured twice for the same crime, regardless of any new evidence (*ibid.,* XVIII, 413); we do not know how long this rule was followed by the Parlement of Paris before it became statutory.

[18] Jeanne Hubiche: sentence to torture, Oct. 10, 1587 (X2A 955); procès-verbal of torture, Oct. 16, (X2B 1330); reaffirmation of confession and death sentence, Oct. 16, (X2A 955). In 1667 Pussort argued that torture so rarely produced a confession that it was virtually useless and should therefore be abolished. Cited by A. Esmein, *Histoire de la procédure criminelle en France* (Paris, 1882), p. 240. Note that Esmein, predisposed to believe the worst of ancien-régime justice, misinterprets the quotation. Pussort's words were recalled in the preamble to the declaration of Aug. 24, 1780 which did abolish torture (Isambert, XXVI, 374).

that the Parlement used torture much more cautiously than did many lower provincial jurisdictions, where vicious abuses persisted throughout the seventeenth century and beyond.[19] The high court must have had a reasonable idea of the caliber of most of its subordinate magistrates; and its commutation of many death sentences may well have been based upon its knowledge that torture had been illegally applied.

5. The Enlightenment crusade against superstition has bequeathed to witchcraft studies another legacy: since pacts with the devil, conferring the power to cast spells and work *maleficia,* are manifestly impossible, there is a tendency to regard all accused witches as the innocent victims of a cruel judicial process. Slight traces of this presupposition are even to be found in Keith Thomas' otherwise shrewd analysis of witchcraft accusations as projections of guilt arising from a failure to live up to traditional codes of charity toward the elderly poor.[20] Most accusations in France can also be explained by the Thomas thesis of projection, but almost never do they occur singly; the complaint which actually unleashed a trial usually called forth a deluge of additional accusations. Ten, twenty, even fifty neighbors came forward with testimony relating to incidents stretching back sometimes as far as twenty or thirty years. Similar constellations of charges are found in sodomy and bestiality cases; seldom was a person of hitherto untainted reputation caught *in flagrante delicto* by several credible witnesses; there is almost always a history of evil reputation.

Multiple accusations and great emphasis placed upon reputation are inherent in the very nature of early modern criminal justice; for trials were expensive, and prosecutions for only the most egregious crimes were financed out of judicial budgets. There were some seigneurs and local magistrates who undertook "public" witchcraft prosecutions, whether motivated by honest zeal or by greed for bribes, fines, and confiscations – and there are numerous examples of each –, but the majority of trials was financed by those who believed themselves to be the victims of *maleficia.* Not many suspects had sufficient property to confiscate and thus defray the costs of their own trials, and it must be supposed that villagers laid themselves under contribution in order to prosecute – with the complicity or cooperation (greater or less) of the local magistrates. Lynchings and summary trials were so prevalent because

[19] Monter, pp. 105-107, 196; *audience* of Jan. 2, 1610 (X2A 1399). Laurens Bouchel describes the customary method of torture in the Gâtinais, which inevitably resulted in the dislocation of the victim's shoulders (*La Bibliothèque ou thresor du droict françois* [2 vols.; Paris, 1615], II, 683-684. For other examples of local abuses, see E. Maugis, "Sur quelques arrêts du Parlement concernant l'administration de la question dans les sièges du ressort," *Nouvelle revue historique de droit français et étranger,* XLIII (1919), 419-428.

[20] K. Thomas, *Religion and the Decline of Magic* (New York: Scribner's, 1971), pp. 535-569, esp. pp. 565-566.

formal prosecutions entailed such heavy financial burdens upon the community and/or the judicial system. They were not undertaken lightly. In the normal course of events, grievances arising from the commission of crimes were adjusted through informal or notarized infra-judicial settlements. Massive accumulations of grievances, like the death of livestock or illnesses attributed to bewitchments – and sometimes, inevitably, unrelated offenses – are evidence that sorcery was no exception in this respect. Repeated attempts to resolve disputes at the infra-judicial level must (in the end) have failed before communities sought redress, at their own expense, in official courts. In a majority of cases the persons accused as witches had become, or had long been, intolerable nuisances and objects of fear to their neighbors.[21]

The Paris interrogations often do not dwell on the solidly established evidence; a precise numerical count is therefore impossible. Nevertheless, the emphasis is clearly on *maleficium,* not on diabolic pacts and sabbats. The sabbat is almost always the subject of a passing question, but seldom is it the dominant theme of the dialogue, and never to the exclusion of *maleficia.* In at least half (at a very minimum) of the witchcraft cases, it is apparent that the accused was a practicing magical healer (*guérisseur*) or, less commonly, a "cunning man" who pretended to find lost or stolen objects by the use of mirrors and other occult means. The latter were always regarded by the court as charlatans. *Guérisseurs,* especially those who meddled in removing spells from the supposedly bewitched, were even worse. It was generally believed that the only person capable of lifting a spell was the person who had cast it in the first place. Even healers who used only pious prayers were considered to be agents or at least dupes of the devil. The number of persons permitted to practice healing by prayers was narrowly limited. Since confessors' manuals do not enter into fine distinctions, it must have been obvious to everyone when prayers were being misused.[22] And it would be utterly unrealistic to assume that these *guérisseurs* were unaware of the official attitude toward their means of livelihood, or of the risks they were running. Often the trial turned upon the fees charged for healing. One may sympathize with the suspected witch who was beaten until he agreed to remove a spell, but the ones who performed their services gratis or for a nominal charge were not the ones most likely to arouse the wrath of the community. Many of those on trial for their lives had demanded as much as two *écus* for an antidote to a spell (the

[21] Neglect of this crucial aspect of the witch craze is one of the consequences of isolating it from its criminological context. Mandrou raises the issue (pp. 113-115) and then skirts it. Thomas handles it very well indeed, especially considering the inadequacies of English sources (pp. 455-463; cf. p. 154). When research on the Parlement archives has proceeded further, a more detailed analysis will be attempted.

[22] See Jean Benedicti, *La Somme des pechez,* I, viii, 35, and V, ii, 6 (edn. Paris: Chappelet, 1601), pp. 48-49, 638; François Tolet, *L'Instruction des prestres, qui contient sommairement tous les cas de conscience,* transl. M. A. Goffar (Lyons, 1628), IV, xvi, 1 (pp. 503-504).

equivalent of several months' earnings for an artisan). Even without a confession of attendance at the sabbat and a pact with the devil, was it unreasonable of the court to regard such people as dangerous blackmailers, preying on popular superstitions and perverting holy rites for diabolic ends? The equation of witchcraft and charlatanism was not the invention of a more skeptical magistracy in the second half of the seventeenth century. It is clearly present as far back as the mid sixteenth. As for skepticism regarding confessions of devil worship and attendance at sabbats, it can be seen as early as the 1580s – or even earlier if conviction rates are any indication.

In summary, a study of the Paris witchcraft trials leads one to conclude that the evolution of the attitude of the Parlement had very little to do with the intellectual revolution of the seventeenth century. The chief problem for the high court was not so much the reality of the crime of witchcraft as it was the maintenance of public order and the imposition of high standards of criminal justice upon a lower magistracy far from easy to control. In the late 1580s the problem was seen as regional, mainly affecting Champagne and the Ardennes. It was met in the usual fashion: exemplary punishment of conspicuous offenders, when circumstances permitted and punitive action was not likely to provoke a backlash. The *arrêt* of 1624, making witchcraft appeals automatic throughout the jurisdiction, generalized a restraint which had earlier been applied locally, and it coincided with several other attempts to standardize and centralize French administration.[23] It came at a time when it could be enforced, and the dramatic drop in the number of appeals after 1625 indicates perhaps that most of the lesser jurisdictions were ready to comply. The sharply lower rate of acquittals – from 57% in the 1620s to 39% in the 1630s (see table) – also suggests that trials in the first instance were being conducted according to higher standards. The successful lead taken by the Parlement of Paris made it unnecessary to refer to witchcraft in any royal statute until 1682 – near the end of Colbert's life, by which time it was conceivable to insist on judicial uniformity within the kingdom of France – a time when the great witch hunt was virtually a thing of the past, the purpose of the reference being to bring the last few provincial courts (notably the Parlement of Rouen) into line.

[23] By the ordonnance of 1670 automatic appeal was still further generalized to include all crimes (with certain exceptions) – Title XXVI, art. 6 (Isambert, XVIII, 420); exceptions: Title I, art. 12 (p. 374).

III

LA SORCELLERIE VUE DU PARLEMENT DE PARIS AU DÉBUT DU XVIIe SIÈCLE

Des travaux récents relatifs à la grande vague de sorcellerie de la fin du XVIe siècle et du début du XVIIe siècle, ne cessent d'augmenter et d'approfondir nos connaissances de ce phénomène capital pour tout historien qui cherche à comprendre les mentalités populaires et érudites de l'Europe occidentale aux Temps modernes. Au fur et à mesure des publications nourries de recherches dans les archives judiciaires, nous constatons, d'une manière de plus en plus claire, une grande diversité entre les caractères originaux de la sorcellerie dans les différentes régions européennes — diversité plus ou moins masquée par les démonologues qui destinaient leurs ouvrages à un public aussi large que possible, en tirant volontiers des exemples pittoresques d'un mélange d'érudition et de procès menés devant maintes juridictions dissemblables.

A Milan et à Genève les épidémies de peste déclenchaient de massives inculpations de sorciers « engraisseurs » ou « bouteurs de peste » [1]. En Allemagne et en Lorraine les tempêtes de grêle dévastatrices (propres au climat continental) étaient régulièrement attribuées aux maléfices de sorciers [2]. Sur le versant nord des Pyrénées, des sorcières se voyaient accusées d'avoir présenté au feu des

(1) E. Wm. MONTER, *Witchcraft in France and Switzerland,* Ithaca (N.Y.) et Londres, 1976, chap. 2. A. Manzoni puisa dans de bonnes sources contemporaines pour la rédaction des chapitres 31-32 (relatifs à la peste à Milan en 1630) de son roman *Les Fiancés* (1825-1826). Que ce soit ici l'occasion de remercier M. J.-P. Hubert, conservateur aux Archives nationales, d'avoir bien voulu corriger sur le manuscrit nos fautes de langue française.

(2) H.C. Erik MIDELFORT, *Witch hunting in southwestern Germany (1562-1684),* Stanford (Calif.), 1972; Et. DELCAMBRE, *Le Concept de la sorcellerie dans le duché de Lorraine au XVIe et au XVIIe siècle,* 3 vol., Nancy, 1948-1951, t. 2, p. 9-35.

enfants en bas âge [3] (infanticide aggravé par le baptême au nom du diable ?). La Franche-Comté connut tôt un foisonnement de cas de possessions diaboliques [4] (dû, sans doute, au fait que la ville de Saint-Claude était un lieu de pèlerinage pour les possédés venus de loin dans l'espoir de trouver une guérison miraculeuse), alors qu'ailleurs, la possession démoniaque ne se manifesta que plus tard, prenant le relais, pour ainsi dire, des poursuites menées contre de simples sorciers ruraux — poursuites entravées, surtout en France, par des hautes magistratures qui cherchaient à mettre un terme aux abus de la justice campagnarde trop expéditive.

Or, à la lumière d'environ 1 200 procès pour faits de sorcellerie, jugés en appel au Parlement de Paris, il semble bien qu'aucun de ces maléfices — la peste, la grêle, l'infanticide, la possession démoniaque — ne figuraient au premier plan des inculpations de sorcellerie dans la France septentrionale. La mention d'un orage ou d'un infanticide ne se rencontre que très rarement. (Inversement, nous avons parcouru plusieurs centaines d'interrogatoires concernant des infanticides, sans avoir trouvé la moindre référence à la sorcellerie.) La connexion entre la sorcellerie et la peste était tout à fait négative : plusieurs accusés, taxés d'avoir causé une mort par maléfice, s'excusaient en avançant la « contagion » comme cause du décès; ça et là on poursuivit un « corbeau » ou un « désinfecteur » pour vol, pour malversation dans l'exercice de sa charge, mais jamais, à notre connaissance, pour avoir occasionné la catastrophe. Quelques exceptions bizarres mises à part, il ressort de notre documentation que la gamme des maléfices que pratiquait la grande majorité des présumés sorciers français était assez restreinte. Avant d'aller plus loin, il convient d'exposer la nature de cette documentation et ses limites.

La démarche de la recherche a été la suivante : un dépouillement intégral des registres d'écrou de la Conciergerie du Palais [5] nous a permis de dresser une liste primitive de 1 053 prévenus de sorcellerie et de magie, appelants au Parlement de Paris, entre 1564 et 1639, avec des références précises aux arrêts définitifs (parfois interlocutoires) [6] et, partant, aux « plumitifs » (c'est-à-dire les notes prises à la hâte) de leurs interrogatoires sur la sellette [7], qui intervenaient dans les quelques jours précédant les arrêts. A l'heure actuelle nous avons transcrit plus d'un millier de ces plumitifs; en outre, procédant aux dépouillements directs (tantôt systématiques, tantôt aléatoires) des registres des plumitifs — besogne très ardue en raison de l'extrême difficulté de lecture —, nous avons pu repérer une

(3) J.-F. Le Nail, « Procédures contre des sorcières de Seix en 1562 » dans *Bulletin de la Société ariégeoise : sciences, lettres et arts*, 1976, p. 157-232.

(4) Monter, *op. cit.*, chap. 3 (basé sur les recherches de Francis Bavoux) et les références citées p. 201-202.

(5) Paris, Arch. de la Préfecture de police, A^B 1-33.

(6) Arch. nat., X^{2A} 134-266 et X^{2B} 39-458.

(7) Arch. nat., X^{2A} 927-1005; Bibl. nat., ms. fr. 10951 (année judiciaire 1609-1610).

centaine de cas non identifiables d'après les écrous, et prolonger notre enquête jusqu'en 1645 [8]. S'ajoutent à cette documentation 58 procès-verbaux de torture appliquée à Paris par l'autorité du Parlement, sept procès-verbaux d'exécution, une dizaine de pièces d'instruction (tous tirés de séries bien lacunaires [9]) et une vingtaine d'audiences (séances où les avocats plaidaient et où les « gens du roi » donnaient leurs conclusions sur certains procès [10]).

Cet ensemble de documents est loin d'être aussi riche qu'on pourrait le souhaiter, les témoignages déposés lors des premiers interrogatoires ayant subi trois filtrages successifs : d'abord celui de la justice criminelle, qui a laissé écouler tout ce qui n'avait pas d'importance immédiate sur le plan juridique; ensuite un deuxième au niveau de l'appel; enfin un dernier opéré par les greffiers parisiens, dont la science sténographique (fort heureusement pour nous autres déchiffreurs) était naïve et donc insuffisante pour capturer la totalité du dialogue. Les désavantages sont pourtant largement compensés par la bonne conservation et la continuité des séries d'arrêts, de plumitifs et d'écrous, dont les rares lacunes sont facilement comblées par les séries parallèles. Le chercheur, par conséquent, est en mesure de retrouver les traces de la presque totalité des cas de sorcellerie venus à la connaissance de la plus grande cour laïque de l'époque de « la chasse aux sorcières »; le ressort du Parlement de Paris comprenait huit à dix millions de justiciables et sa magistrature jouissait d'un prestige sans pareil.

L'objet du présent article est de dégager un « modèle » (dans le sens weberien du terme) de la sorcellerie, non pas, certes, telle qu'elle était conçue par des villageois et des magistrats subalternes, officiers des cours de première instance (car la documentation qui serait nécessaire pour définir le crime dans son contexte rural nous fait défaut), mais bien la sorcellerie vue sous la perspective du Parlement parisien. Les rapports entre ces deux optiques ne pourraient être précisés que par un rapprochement entre les pièces de la première instruction et les procès en appel; à l'étape actuelle de nos recherches, la comparaison ne nous est possible que dans une poignée de cas.

(8) Arch. nat., X^{2A} 1006-1011 et les registres d'arrêts correspondant. Lors de la rédaction d'un premier article, « Les Procès de sorcellerie au Parlement de Paris (1565-1640) », dans *Annales E.S.C.*, t. 32, 1977, p. 790-814, le nombre d'accusés s'était élevé à 1 094. Un deuxième article, « The Parlement of Paris and the great witch hunt (1565-1640) », dans *Sixteenth century journal*, t. 9, n° 2, 1978, p. 31-44, comporte une table de 1 123 individus. Le présent article étant d'ordre qualitatif, nous n'avons pas recompté nos fiches, dont le total dépasse 1 200. Notre thèse d'Etat, en préparation, comprendra une liste des sources pour chaque procès retrouvé; ici nous ne signalons de références que pour les citations les plus importantes.

(9) Arch. nat., X^{2B} 1175-1224 et 1330-1331.

(10) Les audiences sont intercalées dans les registres d'arrêts (X^{2A}), les feuilles d'audience (parfois plus loquaces que les registres, s'agissant de lambeaux de phrases notées sur le vif) classées avec les minutes d'arrêts (X^{2B}). Nous renvoyons au Répertoire numérique pour les exceptions.

Les questions posées par le juge rapporteur du procès devant le Parlement étaient forcément calquées sur les témoignages et les aveux portés par les pièces d'instruction; le choix des questions et leur ton, pourtant, pouvaient subir d'importantes modifications révélatrices de l'optique parlementaire [11]. En tout état de cause, c'est l'attitude parisienne (dans son ensemble et avec toutes ses vicissitudes) qui explique l'évolution jurisprudentielle de la Haute Cour vis-à-vis du crime de sorcellerie : cent condamnés à mort seulement — ce qui représente moins du tiers des appelants des sentences à mort en première instance, et moins de 10 % du total; 87 des exécutions eurent lieu avant 1611 et la dernière en 1625 [12]. Outre les facteurs d'ordre jurisprudentiel (en particulier le problème des preuves légales de culpabilité), le concept de la sorcellerie qu'avaient les hauts robins mérite notre attention.

La définition du sorcier figure en clair dans l'interrogatoire sur la sellette de Simon La Truphe :

« — Interrogé que c'est que estre sorcier ?
— Dict qu'il n'en sçait rien.
— Remonstré que estre sorcier c'est de s'estre donné à l'esprit malin » [13].

Reste à expliciter la portée de cette définition.

Le sorcier se donne au diable de la même façon que tout travailleur se donne à un maître. Par un cérémonial qui est l'inverse du rituel chrétien, le sorcier renonce à Dieu, « à baptesme et chresme », et promet que, désormais, il « n'auroit jamais autre dieu » (1634). Il fait un « accord » (1620) qui ressemble, à beaucoup d'égards, à un contrat d'apprentissage et se soumet à « la loy de sortilege » (1619). Le pacte est scellé par la fameuse « marque » du diable. Cet engagement peut avoir lieu au sabbat, à l'« assemblée » ou « danse » des sorciers, d'où la phrase « aller au sabat et estre sorcier » (1598); ou, moins fréquemment, lors d'une rencontre solitaire avec le Malin, qui est capable, chacun le sait, de revêtir de multiples formes de « fantosmes ».

Beaucoup de sorciers le sont dès l'enfance, ayant été amenés au sabbat par leurs parents. Pour les nouveaux initiés, le motif est « pour avoir des biens et se venger de ses ennemis » (1600), de n'avoir « jamais pauvretté » (1583) et d'être « riche » (1582). Tel

11) Le procès de Simon Achard, accusé de sorcellerie et de magie (combinaison assez rare), donne un exemple de cette transformation : trois interrogatoires (des 21 et 23 octobre et 6 novembre 1596) furent édités, du moins en partie, par Pierre de Lancre, *L'Incrédulité et mescréance du sortilège pleinement convaincue...*, Paris, 1622, p. 774-785; *cf.* les plumitifs des 21 et 23 juillet, 10 et 15 décembre 1597 (Arch. nat., X^{2A} 959).

(12) De notre première liste de 116 sorciers et magiciens condamnés à mort (voir « Les Procès de sorcellerie », p. 794), nous avons éliminé quatre cas où la sorcellerie ne semble avoir joué qu'un rôle très marginal; et nous avons mis à l'écart douze magiciens.

(13) Arch. nat., X^{2A} 970, 9 sept. 1608.

homme « a perdu son bien et dit qu'yl se donnoit au diable afin qu'yl payast ses debtes » (1619). Car le diable donne aux siens le pouvoir vengeur et profitable de faire mourir les gens et leur bétail, ainsi que de rendre malade et d'en guérir. Telle femme « donne de maux... au moyen de la convention qu'elle a avec le diable »; elle « a guery et faict malade » (1615). Il s'agit, dans ce cas typique, de « sortilèges » : vocable qui, à son origine, voulait dire *lecture* ou *lecteur* de sorts (et qui doit s'appliquer, par conséquent, à la divination plutôt qu'à la sorcellerie), mais qui, dès la fin du XVIe siècle, est employé de préférence par les magistrats parisiens pour désigner le crime de sorcellerie dans son ensemble [14].

Suite à son pacte avec le diable, l'individu commence à exercer le « mestier » (voire le « mestier juré » [15]) de sorcier. Les cas sont rares où le sorcier tire profit directement de l'argent du diable. Marie Martin confesse en 1586 que son démon, nommé Cerberus, rétribuait ses sorciers :

« à raison de deux sols six deniers pour chasque homme qu'ils avoient faict mourir, et deux sols tournois pour chasque femme, et douze deniers pour chasque bestial, qu'il les payoit de bonne monnoye, et qu'au dernier chappitre qu'elle a receu deux quars d'escu, desquels elle en a acheté du bled » [16].

Un procès de 1597 fait référence à un tarif plus élevé : « cent solz pour homme qu'il feroit mourrir »; et un inculpé en 1624 affirme « qu'un homme qui pasoit luy donna un escu, dont il achepta une paire de chauses et des soullyers ». En général, pourtant, l'argent du diable est trompeur, se transformant le lendemain en feuilles mortes. (Il est à noter que le langage même des citations fait apparaître l'incrédulité des magistrats sur ce point.) Bien plus fréquent et plus lucratif est l'aspect guérisseur du métier.

Marie Martin (citée ci-dessus) précise qu'au « regard de ceux sur lesquels elle jettoit sorts pour les faire languir tant seulement, elle ne recepvoit aucun salaire dudit Cerberus, pour autant qu'elle en tiroit profict de ceux qu'elle guerissoit » [17].

Les aveux de Marie Martin soulignent une des croyances fondamentales de la démonologie de l'époque : la seule personne censée capable de lever un sort était le sorcier même qui l'avait d'abord jeté [18]. « — Comment il peult desnouer l'esguillette sans la savoir

(14) Dans les registres d'écrou, à partir de 1572, « sortilège » est le seul terme rencontré — sauf, bien entendu, pour les quelques cas de magie. (Entre 1565 et 1571, le langage n'est pas encore fixe et l'on y trouve les mots « sorcellerye », « sorcelaige » et « ensorcellerye ».)

(15) Ce terme figure dans un procès-verbal (1574) que fit dresser Nicolas de Thou, évêque de Chartres et frère cadet du premier président (Bibl. nat., ms. Dupuy 488, fol. 21-24).

(16) L. Charondas Le Caron, *De la tranquillité d'esprit...*, Paris, 1588, p. 198-199.

(17) *Ibid.*, p. 175-176.

(18) Voir Delcambre, *op. cit.*, t. 3, p. 205-219; Monter, *op. cit.*, p. 179-185.

nouer ? » (1624). « — Remonstrée que, par atouchement, [elle] a faict devenir malade une nommée Boiteau et a esté appelée pour la guerir » (1600).

La victime pouvait s'adresser au devin pour le diagnostic de la maladie et la confirmation de ses soupçons à l'endroit du responsable; peut-être arrivait-elle à obtenir quelque soulagement en cas d'envoûtement léger. Mais le pouvoir magique du devin était inférieur à celui du vrai sorcier et ses remèdes directs inefficaces quand il s'agissait d'ensorcellements graves; aussi le devin fournissait-il à son client une méthode surnaturelle destinée à contraindre le coupable d'effectuer une guérison. La sorcellerie actuelle (telle qu'elle est pratiquée dans le bocage mayennais, par exemple [19]) consiste en une lutte à distance entre deux forces occultes : celle du désenvoûteur et celle du sorcier. Dans la société bien plus violente des XVIe et XVIIe siècles, cette lutte était menée face-à-face, entre l'ensorcelé et son ennemi : une guérison marchandée à l'amiable, si le prix demandé était modeste, d'autant plus facilement accordée que les honoraires du sorcier représentaient, assez souvent, une sorte de dédommagement (parfois avec intérêts) des torts réels qu'avait subis celui-ci aux mains de sa victime [20]. Faute d'un accord, les menaces, sous-entendues certes dès le début de la confrontation, s'exprimaient tout haut.

Si le sorcier fait mine d'ignorer le fait — « Ho ! la meschante sorciere, elle ne veult pas me guerir » (1604) —, l'ensorcelé a recours à l'opinion publique. Dans la mesure où son adversaire est communément réputé d'être « le plus grand sorcier du pays, » — et bon nombre d'accusés ont cette réputation depuis une trentaine d'années — les voies de fait sont, sinon licites, du moins excusables. Avec l'aide de ses proches et de ses voisins, il fait enfermer le sorcier dans une pièce, il le maltraite à coups de bâton [21], il menace de

(19) Voir Jeanne Favret-Saada, *Les Mots, la mort, les sorts. La sorcellerie dans le Bocage*, Paris, 1977, p. 209-215 et *passim*.

(20) Rappelons que, sous l'Ancien Régime, la justice criminelle n'était pas subventionnée par l'Etat et que l'effectif policier était dérisoire. Le recours à la justice officielle était, par conséquent, largement volontaire (sauf, bien entendu, pour les cas énormes) et les gens avaient l'habitude d'accommoder, au niveau infra-judiciaire, des délits et des crimes allant facilement jusqu'au meurtre. Voir la magistrale thèse d'Etat de Nicole Castan, *Crime et justice en Languedoc, 1750-1790*, Université de Toulouse-II, 1978; A. Soman, « Deviance and criminal justice in western Europe, 1300-1800. An essay in structure », dans *Criminal justice history*, t. I, 1980, p. 1-28.

(21) Voir l'interrogatoire de Pierre Marion (Arch. nat., X^{2B} 1181, 18 mai 1611), publié intégralement dans notre bref article, « Procès pour homicide d'une sorcière au XVIIe siècle », dans *L'Histoire*, n° 1, mai 1978, p. 74-75. Nous avons retrouvé plusieurs autres homicides semblablement motivés, notamment en 1588 et 1621. Le procès en voies de fait contre Pierre Million et Simon Gosset (Arch. nat., X^{2A} 970, 29 juil. 1608) donne l'exemple d'une présumée sorcière qui n'avait pas une réputation suffisante pour justifier cette violence.

brûler sa maison [22] ou de le dénoncer à la justice. Cette dernière démarche est hasardeuse : la doctrine veut que, une fois dans les mains de la justice, le sorcier commence à perdre ses forces maléfiques; mais un procès légal risque de coûter cher et le résultat n'est pas toujours prévisible, à moins qu'il n'y ait un nombre suffisant de plaignants respectés, prêts à déposer lors d'une information. Chasser tout simplement le paria du village ? Cela aussi comporte des risques : en 1619 la Cour reproche à un appelant « qu'on luy a faict commandement de sortir de la paroisse et, aussytost, apparut un loup ».

Maints procès de sorcellerie témoignent d'une longue histoire de guérisons moyennant des sommes parfois considérables. Citons-en quelques exemples. En février 1597 : « S'il a guery Jehan Martin pour 6 escus ? ». Au mois d'août de la même année : « S'il demanda pas, au filz de Poictevin, 30 sols pour le guerir, ce que n'ayant voulu faire, il luy jetta quelque malediction et, à l'instant, [Poictevin] tumba par terre ? ». A un berger-sorcier en 1621 : « S'il s'est faict donner deux escuz par chacun berger pour noyer des loups ? ». Enfin, un berger-guérisseur (en 1629), accusé de s'être fait payer « 30 livres pour lever le sor[t] », proteste « qu'il n'a touché que cinquante solz ». Evidemment, le sorcier capable d'extorquer des sommes aussi importantes ne se voit pas toujours obligé d'aller jusqu'au fait pour opérer son chantage; la simple menace peut être tout aussi efficace. —« Remonstré qu'il a dict à une femme [que], s'il vouloit, que elle ny son mary ne profiteroyent » (1613). Gabriel Laigle, en 1586, arrive au village de Saint-Aubin (Aisne), où il pratique une guérison auprès d'un cultivateur crédule; renforçant sa réputation par quelques propos diaboliques (auxquels s'ajoutent des reniements de Dieu), il procède à la vente de polices d'assurance contre la sorcellerie, à raison de dix écus la famille [23].

Voilà, en bref, en quoi consiste le métier de sorcier. Ecoutons quelques accusés qui se défendent de l'avoir exercé.

En 1615 : « — Interrogé quelle couleur avoit le diable, [il] dict que jamais ne le veid et sçait un bon mestier » (en l'occurrence, taillandier et maréchal). « — A pris peine de gaigner sa vie » (1616). « — N'est medecin et n'use d'aulcun malefice. Veid du pain quotidian que Dieu luy donne à force de prendre de la peine, et a afermé quelques 45 journées de terre » (1624). Grand nombre admettent être guérisseurs, mais « pour le bien », en n'utilisant que des herbes ordinaires et des prières approuvées par l'Eglise : « — a cueilly de la vervene au nom du Pere et du Filz » (1635). Malgré des défenses répétées « de delivrer drogues sans ordonnance de medecins » (1608) ou « de faire aulcunes guarisons par parolles » (1620) — de telles

(22) Jacques Texier passa de la menace au fait et fut condamné à mort (Arch. nat., X^{2A} 973, 30 déc. 1610). Robert MUCHEMBLED, dans son ouvrage *La Sorcière au village*, Paris, 1979, p. 146, 185, donne deux beaux exemples de menaces, sans avoir remarqué, toutefois, que la seule menace d'incendie constituait un délit grave.

oraisons étant un « abus du nom de Dieu » (1599) —, la guérison par « moyens superstitieux » reste une pratique indéracinable, en dépit d'évidents périls pour ceux qui s'en mêlent. Tout guérisseur sait fort bien qu'il risque un jour de se voir poursuivi comme sorcier; le cas échéant, tout dépendra de sa réputation auprès de ses voisins. Aussi la Cour fonde-t-elle son jugement sur les témoignages portés par les informations; les voisins sont censés capables de trancher entre la guérisseuse bienfaisante et la sorcière malveillante.

C'est ainsi que le sorcier est regardé comme un individu pleinement conscient des dangers de la carrière criminelle qu'il entreprend. En cela il est peu différent du faux-monnayeur, du brigand, du faux-saunier, de l'officier d'une petite juridiction subalterne qui verse habituellement dans la concussion ou dans les exactions sur ses justiciables.

Comme bien d'autres métiers, celui de la sorcellerie s'exerce de père en fils, de mère en fille; les parents apprennent à leurs enfants une science secrète et lucrative qui forme une partie non négligeable du patrimoine familial. Sur ce point l'attitude du Parlement s'accorde avec les croyances populaires : on entame des poursuites, simultanées ou successives, à l'encontre des conjoints, à l'encontre des enfants, petits-enfants, grand-parents, oncles, tantes; lors d'un appel, la Cour s'informe minutieusement de l'ascendance (moins fréquemment de la descendance) des inculpés. De par leur expérience, les magistrats savent se méfier des aveux trop souvent extorqués par des tourments excessifs; la réputation d'être « sorcier de race » (1619) constitue un indice plus sûr de culpabilité. La réputation de sorcier, d'ailleurs, semble être le facteur déterminant d'une incrimination : en l'absence de cette réputation, plusieurs méfaits typiques du crime (et chers aux démonologues) sont traités par d'autres biais. Par exemple, Adrienne Pronnier, qui avait retiré la sainte hostie de sa bouche (et récidiviste en cela par surcroît) se voit accusée, non pas de sortilège, mais bien d'hérésie [(24)]. Jeanne Rozay « a voulu empoisonner son mary par le moyen des pieces de crapaulx qu'elle avoit mis en son potage », sans être soupçonnée de sorcellerie [(25)]. Pierre Dieu a « dict qu'il aimeroit mieulx servir le diable »; il est pendu et brûlé avec un écriteau portant « Blasphemateur de la divinité, Blasphemateur de la virginité » [(26)]. De même, il n'est pas rare de rencontrer le cas d'un berger écroué à la Concier-

(23) Nous publions en appendice le plumitif d'interrogatoire du nommé Baraban, témoin au procès de Gabriel Laigle, condamné à mort.

(24) Arch. nat., X^{2A} 958, 26 juil. 1595.

(25) Bibl. nat., ms. fr. 10951, fol. 100^{v}, 27 mai 1610.

(26) Arch. nat., X^{2A} 973 et X^{2B} 258, 11 févr. 1611. On reproche à un autre « blasphémateur », Antoine Mollet, d'avoir dit « qu'il ne vouloit plus prier Dieu et qu'il ne sçavoit si le diable luy ayderoit plustost que Dieu » (*ibid.*, X^{2A} 959, 30 août 1597).

gerie « pour avoir faict mourir les moutons de son maistre » (27); il est poursuivi pour négligence délictuelle, sans qu'il soit question de maléfices propres aux sorciers.

La spécificité du crime et son caractère héréditaire appartiennent au concept de la sorcellerie, aussi bien pour les juridictions inférieures que pour la haute magistrature parisienne. Ces facteurs ne sont pas étrangers, croyons-nous, au fait que la bonne moitié des sorciers appelants au Parlement de Paris sont masculins (28). Dans l'exercice du métier de sorcellerie, les hommes ont-ils tendance à le pratiquer à grande échelle, contrairement aux femmes qui le feraient, elles, au petit pied ? La sorcellerie est-elle, pour un homme, un moyen de faire valoir sa force personnelle dans l'exploitation de son occupation ordinaire agricole ou artisanale ? A-t-il recours à la terreur et au chantage diaboliques pour tenir sa place dans la communauté, pour défendre ses droits, ou pour les outrepasser ? Les informations faites à l'encontre des sorciers ne découvrent que rarement d'autres formes de violence; le sorcier, muni de sa propre méthode très efficace, n'a guère besoin de procéder aux agressions physiques, ni de menacer d'incendier la grange. (Inversement, les déviants poursuivis pour ces violences n'ont pratiquement jamais la réputation de sorcellerie.) Il est à remarquer que les mentions explicites de grosses sommes extorquées par la sorcellerie (dont nous avons cité quelques exemples ci-dessus) figurent surtout dans les procès d'hommes, les exigences des sorcières étant généralement exprimées en nature plutôt qu'en argent; par exemple : « sy elle n'a pas ensorcellé un cheval ? et sy elle n'a pas marchandé des cochons de laict ? » (1623). D'ordinaire les femmes n'entrent pas directement dans les confrontations économiques villageoises, qui sont menées par les chefs des foyers; aussi leur pratique de la sorcellerie tend-elle à prendre une envergure moindre : supplément modique à leurs occupations habituelles de ménagères et de fileuses ? De toute évidence le nombre de guérisseuses féminines dépasse largement le nombre de guérisseurs; les hommes cependant sont peut-être relativement plus en vue, plus à craindre et, par conséquent, plus aptes à se voir poursuivis en justice.

Pendant toute la période 1565-1645, sur le nombre de condamnés pour sorcellerie appelants au Parlement, la proportion hommes/femmes fut constante : mais la jurisprudence de la Haute Cour commença très tôt à évoluer et à s'endurcir à l'encontre des hommes. Jusqu'en 1582, le Parlement arrêta l'exécution de 14 femmes et de 4 hommes (soit 22 % d'hommes, ce qui correspond aux chiffres globaux pour « la chasse aux sorcières » en Europe occidentale); de

(27) Arch. Préf. police, A^{B} 8, fol. 164^{r} : Thomas Challiot « laisse venir la gale », mais il « est marry de l'accident qui est arrivé » (Arch. nat., X^{2A} 954, 19 mars 1586).

(28) Sur le fonctionnement du système des appels dans le ressort de Paris. voir notre article « Aux origines de l'appel de droit dans l'Ordonnance criminelle de 1670 », dans *XVIIe siècle*, t. 32, 1980. p. 21-35.

1583 à 1600 furent exécutés, après appel, 25 femmes et 21 hommes; et à partir de 1601, seulement 14 femmes (dont 4 suppliciées avec leurs maris) et 22 hommes ! (Sur les 12 condamnations à mort pour fait de magie noire, on dénombre 3 femmes, toutes exécutées avant 1600.) Cette évolution fut spécifique à la sorcellerie et ne témoigne pas, semble-t-il, d'une mansuétude plus générale vis-à-vis des femmes, car en même temps le Parlement continua à condamner à mort les deux tiers des appelantes accusées d'infanticide, au rythme de vingt à vingt-cinq tous les ans — près de 20 % du total des exécutions arrêtées [29].

Récapitulons brièvement quelques points fondamentaux qui émergent d'une étude sérielle de la jurisprudence du Parlement en matière de sorcellerie : un taux d'exécutions extrêmement bas; une rémission de peines plus marquée que pour tout autre crime capital (sauf peut-être le crime de lèse-majesté !); chaque concentration anormale d'arrêts de mort (8 en 1587, 7 en 1598, 11 en 1608-1609, 5 en 1623-1624) interrompue sans délai par des découvertes d'abus de justice et des sanctions prises à l'encontre des magistrats subalternes; un refus obstiné de traiter la sorcellerie comme *crimen exceptum,* ce qui était arrivé pour l'infanticide en 1556.

Il est évident que le Parlement (dans son ensemble) était persuadé que les cas démontrables de sorcellerie étaient beaucoup plus rares que ne le croyait la majorité des tribunaux de première instance. Dès 1588, le procureur général du roi, Jacques de La Guesle, dit en audience : « Y a un mal en la Champagne, s'est qu'on estime la plupart des habitans sorciers » [30]. Un projet de légiférer l'appel de droit en matière de sorcellerie [31] avorta, en janvier 1589, avec l'emprise de la Ligue sur le Parlement; et Louis Dorléans, avocat général du roi nouvellement élu, s'exprima d'une manière approchant celle des juges de province : « en ce miserable temps la sorcellerye est entrée en ce royaulme, et est le crime si frequent et si libre qu'il merite quelque indignation » [32]. Au lendemain de la Ligue, l'équilibre se redressa, et de façon permanente. En tout cas, Louis Servin, lui aussi avocat général du roi et l'un des plus grands juristes de son époque, dit en 1617 que le sabbat n'est qu'une « illusion » [33]. Cela étant, que fut donc la sorcellerie ?

Manifestement, « la grande chasse aux sorcières » n'aurait pas pu prendre une ampleur aussi phénoménale sans entraîner d'autres

(29) Voir « Les Procès de sorcellerie », figures 1, 3 et 4, p. 793, 797. Une étude statistique des accusées d'homicide, de vol et de prostitution, croyons-nous, ne révélerait aucune évolution importante.

(30) Arch. nat., X^{2A} 1395, 18 juin 1588, affaire Jean Malicet. *Cf.* la feuille d'audience (X^{2B} 1099) : « ... on estime tous les y demeurans sorciers ».

(31) Le texte est donné dans « Les Procès de sorcellerie... », p. 806.

(32) Arch. nat., X^{2A} 1396, 6 mai 1589, affaire de la veuve Vernesson. *Cf.* notre article « The Parlement of Paris and the great witch hunt », p. 37-39, pour une analyse de ces deux textes contradictoires.

(33) Audience du 20 déc. 1617, Arch. nat., X^{2A} 198, fol. 553.

phénomènes à sa suite. D'un côté, des poursuites massives devinrent un moyen commode pour les gens peu scrupuleux de se débarrasser de leurs ennemis personnels. Des seigneurs et des coqs de village (classe qui fournissait l'effectif des petits sièges du ressort) se trouvaient en mesure de manipuler la panique et de la tourner à leur profit par l'extorsion des accusations; il en résulta que beaucoup des victimes n'eurent rien à faire avec la sorcellerie. De même, des suicidaires (persuadés d'être déjà entre les griffes du diable) s'empressèrent de se dénoncer en justice.

D'un autre côté, la sensibilisation massive de la population aux maléfices et aux diableries produisit des effets divers : alors que maints timides auraient dû abandonner le métier de sorcier, des aventuriers téméraires auraient dû persister à *prétendre* être sorciers (nous avons vu à quel point le métier était rentable). Le « faux sorcier » entra sur la scène bien avant la fin du XVIIe siècle, période à laquelle son apparition est communément fixée; peut-être fut-il là dès le début.

« — A dict qu'il a esté tixerrant et, depuis, a appris à penser des malades et [il] renoue des membres »; il admet d'utiliser des oraisons qu'il prétend avoir « appris d'un curé »; et au rapporteur de demander « pourquoy il trompe les habitans ? » (1620). « — Remonstrée qu'elle est accusée d'estre affronteuse » (1618). « — Remonstré qu'il est imposteur et prand l'argent des pauvres gens, faisant acroire qu'il sçayt desorceler et, de faict, leur baille des drogues et les faict mourir » (1600).

Les bergers sont particulièrement suspects, et pour cause : chargés de surveiller la santé de leurs ouailles et de les protéger des loups (animaux diaboliques), ils se servent, tous, de recettes plus ou moins magiques, qui font partie intégrante des secrets du métier [34]. Vivant en marge de la communauté villageoise, les occasions pour le chantage ne leur manquent guère et ils sont redoutés pour les maléfices dont ils sont capables. Dès 1598 on reproche au nommé Eustache Texier, berger-sorcier à Montlhéry, d'avoir « pris 10 écus de la dame de Maisons pour guerir son trouppeau du claveau, à qui il l'avoyt donné ». Les inculpations portées à l'encontre des bergers de Brie vers la fin du XVIIe siècle [35], ne présentent rien de nouveau, sauf par l'envergure des exactions pratiquées sur la population briarde.

(34) Citons, à titre d'exemple, le cas de Pierre Tricoteux, berger à Cugny (Aisne), accusé de vol : « ... Ne s'est donné au diable, et que le parchemin qu'yl avoit estoit pour garder son bestial, avec l'ayde de Dieu. A parlé à deux vieulx bergers, et ne luy ont enseigné aultre chose » (Arch. nat., X^{2A} 984, 18 mai 1621).

(35) Voir Robert MANDROU, *Magistrats et sorciers en France au XVIIe siècle*, Paris, 1968, p. 500-507. Au début de notre enquête, suivant les registres de la Conciergerie, nous avons sous-estimé le pourcentage de bergers condamnés pour sorcellerie, appelants au Parlement. Bon nombre, semble-t-il, lors de leurs écrous, masquèrent volontiers leurs occupations sous les termes généraux de « laboureur » ou « manouvrier ». Un interrogatoire de 1609 commence par la dénégation : « N'a point esté berger ».

Quelques décennies d'expérience à juger en appel des procès de sorcellerie suffirent à donner au Parlement la conviction de l'importance des éléments étrangers : les faux accusés et les charlatans. La Cour resta persuadée que les cas de vraie sorcellerie étaient relativement rares. Mais comment mettre un frein à la panique populaire ? En l'absence de toute autre administration centralisée — pas d'intendants, par exemple — il n'y avait que l'appel qui permettait une surveillance; les hauts robins (gens politiques et réalistes) craignaient-ils l'insuffisance de ce seul garde-fou fragile ? Fallait-il attendre la flambée de lynchages dans les Ardennes en 1644-1645 pour voir que l'arrêt général de 1624, qui décréta l'appel de droit en matière de sorcellerie, s'avérerait totalement inefficace ?

Le Parlement, en tout cas, sépara progressivement les deux aspects du crime de sorcellerie : le diabolique et le maléfique. Les aveux d'assistance aux sabbats étaient à considérer sous le chef de blasphème — blasphème, toutefois, non punissable par la mort. Le procès de Jeanne Lallemant et de sa fille Marie Roy l'atteste : interrogées à deux reprises en décembre 1623, elles babillèrent longuement, sans aucune contrainte, autour de leurs expériences sabbatiques; la Cour les condamna au fouet et à neuf ans de bannissement [36]. De plus en plus, en réformant les sentences, le Parlement y mit la sourdine; l'arrêt de 1644 contre les sorciers de Moulins en donne un exemple très éloquent : une amende honorable précisant que les condamnés avaient « assisté aux sabatz, renoncé à Dieu, adoré le diable et, par le moyen d'icelluy, faict plusieurs mallefices et impietés », fut remplacée par la formule beaucoup plus vague, d'avoir « commis les impietez et proferé les juremenz mentionnez au proces ».

Quant aux maléfices, la Cour finit par les regarder, tous, sous le chef de charlatanisme — à punir, lui aussi, *citra mortem*. Même dans les cas fréquents où les blasphèmes et le charlatanisme s'aggravaient mutuellement, le Parlement ne prononçait plus de peine de mort; les sorciers de Moulins furent condamnés respectivement : Antoine Chinon aux galères perpétuelles, Blaise Chinon au bannissement perpétuel du royaume, Odille Chinon et Perronnelle Vallet au bannissement perpétuel du ressort [37].

La conversion des « sorciers » en « faux sorciers » eut lieu plus d'un demi-siècle avant l'édit de 1682. Catherine Bouillon fut la dernière sorcière exécutée par arrêt de la Cour [38], pendue et brûlée à

(36) Arch. nat., X^{2A} 987, 22 et 29 déc. 1623; X^{2A} 218, arrêt du 4 janv. 1624.

(37) Arch. nat., X^{2A} 276, 25 oct. 1644. Il s'agit visiblement des sorciers dont un récit de capture est cité par R. MANDROU, *Magistrats et sorciers...*, p. 372; les Chinon, la Vallet et le nommé Barthélemy Fouchier (condamné aux galères pour cinq ans, par arrêt du 26 oct.) furent écroués à la Conciergerie le 10 oct. (Arch. Préf. police, A^{B} 37, fol. 258^{1}).

(38) Arch. nat., X^{2A} 223, 14 juil. 1625.

Saint-Viâtre (Loir-et-Cher) en 1625, ses cendres « jectées au vent » : avec ses cendres se dispersa ce qui restait du concept classique de la sorcellerie.

Appendice

Témoignage du nommé Baraban, au procès de Gabriel Laigle
(Arch. nat., X^{2A} 954, 26 juin 1586)

— Interrogé quel mal luy a faict Gabriel Laigle.

— Dict que, quelques jours devant la St-Jehan, y avoyt un mareschal de leur vilaige qui avoyt bruict d'estre sorcier. Estoit cherché par le prevost des mareschaulx et lors s'enfuit. Apres, y vint au lieu led. Laigle et, demandant quelques habitans de St-Aubin qui il estoyt, luy respondant dict : « On a perdu ung sorcier et voilà on mene ung autre ». Et y estant venu led. Laigle luy demander un septier de bled, qu'il luy bailla, et pour luy paier, luy bailla une piece d'argent, laquelle ayant prinse, incontinent commença à fremir et tomba malade. Quelques temps apres, l'alla querir, disant quelques besognes à faire. Et apres luy avoir baillé, luy ayant retrouvé, le pria de desjeuner, et allerent en l'hostellerie, eulx deulx ensemble. Et, estans en l'hostellerie, se saisit le respondant du couteau dud. Laigle, et luy dist : « Monsieur Laigle, je sçay que vous sçavez quelque chose pour me desorceler ». — « Comment ? Avez-vous ceste opinion de moy ? » Dist que oy. Et à l'instant descendit et, remontant, luy dist : « Tenez bon. Vous n'en aurés plus que pour XV jours ». Le lendemain luy vingt ung flux de ventre et fut fort mallade. Derechef le trouva devant une taverne et luy dist : « Mareschal, beuvons ensemble. Je suis plus mal qu'auparavant. Guerissez-moy ». Et lors luy dist led. Laigle : « Vous serés guery, mais il fault que me bailliez dix escuz ». Et luy ayant dict qu'il ne les avoyt sur luy et qu'il les luy porteroit, le lundy suivant luy en porta six escuz, luy promectant quatre escuz au dimanche suivant. Il demeura par ce moyen six sepmaines ou deux mois bien. Apres, le rencontra au marché et luy demanda s'ilz beuvoyent ensemble. Et luy tira deux papiers, disant que, par le moyen d'iceulx, ny luy, femme ou famille, ne seroyent ensorcelez. Et luy bailla, pour aller boire, une piece de dix solz; et la prenant, luy pinça les doigtz. Incontinent il se sentit derechef ensorcelé. L'alla derechef trouver et pria l'un de ses amis de dire aud. Laigle qu'il le reg[l]eroist. Lequel homme y alla et marchanda à luy à six escuz, et ne luy voulut bailler les aultres quatre escus. Apres, on luy dist qu'il y avoit une femme qui guerissoyt de cela à Nanteoil. Y fut environ dix-huict jours, et luy dist lad. femme qu'il estoit ensorcelé. La deuxiesme foys, alla en sa maison. L'a ung peu allegé.

— Interrogé quelle façon de maladie il avoyt ?

— Dict qu'il trembloyt, puis avoyt chault comme d'une fiebvre. Et se portoit ung jour mieulx que l'aultre. Maintenant se porte mieulx. Et que ceste femme dist des parolles et des oraisons.

— Interrogé s'il estoit plus maigre qu'il n'est, devant que ceste femme luy eust dict des oraisons ? Dict qu'il n'en pouvoyt plus.

— Interrogé s'il a eu la fievre ?

— Dict que oy, couramment.

IV

Deviance and Criminal Justice in Western Europe, 1300-1800: An Essay in Structure

The coming of age of social history is being made possible by the development of a number of sophisticated research techniques applied to various kinds of archival sources. Not only does the standardization of method enable the individual researcher to wring more information out of his written records, but it has the supreme advantage of permitting diachronic and geographic comparisons of published work—to disengage the fundamental long-term factors (*la structure*) from phenomena due to the impact of shorter-term events or influences (*la conjoncture*); and to perceive those features common to western European civilization as distinguished from national or regional peculiarities, precocious or tardy developments in this or that locality. The more voluminous, the more widespread the sources at our disposal, the more essential the standardization of method if historical research is to be made as productive as it can be. Such has been the case in many of the sub-fields of economic history: the organization of trade and industry, of capital and labor, of social orders or classes. Not that standardization is intended to quench controversy; on the contrary, it establishes a base upon which fruitful controversy can flourish.

The ingenious techniques developed by Louis Henry have revolutionized the study of parish registers and dramatically widened the horizons of historical demography. Similarly, studies of last wills and testaments are now being made to yield a rich harvest in terms of insights into the evolution of family fortunes, philanthropy, attitudes toward death, and the practical role of religion in everyday life. Inventories of private property, drawn up for a variety of legal reasons, can be exploited so as to enlighten us about the material conditions of life in the upper and middle ranks of the social scale. Other examples will readily spring to mind. If, for the sake of a metaphor, we consider these endeavors as directed toward the obverse of the coin of social history, its reverse too can be studied—the pathology of daily life, of the family, of the rural village and of the urban community. Organized crime such as banditry and smuggling—often met by quasi-military methods of repression—has heretofore received the lion's share of attention, for the study of individual illegal deviance poses particularly difficult problems. It is toward the latter aspects of criminality that the present paper is oriented.

Hundreds of thousands of examples of deviant and criminal behavior can be extracted from the extant records of criminal courts in past periods; but if these examples are to be comprehensible, if they are to be arranged in any meaningful pattern, historians of crime will need to coordinate their efforts more consistently than they have to date. Before we can arrive at an adequate understanding of the archival evidence, whether by quantitative or qualitative analysis, we must try to grasp the significance of the institutions of which our archives are the written records. By this I mean far more than the narrow technical question of the judicial competence of any given court; I mean the significance of the entire judicial apparatus with respect to society as a whole. Judicial documents, like all historical texts, should be regarded as "utterances" in precise rhetorical situations; and unless we try to reconstruct those rhetorical situations, we are likely to go astray in our interpretation of the sources.[1] The accumulation of published work at an accelerated pace in the past decade—partly as a result of a heightened concern with violence, crime and public order in contemporary society and partly as a logical outgrowth of historiographical trends—has brought us to the point where a reconsideration of our basic premises is not only practicable but also needful.

Reconsiderations

Until quite recently, the history of criminality has been characterized principally by two kinds of studies: (1) the history of judicial institutions and procedures, based on textual analysis of statutes, proclamations and jurists' manuals; and (2) impressionistic collections of colorful anecdotes, with a natural, although regrettable, emphasis upon sensational, atypical crimes. Suddenly, within the past decade or so, we have seen a veritable explosion of interest in the history of marginality and criminality, and ambitious research projects drawing upon a wide variety of sources: chronicles, memoirs, penny pamphlets and administrative records; letters of pardon and the archives of penal institutions such as workhouses, the galleys and the modern type of penitentiary which was an eighteenth-century innovation; and, finally, the records of the courts themselves.[2] It is widely recognized that some of these sources reflect only a small portion of total illegal deviance, and due care has been taken to avoid excessive generalization. But there has been a tendency to regard court records as something *more* than partial, as if they were a reasonably complete guide to total delinquency and the punishment of criminals.

Within the past year or two this assumption, often tacit but sometimes explicit, has been subject to increasing criticism. An article by J. M. Beattie in 1974 provoked some trenchant remarks from John Styles, emphasizing our rudimentary and inadequate understanding of the incidence of criminal prosecutions and their relationship to settlements out of court.[3] The same problem has been explored by M. J. Ingram and Timothy Curtis, working on seventeenth-century English criminal archives, and by Nicole and Yves Castan in an exceptionally astute analysis of the structure of criminal justice based upon their research in the archives of the Parlement of Toulouse in the eighteenth century.[4] As a result of these reconsiderations there has been a growing recognition that it is inherent in the very nature of criminal justice in the medieval and early modern periods that court records, too, will yield only a partial picture of the settlement of criminal disputes and the punishment of offenders against the laws of society. The precise nature of this partiality remains to be determined, and we are beginning to realize that, until now, we have paid too little attention to fitting the particular institutions under study at particular moments in the past into the broader pattern of one of the most fundamental developments of western civilization—the millenial transition from anomic violence to regulated violence, the passage from private vengeance, private warfare, and makeshift compromises devoid of guarantees, to a gradual acceptance of the king's justice as the sole locus of arbitral power which delivers his subjects from the scourge of the never-ending round of violence and private revenge. It lies far beyond the scope of this paper to do any more than hint at the process by which a "state" justice slowly emerged from the welter of weakling courts incapable of enforcing their decisions.[5] But our essential task is to fix the criminal courts we are studying within the context of that multi-secular trend—a trend which accelerated rapidly in most cases during the first half of the nineteenth century with the creation of modern police forces and a much more aggressive public financing of criminal prosecutions. Before that time the patterns of criminal justice, as we arc beginning to understand them, were strikingly different from what they have been in the past hundred years.

England and the Continent

One of the great obstacles to a perception of the structural relationship between criminal courts and other means of controlling illegal deviance in western European society is the profound difference between English and Continental jurisprudential traditions and the consequent incommensurability of court records. English criminal archives are better preserved, better classified and better exploited; but they are much more laconic than Continental records and, most important of all, unless they can be supplemented with additional detail from depositions (seldom available), they document only the last stages of the judicial process in any given case. Continental archives, on the other hand, lend themselves far better to qualitative analysis. The written evidence is not restricted to the particular offense at issue, and often presents a history of previous deviant acts. At the point of the trial when the accused was confronted with his adverse witnesses, he was given an opportunity to discredit their testimony by demonstrating, if he could, that the witnesses had ulterior motives for making the accusation; and the confrontations and informations evoke, often very vividly, the social relations and conflicts which form the context within which the crime and accusation occurred. In other words, Continental records *regularly* offer us the kind of information which is only occasionally available in English depositions. In addition they have the inestimable advantage of commencing often within a few hours of the commission of a crime, and allow us to perceive the methods by which cases were settled out of court.

Unfortunately, the difficulties imposed by the disparity of the sources have been aggravated by an unwarranted assumption that differences in jurisprudence produced drastically dissimilar results in the apprehension and punishment of criminals. It is presupposed that English accusatory procedure, the absence of ritualized torture, and indictment and trial by jury were inherently fairer and more humane than the inquisitorial procedure which, since the Anglomania of the age of the Enlightenment, has been taken as emblematic of the abuses of the Old Regime.[6] It simply defies common sense that an impaneled jury must necessarily have been more tenderhearted toward an accused thief or murderer than several judges dressed in their robes of office. And yet this is what most writers—on both sides of the Channel—would have us believe (in spite of a notoriously high execution rate in England). The impression is further reinforced by the limited number of studies of ordinary criminal courts on the Continent (where research is more complex), and what we may unconsciously be comparing with English assizes and quarter sessions are the more easily studied courts of summary justice, or (worse still) impressions derived from research in factitious collections of trials.[7]

It is one of the fundamental postulates of the present paper that the differences in jurisprudence have been unduly exaggerated. The inquisitorial system is generally misunderstood and its capacity for flexibility poorly recognized. After allowing for a probable earlier centralization and rationalization in England, one may suppose that official criminal courts there and on the Continent stood in roughly the same relationship to the infra-judicial institutions which are now beginning to receive the attention they deserve.

Interpreting Continental court records

Inquisitorial procedure, rapidly adopted almost everywhere in the thirteenth century, could not have been fastened down upon an unwilling populace. Two basic factors, both absolutely necessary for such an imposition from above, were utterly lacking. There was virtually no police force to carry out the job of detecting and apprehending criminals; and the courts had only very limited funds to finance criminal prosecutions. These circumstances persisted throughout the early modern period and resulted, necessarily, in a wide degree of flexibility and voluntary consent in the relations that obtained between the criminal courts and the community at large.

As an illustration of this flexibility, consider the extremely low conviction rates in the *bailliage* of Mamers in the first half of the eighteenth century. Out of a total of 704 criminal trials, only sixty-two (8.8%) were eventually subject to sanctions. A large number of cases of violence were dropped after the initial complaint and information (*viz.*, the judicial inquiry made upon the basis of a formal complaint). In 372 trials for assault, only twenty-seven (7%) reached the stage of legal sanctions; twenty of the twenty-seven were converted into civil suits, and three more defendants were absolved; the punishments consisted of one fine, one imprisonment and one banishment. In twenty-one cases of manslaughter, there was not one conviction; eight suits were dropped, ten defendants received pardons and three fled and were condemned as contumacious. The ratio of penal sanctions was higher in sixty-eight cases of theft; eighteen (26.5%) terminated in convictions; thirteen persons were banished, three were sentenced to the galleys and five were hanged. There was, it would seem, a willingness on the part of victims of violence to utilize the judicial inquiry as a means of exorcising the violence and preparing the way for private settlement—particularly in cases of physical assault and verbal attacks (although the study in question does not give specific figures on insults).[8]

It is a sign of the general rush to arrive at a premature social or economic interpretation of the data that this article on Mamers is unique. It is the only study I know to have examined what appears to be an intact archive and taken a hard squint (even if only in passing) at the elementary questions of conviction rates and the litigiousness of parties to criminal suits. An ostensibly similar study of the Châtelet (the chief court of first instance in Paris) in the second half of the eighteenth century is completely vitiated in this respect because it failed to take into account an artificial classification of the archives and excluded all uncompleted trials.[9] The statistics presented would lead us to believe that theft accounted for 87% of all crime in Paris. But the findings must be restated: theft accounted for 87% of crimes which happened to be handled by a certain kind of procedure, namely, a formal trial carried through to a legal conclusion. And we are still a long way from understanding the relationship of *this* procedure to other modes of settling criminal conflicts.

The researcher is at a decided disadvantage in trying to cope with separate classifications, devised for the convenience of court clerks but misleading for historians. Even more difficult is the problem of estimating the state of record survival when working with bundles of loose dossiers. Losses may be random, or they may be the result of a systematic bias in the preservation of the documents. Such a bias appears to have operated in the case of sixteenth-century Genevan trials, more than two thousand of which are extant. An almost complete list of criminal trials for the year 1562 makes it seem likely that the survival rate was higher for the more serious and colorful offenses than for minor crimes or those with a lesser curiosity value.[10] Only with the accumulation of research, and with particular attention devoted to this problem, will we be able to establish some reasonably reliable norms against which to measure and evaluate the results obtained from the study of jurisdictions where the state of record preservation is in doubt.

Even though the *bailliage* of Mamers is an isolated case study, it can serve as a provisional model in our initial attempt to define a basic structural pattern of criminal justice. The figures just recapitulated make sense in light of my qualitative analysis of appeals to the Parlement of Paris and the work of the Castans on the Parlement of Toulouse. They can be compared with the low conviction rates in Shropshire, Lincolnshire, and Warwickshire in the late fourteenth and early fifteenth centuries.[11] The way in which the population in Mamers utilized the apparatus of official justice can be documented with considerable precision by research in the notarial archives of seventeenth-century Paris (see below). And Blackstone, writing in the mid-eighteenth century, complained about similar practices in England.[12]

It is not uncommon, when a person is convicted of a misdemeanor which principally and more immediately affects some individual, as a battery, imprisonment or the like, for the court to permit the defendant to *speak with the prosecutor* [i.e., plaintiff] before any judgment is pronounced; and, if the prosecutor declares himself satisfied, to inflict but a trivial punishment. This is done to reimburse the prosecutor his expenses and make him some private amends, without the trouble and circuity of a civil action. But surely it is a dangerous practice.... Even a voluntary forgiveness by the injured party ought not in true policy to intercept the stroke of justice.

If we turn our attention to the problem of financing the costs of criminal prosecutions, the behavioral pattern observable in Mamers and elsewhere becomes understandable. We must be careful not to overemphasize the importance of the public prosecutors (procurators) who became established in France in the fourteenth century; in practice their role was severely circumscribed. Justice—civil and criminal taken together—was lucrative. Fines and confiscations were "farmed" out to local collectors in return for lump-sum payments. A portion of the profits was expected to be employed for the prosecution of egregious atrocities which cried out for expiation, and naturally for the prosecution of crimes which directly affected the interests of the king or lord. But the prosecution of all delinquents, irrespective of their ability (through fines and confiscations) to defray the costs of their trials, would soon have bankrupted the system. In France, at least, this situation gave rise to an important cleavage between two kinds of crimes: those which were prosecuted at public expense and those which were usually left alone unless a plaintiff was willing to assume court costs. (To the best of my knowledge, there has not yet been a single study attempting to analyze statistically the differences in the results produced by these two distinct methods of prosecution.)

What kinds of crime were prosecuted at public expense? In the first place were the cases usually reserved for the king's justice (*cas royaux*): treason and plotting against the most prominent figures of the sociopolitical hierarchy; also, by extension, crimes which directly affronted the dignity or financial resources of the sovereign—armed rebellion, brigandage, highway robbery, counterfeiting of the coinage, smuggling of goods important to royal revenues (e.g., salt), occasional large-scale outbreaks of heresy. Also prosecuted at public expense were "horror crimes" (*cas énormes*) such as parricide, multiple murders or rapes, and sexual offenses such as sodomy or incest within the nuclear family. The list of horror crimes did not remain static. Infanticide became a major preoccupation throughout western Europe in the sixteenth century, accounting for ten to twenty percent of all executions ordered by the Parlement of Paris—a situation which would have been inconceivable were infanticide not publicly prosecuted. Witchcraft too: the many copies of trials in the fiscal records of the dukes of Lorraine are evidence of reimbursements of costs.[13]

These were cases in which public prosecutors acted, and were expected to act, on their own initiative. They might also have been called upon to do so in cases of malefactors who, by dint of repeated offenses, had aroused a general feeling of outrage. It would stand to reason that such trials were as expeditious as was consonant with a minimum of legality. After all, procurators and collectors of fines were both part of the same small and tightly knit upper stratum of local society, and their economic solidarity would transcend their professional jealousies. Judging from the evidence of appeals, trials conducted at public expense tended to be swifter and less complex than those financed by the plaintiff—an impression which needs confirmation by research in the records of courts of primary jurisdiction.

The generally unprofitable nature of trials at public expense—they gave little employment to the swarms of eager lawyers who were also part of the same social group—must have tended to discourage a procurator from taking the initiative, especially (as Blackstone emphasized) when the injuries sustained by the commission of a crime were private rather than public. In cases of manslaughter, assault, theft, and verbal attacks, a procurator was likely to be dilatory unless there was a complainant who agreed to assume court costs—a *partie civile.* A *partie civile* might have been seeking revenge, the recovery of damages, or a combination of both; he might have been assuming a defensive or offensive social stance; or he might have been taking an initial legal step as a maneuver to force a defendant to settle out of court, obtain his satisfaction, recoup his expenses, and then drop his complaint. If he intended to prosecute all the way to a conviction, the provocation, or the motive for legal retaliation, must have been extreme. For the outcome could never be certain and he risked becoming enmeshed in the coils of legal machinery which few people understood and most people mistrusted. There was no ceiling to the expense to which he was committing himself. Unless he had overwhelming evidence and the support of a large number of witnesses ready to testify to the evil repute of the defendant, it was a dangerous step, and he was more likely to seek redress through the unofficial mediation of influential members of his community.[14] If these methods failed, he would probably suffer his wrongs to rankle until a better occasion for revenge, public or private, arose.

A natural reluctance to become a *partie civile* explains why indictments and informations in cases of witchcraft, sodomy, fornication, and even theft—crimes not easily subject to eyewitness testimony—so frequently reveal a long history of deviant acts before any judicial action was taken. In cases of manslaughter, brawling, and theft, there is often an accumulation of charges representing episodes that had previously been settled out of court. It is not unusual to find reference to dozens of incidents stretching back five, ten, or even twenty years; and they are not *all* necessarily related to the specific accusation of the trial. *This* is what was meant by "evil reputation," and it is easy to see why it was taken so seriously as evidence—*pace* all libertarians who consider this a preposterous abuse of the bad old days when criminals were regarded as guilty until proven innocent. On the contrary, we must reason further and entertain the possibility that the actual accusation brought against an individual who had rendered himself a grave nuisance to his neighbors may sometimes have been only *accidental*—a final demonstrable offense which gave the community an excuse to do what it had long sought to do: to extrude him by banishment or execution. Careful qualitative analysis of informations in trials which led to convictions will be necessary to clarify this question. Multiple indictments should be separated from single accusations, public prosecutions from those in which there was a *partie civile,* completed trials from abandoned suits—and all groupings studied in light of the prevailing scale of punishments.

In France there was still another factor which tended to discourage the prosecution of an inpecunious offender. Any convicted person had the right to appeal his sentence to the appropriate parlement and, after 1670, appeal was automatic for any sentence involving capital or corporal punishment, public infamy, or banishment for life. The expenses of transporting an appellant to the high court might be considerable, and, in the event that the parlement overturned the decision, the costs of the appeal could run very high indeed.[15] I suggest that it was in large part as a measure of economy that summary jurisdictions were given an expanded role in the seventeenth and eighteenth centuries. Justice was notoriously more severe in those courts which judged in the last resort and in those cases which, by statute, were not subject to appeal—vagabonds, deserters from the military, recidivists, highwaymen, counterfeiters, seditious rioters.[16] It will be noticed that the bulk of cases reserved for summary justice involves classes of persons rather than specific offenses, thus reinforcing our suspicion that (with a few exceptions) criminal justice under the Old Regime was directed more against individuals deemed to be intolerable than against the perpetrators of designated crimes. To call this "class justice" is an oversimplification, certainly before the eighteenth century.

IV

12

The pattern of criminal justice we have been analyzing in France is also observable in a group of Spanish villages belonging to the city of Toledo. Trial records there often include inventories of the property of criminal suspects, drawn up for the purpose of arranging bail, and it is therefore possible to estimate the economic status of accused persons. Among those indicted on serious charges there is a preponderance of wealthier villagers, and roughly half the trials were settled by *amistades,* without waiting for convictions. On the other hand, the conviction rate for infractions of economic and property ordinances (rights of pasturing, gleaning, etc.) was 80%, the great majority of the accused being considerably poorer. Two villages, one large, the other smaller and poorer, are compared to show differences in the percentage of trials by type of offense.[17]

	Large village	Small village
Violent crimes	57%	40%
Economic infractions	25	41
Other	18	19

In other words, it seems that the city of Toledo was willing to assume the judicial costs to protect its own economic interests but not for the prosecution of violent crimes which did not affect those interests. The rich could afford to take each other to court to settle their grievances and did so more frequently than the poor. (Further analysis of these trials by differentiating public and private prosecutions would be particularly instructive.)

The same phenomenon is observable in medieval England. Hanawalt, in her study of the Ramsey Abbey villages in the early fourteenth century, was able (by means of record linkage) to identify most indicted felons as belonging to the upper strata of village society. Everywhere in western Europe it seems that the poor are under-represented in the records of official court proceedings.[18] Unless we retreat to the untenable position of asserting that the poor were somehow less prone to violent crime than the rich—and this, in effect, is Hanawalt's interpretation—we must recognize that the court records yield only a partial picture of criminal justice. Until we know more about the nature and extent of this partiality (as a function of time, place, and type of offense), it is premature to follow Beattie's example: to plot indictments for theft against the price index and leap to causal explanations. Styles has shrewdly pointed out that indictments can only be taken as a meaningful indication of the actual number of thefts committed if we can assume that the "propensity to prosecute" (as opposed to settling out of court) was constant or was changing in an intelligible manner.[19] And we have absolutely no grounds for making such an assumption.

There is an even more fundamental set of variables which Styles does not mention, involving what I shall call *sensitivity* to theft. When is the threshold crossed and a quarrel over disputed property begin to be perceived as larceny? (Most cases of rural and domestic theft, in contrast to trials of professional thieves, are loaded with ambiguities arising from complex rights of usufruct and customary perquisites.) And under what circumstances does a perception of theft give rise to a determination to prosecute at law? We need to learn a great deal more about disputes over what was called theft, and how these disputes were settled, before complex behavior patterns can be analyzed as a function of economic cycles. The problem may be insoluble by means of English documentation alone. Considerable light may be shed on it, however, by Continental evidence based on research in the archives of certain infra-judicial institutions which left written records of their activities as far back as the sixteenth century—notarial acts and, to a lesser extent, Calvinist consistory registers.

Notaries

From its twelfth-century origins in Italy, the institution of the notary spread throughout western Europe (except in England) in the course of the thirteenth century. Not to be confused with the Anglo-Saxon "notary public" who merely witnesses signatures, the European notary transacts and keeps a permanent record of major financial and other legal business. Scholars who are specialists in the field of notarial acts may have been aware that, in addition to their value for economic and social history generally, this kind of source might be employed for the history of crime. I do not believe, however, that anyone has ever set out to use notarial archives systematically for this purpose. The possibility having been called to my attention only recently, I undertook a series of investigations: first, to establish a reasonably representative sample of notarial acts by which conflicts arising from the commission of criminal deeds were settled out of court; and second, to ascertain the feasibility of a large-scale research project in the Paris archives and to set its probable chronological limits.[20]

The task of establishing an initial sample was facilitated by the existence of two works which, drawing upon the small fraction of Parisian notarial archives catalogued to date, provide brief summaries of all acts (1600–1650) to which one or more of the signatories was a musician or a practitioner of the fine arts.[21] From this arbitrary selection of 4,411 documents—it has the advantage of representing several different districts of the city—I culled a list of 153 notarial acts attesting infra-judicial compositions. For the most part the offenses are minor. Nearly three-fourths of the total are cases of assault and verbal attacks (63 acts and 48 acts, respectively). Nine acts concern thefts, nine settle disputes over the maintenance of illegitimate children (refusal by the father to make provision being a crime), and six are cases of criminal negligence. There are two homicides, two attempted murders and two cases of damage to property (broken windows, smashed violins). One case involves an indemnity demanded by a wetnurse who contracted syphilis from her suckling, and another is a complex of charges and countercharges of adultery and wife-beating. In ten acts the crime is not specified.

In the vast majority of cases, the conflicts were resolved well before they reached the stage at which they would have left traces in English court records. Whenever the summaries mention the date of the commission of the crime, it is almost always within the few days prior to the signing of the agreement. Two acts were drawn up on the same day as the offense, and three more on the following day; in one of these, the victim of a battery had already begun a suit and advanced 6 *livres* 10 *sols* in legal expenses. Some of the settlements were arranged without any recourse to official justice. Most of them, however, occurred after one, or occasionally both, parties had filed formal complaints. In six cases one of the parties was in prison, and in another case, under warrant for arrest. Two trials had already reached the stage of appeal when they were settled out of court. Approximately three-fourths of the acts explicitly refer to judicial proceedings already begun, and specify that formal charges were to be dropped as a consequence of the settlement. In over half the summaries there is mention of damages, provision of medical expenses or reimbursement of court costs incurred; in six of those cases the victim was apparently satisfied merely to recover his court costs (small sums ranging from 30 *deniers* up to 17 *livres* 10 *sols*). Nor were the damages ever very large, even though the sample includes persons of substantial property; in only seven cases did the amount exceed one hundred *livres*, the highest being a composition for murder at 800 *livres*.

In France, as in England, it was technically illegal to compound a felony without the permission of the magistracy. In cases of manslaughter, therefore, a private remission of the right to prosecute was matched (in language which was almost exactly parallel) by a royal remission with respect to the public aspects of the crime. Royal letters of remission could be purchased upon application to a chancellery, and it was left to the discretion of the courts whether to accept them or to inflict a penalty. On the other hand, for minor crimes—those not subject to corporal punishment, banishment or public infamy—the courts were forbidden to interfere further in a case once the parties to a suit had arrived at a private composition.[22]

Despite the limited size of the sample, it suggests that the settlement of criminal disputes before a notary was widely practiced among the artisan and middling classes. The wealthy could afford to pursue their adversaries in court, and the poor must have tried to economize the notaries' fees by settling in the presence of less official witnesses—a priest, their masters or their neighbors—who would stand as guarantors of the agreement. But between these two extremes a certain pattern of behavior becomes apparent. The victim of an attack would try to obtain a public apology, medical expenses and a settlement of damages sufficient to maintain his honorable reputation. Toward this end he might apply to a notary as arbiter; or he might see fit to lodge a formal complaint and assume the costs of an information, to wave an impending criminal suit in the face of his assailant in order to bring him to terms. When the settlement was arranged, the minor court costs incurred were routinely added to the damages. An aggressor, if he felt himself in any danger of a conviction, would be foolhardy not to compromise quickly, before court costs became prohibitive. Marie Brisset would have been wiser had she composed with the father of an apprentice who had been shot and killed "accidentally" by her son; as it was, she was sentenced in court to pay not only 100 *livres* in damages but also an additional 100 *livres* in costs.[23] Not infrequently the aggressor was represented by a third party, thereby saving face. As one would expect, certain quarrelsome individuals left behind a long history of their disputes.[24]

If the culprit refused to compose, a trial might fortuitously run its full course, even though the injured party may not have begun with this intention. Thus a relatively petty offense could become a crime statistic—if we make the mistake of compiling those statistics solely on the basis of judicial records. Conversely, a more serious crime such as a murder could be disguised as an accident, and never enter into the statistics at all. Deliberate masking of the original accusation in the wording of a settlement must have been very common. (Unlike court testimony, a notarial act contained only the details the parties wished to insert.) Here is an obvious example, obvious only because the composition occurred at a relatively late stage of litigation. Marie Massé, widow of a journeyman weaver, brings a paternity suit against Louis Vernier, a musician. On 26 September 1629 she gives power of attorney to a "bourgeois de Paris" and promises him "half the sum to which Vernier will be condemned by the *bailli* of For-l'Evêque, or half of what he will pay in an amicable settlement." Vernier is in fact sentenced and, on 22 October, signs a declaration that he will appeal. On the same day, Marie "admits that Vernier is not the father of the child she is expecting and withdraws all charges against him."[25]

It seems probable that many cases of theft appear in the records under the guise of insults: false accusations. Not always is the origin of the verbal attack made so explicit as in the following incident, which occurred in Paris in 1638. Six persons are present in the house of a master goldsmith. In the course of the visit, the goldsmith realizes that two gold rings have suddenly disappeared. He accuses his guests (all of whom are his social inferiors). A second search is made, and the rings are found exactly where they were supposed to be. Now the tables are turned; the goldsmith and two of his journeymen make a notarized apology to the people they accused. If the loss of the rings had not been discovered so quickly, the situation was one which could have led to a trial for theft. On the other hand, if the goldsmith had not be willing to apologize publicly, he could have found himself a defendant in a libel suit. It was not necessary to set the wheels of official justice in motion to obtain a restitution of the stolen goods, although the *menace* of official justice played an important role in arriving at a satisfactory compromise.[26]

The ambiguities and complexities of larceny are nicely illustrated in the next example. Jordin is a domestic servant of a widow, a market-gardener, who owes him his wages. He goes to the stables of a gentleman to collect manure. While the cart is being loaded, the gentleman notices that a silver saltcellar is missing and accuses Jordin, who claims that the theft must have been committed by the assistant he casually picked up on the way to help him with his job. Now this is a perfectly plausible excuse. But it is also obvious that, if Jordin was in fact the thief, he would have had to get rid of the saltcellar in a hurry, and that the assistant was his accomplice. In the event, the gentleman has Jordin placed in custody, not arrested, but unofficially confined in the house of a judicial commissioner; and he seizes the widow's horse. He is now in a position to negotiate. The widow, in order to recover her horse, and in order not to lose her servant, goes to a notary and signs a promissory note for the value of the saltcellar, the sum to be deducted from the wages she owes Jordin. Everyone is more or less satisfied, and Jordin is released. If innocent, he is not much worse off than he was before; if guilty, he might have been getting away with this kind of thievery for some time. The notarial act is drawn up in such a way as to serve as a document in a criminal dossier if ever one were needed; and the whole procedure is carried out without any direct reference whatsoever to official justice.[27]

One charge for domestic theft was settled by allowing a maidservant to keep what she had appropriated "in lieu of wages."[28] It stands to reason that a host of cases of this type were settled without leaving any written traces. The traditional perquisites to which domestics were entitled must have been a frequent source of conflict, but when their demands became exorbitant or were pursued too aggressively, a simple dismissal was far more likely than a capital charge. The stereotype of the poor servant hanged for stealing a handkerchief makes no sense at all, unless the provocation were extreme—perhaps blackmail, for servants were often in possession of family secrets. (Chapter 68 of Thackeray's *Pendennis* contains a vivid description of such a situation: a valet tries to blackmail his master and is stopped by the threat of a charge for domestic theft, a charge which would not otherwise have been made.)

The rarity of accusations for theft in the Paris notarial archives is not surprising. It dovetails rather neatly with the relatively high conviction rate for larceny in the *bailliage* of Mamers, just as the frequency of compositions for ordinary violence corresponds to the low conviction rates for assault (and presumably insults) in that rural sample.[29] The need for studies employing record linkage is obvious. Unfortunately this will not be possible for Paris, since the archival records of most courts of first instance begin only in the eighteenth century; and by that time the role of Parisian notaries as infra-judicial arbiters had sharply diminished.

Preliminary research indicates that the period during which they exercised this function to the fullest was between the second quarter of the sixteenth and the third quarter of the seventeenth centuries, although the practice can be traced to much earlier times. The notarized *instrumentum pacis* was a recognized alternative to official justice in medieval Florence and Siena. Ernest Coyecque's monumental inventory of *Etude* XXXIII in Paris reveals an evolution of the institution in the sixteenth century.[30] For the years 1500-1529, the first thousand acts inventoried by Coyecque include fifteen compositions for criminal offenses: five homicides, five seductions, four assaults and one case of insults. (In addition there are eleven depositions of testimony destined to serve as documents in criminal trials—a type of act which, despite its inherent interest, is less germane to our present inquiry.) By the mid-sixteenth century, compositions had become more numerous; one thousand acts drawn from the years 1549-1552 contain no less than fifty compositions (and only four depositions). There are thirty compositions for assault, eight for homicide, three each for seduction, insults and accidents, and one each for domestic theft, syphilis and adultery. The pace and pattern were drawing closer to those observable in *Etude* IX in the 1630s when there were approximately fifty compositions a year, most of them for assault and insults. In the same *étude*, by the 1720s this aspect of notarial activity had practically vanished. For the year 1722 there were only three compositions: one for theft, one for insults, and one for an unspecified crime. And for the year 1723 there were no compositions at all.[31]

The rise and decline of the practice of compounding crimes in the presence of a notary are only faintly adumbrated by these scant samples, and will be defined more precisely in the course of a major research project shortly to be undertaken in the Paris archives. The research itself is far less arduous than might be supposed. For most *études*, the chronological tables maintained by the notaries are extant; and, by referring to acts indicated by such key words as "accord," "désistement," "décharge," "remise," etc., a great deal of extraneous matter can be conveniently by-passed. The technique can easily be mastered; and the standardization and limited number of data in most of the acts make the material suitable for computer analysis. One must be careful of course not to take Paris as a model for the provinces and for other countries. Considerable geographical diversity is to be expected. It is to be hoped that similar projects will be undertaken in other regions where the notarial system prevailed (e.g., Italy and the Low Countries), exploiting this unsuspected source for the study of social deviance.[32] And where linkage is possible with criminal archives we can anticipate invaluable insights into the relationship between official justice and infra-justice.

Consistories

The local clergy, whether Protestant or Catholic, undoubtedly played an important role in encouraging disputants to settle their differences amicably in a spirit of Christian charity instead of exposing the congregation to the scandal of a criminal suit. The influence of Catholic *curés* in making a reconciliation the precondition of absolution (and therefore the right to participate in the sacrament of Communion) can be observed only rarely and indirectly, since they left no written records. Occasionally testimony in a trial allows us to perceive the operation of this influence. In 1609, Jacques Pié admitted having once quarreled with the man he was accused of attacking, but protested that they had "taken Easter Communion together and sealed their friendship in a drink."[33] The procedure was not essentially different in Huguenot communities, but it was more formal and sometimes left traces in the consistory records where, occasionally, criminal incidents are recounted in circumstantial detail.

For a succinct statement of purpose, consider this extract from the consistory register of Meyrueis in 1681.

> It was proposed by one of the elders that, in view of the internal dissensions within the congregation, we should work diligently to reconcile any quarrels

> which may be known to members of the consistory. It was therefore decided that we would work diligently to effect reconciliations and, for this purpose, a list of quarrels should be prepared. Disputants will be summoned and urged to settle their differences; those who refuse to do so will be suspended from participation in the sacrament of the Eucharist. Monsieur Coudere, our minister, was charged to stress the Christian duties of peace and charity.[34]

Members of the congregation who had given rise to public scandal by verbal or physical attacks or other misdemeanors were required to expiate the scandal by performing public penance before the assembled congregation. In contradistinction to the rapid settlements of disputes recorded in notarial acts, the consistories habitually acted in such a manner as to allow tempers to cool. No matter when a criminal offense was committed, arbitrations and compositions were grouped into a short period, the few days immediately preceding each of the four major Holy Communions of the year—Easter, Pentecost, the autumn Communion in September, and Christmas. Then, in a general atmosphere of restoring harmony within the congregation, and as a condition for admittance to the Communion table, adversaries were reconciled and settlements arranged. The following is a typical example.

> Gabriel Dupont and Jean Noguier appeared before the consistory to be reconciled in their quarrel in order that they might participate in the sacrament of the Eucharist. Since we are upon the eve of the Holy Communion, it was decided that each man would select one among the elders, to arrange a compromise on the origin of the dispute. And as for the insults publicly exchanged between them, they would forgive each other and agree to live in friendship. Thus reconciled, they were admitted to Communion.[35]

Those who refused to be reconciled, or who insisted upon satisfaction in a court of law, were threatened with suspension and, ultimately, excommunication. In Coutras in 1583, Daniel Fèvre quarreled with his stepmother-in-law over his wife's marriage portion, called her a thief and treated her to obscenities. Summoned by the consistory, he was admonished and agreed to apologize. But she was unwilling to accept the apology, determined to prosecute before the magistrate. Thus it was *she*, not he, who was denied the sacrament.[36]

Although the French Huguenot consistories all adhered to the same rules of ecclesiastical discipline, there was considerable diversity in the manner in which they recorded their activities. In Saint-André and in Clermont, insults, assaults and thefts left scarcely any traces, and the major concerns seem to have been the suppression of dancing, card-playing, non-attendance at church and the frequenting of Catholics. In other localities the reverse is true. In Castelmoron, for example, one finds a number of incidents involving the theft of foodstuffs.[37] It is doubtful, however, that the social realities were as diverse as these archives would suggest if taken at face value. Compositions of course could be arranged without the formal intervention of the consistory; and furthermore the scandalous behavior of delinquents is not always described in sufficient detail to allow us to perceive the precise nature of the offense. For these reasons, the kind of statistical analysis attempted by Estèbe and Volger is more indicative of the concerns of the pastors and elders than it is of the types of delinquency prevalent in the communities under consideration, or the role of the consistory as an infra-judicial institution.[38] Certain consistory records will well repay a careful qualitative analysis. Even more valuable would be a few case studies where consistory registers can be brought into conjunction with notarial acts and the archives of official courts. We need to know more about the relationships obtaining among these three modes of justice—bearing in mind that, in France, these relationships were not everywhere the same, affected as they were by the minority status and persecution of Protestants. Where the local magistracy was Catholic, one would expect to find a more aggressive spirit of communal autonomy revealed in the records. In theory the consistories of the Rhenish Palatinate should furnish us with less complicated examples, but the registers examined by Volger are not encouraging in this respect; infra-judicial arbitrations of violent conflicts occupy only a very minor place in the recorded activities of the consistories.[39]

In sixteenth-century Geneva, where the consistory was closely allied with the government of the city-state, the rate of official criminal prosecutions was extremely high: one for every hundred inhabitants, according to the 1562 list analyzed by Monter.[40] The fact that Geneva's population was swelled to nearly double by the influx of French refugees may have contributed to a heightened sensitivity to violence. Curiously, however, this "crime rate" for Geneva is not so very far from a rough guess based on an estimated 1,000 to 1,500 notarized compositions a year for early seventeenth-century Paris. Considering that the notarial archives may only reflect about half the total population of 400,000, we arrive at a ratio of one criminal conflict for every 150 or 200 inhabitants—whereas the study of eighteenth-century Paris, looking only at completed trials, gives a drastically lower crime rate, only one trial per thousand.

Sensitization to violence and acculturation to official justice

From the later Middle Ages to the beginning of the nineteenth century we can observe a basic structural pattern of criminal justice. Largely owing to the inadequate public financing of prosecutions, official justice was superimposed upon a network of traditional modes of arranging private settlements. A long and uneven evolution—the work of more than five centuries—was necessary before the vast majority of the population would come to view the criminal courts as the primary locus of redress. Meanwhile the mere existence of the king's justice, no matter how remote, was the ultimate sanction which guaranteed the functioning of traditional methods. Indeed it is not surprising to discover that elements of criminal procedure were borrowed and adapted to customary ways. Until the eighteenth century—when the aspirations of the bureaucratic state began to make it appear inadequate, and the utilitarian reformers began to stress the *certainty* as well as the *lenity* of punishment—the symbiotic relationship of two parallel modes of justice was taken for granted. The gradual decline of private vengeance suggests that they worked reasonably well together. Official justice was there in the background to deal with individuals who had crossed the threshold of community tolerance by the commission of a horrendous crime, or by an unforgivable number of deviant acts. It was increasingly adopted by the nobility, the prosperous bourgeoisie and throughout the ranks of officialdom as a not dishonorable way of resolving disputes. And it was called upon to rid the community of troublesome outsiders who were not amenable to lesser sanctions. Beyond these three basic categories of defendants, the incidence of official justice tended to be accidental—although accidents too have their patterns.

Increasing recourse to official justice is part of the great long-term trends of sensitization to violence and consolidation of nation-states. The age of private warfare was drawing to a close by the end of the fifteenth century. A hundred years of religious strife left kings with a clear monopoly of waging war, while at the same time the Protestant and Catholic Reformations greatly accelerated the Christianization of Europe. The spread of education brought about far more than a spread of literacy; schooling in letters meant a schooling in manners. Cardinal Richelieu's campaign against duelling was not a figment of Alexandre Dumas' imagination; in 1624, for the first time, royal edicts on duels were strictly, though sporadically, enforced; and Versailles (and its imitations in other countries) completed the domestication of the nobility. Central provisioning and quartering of troops in barracks canalized, if they did not reduce, the horrors of war. The last of the great plagues hit Marseille in 1720, and, by the second half of the eighteenth century, the periodic terrors of massive demographic crises were left behind. The *cahiers des doléances* prepared for the Estates-General of 1789 all demanded increased police protection—from the very same police forces that were dreaded in the sixteenth century as the scourge of the countryside. In the nineteenth century public executions were gradually abolished.

These are but a few of the milestones in the exclusion of most violence from ordinary daily life, and a heightened sensitivity to some of the residual violence. The literature of the sixteenth century reveals an intense preoccupation with personal safety; by the eighteenth century the emphasis shifts toward an obsessive concern with the sanctity of private property. With a more sophisticated approach to criminal archives, it should be possible to investigate in detail the stages of transition from Benvenuto Cellini's Florence to Louis Chevalier's "dangerous classes" of nineteenth-century Paris. Cutting across this change in mentality are the regional waves of sensitivity toward vagabonds—in England as early as the sixteenth century, in France in the eighteenth, in the Netherlands in the nineteenth.[41] A comparative study of vagabondage in its criminal and demographic aspects is now beginning to emerge into the realm of possibility.

Simultaneous with these better-known examples of sensitization there was a secular trend of *de*sensitization in other areas. Since the eighteenth century, only under exceptional circumstances do we find the kind of general terror of treason which was endemic in the Middle Ages. The same is true of heresy. Verbal violence in general—blasphemy and insults—began, about the mid-seventeenth century, to cause much less alarm; and rashly spoken statements, formerly regarded as unwitting but inevitable revelations of nefarious purposes, lost their awful significance.[42] Adultery and seduction, once potentially capital offenses, gradually passed into the shadows of shame. Bankruptcy, one of the most serious of medieval crimes, has become almost respectable. It is now a hundred years since people were imprisoned for debt—long enough for historians of crime to have lost interest in this whole category of criminality.

Two entire cycles of sensitization and desensitization can be isolated for special study. Before 1400 there is no evidence that witchcraft, sorcery and magical healing were greatly feared by the peasantry. Two centuries later, especially in Germany and Savoy, witchcraft was a mania. Then within a relatively brief time, mostly due to a process of decriminalization imposed from above, prosecutions virtually disappeared in western Europe, although popular fears were far from eradicated.

Infanticide is another example of a complete cycle. For reasons which have yet to be explained, in the sixteenth century nearly every country passed legislation against child-murder and enforced these acts with draconian severity. Five thousand would be a conservative estimate of the number of women in France executed under the statute of 1556, and it may well be that the great infanticide craze took as many lives as the great witch hunt. By the late eighteenth century the fear vanished as mysteriously as it had appeared, to the extent that by 1818, when Sir Walter Scott wrote *The Heart of Midlothian,* the repealed statute seemed quaint enough to furnish the theme for a historical novel.

Notes

This paper was presented to the Seventh International Economic History Congress (Edinburgh, 1978). I am appreciative of the many helpful comments on an earlier version offered at a preparatory colloquium in Paris, and from those who heard the paper in lecture form in Paris, Amsterdam, London, Oxford and Cambridge. Above all, I have benefited more than I can express from a long series of discussions with Pierre Chaunu.

1. See Quentin Skinner, "Meaning and Understanding in the History of Ideas," *History and Theory,* VIII, 1 (1969), 48-49: "The essential question which we therefore confront, in studying any given text, is what its author, in writing at the time he did write for the audience he intended to address, could in practice have been intending to communicate by the utterance of this given utterance. It follows that the essential aim, in any attempt to understand the utterances themselves, must be to recover this complex intention on the part of the author." Cf. the remarks of G. R. Elton in his Introduction to J. S. Cockburn, ed., *Crime in England, 1550-1800* (London, 1977), pp. 1-14.
2. Many research projects have been limited to an investigation of one kind of offense, witchcraft being the crime for which the archives have (by far) been most thoroughly ransacked—to the point where an initial comparative analysis of witch hunting may soon be feasible. And yet the traditional approach of treating witchcraft as a *crimen exceptum,* divorced from its general context as one of a number of modes of deviant behavior, is still too prevalent for comfort. Great caution must be exercised in isolating any particular crime for special study.
3. J. M. Beattie, "The Pattern of Crime in England, 1660-1800," *Past and Present,* No. 62 (Feb. 1974), pp. 47-95; J. Styles, "Eighteenth-Century English Criminal Records," a paper read to the second annual conference of the Social History Society, in Birmingham, Jan. 1977 (a précis was published in *Social History Society Newsletter,* II, 1 [Spring, 1977]). Beattie's assumptions about the reliability of indictments as a reflection of total criminality also pervade J. S. Cockburn, "The Nature and Incidence of Crime in England, 1559-1625," in Cockburn, ed., *Crime in England,* pp. 49-71.
4. M. J. Ingram, "Communities and Courts: Law and Disorder in Early Seventeenth-Century Wiltshire," ibid., pp. 110-134, esp. p. 125 ff.; T. Curtis, "Explaining Crime in Early Modern England" (I am grateful to the author for sending me a draft copy of this article, found elsewhere in this volume); N. and Y. Castan, "Recours, besoin et sens de la justice devant l'institution judiciaire française au XVIIIe siècle," a paper offered at a conference organized by The Dutch Group for the Study of the History of Crime and Criminal Law, in Amsterdam, 1977 (forthcoming in *Revue d'histoire économique et sociale).* *

5. See Marc Bloch, *La Société féodale,* beginning of ch. 27; F. Lot and R. Fawtier, *Histoire des institutions françaises au Moyen Age,* vol. II (Paris, 1958): *Institutions royales,* p. 430.
6. The results of torture cannot be presumed on the basis of protests against abuses. As administered by the Parlement of Paris in the late 16th and early * 17th centuries, torture produced a confession rate of only one percent. The terribly effective method of sleep deprivation, condoned in England, was illegal in France. See A. Soman, *Torture, suicide, sorcellerie* (forthcoming).
7. Tempting though it might appear as a short cut, the Collection Le Nain, for example (now housed in the Archives Nationales, series U), is virtually useless for serious historical research. Recourse to this and similar collections was largely responsible for leading R. Mandrou astray in his *Magistrats et sorciers en France au XVIIe siècle* (Paris, 1968). See A. Soman, "Les Procès de sorcellerie au Parlement de Paris (1565-1640)," *Annales: Economies, Sociétés, Civilisations,* XXXII, 4 (July-Aug. 1977), 790-814, esp. p. 791.
8. A. Margot, "La Criminalité dans le bailliage de Mamers (1695-1750)," *Annales de Normandie,* XXII (1972), 185-224. The other articles in this series of studies directed by P. Chaunu (from 1962 to 1972) do not attempt to deal with conviction rates.
9. P. Petrovitch, "Recherches sur la criminalité à Paris dans la seconde moitié du XVIIIe siècle," in A. Abbiateci, F. Billacois *et al., Crimes et criminalité en France, XVIIe-XVIIIe siècles* ("Cahiers des Annales" No. 33; Paris, 1971), pp. 187-261. Incomplete trials are classified among the papers of the *commissaires* of the Châtelet (Arch. Nat., Y 10719 *et seq.*) along with a host of minor and miscellaneous matters.
10. E. W. Monter, "Crime and Punishment in Calvin's Geneva, 1562," *Archiv für Reformationsgeschichte,* LXIV (1973), 281-286. In 18th-century France, even serious crimes were not always fully prosecuted, and court officers would attempt to conceal such cases from royal investigators. The difficulties encountered by provincial *intendants,* one of whose tasks it was to compile lists of these laxities and abuses for the chancellor, are indicated in the text of the following letter from a royal *intendant* in Rennes to his deputy in Tréguier:

> J'ai reçu, Monsieur, la lettre que vous m'avez écrit le 10 de ce mois, au sujet de l'état que je vous ai demandé des crimes dignes de mort ou de peines afflictives, qui peuvent avoir été commis dans l'étendue de votre département et dont la procédure n'est pas terminée. Vous devez, à défaut de procureurs fiscaux dans les juridictions de Chef-du-Pont et de La Rochederrien, vous adresser aux sénéchaux ou, encore mieux, aux greffiers qui, étant saisis de toutes les pièces de chaque affaire, sont plus en état que qui que ce soit de vous donner les dattes et tous les autres éclaircissemens dont vous avez besoin. Au surplus, s'ils refusent d'y satisfaire, ainsi que les procureurs fiscaux des autres juridictions de votre département, auxquels vous avez parlé et que vous aurez agréable de voir encore pour une derniere fois, je vous prie de m'en informer sans diférer, afin que je puisse en rendre compte à monsieur le chancelier. Je vous observe qu'il ne faut pas tout à fait vous en raporter à ces officiers sur la quantité des crimes : s'il y en avoit quelques-uns dont ils eussent négligé de faire les poursuites, ils pourroient vous les cacher; ainsi il seroit bon et même

> nécessaire de vous instruire d'ailleurs de tous ceux qui peuvent avoir été commis dans votre subdélégation, dont la procédure n'a pas encore été conduite à sa fin. Les recteurs [= curés] sont sans doute en état de vous aider à cet égard, n'étant pas possible qu'il se commette quelque crime sur leur paroisse, sans qu'ils en aient connoissance.

Rennes, A. D. Ille-et-Vilaine, C 137, 13 Feb. 1758. (I wish to thank M. Jean Lelion for calling my attention to this document and for sending me a photocopy.)

11. J. Bellamy, *Crime and Public Order in England in the Later Middle Ages* (London and Toronto, 1973), p. 157, citing several editions of documents by E. G. Kimball.
12. W. Blackstone, *Commentaries on the Laws of England* (3d ed.; 4 vols.; Oxford, 1768-1769), IV, xxvii, pp. 356-357. (Italics in the original.)
13. See E. Delcambre, *Le Concept de la sorcellerie dans le duché de Lorraine au XVIe et au XVIIe siècle* (3 vols.; Nancy, 1948-1951).
14. N.B. the following comment by a late 17th-century parish priest: "Ils [les paysans] haïssent les procès et encore plus les officiers de justice qu'ils appellent des mangeurs; on les accorde sans peine quand ils ont des affaires à cause de l'appréhension qu'ils ont de tomber entre leurs mains" (quoted by G. Bouchard, *Le Village immobile: Senneley-en-Sologne au XVIIIe siècle* [Paris, 1972], p. 282).
15. For two eloquent contemporary texts on this subject, see Charles Loyseau, *Discours de l'abus des justices de village* (2 vols.; Paris, 1603-1604), I, 56v-57r; Henri Beaune, *Journal d'un lieutenant criminel au XVIIe siècle* (Paris, 1866), pp. 27-28.
16. See N. Castan, "La Justice expéditive," *Annales E.S.C.*, XXXI, 2 (Mar.-Apr. 1976), 331-361.
17. M. R. Weisser, *The Peasants of the Montes* (Chicago and London, 1976), pp. 77-84, 106-111. The revised figures cited here are drawn from the typescript (kindly sent to me by the author) of Weisser's article, "Crime and Punishment in Early Modern Spain," to appear in V. Gatrell *et al.* (eds.), *Crime and the Law in Western Societies since 1500* (forthcoming, Europa Press). Cf. Bellamy, *Crime and Public Order,* p. 159: in medieval England the conviction rates for trespasses and economic infractions were much higher than for felonies.
18. Barbara Hanawalt, "Community Conflict and Social Control: Crime and Justice in the Ramsey Abbey Villages," a paper delivered at The Dutch Group's conference in Amsterdam, 1977. On the under-representation of the poor in Mamers, cf. Margot, p. 202.
19. Styles, "English Criminal Records."
20. The initial suggestion was made by J.-P. Poisson, a practicing notary, in the course of a paper read to Pierre Chaunu's seminar on 20 Dec. 1977. Following my preliminary research, a standardized questionnaire was prepared, and a team of students will be assigned to work on the project beginning in the academic year 1978-1979. A slightly different version of this portion of the present article will appear in *Revue d'histoire économique et sociale,* the editors of which have kindly granted permission to publish it here in English.

21. M.-A. Fleury, *Documents du Minutier central concernant les peintres, les sculpteurs et les graveurs au XVIIe siècle (1600-1650)* (Paris, 1969); M. Jurgens, *Documents du Minutier central concernant l'histoire de la musique (1600-1650)* (2 vols.; Paris, 1967-1974). Fleury inventories 729 acts drawn from *Etudes* I to X at the Minutier central; the first volume of Jurgens, 1751 acts from the same sources (with a small amount of duplication); and the 2d volume of Jurgens, 1931 acts from *Etudes* XI to XX. (There are, in all, over 120 *études* for Paris alone, not counting the suburbs.)
22. See the criminal code of 1670, Title XXV, art. 19, in F. A. Isambert *et al.* (eds.), *Recueil général des anciennes lois françaises* (29 vols.; Paris, 1821-1833), XVIII, 418.
23. Fleury, pp. 464-465.
24. E.g., Fleury, pp. 463, 488; Jurgens, II, 505-506, 648.
25. Jurgens, I, 612.
26. Jurgens, I, 508, with additional detail from the act itself, Arch. Nat., Etude IX, 381 (4 July 1638). For an analogous case, see Jurgens, II, 508.
27. Arch. Nat. Etude CXXII, 1598, No. 4 (6 Nov. 1619). Note that the systematic preservation of such acts would very likely encourage infra-judicial compositions, more so than in England, where no comparable written record was maintained. (At the Edinburgh Congress, James A. Sharpe and Timothy Curtis suggested that the English practice of "binding over to keep the peace" is in many ways comparable, and we hope to pursue the question further.)
28. Jurgens, I, 627.
29. Cf. the predominance of indictments for theft at Home Circuit assizes in Elizabethan and early Jacobean England—nearly 73% of the total (Cockburn, "Nature and Incidence of Crime," p. 60).
30. W. M. Bowsky, "The Medieval Commune and Internal Violence: Police Power and Public Safety in Siena, 1287-1355," *American Historical Review*, LXXIII, 1 (Oct. 1967), 1-17, esp. pp. 12-13; E. Coyecque, *Recueil d'actes notariés relatifs à l'histoire de Paris et de ses environs au XVIe siècle* (2 vols.; Paris, 1905-1924). (Coyecque's inventory is not exhaustive, some "minor" acts being omitted. After spot-checking, however, I am convinced that the kinds of acts we are here considering were always included.) It is noteworthy that the practice had already declined in Italy before it began to flourish in France. Compare the imposition of pilgrimages as a conciliatory device in the Netherlands, ca. 1300-1550 (Jan van Herwaarden, *Opgelegde Bedevaarten* [Assen and Amsterdam, 1978], French summary, pp. 596-614).
31. Arch. Nat., Etude IX, 369 (July-Dec. 1632)—22 acts (more than 7% of the total); IX, 375 (July-Dec. 1635)—27 acts; IX, 622-623. Cf. M. Rambaud, *Documents du Minutier central concernant l'histoire de l'art (1700-1750)*, vol. II (Paris, 1971); although similar in every respect to Fleury, there are scarcely any compositions inventoried. A late 18th-century practical manual, however, still devotes a few pages to models of this kind of act (F. B. de Visme, *La Science parfaite des notaires* [2 vols.; Paris, 1771], II, 451-459).
32. The notarial archives of Amsterdam, completely inventoried for the decade 1701-1710, include 1,992 acts, mostly depositions of testimony relating to criminal suits, which are analyzed by type of offense. (I am obliged to Herman A. Diederiks for this information.) It would be useful if these acts were to be

analyzed further to separate the affidavits made in pursuance of a suit from the acts attesting compositions.

33. Vray est qu'ilz ont eu querelle ensemble mais que, ayant faict leurs Pacques, ilz ont beu ensemble" (Arch. Nat., X^{2A} 971, 16 Jan. 1609). For a similar text relating an agreement arranged by a member of the nobility, see the interrogation of Pierre Daufin, 21 Nov. 1614 (X^{2A} 977): "Ledit sieur vint à la messe et les manda et enjoignit de vivre à l'amiable ensemble." Cf. [Alexandre Dubois], *Journal d'un curé de campagne au XVIIIe siècle,* ed. H. Platelle (Paris, 1965), pp. 77, 110, 120, 142.

34. Ayant esté proposé par un des anciens qu'il y a des grandes divisions dans ceste eglize, seroit necessaire de travailler incessamment à la reconciliation de tous les differens qui seront à la cognoissance de la compagnie. Sur quoy a esté deliberé que l'on travaillera incessamment à la reconciliation et que, pour ce, il sera faict un roole de ceux qui sont divisés et qu'ils seront cités et, en cas qu'ils refusent de se reconcilier, les rebelles seront suspendus de la Saincte Cene. Et charge a esté donnée au Sieur Coudere, ministre, de presser la necessité [qui] est imposée à chacun de vivre en paix et en charité avec ses prochains.

Paris, Bibl. de la Société de l'histoire du protestantisme français, MS. 453, fol. 164r, 27 Apr. 1681. Cf. similar general statements in the registers for Pont-de-Camarès, 13 Feb. 1577 (Paris, Bibl. de l'Arsenal, MS. 6563, fols. 62v-63r); Coutras, 2 Oct. 1583 (*ibid.,* MS. 6559, fol. 29); and Clermont (Lozère), 21 Mar. 1603 (*ibid.,* MS. 6557, fol. 3r). These texts will be published in "Extrait du registre consistorial de Coutras, 1582-1584," ed. A. Soman with the collaboration of Elisabeth Labrousse, scheduled to appear in 1979 in *Bulletin de la Société de l'histoire du protestantisme français.*

35. ... se sont presentés Gabriel Dupont et Jehan Noguier pour estre reconciliés de leur differant, à cette fin de communiquer à la Saincte Cene. A esté ordonné que, d'aultant que nous sommes à la veille de la Cene, l'on a trouvé bon que chacun d'iceulx prendront une homme de la presente compagnie pour les accorder du principal et des apportz. Et pour le regard des injures et oultrages, ilz seront reconciliés ensemble et demeureront en bons amis, lesquelz ont esté reconciliés et admis à la Saincte Cene.

Meyrueis, 27 Mar. 1592 (Bibl. Prot. Fr., MS. 453, fol. 87v). In the earliest consistory registers I examined (Pont-de-Camarès and Coutras), reconciliations were recorded randomly throughout the year in the 1570s and early 1580s; by the late 1580s they tended to fall into the pre-Communion clusters observable elsewhere. (See Bibl. de l'Arsenal, MSS. 6559-6560, 6563, 10434.)

36. Coutras, 1 and 3 July 1583 (ibid., MS. 6559, fols. 25v-26v). For another incident of this kind, cf. Coutras, 16 Sept. 1612 (ibid., MS. 6560, fol. 64r).

37. Saint-André: Arsenal MS. 10434. Clermont: Arsenal MS. 6557. Castelmoron: Bibl. Prot. Fr. MS. 222[1], fols. 23r, 24r, 28v-29r (11 Sept. 1598, 9 Apr. 1599).

38. J. Estèbe and B. Vogler, "La Genèse d'une société protestante: étude comparée de quelques registres consistoriaux languedociens et palatins vers 1600," *Annales E.S.C.,* XXXI, 2 (Mar.-Apr. 1976), 362-388.

39. In the Dutch Republic, however, where Calvinism was the dominant if not the

state religion, a number of consistory registers are apparently rich in detail on social deviance. See, e.g., A. C. Duker, "Tien jaren [1670-1680] uit de heerchappij der kerkelijke tucht binnen Franeker," *Archief voor Nederlandsche Kerkgeschiedenis,* I (1885), 241-272 (cited by Arendt H. Hussen, Jr., "The Archives of Infra-Judicial Institutions: The Example of the Calvinist Consistories in the Dutch Republic. Some Preliminary Observations," a brief paper presented at the Edinburgh Economic History Congress, 1978).

40. "Crime and Punishment in Calvin's Geneva."

41. After a period of general fear in the early 16th century (see B. Geremek, "Criminalité, vagabondage, paupérisme: la marginalité à l'aube des temps modernes," *Revue d'histoire moderne et contemporaine,* XXI [July-Sept. 1974], 337-375), vagabonds in late 16th-and early 17th-century Paris were treated with surprising leniency. The prison archives of the Conciergerie du Palais (Paris, Archives de la Préfecture de Police, A^{B} 1-33) reveal that, when vagabonds were arrested (under suspicion of being pickpockets), their punishment was seldom more than a mild directive, either to find a master within 24 hours or to leave Paris.

42. See A. Soman, "Press, Pulpit and Censorship in France before Richelieu," *Proceedings of the American Philosophical Society,* CXX, 6 (Dec. 1976), 439-463, esp. pp. 457-460.

V

Le registre consistorial de Coutras, 1582-1584

par Alfred SOMAN, avec la collaboration d'Elisabeth LABROUSSE

Comme on le sait, il subsiste un grand nombre de registres de Consistoires antérieurs à 1685 dans les bibliothèques et les archives, dont l'analyse a servi de bases aux nombreuses monographies existantes consacrées à l'histoire d'une communauté réformée particulière ou à celle du protestantisme dans diverses provinces. Ce n'est que tout récemment que l'intérêt croissant qu'éveille l'histoire sociale, en particulier, celle des déviances et des institutions qui maintenaient l'ordre public dans la France d'Ancien Régime, a orienté l'attention des spécialistes vers ce genre de sources : dans un très bel article, Janine Estèbe a étudié quatre registres de Consistoires (Montauban, Castelmoron, Meyrueis et Cardaillac) en explorant les multiples fonctions remplies par cette institution réformée : son « rôle de surveillance et d'éducation, de répression et d'enseignement », et elle a souligné le fait que « le Consistoire a endossé avec facilité le rôle d'arbitre que jouait traditionnellement l'agent du seigneur, le notaire ou le curé (1) ». Ce dernier aspect de l'activité des Consistoires est particulièrement intéressant pour les historiens de la criminalité qui (s'inspirant des suggestions novatrices de Pierre Chaunu et de Nicole et Yves Castan) commencent à reconnaître l'importance considérable des accords infra-judiciaires des conflits, aussi bien civils que criminels, et combien il serait insuffisant de prétendre étudier la criminalité sur la seule base des archives judiciaires et administratives (2).

---

(1) J. ESTÈBE et B. VOGLER, « La Genèse d'une société protestante. Etude comparée de quelques registres consistoriaux languedociens et palatins vers 1600 », in *Annales E. S. C.*, tome XXXI (1976), p. 362-388 ; les citations sont tirées des p. 365 et 386.

(2) Cf. les avant-propos de P. CHAUNU aux articles sur la criminalité publiés par ses étudiants dans les *Annales de Normandie,* 1962 à 1972 ; N. CASTAN, *Criminalité et subsistances dans le ressort du Parlement de Toulouse (1690-1730),* thèse ronéotypée de IIIe Cycle, Toulouse, 1966 ; *Crime et justice en Languedoc, 1750-1790,* thèse de Lettres, 1978 ; N. &

En effet, une analyse approfondie et fine des archives d'un ressort quelconque montre l'emprise restreinte de la justice royale dans la société d'Ancien Régime. Que cette justice ait été exercée par des baillis ou des sénéchaux, ou qu'elle ait été déléguée à des seigneurs hauts-justiciers, ne change rien à l'affaire. Les magistrats n'avaient pas de traitement ; leurs gages ne représentaient que l'intérêt du capital investi dans la charge ; aussi n'étaient-ils guère enclins à instituer des poursuites que contre ceux qui se trouvaient assez riches pour couvrir les frais de leurs propres procès par les amendes et les confiscations qu'ils encoureraient. Bien entendu, la fonction publique de ces magistrats les obligeait à intenter des poursuites (financées par le receveur des amendes) dans les cas qui soulevaient l'horreur publique ou contre les récidivistes invétérés, responsables d'un nombre de délits qui avait fini par dépasser le seuil de tolérance de la collectivité. Mais pour la très grande majorité des délits — injures, « excès », larcins, homicides involontaires, séduction d'une jeune fille suivie de grossesse — la victime, si elle voulait poursuivre son agresseur en justice, se voyait dans l'obligation de se constituer partie civile, et donc, d'assumer les frais d'un procès qui pouvaient vite devenir exorbitants. Au surplus, le coût n'était pas le seul facteur qui tendait à dissuader l'individu aux moyens modestes de recourir à la voie légale pour obtenir un dédommagement du tort subi. Avec les témoignages officiels qu'elle supposait et surtout, les confrontations entre les témoins et l'accusé — et les reproches qui fusaient à cette occasion — la procédure judiciaire tendait à exacerber les conflits au lieu de les apaiser, ce qui était, à juste titre, redouté dans une société sédentaire. Pour prendre une revanche honorable, se faire adjuger des dommages et intérêts et en même temps, atténuer les rancunes, les victimes des « outrages » s'adressaient de préférence aux notables du lieu dans l'intention d'aboutir à un accommodement et de régler leurs différends à l'amiable. Bien souvent les poursuites légales commencées sont abandonnées : elles étaient un des aspects du jeu destiné à faire disparaître la résistance d'abord opposée par l'adversaire à un arbitrage où il prévoyait qu'il aurait le dessous.

Ce type de comportement apparaît, d'une manière indirecte, dans les procès intentés à la suite d'une accumulation de crimes (allant facilement jusqu'au meurtre) ; on découvre à cette occasion l'existence d'un nombre étonnant d'accommodements amiables antérieurs aux poursuites et ménagés au niveau infra-judiciaire. Les poursuites légales ne sont intervenues que lorsque la coupe était pleine... Les exemples directs de ces accommodements sont plus rares : les seigneurs, leurs agents, d'autres notables et les curés des paroisses (sauf cas

---

* Y. Castan, « Recours, besoin et sens de la justice devant l'institution judiciaire française au XVIIIe siècle », à paraître dans la *Revue d'histoire économique et sociale ;* A. Soman, « L'infrajustice à Paris d'après les archives notariales », à paraître *ibid. ;* « Deviance and criminal justice in western Europe (1300-1800) : an essay in structure », à paraître en 1980 in *Crime and justice. A historical review.*

tout à fait exceptionnels (3)) n'ont pas systématiquement noté leurs efforts pour faire aboutir de telles transactions. Seuls les notaires (qui ont peut-être agi en arbitres, mais qui, en tout cas, ont enregistré les termes de maint accord amiable) et les Consistoires des Communautés réformées nous ont légué d'importantes séries de traces écrites de tels accommodements. D'où l'intérêt des registres consistoriaux sur ces problèmes d'histoire sociale.

Pourtant, cette activité d'arbitrage n'était pas l'une des fonctions officielles des Consistoires, bien au contraire. La *Discipline des Eglises réformées* est formelle :

> « aux differens qui surviennent, les parties seront bien exhortées par les Consistoires de se mettre d'accord par toutes voyes amiables : mais les Consistoires ne délégueront Arbitres et ne se porteront pour Arbitres. Que si aucuns desdits corps sont appelez pour estre Arbitres, ce sera comme particuliers et en leur nom seulement (4) »

Et ailleurs (art. xii) :

> « En l'exercice de la Discipline Ecclesiastique, on s'abstiendra tant que faire se pourra, tant des formalitez que des termes dont on use ordinairement ès jurisdictions civiles. »

Ces précautions s'expliquent aisément : il ne fallait pas que les institutions réformées puissent apparaître comme prétendant se substituer à la justice royale. Reste qu'en accomplissant sa tâche de surveillance permanente des mœurs des fidèles, le Consistoire se trouvait assumer celle de régler le comportement extérieur du troupeau, afin que rien en lui n'offense la Gloire de Dieu (différence fondamentale avec l'Inquisition romaine, qui prétendait contrôler le for intérieur).

« Chacun (doit) vivre en paix et en charité avec ses prochains (5) » : voilà le principe. Mais comme il va de soi, il y avait beaucoup de variété dans la manière dont les divers Consistoires cherchaient à atteindre un tel but, et les différences, d'un lieu à l'autre, sont assurément majorées par celles qu'on discerne sans peine dans la façon de tenir les registres. Tous les actes officiels du Consistoire n'y étaient

---

(3) Voir [Alexandre Dubois], *Journal d'un curé de campagne au XVIIe siècle,* éd. par H. PLATELLE, Paris, 1965, cf. surtout p. 77, 110, 120 & 142 ; G. BOUCHARD, *Le Village immobile : Senneley-en-Sologne au XVIIIe siècle,* Paris, 1972, cf. surtout p. 182 une citation tirée d'un ms du prieur Chr. SAUVAGEON (fin XVIIe siècle) : « Ils (les paysans) haïssent les procès (et encore plus les officiers de justice, qu'ils appellent des mangeurs, on les accorde sans peine quand ils ont des affaires à cause de l'appréhension qu'ils ont de tomber entre leurs mains. »

(4) Chap. v, art. xiv. L'édition consultée est celle d'Isaac d'Huisseau, Genève, 1666, in-4°. Toutes les citations faites ici sont tirées de cette édition, au chapitre v, articles ix à xxx, p. 90-113.

(5) Cf. *infra,* note 8, *in fine.*

pas toujours notés (6) et, selon les cas, les secrétaires pouvaient se faire des idées très différentes quant à la quantité de détails qu'il convenait d'inscrire. Fort heureusement, ils ont rarement suivi au pied de la lettre l'injonction de l'article xxvii de la *Discipline* :

> « Toutes fautes reconneuës et reparées seront ostées du livre des Consistoires, horsmis celles ... (qui) auroient esté censurées de suspension de la Cene, ou excommunication. »

Certains registres sont d'un laconisme décevant tandis que d'autres, en particulier les plus anciens de ceux que nous avons examinés (7), sont très bavards et, de ce fait, contiennent de précieuses indications sur les mœurs de la communauté, le fonctionnement du Consistoire et, tout particulièrement, son rôle dans l'apaisement des conflits et des tensions. Pour illustrer la richesse de telles sources et inciter les chercheurs à les exploiter, nous avons choisi de publier une tranche exceptionnellement détaillée du registre de Coutras, en 1582-1584.

Le Consistoire de Coutras ne contrôlait pas seulement les réformés du bourg, mais aussi ceux qui habitaient les bourgades et les villages environnants à 30 km à la ronde, par exemple Libourne. Mais le nombre de ces communautés a varié, sans doute parce que certaines d'entre elles ont pu assumer la charge d'un pasteur qui leur soit propre. L'organisation de ce réseau n'est spécifié qu'une fois (le 24 décembre 1581 : cf. Annexe 1) et les changements survenus à ce sujet ne sont pas notés : ainsi en mars 1591 il est brusquement fait état dans le registre des « deux Consistoires », sans que nous puissions savoir à quelle date remonte un tel arrangement. La première clôture des comptes figure le 14 janvier 1590 ; la seconde, en mars 1591 et la troisième, en avril 1592. Il y a donc lieu de croire qu'avant cela il existait un registre spécial de comptabilité, perdu actuellement. C'était peut-être dans ce registre qu'étaient relatées — si elles ont été consignées — les démarches et les négociations concernant les contrats passés avec les pasteurs successifs. Pendant la période 1581-1585, le pasteur s'appelait Du Cygne (ou Dusigne) ; un acte du Synode National de Sainte-Foy nous apprend qu'il venait de la Province d'Anjou et qu'il avait exercé son ministère à Agen, en 1577-78 en tout cas. En 1580, le registre des baptêmes atteste la présence à Coutras des pasteurs Mondon et Tompelot (sans doute, durant une absence passagère ou une maladie de Du Cygne) ; on retrouve Mondon dans ce rôle en janvier 1590 (fol. 9 r° et 36 r°). En 1592, le pasteur de Cou-

(6) Cf. par ex. le texte aux 25 novembre 1582, 19 juin et 25 décembre 1583 ; 29 janvier 1584 et la note 17 au texte.

(7) En dehors de celui de Coutras, notamment, le registre de Pont-de-Camarès (actuellement, Aveyron), 1574-1578, qui est le Ms 6563 de la Bibliothèque de l'Arsenal. Alors que dans les registres de dates plus tardives on trouve généralement les reconnaissances des fautes et les accords des conflits groupés dans les quelques jours qui précèdent les quatre Cènes de l'année, vers 1575-1585, les réconciliations se répartissent tout au long de l'année.

tras est Olivier de Molan (ou Mollan) (Ms. 6560, 2 v° et *passim*), qui mourut vers 1597 ; son fils, Daniel, étudiant à Genève en 1599, allait devenir pasteur à Coutras en 1604.

Coutras était une ville ouverte, mais possédait un château où Catherine de Médicis résida en 1578 et le duc d'Alençon en 1580-81 ; la ville a vraisemblablement subi ou redouté la sévère épidémie de peste qui ravagea Bordeaux et sa région de juin à décembre 1585 ; ainsi s'explique peut-être l'interruption que subit le registre. Rappelons enfin que le 20 octobre 1587 Henri de Navarre remporta près de la ville une victoire éclatante sur le duc de Joyeuse, qu'avait sans doute précédée une période d'agitation et d'anxiété pour les réformés de Coutras.

Le document présenté ici est trop bref pour contenir tous les détails qu'on pourrait souhaiter sur tous les aspects de l'activité du Consistoire susceptibles de nous intéresser. Ainsi il n'est question qu'une seule fois des préparations matérielles nécessitées par la Cène (le 9 juin 1583), il n'y a qu'une référence au passage au perpétuel problème que posait à la plupart des églises réformées le paiement des contributions nécessaires pour assurer le traitement du pasteur (6 mars 1583) et il n'y a qu'un seul exemple de la difficulté parfois rencontrée pour faire accepter à un individu la lourde charge d'Ancien ou de diacre (8 juin 1583). Nous trouvons cependant deux beaux textes sur la répression des scandales publics : l'un concerne le maintien de l'ordre pendant le service divin (6 juin 1582) et l'autre, les mesures à mettre en œuvre contre les scandaleux (2 octobre 1583). A titre de comparaison, voici un texte similaire et même, à certains égards, plus détaillé, tiré du registre de Pont-de-Camarès :

> « ... a esté advisé de mettre ordre à ce que les scandalles et insolences qui se commectent soyent reprimées et, pour ce faire, qu'il plaira à monsieur le ministre de faire articles pour suspendre de la Cene et, si besoin est, retrancher de l'eglise ceux qui y contreviendront et n'y voudront obeir. C'est contre les ignorans qui ne veulent aprendre la priere, le symbole des Apostres, les commandemens et les sacremens et autres rudimens de la Chrestienté. Item contre les blasphemes tenus du nom de Dieu ; contre les joueurs de dez et de cartes et autres jeux deffendus de droit ; contre les rebelles et deshobeissans au consistoire, au magistrat et reglemens faicts par les superieurs ; contre ceux qui se donnent le combat et se batent et contre ceux qui ont commis crime de punition corporelle ; et contre ceux qui menent une vie scandaleuse ; qui seroyent advertis par led. ministre dimenche prochain en chaire de se garder de telles choses, ou autrement qu'ils ne se presentent point pour recevoir les sacremens (8) ».

---

(8) Ms 6563, 62 v°-63 r°, 13 février 1577. Cf. dans le registre de Meyrueis, un siècle plus tard : « Ayant esté proposé par un des anciens qu'il y a des grandes divisions dans ceste eglize, seroit necessaire de travailler incessamment à la reconciliation de tous les differens qui seront à la cognoissance de la compagnie. Sur quoy a esté deliberé que l'on travaillera incessament à la reconciliation et que, pour ce, il sera faict un

Pour faire face aux scandales, on sait que la *Discipline* (art. xv-xvii) prescrivait toute une gamme de sanctions graduées : de l'admonition fraternelle en privé, puis, devant le Consistoire assemblé, jusqu'à une suspension temporaire de la Cene et, enfin, pour les endurcis incorrigibles, le « retranchement » (excommunication). Dans les cas où le scandale était public et notoire, la reconnaissance de la faute devait l'être aussi (cf. art. xxiii-xxv), ce qui n'est pas sans analogie avec la peine de l'amende honorable infligée par la justice ordinaire. La sanction ultime de l'excommunication, nous dit la *Discipline,* « doit tendre à l'édification... afin que le Troupeau ne soit gasté par les brebis infectées, et que celuy qui est separé estant humilié par honte soit à la fin reduit ; et qu'à son exemple, les autres craignent... » (art. xix, Observations). Cette sanction était assez souvent brandie, mais n'était infligée qu'avec beaucoup de circonspection. Ainsi le Consistoire de Coutras s'en garda dans le cas de Jean Maupille l'aîné (cf. 8 juin 1583) et de Pierre Vincent, dit Petiton (cf. 14 septembre 1583), bien que l'un comme l'autre aient posé des problèmes fréquents aux autorités réformées. De fait, la seule excommunication (9), durant ces vingt mois, n'a frappé rien moins qu'une apostasie ! (cf. *Discipline,* art. xix). Les contacts avec le catholicisme, en particulier, les mariages « à la papauté » (cf. *Discipline,* art. xvi) posaient de perpétuels problèmes à Coutras comme ailleurs, et l'on en trouve ici plusieurs exemples : Jean Macquaire a marié sa fille à un catholique et on le menace d'excommunication (19 juin 1583) ; quant à Martial Girault, qui a commis la même faute et l'a aggravée en dansant au mariage, il est traité plus doucement « attendu que led. scandale n'estoyt publicq en l'eglise » (25 déc. 1583). On trouve aussi le cas d'un huguenot, le sieur de Serpe, qui est fermier d'un prieuré : il est sommé d'abandonner cet emploi « s'il le tient du pape de façon quelconque » (2 janvier 1583).

Parmi les habitudes invétérées qui offensaient les autorités huguenotes, la danse — aux mariages et dans les fêtes en général (10) — est l'une de celles qui offrit aux Consistoires (et, au XVIIe siècle, aux évêques rigoristes !) la résistance la plus tenace : voir les cas de Jean Séguineau (20 mai, 8 et 15 juin 1583), de Jean Maupille (en difficultés avec le Consistoire du 18 novembre 1582 au 8 juin 1583), et de Daniel Faure (1er juillet 1583). Dans le cas de Jean Morin le

---

roole de ceux qui sont divisés et qu'ils seront cités, et en cas qu'ils refusent de se reconcilier, les rebelles seront suspendus de la Sainte Cene. Et charge a esté donnée au sieur Coudere, ministre, de presser la nécessité [qui] est imposée à chacun de vivre en paix et en charité avec ses prochains » (*B. H. P. F.,* Ms 453, 164 r°, 27 avril 1681).

(9) Le 25 septembre 1583. Plus tard, en avril 1584, Jean Desalles sera excommunité (il avait été suspendu le 2 octobre 1583), pour une faute non spécifiée, de laquelle il refusa évidemment de se repentir et de demander pardon.

(10) En 1672-73, au Carla, il semble que c'est parce que les fêtes locales étaient des fêtes votives que le Consistoire sanctionne (sans effet bien durable) les fidèles qui s'y rendent ; cf. *Bull.* CVI (1960), p. 222-228.

jeune, il s'agit d'une affaire de travestissement à l'occasion du Mardi Gras, « abomination devant Dieu » : moyennant une confession en plein prêche, il obtint son pardon (19 et 21 août 1583). Le Consistoire voyait d'un mauvais œil les cartes et bien d'autres formes de jeux, non seulement en soi, mais parce qu'ils étaient occasion de querelles et de blasphèmes (11) : ce qu'on constate dans les cas de Guillaume Desesleuz et de Micheau Quantin (10 et 12 juin 1583). Quant à Claude Girault, c'est pour avoir trop hanté les tavernes qu'il est souvent réprimandé et finalement suspendu de la Cène (10-12 juin et 25 décembre 1583). Il est particulièrement intéressant de voir Pierre Chataîgnier sanctionné pour avoir eu recours à « certain personnaige (un sorcier) pour guerir son filz des fiebvres par le moyen d'un brevet... de charme, l'usage duquel luy a esté remonstré estre espece d'idolatrie » (le 9 septembre 1582, hors serie (12)). Nous publions dans l'Annexe 2 les indications relatives à un scandale plus tardif causé par la fréquentation de diseurs de bonne aventure.

Si connue que soit la violence des mœurs au XVIe siècle, ce serait pur hasard que durant une période aussi courte que celle que couvre notre document, on y trouvait mention d'un crime, car ils sont rares dans ce genre de textes : citons cependant un meurtre à Coutras en 1605, un autre à Pont-de-Camarès en 1586 ainsi que des cas de vols ; à Meyrueis, une fraude concernant un contrat de mariage et un viol en 1591 ; la fausse couche d'une femme de Pont-de-Camarès, par ailleurs sérieusement blessée à la suite d'un « batement » infligé par un soldat (13)... Les gifles et les coups de poing semblent avoir été beaucoup plus fréquents que les coups de bâton, de pierres ou de couteau. On trouvera ici mention de trois querelles, assorties d'injures et de coups, si vite apaisées que nous n'en connaissons pas les détails, si ce n'est que l'une se produisit à l'occasion d'un jeu de quilles (9 décembre 1582 et 21 août 1583). En revanche, les injures échangées entre Daniel Faure et la seconde femme de feu son beau-père, Marguerite Langlois, sont minutieusement relatées ; il accepta d'en demander pardon, aussi put-il participer à la Cène, tandis que Marguerite Langlois fut menacée d'en être suspendue si elle n'abandonnait

(11) Cf. A. SOMAN, « Press, pulpit and censorship in France before Richelieu », in *Proceedings of the American Philosophical Society*, t. CXX (1976), p. 439-463, à la note 6 (qui donne des références aux édits et arrêts du Parlement de Paris). Notons que les enfants du pasteur Jean Bayle, au milieu du XVIIe siècle, jouaient ensemble aux cartes : cf. E. LABROUSSE, *Pierre Bayle* I, La Haye, 1963, p. 61, note 48.

(12) Cf. A. SOMAN, « Les procès de sorcellerie au Parlement de Paris », in *Annales E. S. C.*, t. XXXII (1977), p. 790-814, en particulier, p. 803, où il est question de la répression des guérisseurs par méthodes magiques.

(13) Meutres, à Coutras : Ms 6560, 9 v° et 15 v° ; à Pont-de-Camarès : Ms 10434, 88 v°-89 r° ; vols, à Pont-de-Camarès en 1577 : Ms 6563, 63 v°-64 r° ; à Castelmoron en 1598 : *B. H. P. F.*, Ms 222[1], 24 r° ; fraude et viol : *B. H. P. F.*, Ms 453, 64 v°-68 r°, 78 et sec. (l'affaire de fraude fut réglée au niveau infrajudiciaire) ; femme blessée, en 1577 : Ms 6563, 58 r°. Pour deux autres bons exemples de blessures, également à Pont-de-Camarès, cf. *ibid.*, 5 r° et 56 v°-57 r°.

pas les poursuites légales qu'elle avait intentées (cf. 1er et 3 juillet 1583). Le Consistoire de Coutras agit en cette occasion en conformité avec la *Discipline* (cf. art. xiv, cité ci-dessus note 4) et surtout, avec la précision qu'allait lui ajouter le Synode National de Saumur en 1596 :

> « Ceux de la Religion qui ont des procez et differents tant civils que criminels seront serieusement exhortez par leurs Pasteurs de tascher à s'accorder par arbitres de la Religion sans plaider (14). »

Deux affaires, qui occupent une grande place dans notre texte, concernent la paillardise : non pas de simples concubinages, mais bel et bien des adultères. Le cas de Petiton, qui semble avoir débuté par quelques soupçons de sa femme, tourna au gros scandale par suite de l'intervention de son gendre, qui prétendit avoir observé son beau-père *in flagrante delicto.* Cette première phase de l'affaire s'acheva par la suspension de Petiton (cf. du 8 juin au 30 septembre 1582), puis la suspension fut levée à la suite de la réconciliation des époux (3 avril 1583). Deux mois plus tard, cependant, à l'occasion d'une querelle avec un batelier qui l'avait entrepris sur sa « paillarde », Petiton est derechef suspendu (cf. 10-15 juin et 14 septembre 1583). Il devient assez clair alors que le scandale est attisé par le gendre du couple, la femme et la fille de Petiton prenant implicitement le parti de l'accusé, vite exonéré par le Consistoire (le 28 décembre 1583), mais qu'il fallut à celui-ci plus d'un an pour réconcilier avec son beau-fils (cf. 29 janvier 1584 (15)).

Plusieurs des fidèles de Coutras se virent convoqués par le Consistoire à diverses reprises pour des affaires différentes, ainsi Pierre Châtaignier est sanctionné pour avoir fait appel à une guérison diabolique (9 septembre 1582), puis, pour avoir chassé le dimanche (4 janvier 1584) et Daniel Faure, à qui on demande des comptes pour avoir dansé, puis pour s'être querellé avec sa belle-mère, fut ultérieurement appelé devant le Consistoire parce qu'il s'était disputé avec son oncle et, une quinzaine d'années plus tard encore, à l'occasion d'une autre querelle publique (16). Mais pour mieux cerner la physionomie de ces trublions, il faudrait disposer, non seulement du texte intégral du registre de Coutras pendant une longue période, mais encore le mettre en rapport avec les archives judiciaires et notariales du bourg.

---

(14) Pour l'exemple d'un renvoi à la justice, dans le cas de deux adversaires que le Consistoire n'arriva pas à réconcilier, cf. la note 27 au texte. Dans les registres de Pont-de-Camarès (en 1574, Ms 6563, 9 v°) et de Meyrueis (en 1590 et 1591, *B. H. P. F.*, Ms 453, 73 v° et 75 v°), le Consistoire désigne des arbitres pour trancher une querelle au fond.

(15) Le Consistoire de Coutras eut à s'occuper de deux autres affaires de « paillardise », celle du sieur de la Serpe (cf. 2 janvier, 24 et 28 août 1583), qui, apparemment, n'a pas eu de suite, et aussi, à un niveau social moins élevé, celle de Me Pierre Croize (cf. 19 et 21 août 1583).

(16) En 1591 (fol. 41-42) et en 1606 (Ms 6560, 21 v°).

***

Le Ms. 6559 de la Bibliothèque de l'Arsenal est un mince cahier de 48 feuilles, relié en parchemin, de 300 × 205 mm, intitulé « Livre du Consistoire de Coutras — Premier Livre ». Toutefois, les pages du début (fol. 2 à 9) représentent le registre des baptêmes pour les années 1578-1581. L'enregistrement des baptêmes se poursuit dans le Ms. 6558 qui, tête-bêche, sert en même temps de registre pour les mariages. Le registre des Actes du Consistoire ne commence donc qu'au folio 12 du Ms. 6559, sous la date du 11 octobre 1581, et il contient quelques notes jusqu'au 24 décembre de la même année, après quoi plus rien n'est consigné avant le 6 juin 1582 ; ensuite, le registre est plus ou moins nourri jusqu'au 27 juillet 1585, puis survient une interruption de quatre ans. Le registre recommence à être régulièrement tenu le 5 juillet 1589 et il s'achève le 8 avril 1592. (Le Ms. 6560 de l'Arsenal, qui couvre la période 31 décembre 1603-28 mai 1621 est intitulé « Septiesme Livre »).

La portion du registre que nous avons choisi de publier, à cause de la richesse de détails qu'elle fournit, va du 6 juin 1582 au 29 janvier 1584 (fol. 16-30). Elle comporte cependant aux folios 14-15 (24 août-30 septembre 1582) quatre rubriques qui ne sont pas placées selon l'ordre chronologique, soit que le secrétaire ait voulu utiliser des espaces restés en blanc (alors que le papier était si coûteux), soit, plus vraisemblablement, qu'il ait désiré relater tout d'une traite et sans coupure le scandale majeur de l'affaire Petiton : en effet, le texte semble bien avoir été recopié ultérieurement. Comme dans ce cas il serait gênant de rétablir l'ordre chronologique strict, nous avons transcrit le registre tel qu'il se présente, en omettant seulement une liste de quatre « protestations », à quatre dates différentes, de telles listes ne se retrouvant pas ailleurs. On sait qu'une protestation était la cérémonie d'adhésion à la religion réformée requise des adultes. Dans deux autres cas (6 mars et 12 juin 1583), nous avons rétabli l'ordre chronologique perturbé.

Le registre a été tenu par plusieurs mains successives, toutes anonymes (cf. par exemple, 10 juin 1583). Dans la marge de gauche, face à nombre d'articles, se lit la mention « faict » ; ces annotations (signifiant qu'une décision de l'assemblée chargeant l'un de ses membres d'une mission précise a été exécutée), ainsi que celles qui sont d'une main tardive (fin XVIIe ou début XVIIIe siècle) n'ont pas été transcrites. Pour le reste, nous avons suivi les règles habituelles d'édition : conservant l'orthographe originale, mais modernisant la ponctuation et introduisant quelques accents ; on le verra, quelques mots demeurent d'un déchiffrement douteux : on connaît la difficulté des écritures de la fin du XVIe siècle... Quand, dans les notes, il est fait référence à un Ms. sans indication de la bibliothèque où il est conservé, il s'agit de celle de l'Arsenal. L'abréviation B. H. P. F. désigne la Bibliothèque de l'Histoire du Protestantisme français, et l'indication *Bulletin,* le périodique même où paraît le présent article.

***

Extrait du registre (Arsenal ms. 6559, fols. 14-30)

Le vingt-quatriesme d'aougst 1582, la vefve de Jean Berthet de Guistres a esté appellée, à laquelle le concistoire a remonstré qu'elle avoit mal faict de faire passer le contract de mariage de Marie Berthet, sa fille, avecq Pierre Coulomb, contre le conseil qui luy avoit esté donné de l'esglise, ainsy qu'elle-mesmes l'avoit demandé, qui estoit qu'elle ne passast point contract desd. fiancés que premierement ilz n'eussent protesté en l'esglise (1). Laquelle, quelque remonstrance qu'on luy faict de sa faulte, ne tachoit à autre chose que obstinement excuser lad. faulte et ne se sentit oncq coulpable. Ainsy fut renvoyée par lad. consistoyre jusques à une autre fois que Dieu l'eust mieulx preparée à recevoir les remonstrances de la parole de Dieu.

Le neufviesme de septembre mil V^{c} quatre-vingtz et deux, Pierre Chastaignier a esté appellé au consistoire pour la raison de ce qu'il avoit heu recours à certain personnaige pour guerir son filz des fiebvres par le moyen d'un brevet, lequel, estant leu par le concistoire, a esté condamné comme brevet de charme, l'usage duquel luy a esté remonstré estre espece d'idolatrie ; ce qu'il a pretendu ignorer jusques à ce que autrement luy a esté remonstré par la parole de Dieu ; et avouant et confessant l'usage estre mauvais, a esté jugé que ce qu'il en avoit faict estoit par ignorance, et l'a receu, le concistoire, à repentence. Et cependant le consistoire a esté d'avis, pour la commune edification de l'eglise, que le brevet seroit leu publicquement dimanche prochain en l'assemblée, brisé et cassé comme un instrument du diable pour abuser ceux qui sont infirmes en foy ou rebelles à la vérité de Dieu ; et sera toute l'assemblée admonestée par le pasteur de n'user de tels brevets pour quelque occasion que ce soit, d'aultant que c'est espece d'idolatrie (2).

Du xxiiie septembre 1582

Seront admonestés les fideles dimanche prochain de se preparer et disposer pour participer à la Saincte Cene, laquelle, avecq la grace de

---

(1) Au fol. 15 v° on lit : « Le dixneufiesme d'aougst, an susd. [1582], Pierre Coulomb et Marie Berthet, de Guistres, ont protesté. »

(2) Voir la *Discipline,* art. xxvi et le registre consistorial de Meyrueis (actuellement Lozère), à la date du 3 juillet 1589 (*B. H. P. F.*, Ms 453, 63 v°) : un fidèle est convoqué par le Consistoire pour être « allé trouver quelque sourcier ». A Coutras, dans les années 1591-1592, le Consistoire s'inquiéta du nombre des fidèles qui s'étaient fait dire la bonne aventure (cf. dans l'Annexe II, les extraits relatifs à cette affaire). En 1673 encore, au Carla, on excommuniera un sorcier (cf. *Bull.* CVII, 1961, p. 235-242). Sur la lutte des deux Réformes contre les pratiques magiques, cf. l'article de R. Muchembled, « Sorcellerie, culture populaire et christianisme au xvie siècle, principalement en Flandre et en Artois, in *Annales E. S. C.*, 1973, t. XXVIII, p. 264-284.

Dieu, sera celebrée le septiesme et quatorziesme d'octobre, premier et second dimanche dud. mois (3).

Du trantiesme dud. mois de septembre

Avant la Cene sera appellée Marguerite Langlois, par Grenier, sur ce qu'elle n'a receu les remonstrances qui luy ont esté faictes au nom du concistoire à trois diverses fois et n'a tenu compte d'y obéir, combien qu'elle l'eust promis.

Du vi[e] de juing mil V[c] iiii[xx] et deux

Le concistoyre estant par nouvelle eslection renouvellé (4), a esté d'advis de convocquer ceulx quy auparavant estoient en charge pour, d'ung commun accord, regarder et advizer tout ce quy est passé touchant la discipline et les sensures.

Le concistoyre a esté de cest advis de prier le pasteur d'advertir toute l'eglize qu'il n'y ayt poinct tel mespris es assemblées où le presche ou les prieres publicques seront fectes que par cy-devant, et dire en public qu'il n'y aye personne qui se promehne [?] ou jouhe ou soyt au[x] tavernes ou autre tel mespris, et que là où il y en auroyt, qu'on en feroyt ordre ; et ne obeyroient aulx remonstransses à eulx fectes par les surveillhans, ne seront eux-mesmes (5) receuz à la communication des sacremens.

Et affin que sella se execute myeulx, le consistoyre priera le magistrat d'y tenir la main et d'en faire leur debvoyr (6).

Le procureur de Puynormand fut veu dimanche dernyer, tierze jour du present moys de juing, à porter ung enffant au baptesme, combien qu'il n'eust poinct d'atestation de son ministre ou consistoyre ; et toutes raisons examinées par le concistoyre, avec la probation de plusieurs de l'eglize, fut par le concistoyre receu avecques promesse d'envoyer lad. attestation, laquelle chose est tellement extraordinaire pour son regard que le concistoyre est d'advis que sella ne tire en consequance.

Le quatriesme de juillet 1582, a esté appellé au concistoire Claude Girault, dict le Cadet, lequel n'a receu les remonstrances qui luy ont

---

(3) Cf. le même registre à la date du 13 décembre 1581 (fol. 14 r°) : « doresnavant on celebrera la Sainte Cene à deux divers dimanches subsequentz l'un à l'autre, [à cause] des incommodités ... qui font que les familhes ne peuvent participer tous à la fois, ung mesme dimanche ». Comme on le sait, cette coutume fut universelle dans les églises réformées françaises au XVIIe siècle.

(4) A cette date, à Coutras, le Consistoire semble avoir été élu par les fidèles. On sait que par la suite il se renouvela par cooptation, avec accord tacite de la communauté.

(5) Le Ms porte « exement ».

(6) Pareil recours éventuel aux autorités civiles montre qu'à cette date, la ville étant aux mains des réformés, on trouvait à Coutras une situation microscopiquement genevoise, de sorte que les autorités religieuses pouvaient faire appel au « bras séculier ».

esté faictes si humblement et charitablement qu'il debvoit, à raison de quoy, et parce qu'il n'a esté touché de repentance selon le jugement de tout le consistoire, on l'a (7) laissé au jugement de Dieu et admonesté de se repentir et donner tesmoignage au concistoire de sa repentence entre icy et le second dimanche et, à faulte de ce faire, sera exclus de la Cene.

Le huictiesme dud. mois de juillet, Claude Girault, qui, par l'advis de Me Du Cigne et surveillants de cette esglise, avoit esté remis au jugement de Dieu, s'est presenté au concistoire et a donné tesmoignage à tout le corps dud. concistoire de sa repentance, tellement qu'on a jugé que Dieu luy avoit touché le cueur. A cette cause a esté remis en liberté de se presenter au sacrement de la Cene.

Sur le raport qui a esté faict au concistoire du scandale grand et universel touchant un nommé Petiton (8), comme ayant commis adultere avecq une femme, pour savoir la verité, son gendre nommé Phelip Mechineau a esté appellé par le consistoire, qui a deposé, à l'instigation d'aulcunes femmes qui avoient veu entrer lad. femme en la maison dud. Petiton, qu'il y allast pour savoir ce qui s'en estoit. A dist et (9) desposé qu'il y alla tout promptement et trouva la porte de la chambre fermée et, hurtant, ne luy fut ouverte. Quoy faict, s'en revint et led. Petiton, son beau-pere, le suyvit tost et luy dict que, pour tout le monde, il ne vouldroit avoir faict un tel acte. Lequel raport, led. Mechineau a faict en presence du concistoire le dixneufiesme du mois d'aougst 1582. Despuis, la femme dud. Petiton s'estant attaquée (10) de paroles injurieuses à lad. femme malfamée, et de paroles estant venues au[x] prinses, où led. Mechineau se trouvant, dict en plaine ruhe qu'il avoit veu led. Petiton, son beau-pere, adulterant avecq lad. femme, il a derechef esté appellé le vingtsixiesme d'aougst pour l'interroguer. A declairé devant led. concistoire qu'à la verité il avoit veu, par une fente de la maison de Catherine Turlay, son beau-pere adulterant, comme dict est, et que à ce estoient aussy presentes lad. Catherine Turlay, autrement appellée Madame, decedée puis dix jours, et une sienne fille mariée avecq Pierre Pepon. Pour, à laquelle parler et savoir la verité, ont esté choisis deux surveillans qui d'elle sauront la verité, parce qu'elle n'est de l'esglise reformée (11).

Le mesme jour vingt-sixiesme d'aougst, a esté appellée Ysabeau

---

(7) Raturé sur le Ms : « exclus de la participation du Sainct Sacrement de la Cene ».

(8) La première mention de Pierre Vincent, dit Petiton, se trouve à la date du 11 octobre 1581 (12 r°) : après une querelle avec Michau Quantin, les deux hommes sont réconciliés.

(9) Le Ms porte « diste ».

(10) Le Ms porte « attachée ».

(11) Cf. à la date du 11 octobre 1581 (12 r°) : « ... Catherine Turlay, dicte Madame, sera appelée au consistoyre, tant pour estre censurée touchant le mariage de sa fille, que pour exhorter à la faire reduyre ».

Bigot, laquelle a dict qu'estant advertie par la femme dud. Petiton, qui desja estoit en soubçon qu'elle print bien garde pendant qu'elle seroit absente, si lad. femme entreroit point en la maison, ce qu'elle fit ; et depose que, l'ayant veue entrer par la porte de derriere, en la presence de deux serviteurs de Me Delaye (12), alla advertir tout soudain le gendre, et tous deux ensemble retournerent et trouverent les portes fermées sur iceulx. Au surplus, dict ne savoir rien davantage.

En mesme instant, la femme dud. Petiton a esté appellée, laquelle a dict que, ayant soubçon que lad. femme entroit quelquesfois là-dedans en son absence, advertit lad. Ysabeau de prendre garde si elle y entreroit. Et despuis, en haine de ce qu'elle avoit esté ainsy trouvée, s'est attaquée à lad. femme de parole, tant qu'elles (13) en sont venuz mesmes jusques aulz mains. Et sur ce que le ministre l'a interroguée si elle estoit reconciliée avecq son mary, a respondu que ouy, avecq promesse que led. sien mary avoit faicte de ne donner jamais acces à lad. femme en sa maison et ne la frequenter.

Et le vingt-neufiesme dud. mois d'aougst, les freres Dassieu et Restineau, depputés pour parler à la fille de lad. Catherine Turlay, ont rapporté au concistoire qu'elle ne leur a sceu dire autre chose du fet dud. Petiton, sinon que, le jour sus-declairé, le gendre d'icelluy Petiton venu ches eulx, et sa mere et luy aviserent par une fente et, ayant avisé asses longtemps, sa mere dict que led. Petiton faisoit là un fort meschant acte avecq cette femme, mais qu'il n'avoit pas commancé seulement ce jour.

Et le neufviesme du mois de septembre ensuyvant, led. Pierre Vincens, dict Petiton, a esté appellé au concistoire et adjuré au nom de Dieu de dire verité, ce qu'ayant promis faire, a esté interrogé sur ce que dessus comme s'ensuyt.

Premierement si, un jour que sa femme estoit absente, dont peult avoir six ou sept septmaines, seroit entrée en sa maison et par la porte de derriere, une sienne voisine malfamée ? Si, estant entrée, il auroit fermé les portes de sad. maison au-dedans ? Si son gendre, au mesme instant, seroit allé hurter à sa porte de devant, qui estoit fermée par le derriere, sans que personne luy respondit ne parust à la fenestre ? Et si, ce jour-là, auparavant ou desquis, il a paillardé avecq lad. femme ? A quoy il a respond[u] qu'il ne sçait si, ce jour que sa femme estoit absente, lad. femme mal nommée entra chés luy et qu'il ne la veit point. Qu'il entendit bien son gendre hurter à la porte, laquelle n'estoit point fermée au-dedans, et qu'il sortit un peu apres que sond. gendre fut party de devant sa maison, pour savoir ce qu'il demandoit, et lequel luy parla de certain cuirs et pas un mot de lad.

---

(12) Etienne Delaye, notaire royal (cf. 8 r°).
(13) Le Ms porte « ilz ».

femme. Avecq laquelle, ce jour, auparavant ne despuis, il n'a paillardé ne faict acte vilain ne scandaleux. Bien a confessé de l'avoir baisée le jour du festin de nopces de sa fille, devant plusieurs personnes, sans penser en mal ne que cela apportast scandale. Et sur ce qui luy a esté remonstré par le concistoire que, quelques jours apres, et dont peult avoir cinq septmaines, lad. femme malfamée se print à battre la sienne, ensemble sa fille, en plaine ruhe et en sa presence, sans quil se donnast peyne aulcunement de les despartir ou empescher, que sa femme fut ainsy oultragée et blessée, a respondu qu'il craignoit que le soubçon que quelques-uns avoient desja conceu s'accreust s'il se fut empesché de faire retirer sad. femme ; à raison de quoy il ne partit de sa bouticque. Et de tant que le concistoire n'a peu tirer autre chose dud. Petiton, luy ayant proposé les jugements de Dieu, on l'a remis à quinzaine pour l'ouyr derechef.

Et advenant le dernier de septembre, le concistoire a derechef faict appeller led. Petiton et remonstré ce que dessus, avecq une autre faulte despuis faicte, c'est à savoir, d'avoir menacé un sien frere, Heliot Vincens, de luy coupper la gorge et jetter en la riviere, revenants de Guistres ; pour quel cas led. frere vouloit recourir au magistrat. Lequel Petiton a declairé, par paroles et par gestes, ne vouloir recognoistre sa faulte, ains nier, desguiser et s'entrecoupper en toutes ses responses. Qui a esté cause que le concistoire, en l'invocation du nom de Dieu et le nom de Jesus Christ et de son esglise, l'a suspendu et privé de la communion des sacrements, affin que, par la suspension, il puisse estre humilié davantage, et lad. suspension publiée à l'esglise dimanche prochain, avecq exhortation au peuple de prier Dieu pour sa repentence, de peur que, demourant obstiné et perseverant en ces scandales, nous fussions contraincts de le retrancher et excommunier du tout.

Du dix-huictiesme novembre 1582

Sera appellée par Lacclaustre, la femme de Richard, à raison de ce qu'elle a mal parlé de la dispensation qui se faict par les diacres des deniers des pauvres.

Restineau fera venir son frere Denis et sa belle-seur, pour savoir s'il y a eu entre eulx promesse de mariage.

Seront appellés par Grenier, Jean Maupille le vieux (14), Marguerite Langloix, Daniel Faure et Catherine Arnauld (15), et s'enquerra led.

---

(14) Jean Maupille l'aîné était mercier (cf. 9 v°) ; il fut convoqué en octobre 1581 pour s'être querellé avec Catherine Lhommeau (12 r°).

(15) Le 11 novembre 1582 « ont esté espousés Daniel Faure, de Guistres, et Catherine Arnauld, fille de Me Arnauld Arnauld, notaire royal, et de Marie Moignault... » (Ms 6558, 4 v°). Voir plus loin sous la date du 26 décembre et *passim.* Neuf ans plus tard encore, à l'occasion d'une querelle avec son oncle, Pierre Pascal, en octobre-novembre 1591, le Consistoire rappellera à Faure qu'il « avoit fet et commis beaulcoup de faultes le jour de son mariage » (Ms 6559, 42 v°).

Grenier s'il y en a d'autres de l'esglise qui ayent dancé.
Monsieur de Salles parlera à la chambriere du jeune Maupille et à son mary, touchant la protestation par elle enfraincte et violée apres son mariage.
Petiton sera solicité par Me Sierre, assisté de quelque autre des surveillants, de venir à suffisante recognoissance de sa faulte.
Sera appellé par Restineau un appellé Sicot, gendre de Jacques Droillard.
Led. jour, 18 novembre 1582, Arnauld Biais a recogneu publiquement d'avoir failly en fiançant Perrine Darnault, avant qu'elle eust abjuré l'idolatrie et protesté de servir à Dieu selon la discipline de l'esglise reformée.
Et le mesme jour, lad. Perrine Arnauld a protesté, ayant premierement frequenté les presches l'espace de quinze jours.

Du xxve novembre

Sera appellé monsieur de Serpe pour respondre cathegoriquement du faict dont il est scandalisé (16).
Meneret parlera derechef aud. Petiton et luy denoncera que, s'il continue à ne frequenter les presches et persevere en son obstination de ne recognoistre sa faulte, on proceddera contre luy par excommunication.
Seront appellés pour la seconde fois, Marendeau et sa femme, sur le mespris qu'ilz font de ne se trouver aulx exhortations (17).

Du neufiesme decembre 1582

Sera derechef appellé led. Sicot par Restineau.
Seront appellés par Berthin, Jean Maupille le jeune et Pierre Transson, sur les injures qu'ilz se sont dictes reciprocquement et en publicq, pour estre amenés à reconciliation.
Marendeau et sa femme seront appellés pour la troisiesme fois par Lacclaustre.
Le frere de Selles appellera Phelippon Thoumes et le jeune Bonvin, pour le scandale qu'ilz ont donné, s'injuriants et battans en plaine hale, et seront reconciliés ensemble si faire se peult.
La celebration de la Cene sera publiée au second et tiers dimanches de janvier.

Du xxvie decembre

Sera appellé pour la seconde fois par de Selles, Jean Maupille le vieux, sur ce que, nonobstant toutes remonstrances, il ne s'abstient des dances. Pour la mesme raison seront aussy appellés la femme de

(16) Entendez : par lequel il cause du scandale.
(17) La première convocation ne figure pas dans le registre ; visiblement, il arrivait au secrétaire d'omettre certaines notations. Cf. Introduction à la note 6.

Me Jean Laurens et Marguerite Langloix, par led. de Selles et Grenier.

Daniel Faure et Catherine Arnauld seront aussy appellés par les susd., pour avoir dancé le jour de leurs espousailles.

Le frere Dassieu parlera aud. Marendeau et sad. femme et leur assignera jour à mercredy ou vendredy prochain ; auquel jour, s'ilz ne se presentent en concistoire, leur denoncera qu'il sera procedé contre eulx par contumace et seront publicquement appellés dimanche prochain.

Du second jour de janvier 1583

Monsieur de Serpe a esté interrogué en consistoire pour la seconde fois et, adjuré au nom de Dieu de dire verité sur ce qu'il est scandalizé par un bruict commun et universel de tenir en sa maison et en sa compagnie des paillardes.

A quoy il a respond[u] que Dieu ne l'avoit tant abandonné jusques à là, de commettre un tel pesché et que, si cela luy estoit advenu, il le confesseroit volontiers ; et que ceulx qui ont rapporté cela de luy ont faussement parlé.

Interrogé s'il a donné occasion à sa femme, par sa paillardise ou autrement, de se departir d'avecq luy ; et si, despuis qu'il a esté appellé au concistoire pour le susd. scandale, il l'a maltraictée.

Respond qu'il ne l'a point envoyé[e] de sa maison, ne donné occasion de se desplaire en sa compagnie par sa mauvaise conversation, et qu'il luy a fet tout traictement qu'ung homme de bien doibt à sa femme. Bien a confessé de s'estre fasché avecq elle du mesnagement de sa maison seulement et non pour autre occasion ; et qu'elle s'en estoit allée pour son plaisir et qu'elle reviendroit aussy si elle vouldroit, mais qu'elle ne demeureroit jamais en sa compagnie, pour les vilains tours et ingratitudes qu'elle luy a fet et qu'il declaireroit quelque autre fois.

Interrogé si, le premier jour qu'il fut appellé au concistoire, une jeune garce qui a esté sa chamberiere, et de laquelle il est scandalisé, estoit à sa maison ; si elle y a esté despuis, mesmes ung jour que Mr Lambert estoit ches luy, les servant à table ; et si, despuis ce temps, il l'a appellée d'un village aupres de sa maison.

Respond que, led. jour, lad. femme ne fut à sa maison, ne despuis que deux fois que sa fille l'avoit appellée, l'une pour faire la buhée, et l'autre pour luy aider à faire les licts ; qu'elle ne l'a servy à table en la compagnie de Mr Lambert ne autrement ; et qu'il ne l'a point appellée pres de soy, mais qu'elle y est venue d'elle-mesmes pour certaines grandes considerations, se craignant qu'on luy feit quelque tort au lieu où elle demeuroit.

Interrogé si, le premier jour qu'il fut appellé au consistoire, et qu'on luy demandoit s'il n'entretenoit pas cette garce, il respondit que cela estoit faux et que ceux qui avoient rapporté cela de luy devoient estre quelques putains ou cornards.

Respond qu'ouy et qu'il diroit de plus atroces injures à ceux qui font ces raports de luy.

Sur quoy le consistoire, luy ayant fet plusieurs remonstrances, a gaigné sur luy qu'il a promis d'envoyer de sa maison toutes ces femmes et chamberieres desquelles il pourroit estre scandalisé. Au surplus, a esté arresté que Mr de Nabinault parleroit à madamoiselle de Serpe pour luy donner jour de se trouver au consistoire, pour rendre raison des occasions qu'elle dict avoir de s'estre retirée de la compagnie de son mary. Auquel jour aussy, led. sieur de Serpe se trouvera pour respondre aux accusations de sad. femme, si elle en propose contre luy. Et cependant qu'ilz demeureroient suspenduz de la Cene jusques à ce que ce divorce fut osté.

A esté aussy interrogé, le mesme jour et heure, led. sieur de Serpe si, despuis quinze jours, il a faict venir en sa maison le prieur des Peintures (18), pour y dire la messe, et s'il le nourrist en sa maison.

Et a nié d'avoir fet dire la messe et d'y avoir assisté ; et dict que, de son propre mouvement, led. prieur est venu, qui se veult tenir sur les lieux, et qu'il le nourrist en sa maison parce qu'il tient de luy lad. prieuré par affermé, et qu'il n'en est point titulaire, ains seulement fermier.

Sur quoy il a esté exhorté de quitter et renoncer aud. benefice, s'il le tient du pape de façon quelconque, parce que c'est ouvertement communiquer à l'idolatrie, qui ne convient nullement à la confession de religion reformée.

Du dix-neufiesme janvier 1583

Jean Maupille l'aisné s'est presenté à M^r Du Cygne, luy demandant de vouloir baptiser une sienne fille née puis six ou sept jours et, le consistoire assemblé, a esté arresté que lad. fille seroit baptisée en la foy de sa mere, qui est fidele, et du parrin et merrine, et non dud. Maupille, attendu le mespris et desobeissance qu'il a fet au consistoire et perseverance en ses scandales, à raison desquels il estoit suspendu jusques à ce qu'il eust purgé sa contumace et rebellion.

Du sixiesme de mars 1583

Seront appellés par Me Pierre Dassieu, la seur de Micheau Quantin et Jean Baudet, sur le mariage qu'ils pretendent contracter entre eulx, et seront exhortés, savoir led. Baudet de suyvre les presches et de protester, et lad. fille de faire plus fervente profession de religion que par le passé.

Sera appellé le frere Grenier par Mr de Salles, et censuré de la nonchalance qu'il commet en sa charge de surveillant.

Le mesme jour, l'eglise estant assemblée en corps, le deputé du concistoire leur a rapporté la resolution du synode de Saincte-Foy (19), contenant que l'eglise de Coutras seroit exhorté de satisfaire aulx pactes

---

(18) Il faut vraisemblablement entendre « les Peintures » comme le nom du prieuré, mais il s'agit peut-être du nom du Prieur.

(19) Le Synode national de Sainte-Foy se tint en février 1578 ; cf. l'art. IV des particuliers.

accordés avec M[r] Du Cygne, et ce dans ung mois, autrement qu'il y seroit pourveu par le colloque.

Leur ayant aussy proposé que l'eglise d'Agen n'avoit envoyé personne aud. synode pour recevoir les cent livres qu'on est chargé de luy rendre par le synode de Nerac (20), tous unanimement ont consenty que ce qui estoit recuilly desd. cent livres fut mis et deposé entre les mains dud. sieur Du Cygne.

Du troisieme d'apvril 1583

Ont protesté, apres avoir esté cathechisés publicquement, Jean de Maisonneufve, filz du sieur de Maisonneufve, Marie Rovirault, fille de Me Jean Rovirauld,
Antoine Arnauld,
Marie Reyreau,
Raymond Quantin,
Jean Restineau.

Petiton ayant esté ouy en consistoire et particulierement par M[r] Du Cygne, avecq jurement de n'avoir jamais commis acte vilain avecq la femme dont il est scandalisé (21), a esté remis en sa liberté par l'advis dud. consistoire ; et arresté que l'eglise seroit advertie que le consistoire avoit fet deue diligence de s'enquerir dud. fet et qu'on n'avoit trouvé d'assés fort tesmoignage pour le condamner.

Du dix-huictiesme de may 1583

Jean Maupille l'aisné a compareu en consistoire, auquel a esté remonstré le mespris qu'il a faict de ne s'estre presenté tant de fois qu'il a esté appellé au concistoire, et de ce que, nonobstant plusieurs remonstrances qui luy ont esté faictes de s'abstenir des dances, il persevere en icelles. Et parce que lad. concistoire, ayant remarqué ses propos et gestes, a cogneu qu'il n'estoit pas vivement touché de repentance, luy a esté donné but et jour prefix à d'aujourd'huy en huict jours, jour de mercredy, pour donner plus ample tesmoignage de sa repentance et pour confesser et recognoistre sa faulte plus librement.

Du vingtiesme de may 1583

Jean Seguineau le jeune a compareu en consistoire et luy a esté remonstré par la parole de Dieu la faulte qu'il avoit commise en dansant publicquement ung jour de confrerie (22) et de ce qu'estant

---

(20) Le Synode provincial de Nérac se tint à une date que nous n'avons pu fixer.

(21) Cf. *supra,* note 16.

(22) Cf. Introduction, note 10, sur l'ambiguïté des fêtes traditionnelles qui conjuguaient des célébrations religieuses de tel ou tel saint avec des foires et des réjouissances ; l'introduction de la Réforme et de ses exigences a tendu à déchirer le tissu social et économique (cf. *supra* à la note 18 : tel homme devenu huguenot se trouvait fermier d'un ecclésiastique catholique, etc.).

admonesté par sa belle-mere de se retirer de cette vanité, neantmoins il y avoit continué opiniastrement ; et encores despuis, estant exhorté par le frere Delaye de s'abstenir de ces choses, il luy auroit respondu superbement que ceux qui ne savent danser ne dansent point. Et a-on trouvé par ses propos qu'il ne confessoit point son peché, et mesmes qu'il debatoit irreverement contre les remonstrances qui luy estoient fetes. Et, par ce, apres luy avoir remonstré les jugements de Dieu et exhorté de le prier, on luy a donné but à mercredy prochain.

Du vingt-cinquiesme de may 1583

Jean Maupille a esté ouy pour la seconde fois et a confessé sa faulte, se remettant, pour sa censure, au jugement du consistoire.

Lequel a esté d'advis, veu que sa faulte estoit publicque et, davantage, qu'il avoit attendu à se presenter au consistoire jusques au point d'estre nommé à l'eglise comme rebelle à la discipline, qu'il feroit confession publicquement de sa faulte, dimanche prochain, en plaine assemblée, pour relever le scandale qu'il y avoit apporté.

Le mesme jour a esté arresté que Bonvin seroit appellé par Chicois.

Pareillement, Jean Seguineau le jeune.

Du vingt-septiesme de may 1583

Sera prié monsieur Du Cygne de publier la Cene dimanche prochain au douziesme et dix-neufiesme de juing, jours de dimanche.

Du vingt-neufviesme desd. mois et an

A esté arresté que Bonvin sera appellé pour la seconde fois.

Jean Seguineau de mesme.

Du troisiesme de juing 1583

A esté arresté que Jean Maupille l'aisné sera appellé en consistoire par Chiquois.

Du cinquiesme

Seront appellés pour la troisieme fois Bonvin et Jean Seguineau le jeune.

Du huictiesme de juing 1583

Me Pierre Bonvin a compareu en consistoire, auquel a esté remonstré sa faulte d'insister à prendre la charge de diacre, suyvant l'election qui en a esté fete et approbation de toute l'eglise, apres avoir esté nommé par trois dimanches suyvantes, et de ce aussy qu'il ne s'est presenté sinon apres avoir esté appellé par trois ou quatre fois.

Et apres plusieurs remonstrances qui luy ont esté fetes, on a gaigné sur luy qu'il a accepté lad. charge de diacre (23).

---

(23) On trouve plus tard (en 1607, cf. Ms 6560, 25 v°) l'exemple d'un refus d'une charge d'Ancien. Si ce genre de dérobade, un siècle plus tard, est largement attribuable à la tiédeur et à la peur, au XVIe siècle, il est plus aventureux de conjecturer ses mobiles : modestie ? nonchalance ? amour de sa tranquillité ?

Le mesme jour, huictiesme de juing, Jean Maupille l'aisné a compareu an consistoire et luy a esté remonstré par la parole de Dieu l'enormité de sa faulte et grand scandale par luy apporté à toute l'eglise, en ce que, le mesme jour qu'il avoit confessé publicquement d'avoir failly par une trop grande continuation des dances, et protesté solomnellement à Dieu et à toute l'eglise de ne commettre plus telles faultes, neantmoins ung peu apres il auroit encores dancé.

Sur quoy a esté arresté qu'apres luy avoir fet une griefve censure, on luy feroit entendre qu'il merite tres bien d'estre du tout retranché et excommunié de l'eglise. Toutesfois, de peur de le diffamer pour son vilain et execrable perjure, le concistoire procedant benignement le suspent de la communication des saincts sacrements, avecq menace que, s'il retombe plus en telles faultes ou autres scandaleuses, on luy retranchera du tout (24).

Le mesme jour aussy Jean Seguineau le jeune a esté ouy et l'a-on trouvé autant impenitent et superbe qu'auparavant.

Et par ce, le consistoire a arresté qu'il seroit suspendu publicquement de la participation des saincts sacrements dimanche prochain, jour de Cene, et les causes de la suspension declarées à l'eglise.

Du neufiesme juing mil V^{c} iiii^{xx}iii, le consistoire assemblé pour pourvoir aux affaires de l'eglise et choses necessaires pour la Cene qui, au plaisir de Dieu, se celebrera dimanche prochain, xiie du present moys.

A esté arresté que monsieur Dupuy recuilhira les marreaulx et que Laclaustre fournira le vin et, tant luy que Brunet, auront l'œuil sur le temple pour le faire renger.

Fortin aydera à M^{r} Du Signe à bailher le vin aud. Du Signe pour le distribuer au peuple, et fournyra une nappe et servietes necessaires.

Brunet distribuera les marreaulx à tous les antiens forins et, tant luy que autres antiens, les distribueront à ceulx qui sont de leur quartier au present lieu.

Chicquoys est chargé, comme il a promis, de faire faire six solz de pain pour la Cene.

Laclaustre et Bonvyn amasseront pour les paouvres, yssue de la Cene.

Aujourd'huy, x^{e} du moys de juing, l'an mil V^{c} iiii^{xx}iii, jour de vendredy, en consistoire et par l'advis d'icelluy, le registre et pappier dudict consistoire a esté mis entre mes mains (25) pour escripre et retenir les actes dudict concistoire.

A esté arresté led. jour par le concistoire que le Claude Girault, dict Le Capdet, sera admonesté et interrogé vivement par Mr Dusine de l'escandalle par luy faicte d'avoir adsisté à la feste des nopces des filles de Françoys [Arnauld] le cousturier et pour avoir, le lendemain, avecques certains autres, porté par la grand'ruhe publicque, sur son

---

(24) Cf. Introduction à la note 9.
(25) Ecrit d'une nouvelle main.

espaulle, des fourgons et roibles de fourcz ; et viendra en consistoire dimanche prochain, à l'issue du dernier presche ; et jusques à ce qu'il ayt obey et recongneu sa faulte, ne participera aux sacremens.

Sera aussy admonesté Daniel Faure pour mesme effect que dessus, par le frere Brunet, comme fera aussy à Guilhaume [Desesleuz], bonnectier, et Micheau Quantin, pour avoir jouhé aux cartes à l'argent et fet plusieurs blasphemes, le tout à dimanche, yssue du dernier presche.

A esté pareilhement arresté en led. consistoire que Petiton ne participera aux sacremens de la Cene, jusques à ce qu'il ayt autre-[ment] recongneu sa faulte et le grand scandalle par luy fet de son mauvais gouvernement, et doibt-on s'enquerir dilligement d'icelluy son gouvernement.

La fille dudict Petiton, ampres avoir esté advertie par Chicois, a obey en consistoire et luy a esté remonstré vivement, suyvant la parolle de Dieu, et interrogé sy, le jour que son pere s'en alla et passa l'eaue pour aller trouver la femme mal renommée, de laquelle il est accusé de frequanter et congnoistre charnellement, et qui, à son retour, fuct jecté dans l'eau ; si led. son pere, à sond. retour, la baptit et frappa, ensemble sa mere ; en luy remonstrant que ce n'estoyt bien vescu, d'aller chercher lad. femme.

A respond[u] qu'elle n'estoyt chés led. son pere à son retour, ne pareillement sa mere, ains qu'elle [sa mère] s'en estoyt allée en la ville de Bourdeaulx, veoir un sien frere qui estoyt mallade en lad. ville ; et lad. sa mere, elle conduict jusques à la maison de feu Mr de Laubardemont, où madamoiselle sa femme y estoyt et luy avoyt mandé l'aller trouver, ce qu'elle avoyt (26) [faict].

Aussy, Laclaustre est chargé de parler au vieulx Jarry, parce qu'il a esté rapporté qu'il a baptu et maltraicté sa mere et ne la veult endurer autour de luy (27).

Du xiie juing, an V^{c} iiii^{xx}iii, yssue de presche du soir et jour de la premiere Cene.

Claude Girault a esté ouy en consystoire et luy a esté remonstré vivement au nom de Dieu, qu'il a faict un grand scandalle en l'eglise

---

(26) Le Ms porte « ayt ».

(27) Cf. une affaire analogue le 2 mai 1585 (33 r°) : « ... A esté arresté au consistoyre ... que François Vincent, sa femme et leur filz seront appellés demain ... » Le lendemain, « led. François Vincent ... ayant esté interrogé sur le maltraictement à luy faict par son filz, a déclaré ne se plaindre aulcunement de son filz. Ensemble a comparu sad. femme, qui a dict le semblable. Quant aud filz de Vincent et le frere Aubin de Millon, qui ne se sont peu reconcillier, [ils] ont esté renvoyés à justice ». Notons que c'était cet Ancien, en mauvais termes avec le fils Vincent, qui avait rapporté au Consistoire les prétendus mauvais traitements infligés dont son adversaire serait coupable ; peut-être était-ce une calomnie ? mais peut-être aussi les vieillards ne se souciaient-ils pas de voir discutées en public leurs affaires de famille ? Cf. la réaction de la femme et de la fille de Petiton, qui pourrait bien relever d'une attitude de ce genre.

pour s'estre trouvé un jour sur sepmaine avecq d'autres, faisans insolences comme par forme de bacanalles, ayans fourcgons et roibles de fourcz, flasques de vin et autres choses, venans de la feste des nopces des filles de Françoys le cousturier et s'en allans le long de la grand'ruhe ; et davantage qu'il est un joueur ordinaire de cartes et vit oysivement et va ordinairement aux tavernes et en fet mestier.

Par quoy, ampres qu'il a heu recongneu son peché et qu'il a mal faict d'avoir usé de telles façons, toutesfoys qu'il a declairé ne se pouvoir empescher d'aller quelques foys aux tavernes, parce qu'il n'a de vin à sa maison ; luy a esté interdict et deffendu, en l'autorité de nostre Seigneur Jesus Christ, de ne vivre oysivement et [ordonné] de travailler et n'aller aux tavernes. Ce qu'il a promis faire, à tout le moings que le peu qu'il pourra (28) ; et luy sera bailhé un marreau par monsieur Dupuy, pour participer à la Saincte Cene dimanche prochain ; et sera derechef admonesté par led. Dupuy, en luy baillant (29) le mareau, de se comporter et vivre paisiblement, sans jurer ne blasphemer le nom de Dieu (30).

Aussy ont compareu en consistoire Micheau Quantin et Guilhaume Desesleuz et, ampres qu'ilz ont esté ouys et qu'ilz ont heu confessé leur peché et avoir jouhé, mais qu'il n'y heut aulcun jurement ne blaspheme du nom de Dieu, et qu'ilz ont esté trouvé depplaisans de leur peché, led. consistoire a esté d'avis qu'ilz participeront dimanche prochain aux sacremens de la Cene ; avecq inhibitions à eulx faictes de ne jouer à telz jeuz d'azars ; ce qu'ilz ont promis faire.

La femme de Petiton a esté ouye sur le faict dud. son mary et si, lorsqu'il veynd [= vînt] de l'eau tout mouilhé, il la bap[t]it, et priée au nom de Dieu de nous dire la verité du mauvais gouvernement de son mary. A dict qu'elle n'estoyt lorsqu'il vint mouilhé à sa maison, ains s'en estoyt allée à Bourdeaulx voyr son frere qui estoyt mallade ; et ne l'a baptue ; et ne sçayt si led. son mary a accointance à la femme dont est question, ne s'il l'a jamais congneue charnellement ; et pareilhement ne luy a jamais reproché qu'il l'entretint et pailhardast avecq elle.

Daniel Faure sera appelé en consistoire mercredy prochain par le frere Brunet, combien qu'icelluy Brunet ayt raporté que led. Faure a prins les remonstrances qu'il luy avoyt fetes en bonne part, pour les luy remonstrer vivement par le consistoire.

---

(28) Cf. J. Estèbe et B. Vogler, article cité (*supra,* note 1 de l'Introduction), p. 380 : une promesse de ne jouer plus « autant que luy sera possible »...

(29) Le Ms porte « baille ».

(30) Variante au fol. 21 v° (première rédaction ?) : « Par quoy luy a esté inhibé et deffendu, ampres qu'il a heu confessé lesd. remonstrances, de ne retourner plus à telz escambotz et de non plus aller aux tavernes, à peyne d'estre privé du benefice de la Cene, ce qu'il a promis faire. » Nous citons ici la seule variante significative, le reste de ce paragraphe se trouvant retranscrit ci-dessus à peu près *verbatim.*

Du xve de juing audict an, jour de mercredy

Pierre Vincens, dict Petiton, a compareu en consistoire, sans qu'il heust esté mandé, et l'avons ouy sur le faict duquel il a esté accusé au consistoire. Sur ce que, puys quinze jours en ça, il se seroyt transporté de sa maison en hors, jusques au treuilh de Jehan Tenier, un peu par-dessus la mestairie de madame la marquise du present lieu, pour illecq penser trouver la femme mal renommée, avecq laquelle il est accusé pailharder, pour, aud. lieu, pailharder aveq elle. S'il la trouva aud. lieu et led. son mary ? S'il s'en veynd comme elle jusques sur le port ? Et si, estant arrivé, le passager [= batelier] luy dist telles parolles, estans tous deux entrés en la gabarre : « D'où viens-tu, meschant ruffien ? Tu viens d'advecq ta pailharde de pailharder. » Et comme il se voulut ruher sur le passager, icelluy passager le jecta dans l'eau.

Respond que, à la verité, il s'en alla un jour, puis quinze jours, jusques aud. lieu sus-declairé, cuydant trouver lad. femme et non pour paillarder avecq elle, ce qu'il ne feyt ; et ne trouva que led. son mary, auquel il dict qu'il estoyt allé audict lieu pour parler à lad. femme, de ce qu'elle disoyt qu'il luy avoyt esté prins et desrobbé, sur sa fenestre, de nuict, une choppine d'estaing. Et parce qu'il avoyt entendu quelqu'un à la voix, qui disoyt que luy respondant l'avoit prinse, estoyt allé aud. lieu, comme dict est, pour luy remonstrer qu'il ne l'avoit fet, et qu'elle n'eust aulcun subçon sur luy. Et, ne la trouvant, demanda aud. son mary où elle estoyt ; qui luy dict qu'elle n'y estoyt. Quoy voyant, s'en retourna et la trouva en son chemin, au lieu des Sables ; à laquelle il ne voulut parler, craignant de ce faire pour cause que M^r^ le seigneur du present lieu s'en alloyt vers ses vignes, et qu'il heust quelque subçon sur luy à cause de lad. femme, combien qu'il y heust une autre femme avecq elle. Et les laissa venir devant, jusques aud. port, auquel lieu il les trouva, et n'estoy[en]t encores passées, pour cause que la gabarre estoyt du cousté de deça. Et comme ilz entrarent en led. gabarre, le passager luy demanda de là où il venoyt ; qui luy feyt responce qu'il venoyt de ses affaires et que led. passager n'en avoyt affaire. Lequel passager luy dict qu'il venoyt d'avecq sa pailharde de pailharder, ou en l'esperance de le faire. Luy respondant luy feyt responce qu'il n'en estoyt rien. Sur quoy, heurent plusieurs parolles de rigueur ensemble, tellement que led. passager le feyt tumber dans l'eaue. Et estant sorty, s'en alla à sa maison, sans parler aulcunement à lad. femme, laquelle il n'alloyt trouver pour autres raisons, sinon pour luy dire qu'il n'avoit prins sa choppine.

Interrogé si, à son arrivée, estant mouillé, s'il baptit ou frappa sa femme et fille la jeune, luy remonstrant amiablement de là où il venoyt et comme il estoyt ainsy mouilhé.

A dict que, estant arrivé, il ne trouva lad. sa femme ne fille, car ne les heust-il aussy sceu trouver, parce que, auparavant qu'il s'en allast, lad. sa femme s'en estoyt allée en la ville de Bourdeaulx, voir son frere, qui estoyt mallade, et lad. sa fille l'avoir conduicte jusques au lieu de Laubardemons, où elle demeura proches madamoiselle dud. lieu, qui l'avoyt mandée querir.

Et estant enquis sur ce que le consistoire luy a remonstré : s'il le jour auparavant qu'il tumbast en l'eaue, baptist lad. sa femme et fille (et qu'il y a tesmoignage suffizant de ce) pour cause qu'elles luy remonstroyent qu'il entretenoyt lad. femme ? A respond[u] n'estre vraysemblable qu'il les ayt baptues pour les raisons que dessus ; et s'il y a aulcuns qui ayent rapporté lę contenu aud. interrogatoire, ce sont ses malveuillans.

Luy a le consistoire faict entendre que, led. jour, ampres qu'il heut baptu sadicte fille, elle sortyt dehors sa maison, dict et profera en plaine ruhe devant plusieurs, parlant à luy, disant : « Mon pere, vous en avés faict et en faisés tropt ; car il m'eschappera de le dire au consistoire » — parlant, comme le consistoire presuppose, de son mauvais gouvernement. A dict n'avoir jamais ouy que sa fille dist telles parolles. Et apres plusieurs remonstrances et admonitions à luy faictes au nom de Dieu, que c'est mal fet de nyer un si horrible scandalle par luy fet à l'eglise, d'avoir hanté lad. femme, combien qu'il heust promis à Dieu de ne la hanter ne frequanter jamais, et que, si Dieu n'a pitié de luy et qu'il n'advouhe et confesse son peché et luy en demande pardon, qu'il l'en punira et à bon droict ; et qu'il a esté trouvé par le consistoire aultant et plus perseverant en sa negatifve qu'auparavant en ses autres auditions, le consistoire l'a remis, sachant plus amplement la verité du faict ; pour lequel sçavoir, a esté arresté que le gendre dud. Petiton et sa fille viendront pour estre ouys, et seront advertis par Chicquois de se trouver au consistoire vendredy prochain, combien que lad. sa fille ayt esté cy-devant ouye.

Lesd. gendre et fille de Petiton ne furent advertis le vendredy, mais fut arresté qu'ilz viendroyent dimanche prochain, yssue de presche du soir (31).

En plain consistoire a pareillement compareu Jean Seguyneau le jeune, lequel, ampres que plusieurs remonstrances luy ont esté faictes au nom de Dieu et qu'il a esté interrogé sur son faict, a advouhé et confessé avoir grandement failhy et peché, duquel il se repend et en demande pardon et misericorde à Dieu ; et que led. consistoire l'a trouvé et congneu repentant en ses fautes ; icelluy consistoire luy a hosté et reprimé la suspention qu'on luy avoyt faicte de la Saincte Cene, et a esté d'advis qu'il participera dimanche prochain, jour de Cene, et luy sera baillé marreau pour ce faire. Et premier que cel!a ce face, pour hoster le scandalle qui est si grand en l'eglise, pour avoir dansé à la confrairie au lieu, et que plusieurs en sont abreuvés, sera publié en plain presche, devant l'assemblée, et declairé qu'il a recongneu sa faulte et pourtant l'eglise l'a receu à participer, avecq promesses à Dieu par luy faictes de ne retourner plus à telles danses et façons de faire (32).

---

(31) Phrase ajoutée entre les deux alinéas.

(32) En marge : « faict le 19e dud. mois en presche, jour de Cene. »

Du xixe dud. moys, an susd., yssue du dernier presche, le consistoire assemblé

Seront appellés et advertis de venir an consistoire les gendre et fille de Petiton, à mercredy prochain, xxiie du present moys, pour estre ouys sur certains articles qu'on leur a declairés et proposés.

Sera aussy appellé Daniel Faure pour la seconde foys.

Baudet, antien de La Mothe-de-Mons, suyvant la charge à luy donnée d'advertir Jean Macquaire du Lacquay pour venir an consistoire à raison de ce qu'il s'est tant oublié d'avoir maryé une sienne fille à la papauté, a declairé l'avoir adverty ; et faict responce qu'il obeyroit lorsqu'il en seroyt l'heure. Par ce, le consistoire a esté d'avis qu'il seroyt adverty pour la seconde foys, autrement seroyt procedé contre luy par excommunication et le retrancher de l'eglise comme rebelle et desobeyssant, et ce par led. Baudet (33).

Led. jour, au presche du matin, ont protesté Jullien Ferron et Jehanne Ardouyn.

Du xxvie dud. moys de juing, aud. an, en plain presche

Jehane Faure et Marguerite Anycle ont protesté de vivre et mourir en la pure religion et service de Dieu.

Du premier jour de juillet, mil V^{c} iiii^{xx}iii, jour de vendredy, yssue de presche

En consistoire a compareu Daniel Faure, auquel, ampres avoir invocqué Dieu et en son autorité, le pasteur luy a remonstré en premier lieu la raison pourquoy il s'est tant faict somer de foys à venir au consistoire, et la desobeyssance qu'il y faict. A respondu qu'il n'est desobeyssant au consistoire et n'estre peu y venir jusques à present pour raison de certaines affaires qu'il a tousjours heu lorsqu'on l'admonestoyt, et prie Dieu le pardonner d'icelle faulte, ensemble le consistoire.

La raison pour laquelle il a esté adverty de venir au consistoire est que, au festin des nopces des filles de François Arnault, cousturier, luy et certains autres, à l'yssue dud. festin, ayans sur leurs espaulles des fourgons et nippe de fourcq, flasques de vin et aultres choses et, de la maison dud. Françoys, allerent tout le long de la grand'ruhe jusques au bout du bourg, comme par forme de bacquanalles. A confessé à la verité avoir adsisté audict festin et, à l'yssue d'icelle, luy et quelques autres conduyrent quelques-uns du lieu de Challais, qui estoient au bancquet, jusques au bout du bourg ou presque bien pres, ayant les aulcuns des bastons, fourgons et nippe de fourc, mais quant à luy il n'avoit qu'une paincte avecques de vin et des veyrres, ne pensent poinct en mal. Et apres que le pasteur, au nom du consis-

(33) En marge : « Audict jour de mercredy, personne des susd., qui debvoyent estre advertis, n'ont obey. » L'affaire Macquaire n'a pas eu de suites.

toire, luy a declairé qu'il avoyt mal faict et avoyt apporté scandalle à l'eglise, a declairé se desplaire en sa faulte et promis de n'y retourner plus.

Cella faict, a esté declairé audict Daniel que, puys la susdicte faulte, il en avoyt faict une autre plus grande à cause de ce qu'il, et Marguerite Langloix, qui a esté cy-devant mariée avecques feu Me Arnault Arnault, qui estoyt pere de Catherine Arnault, sa femme (34), heurent bruict et differant pour raison de certain accord entre lad. Langloix, lad. sa femme et autres, faict auparavant qu'il fust marié, par autorité d'aulcuns parens faisans pour sad. femme, et injuria grandement lad. Langloix de son honneur. Estant sommé de nous dire verité au nom de Dieu, a dict que, ayant differant de certain accord consernant la jouyssance de certains biens appartenans à sa femme, elle l'auroyt appellé larron et volleur. Lors, en rapellant lad. injure, luy auroyt dict qu'elle s'allast faire *foultre,* et ne luy avoir dict autre injure. De laquelle, ayant entendu plusieurs remonstrances à luy faictes par le pasteur et que c'estoyt mal faict d'avoir injurié lad. Langloix, comme luy appartenant d'alliance, et que, s'il ne faisoyt satisfaction de ce à ladicte Langloix par reconcilhation et en demandast pardon à Dieu et à elle, qu'il en seroyt puny par le jugement de Dieu, a declairé qu'il avoyt mal faict d'avoir injurié lad. Marguerite et en demande pardon à Dieu de bon cœur. Et pour le regard dud. accord faict entre icelle Marguerite et sa femme, le pasteur luy a remonstré qu'il ne peult à son honneur rompre led. accord, qu'il n'enfreigne et ne rompe les ordonnances et droictz de nostre Dieu, envoyant de mainmise sur les biens mentionnés par led. accord, lequel ne se peult rompre sans autorité de justice, à laquelle il se doibt adresser. Et a esté remonstré qu'il avoyt aussy dict que, s'il y avoyt aulcune personne, quel qui fust, qui entreprint à lever les fruictz des biens qu'ilz avoient differant, qu'il leur passeroit un coupt d'espée au-travers du corps. Qui a dict n'en avoyr jamais parlé et vouldroyt volontiers qu'il et lad. Marguerite n'eussent jamais heu tel bruict ensemble ; et de sa part, luy pardonne l'injure qu'elle luy a dict, la priant en faire aultant de la sienne. Pour laquelle reconsilhation faire, comme led. Faure a promis, a esté arresté qu'il comparoistra dimanche prochain, 3e jour du present moys, yssue du dernier presche, en consistoire, auquel jour lad. Langloix aussy adsistera pour faire lad. reconsilliation si elle veult le faire.

Du 3e juillet audict an, jour de dimanche, yssue du dernier presche, le consistoire assemblé, ampres avoir invocqué Dieu.

Audict consistoire a compareu lad. Marguerite Langloix, à laquelle a esté remonstré et recité le differant qu'elle et led. Daniel Faure ont heu, comme le consistoire l'a entendu et luy a esté raporté ; et ampres que plusieurs remonstrances luy ont esté faictes au nom de Dieu, de laisser à neant tout differant et vivre en amitié fraternelle

(34) Cf. *supra,* note 15.

l'ung avecq l'autre, a declairé que, pour le grand tort et injure que luy a porté led. Faure, qu'elle ne pourroyt laisser ne oublier lad. injure jusques à ce qu'il luy en heust faict satisfaction et reparation publicque devant le magistrat, en jugement devant lequel elle entend le faire appeller, tant pour le regard de lad. injure que pour autre differant consernant leurs biens.

Le consistoire, ayant trouvé lad. Langloix perseverante en ce qu'elle veult faire appeller led. Faure en justice, et qu'elle a declairé ne se contenter de la reconcilliation que led. Faure pourroyt faire et est prest de faire presentement comme on luy a remonstré, l'a remise et luy a-on baillé dix jours pour penser à sa conscience et se reconsoiller avecq led. Faure ; autrement, si elle ne le fet et n'a porté quelque tesmoignage au consistoire de sa repentence, qu'elle ne participera aux sacremens jusques à ce qu'il y ayt une diffinition faicte dud. proces par le juge. Et luy a esté declairé que, au cas qu'il fust donné par le discours dud. proces qu'elle heust mal versé avecq celluy dont elle dict avoir esté injuriée, qu'elle en fera satisfaction publicque.

Et apres que ladicte Langloix a esté sortie hors du consistoire, icelluy a faict appeller led. Daniel, lequel a declairé, comme il a cy-devant faict, qu'il estoyt prest faire la reconsilhation du differant entre luy et lad. Langloix et qu'il mantient icelle Langloix femme de bien et, s'il luy a dict quelque injure, qu'il s'y desplaist et en demande pardon à Dieu. Auquel a esté remonstré que lad. Langloix le veult faire appeller par justice pour avoir satisfaction de son injure. Et par ce, le consistoire a mis ledict Faure en liberté pour participer aux sacremens, avecq adverticement (35) expres à luy faict de ne s'atacquer de propos de rigueur avec lad. Langloix et luy porter amitié, honneur et reverance. Ce qu'il a promis faire (36).

Du dix-neufiesme jour d'aoust aud. an

A compareu en consistoire Me Pierre Croize, ampres avoir esté adverty de venir par le frere Laclaustre, de qu'il, pour certains affaires qu'il a dict avoir, qu'on luy a demonstré qu'il ne pourroit estre ouy jusques à ce que mademoiselle sa femme feust presente aux fins d'estre interrogée par mesme moyen, et qu'il a heu dict qu'il n'asisteroit et ne comparoistroyt jamais où celle avecq laquelle il y a differant seroit, priant le consistoire le vouloir remettre à quelque jour qu'elle n'y sera, le consistoire l'a remys pour l'ouyr à dimanche

---

(35) Le Ms porte « advertmement ».

(36) Autre exemple où le Consistoire de Coutras s'efforce de faire désister d'une plainte intentée devant la justice le 3 janvier 1604 (Ms 6560, 3 r°) : Michée Chastagnier a « esté admonesté d'entendre à se reconcillier avec le frere Monsieur Chaperon touchant quelques injures qu'il dict luy avoir esté proferées. Il a dict qu'il s'est pourveu par justice, où il demande d'estre renvoyé. Toutesfoys consent, en par led. Chaperon revoquant en jugement lesd. parolles injurieuses, ce departira de lad. poursuite ». Cf. d'autres exemples de suspension de la Cène par suite d'un refus de pardonner : *ibid.,* 16 r°, 38 r°, 47 v°-48 r°, 64 r°.

prochain, le priant d'y venir au present lieu pour vacquer à sad. audition, ce qu'il a promis faire.

A aussy obey et compareu audict consistoire Jehan Morin le jeune, lequel a esté interogé vivement par la parolle de Dieu sur ce que, le jour du Caresme-entrant dernier, il, avecques certains autres du present lieu, se desguyza et mit en habitz de femmes, courant le long de la ruhes, masqué, ce qui est abomination devant Dieu (37). Et ampres plusieurs remonstrances à luy faictes et qu'il a confessé et advouhé ce que dessus et prié Dieu et le consistoire le vouloir pardonner de lad. faulte [avec] promesse de n'y retourner plus, le consistoire a esté d'advis qu'il en fera confession publicque dimanche prochain, xxie du present moys, ce qu'il a promis faire.

Du 21e du moys d'aoust, an predict, jour de dimanche

Au matin dudict jour et en plain presche, Jehan Morin le jeune a faict confession puplicque de la faulte par luy commise le jour du mardy gras dernier, pour s'estre desguyzé en habis de femme, et en a demandé pardon à Dieu. Laquelle faulte ainsy par luy confessée, luy avoyt esté tousjours remyse puis led. jour, et le consistoire la luy avoyt suportée pour cause de sa jeunesse.

Ampres l'yssue du dernier presche, a compareu Me Pierre Croize, auquel luy a esté dict par le pasteur qu'il continue tousjours en sa malice et divorse qu'il y a entre luy et madamoiselle sa femme, qui a jà longtemps s'est absentée de sa compaignie, et qu'on luy avoyt donné jour à cejourd'huy pour l'ouyr sur son faict. A declairé qu'il a certaines affaires qui l'empeschent qu'il ne pourroyt estre ouy pour le present. Sur ce, le consistoire l'a remys à mercredy prochain, qu'il a esleu de sa bouche, veu sa declaration faicte qu'il n'adsisteroyt au jour que lad. sa femme y seroyt ; auquel jour il a promis de se trouver au present lieu pour avoir expedition de son faict. Et led. consistoire a esté d'avis que lad. femme dud. Me Pierre Croize viendra aussy aujourd'huy en huict jour, et a prié Mr de Nabinault le jeune de l'en advertir aux fins d'estre pareillement ouye, ce qu'il a promis faire.

Sera appellé et adverty de venir en consistoire le gendre et fille de Petiton à vendredy par Chiquois.

Aussy Daniel Faure et Margueritte Langlois pour la derniere foys,

---

(37) Pour un arrêt général sur le problème du Mardi Gras, cf. le registre de Coutras au 10 février 1613 (Ms 6560, 66 v°-67 r°). L'Eglise catholique post-tridentine, de son côté, livrait bataille contre les travestissements utilisés dans les parodies de cérémonies religieuses. Cf. par exemple le plumitif d'interrogatoire de Jean Renault, condamné à mort pour avoir, parmi d'autres blasphèmes et insolences, « mené un homme habillé en garse, qu'il a offert au curé » (A. N., X^{2A} 962, 19 juin 1600 ; l'arrêt est donné dans A. FONTANON, *Les Edicts et ordonnances des rois de France,* Paris, 1611, tome IV, p. 244-245). Voir aussi un autre exemple dans une déclaration notariée du 3 mai 1619 (A. N., Etude VIII, 597, n° 235) : on reproche la présence, à un enterrement, « d'hommes habillez en filles et femmes ».

par le frere Bennet, attendu qu'il a declaré de l'avoir adverty plusieurs foys ; autrement, à faulte de obeyr, sera proceddé contre eulx par contumaxe et excommuniés et retranchés de la participation des sacremens, comme rebelles au consistoire (38).

Pareillement viendront aud. jour, Jehan Toussainctz et le filz de feu Thony Baudet, pour s'estre baptus ampres avoyr jouhé aux quilhes ce jourd'huy mesmes, comme a esté raporté par Baudet antien et La Mothe-de-Mons (39).

Du xxiiiie du moys d'aoust, an predict 1583, le consistoire assemblé

A esté demandé a monsieur de Serpe, qui est la cause du divorce de luy et de Martialle de Chamberain, damoiselle sa femme.

Respond : occasion premiere, la dissolution d'elle et de ses filles, tant en son absence que presence, laquelle ne voulant souffrir, elle pourroit avoir pris occasion de se retirer.

Secondement, le maulvais mesnagement qu'elle a faict en sa maison et le transfert de ses meubles. Tiercement, le desniement de quelque drap qu'il ne voulut donner pour accoustrer quelques servans de sad. femme. Quartement, l'envoy des filles de sad. femme hors de sadicte maison et nonobstant n'ont party sans sa volonté.

Demandé : pourquoi il n'a acquiessé à sa promesse faicte au consistoire d'envoyer querir sa femme pour esfacer le scandale qui couroyt de sa personne ?

Respond : combien l'eust-il envoyée querir, comme il avoyt donné charge à monsieur de La Divise, parent d'elle, comme elle s'en veynt, mais depuis qu'elle l'a voulu faire thuer par ung sien frere, et comme, à l'instance et poursuite d'icelle, se sont trouvés vingt arquebousers et quatorze chevaulx imbusqués, le xvie mars dernier, de nuict, dans sa grange et pres sa maison, pour le surprendre et massacrer. Et aussy qu'il avoyt entendu par elle qu'elle estoyt ensainte et avoyt senty son fruict de deux moys et le notiffié à plusieurs hommes et femmes auparavant son partement, et que, depuis, il n'en a rien ouy dire et ne sçait qu'il en [est] devenu. Plus qu'elle a voulu persuader son fils et icelluy corrompre d'aderer avecques une sienne fille, et que, pour ce faire de nuict, ladicte fille thua la chandelle.

Pourquoy il n'a acquiessé à la deffence que le consistoire luy avoyt faicte, jouxte sa promesse de non frequanter nullement avecques la fille pour laquelle le scandalle est advenu, et qu'il avoyt mariée quelque temps et hostée de sa maison ? A respond[u] : combien qu'elle frequante à present dans sa maison, que ce n'est pour mal ne pour abuser d'elle.

Laquelle deffence de frequentation le consistoire a redoublée, veu le scandalle grand qui court. A quoy n'a voulu obeyr ne prometre (40) faire.

---

(38) En marge : « obey cy-apres ».
(39) En marge : « reconcilliés ». Voir ci-dessous, 26 août 1583.
(40) Le Ms. porte « permetre ».

V

Du xxvie dud. moys d'aoust, an 1583, le consistoire assemblé, jour de vendredy

En icelluy consistoire, Marguerite Langloix et Daniel Faure ont compareu et leur a esté remonstré, sçavoir aud. Faure pourquoy il n'a satisfaict à la promesse qu'il avoit faict, et deffences de par le consistoire, de ne s'atacquer de propos injurieux ou autrement avecq lad. Langloix et ne la provocquer à courroulx. Ce nonobstant, il n'en a tenu compte, voire despuys se sont courroussés et animés l'ung l'autre, à quoy il a grandement failhy. Et, à lad. Langloix, luy a esté dict pareilhement par le pasteur qu'elle luy avoyt promis de ne poursuyvre led. Daniel par justice ouverte, mais qu'elle se contemptoit seullement pourveu que, devant les tesmoings qui entendirent l'injure à elle proferée par led. Faure, icelluy Faure estant chez Mr Menneret, commis du juge, et en sa chambre secretement, il en feyst satisfaction en disant que à tort il luy a dict les injures ; ce qu'elle n'a voulu faire, ains l'a tousjours poursuivy. A quoi elle a aussy failly. Et apres plusieurs remonstrances à eulx faictes, l'un en presence de l'autre par la parolle de Dieu, et qu'ilz ont heu declairé qu'ilz sont encores en proces et admis à faire preuves, et aussy qu'ilz n'ont (41) esté trouvés repentans, l'ung et l'autre, des injures dictes, le consistoire leur a deffendu, au nom et en l'authorité de Dieu, de jamais ne se injurier et provocquer à courroulx et ne s'attacquer de parolles ne autrement, à la peyne, en cas de contravention, d'estre retranchés de la participation des sacremens de l'eglise.

Jehan Toussainctz et le filz de Thony Baudet ont compareu en consistoire et se sont, ampres remonstrances faictes à eulx, reconsilliés du bruict qu'ilz heurent dimanche dernier ampres avoir jouhé aux quilhes, et ont declairé ne se vouloir aulcun mal et ont demandé pardon à Dieu de lad. offense et promis n'y retourner plus, ce que leur a esté defendu (42).

Du xxviiie dud. moys d'aoust, jour de dimanche, ampres le presche

En consistoire le pasteur a declairé avoir receu ung memoire de lettre de madamoiselle de Chamberan, la femme de monsieur de Serpe, à laquelle on avoyt mandé de se trouver aujourd'huy au present lieu pour estre ouye sur le differant d'elle et dudict de Serpe. Et ampres que lecture a esté faicte dud. memoire, contenant certains pointz de leur differant, et aussy qu'elle declaire ne pouvoir escripre par lettres

(41) Le Ms. porte « sont ».

(42) A la date du 28 décembre 1590 (39 r°), on lit : « Sera pareillement publié par les sus-nommés à Jehan Toussaintz de ce qu'il a souvent bruict avec plusieurs personnes, comme hier avec Martin Pascal et, quelque temps auparavant, avec Jehan Bouyer, dict Bilhot, et seront reconciliés ensemble sy faire ce peult, autrement ne leur sera donné de marreaulx », ce qui équivalait à les suspendre de la Cène, puisqu'ils ne pourraient présenter de méreau à l'Ancien.

quelque chose qu'elle a à declairer oultre ce qui est par led. memoire, le pasteur a dict luy avoir rescript et qu'il estoyt besoingt qu'elle feust ouye par sa bouche, tant pour declerer ce qu'elle dict ne pouvoir escripre, que pour maintenir ce qui est par led. memoire, qui n'est signé ne dacté. Et l'a priée de se trouver au present lieu, si elle est en convalesence et guerie du mal qu'elle mande l'avoir empesché[e] de venir, dimanche prochain. Ce que tout le consistoire a trouvé bon et advouhé led. pasteur de tout ce que dessus.

Du xiiiie septembre 1583

Phelippe Micheneau, gendre de Petiton, estant appellé an consistoire pour dire verité, a percisté avoir veu led. Petiton commettre pailhardize avecq la femme de laquelle led. Petiton est scandalizé, comme il est contenu par sa declaration cy-devant (43), estant en la maison mesme d'icelluy Petiton.

Petiton present au consistoire, lorsqu'on luy a faict remonstrances touchant ses scandales, au lieu de s'umillier soubz le jugement de Dieu, s'est eslevé contre l'eglise en fierté et conthumaxe et aveques menasses. Qui est cause qu'estant suspendu secretement, le consistoire a esté d'advis, ampres l'invocquation du nom de Dieu et en bonne conscience, declairer lad. suspention à l'eglize, tant pour hoster le diffame et le scandale donné à l'eglize, qu'aussy pour plus l'humilier, en faulte de quoy le consistoire est deliberé avecques meure deliberation appeller les principaulx de l'eglise de le retrancher et excommunier. Et affin que ne soyons contrainctz de proceder jusques ceste extreme remede, sera l'eglise advertie, le jour de la publication de lad. suspention, à prier Dieu pour luy.

Du xxve dud. moys de septembre

François Delagarde, non seullement pour avoir desobey au consistoire, qui l'avoyt mandé plusieurs foys, mais aussy pour s'estre apostaté et retourné à la papautté, sera publié et denoncé au peuple dimanche prochain, qu'on l'excommunie et retranche de la communion de l'eglise, comme rebelle et apostac pour et avoir prins une femme à lad. religion papalle.

Du segond jour d'octobre au consistoyre

Audict jour, jour de Cene, au presche du matin, a esté publié par monsieur Dusigne, ministre, du consentement du consistoire, qui l'avoit ainsy arresté le vendredy dernier, et declaré au peuple que, à cause de tant de scandalles qui se commectent journellement et qui se sont commises par cy-devant, le consistoire a esté fort occuppé et l'est encores pour lesquelz scandalles mieux reprimer et hoster, led. consistoire est d'advis, et de ce on a faict arrest par lequel tous

(43) Le 8 juillet 1582.

scandalles qui se commetront publiquement, comme d'injure, l'une partie et l'autre, et autres sortes de scandales, et feront ceulx qui les commetront confession publicque, ou seront suspendus de la communion de la Saincte Cene, jusques à ce qu'ilz se soyent reconcilliés, et ce suyvant la discipline eclisiastique des eglises (44).

Le neufiesme decembre, Georges Roy le jeune et Jehan Roy, filz de Bertrand Marie et Jahane Pleuz, ont esté receuz en promesse de mariage, et sera leur premiere annonce prononcée dimanche prochain, 11e dud. moys.

Jehan Desalles, pour le scandale par luy commis, a esté suspendu des sacremens jusques à ce qu'on recongnoisse en luy quelque aparence d'amendement et d'humilité, et sera lad. suspention declairée au peuple (45).

Du xxve decembre 1583

Me Martial Girault, pour avoir, depuis demy-an en ça, maryé une sienne fille à la papaulté, et pour avoir assisté et danssé au bancquet du mariaige de lad. sa fille, a esté appellé en consistoire, et ampres qu'il a heu recongneu sa faulte et qu'il a appareu sa repentence et desplaizance aud. consistoire, le consistoire a esté rendu content de lad. satisfaction, attendu que led. scandale n'estoyt publicq en l'eglise.

Claude Girault (46), dict Le Capdet, ampres plusieurs remonstrances à luy faictes de ne hanter les tavernes (47), et pour plusieurs scandales qui de ce en proviennent, et qu'il ne les a voulu prandre en bonne part, le consistoire l'a suspendu de la communion de la Cene, attandant qu'il s'umilie.

Me Mathieu Desesleuz et Georges Quantin ont esté appellés an consistoire, qui n'ont voulu obeyr. Par ce, led. consistoire a esté d'advis qu'ilz seront appellés pour la seconde foys à mercredy prochain (48).

Du 28 dud. moys, jour de mercredy

Petiton s'estant presenté au consistoire, ampres plusieurs remonstrances à luy faictes au nom de Dieu, touchant le scandale par luy comys et les raisons de la suspention à luy faicte de ne participer aux sacremens, a esté arresté, veu sa bonne volonté et declaration par luy fete de n'avoir abusé de la femme dont il est scandalizé, qu'il est receu en l'eglise, et sera lad. reception et reconsilliation publié[es] dimanche prochain au presche, et pour ce que le scandale a esté grand de son faict, est aussy advisé qu'il s'abstiendra de participer à la Cene

---

(44) Cf. Introduction à la note 8.
(45) Jean Desalles fut excommunié le 22 avril 1584 (32 r°).
(46) Le Ms. porte « Serault ».
(47) Ci-dessus, le 12 juin 1583.
(48) En marge : « ont obey le 27e dud. moys ». Noter que la première convocation et la suite de cette affaire ne figurent pas dans le registre (cf. *supra,* note 17). Voir sur la présente affaire au 12 juin 1583.

prochaine et sera receu à celle qui sera cy-apres, congnoissant en luy une disentimmation [?] et bonne volonté de ne frequenter lad. femme, laquelle frequentation luy a esté inhibée à peyne d'estre attainct du tout [?].

Du iiiie janvier 1584, jour de mercredy

A esté appellé en consistoire Pierre Chastagnier, auquel on luy a remonstré qu'il est coustumier de chasser, mesmes les jours des dimanches ; au lieu d'estre au service de Dieu et frequenter les presches, est ordinairement à la chasse. Au lieu de prandre les remonstrances en bonne part et recongnoistre sa faulte, a declairé en plain consistoire qu'on perdroit temps de luy defendre la chasse et qu'il yroit, combien qu'on luy heust defendu. Sur ce, pour adviser à sa censure, le consistoire l'ayant faict sortir hors, en contempnant led. consistoire, s'en seroyt allé sans prandre congé et moings qu'on heust advisé à sad. censure. Par quoy, ampres l'invoquation du nom de Dieu, le consistoire ayant veu la rebellion dud. Chastaignier et desobeyssance, l'a suspendu de la communion de la Cene jusques à ce qu'il ayt recongneu sa faulte et se soyt reconcillié à l'eglise, laquelle suspention luy sera declairée par le frere Fortin, son antien, pour cause de son absence (49).

Du xxixe dud. moys de janvier, jour de dimanche

Phelip Micheneau a esté appellé au consistoyre pour sçavoir la raison de ce qu'il s'est trouvé en querelle avecq Pierre Vincent, dict Petiton, son beau-pere, jusques à avoir les daigues desgainées l'ung contre l'autre. Lequel a declairé reudement que si est pour obvier à la fureur et cruaulté de son beau-pere, qui oultrageoyt sa belle-mere, femme dud. Petiton, et pour ce qu'il s'aprochoyt pour la defence de sad. belle-mere, couveoyt[?] sa dague desgainée sur sa femme, de laquelle il l'outrag[e]oyt sur sond. sien gendre, jusques à luy donner deux ou troys coups du plat de sad. dague. Et, voyant la fureur et oultrage de sond. beau-pere, tant sur sa femme que contre luy, meyt la main à la dague, en se retirant.

Le consistoire, sur ce, a esté d'avis que la femme dud. Petiton sera appellée pour sçavoir et entendre du fet que dessus, et ce à mercredy prochain, par Chicquoys (50).

Aussy, le mesme jour, Pierre Aigreteau le jeune s'est presenté au

(49) La suspension fut levée le 30 mars 1584 (31 v°).

(50) Le 27 octobre 1584, « Pierre Vincent, dict Petiton, et Phelip Michonneau, beau-père et gendre, ayant comparu pardevant le consistoyre, se sont réconcilliés l'ung l'autre de tous les differans qu'ilz avoyent eu ensemble, en demandant pardon à Dieu ». Le même jour, la femme de Petiton et celle de Georges Quantin furent réconciliées après un éclat au cours duquel elles s'étaient injuriées (32 v°-33 r°). Philippe Michonneau remplissait la charge d' « advertisseur » de l'église réformée de Coutras depuis le 4 mai 1584 (9 v°).

V

consistoire, demandant, parce qu'il a esté suspendu de la Cene, la raison d'icelle. Auquel a esté respondu que c'estoyt la calompnie fete par luy en la personne du pasteur et redondant contre l'honneur et authorité du consistoire, et luy a esté dict que la suspention continuoyt et continueroyt jusques à ce qu'il en eust recongneu sa faulte et se feust reconcillié aud. pasteur et consistoire (51).

Annexe 1 (ms. 6559, fols. 13^r, 14^r)

Du xxiiiie decembre mil cinq cens quatre-vingts-et-ung, à Coutras, le consistoyre assemblé avec les membres d'icelle eglize, sçavoyr, pour Libourne, messieurs Du Gua et Du Franc ; pour Guistres, Me Estienne Auprebstre, antien ; pour Laclotte, Bastien Baudet, antien ; pour La Mothe de Montz, Droilhard et Lagries [?], Jehan Baudet ; pour delliberer par commun conseilh de l'establissement de ceste eglise, tant pour le regard de la discipline es bonnes meurs, que pour l'entretien d'icelle. A esté arresté ce qui s'ensuit.

Premierement, que tous les antiens de chacun quartier de la presente eglise, communicqueront ensemble des affaires et de la maniere de vivre, des meurs et autres choses qui s'offrent en leurd. quartier, le premier dimanche de chacun moys, ensemble le dimanche precedant une chacune Cene. Et lequel dimanche precedant qui se trouvera au troisiesme moys du quartier, sera au lieu du premier dimanche du mesme moys. Et par ainsy, entre l'une Cene et l'autre, sera troys foys que tout le corps du consistoyre de tous les quartiers s'assemblera.

Item, et ont esté tous les antiens et diacres qui se sont trouvés à l'assemblée admonestés de leur debvoyr et de la discipline de l'eglise touchant les baptesmes, desquelz ils fauldra advertir l'eglise auparavant les presenter ensembles et eslire parrins et marrines chrestiens et qui ont particippé à la Cene, et leur semblable debvoir estre fet des mariaiges, avec attestation tant desd. antiens que notaires qui ont receu les contractz, et suyvant les articles de l'edict du roy. Item de la communication de la Saincte Cene et quelles personnes doibvent estre receuz, et comment il fault distribuer les mereaulx.

Item, a esté remonstré touchant les necessités de l'eglise et qu'il est necessaire avoyr des sieges et faire quelques autres fraiz pour tenir ordre en l'assemblée et, par ce, que les antiens d'ung chacun quartier advertiront leurs familhes de s'y mectre [?] et faire leur debvoir.

Pareilhement, pour l'entretien et subvention du pasteur, ensemble pour toutes les autres charges de l'eglise, que chacun fera son debvoir suyvant la convention faicte avec led. pasteur et cothization qui, à ces fins, en a esté fete.

(51) Ni le début, ni la suite de cette affaire ne figure dans le registre.

Annexe 2 (ms. 6559, fols. 41-44)

Le neufiesme jour d'octobre V^{c} iiii^{xx} et unze, le consistoyre assemblé, a esté rapporté que Elizabet et Suzanne Gervaut et la chambariere de Marye Gervaut et la femme de Grand-Jacques Ardouyn s'estoient fetes dire la bonne avanture et presté la main aux boysmesses. Sur quoy a esté arresté qu'elles seront appellés à mercredy prochain pour leur en faire une reprimande, ensemble la Barest, à l'heure de midy. ...

Le seiziesme d'octobre 1591, le concistoire estant assemblé, a esté rapporté que Françoys Ardouyn l'esné s'estoyt faict dyre la bonne avanture et presté la main aux boymesses. Il a esté arresté que tous ceux ci-dessus nommés qui se sont fet dyre la bonne avanture seront advertys de se trouver mercredy prochain an concistoire. ...

Le xxiiie d'octobre 1591, le consistoyre assemblé, a esté arresté que l'affaire et censures de ceulx et de celles qui se sont fet dire la bonne avanture sera remyse au premier jour de Cene et au temps devant icelle, auquel temps seront derechef appellés, tant pour estre censurées pour le mespris par elles faict pour n'avoyr comparu au consistoyre, en ayant esté adverties, que aussy pour la faulte de s'estre fet dire la bonne advanture ; sauf et excepté Suzanne Gervaut, laquelle a obey et s'est presentée suyvant l'advertissement que luy en avoyt esté donné. Auquel jour et au temps cy-dessus, on interpellera lad. Suzanne si elle a quelque chose à dire contre le frere Chastaignier ou autre de l'assemblée.

[8 janv. 1592] : Led. consistoyre a arresté que, pour le regard de ceulx et de celles qui sont cy-dessus fet dire la bonne advanture, seront appellées, sçavoyr la femme de Mr Droilhard, la femme de Gagnet Desparceil, la femme de Rousset, la femme du petit La Plaine et la femme de Maupille, par Helias Tricq ; et la femme de Mr François Manget et de Helias Tricq, par Blanchet. Et au cas qu'elles ne se treuvent vendredy prochain aud. consistoyre et qu'elles ne viennent recognoistre leur faulte, seront suspendues de la Saincte Cene pour ce coup. Et quant à Ysabeau et Suzanne Gervaut, ayant comparu ce jourd'huy et recongneu, est arresté qu'elles seront receues. Marie Gervaut et Ysabel Bardis ont comparu et satisfaict. ...

[10 janv. 1592] : François Ardouyn l'esné ayant comparu an consistoyre et, icelluy ouy, a esté remys. Pareillement la femme de Mr Droilhard, la femme de Gaultier, la femme de Helias Tricq, la femme de Maupille, lesquelles oyes, la femme de Gaultier a confessé sa faulte. Les autres ont esté renvoyées.

[15 janv. 1592] : Catherine Matras, femme de Jehan Bretault, ayant comparu an consistoyre, ayant confessé et declaré s'estre dicte la bonne advanture aux boysmesses, a recongneu sa faulte, laquelle sera nommée dimanche prochain pour lever l'escandalle. Et ce faisant,

V

a esté ordonné qu'elle sera receue à participer à la Saincte Cene, comme les autres cy-dessus precedentes.

[22 janv. 1592] A esté arresté que le frere Jean [?] Droilhard parlera à Chezet pour sçavoyr s'il est veritable que Pierre Pascal se soyt fet dire la bonne advanture ; et que le frere Brunet s'enquerra de ceulx de Guistres de son costé.

VI

AUX ORIGINES DE L'APPEL DE DROIT DANS L'ORDONNANCE CRIMINELLE DE 1670*

Les derniers siècles du Moyen Age français ont vu une évolution lente et irrégulière vers un système de justice criminelle légale qui remplaçait, peu à peu, la vengeance privée et les accommodements sans garanties valables. Cette alternative répondait aux souhaits des populations, désireuses d'une vie plus sécurisée ; autrement, étant donné la pénurie de toute force policière, comment le Pouvoir aurait-il pu l'imposer ? La voie légale s'adaptait d'ailleurs aux mœurs des classes supérieures. « Pour les nobles », écrit fort pertinemment R. Fawtier, « il semble qu'ils ont fini par prendre goût aux recours en justice. Une affaire menée par une procédure compliquée est, comme les guerres privées, une manière de sport et, comme la guerre privée aussi, comporte des feintes : la chicane vaut le guet-apens »[1]. Ajoutons à la noblesse la bourgeoisie et la paysannerie aisée — les « coqs des villages » — qui tenaient en main les principaux offices des juridictions locales. Tant en matières civiles que criminelles (et les deux s'entrecoupent, chacun le sait), ces gens profitaient largement de leurs charges pour dominer leurs justiciables. Le fonds d'archives criminelles du Parlement de Paris nous en livre un témoignage indiscutable : les arrêts sur requête et les audiences racontent maints exemples d'un exercice abusif de ces charges, plus particulièrement des décrets de prise de corps, des saisies de biens, des accusations inventées de toutes pièces... Dans les cas révélés par ces sources, les victimes (elles aussi relativement nanties) savaient fort bien se défendre contre de telles injustices. Quant aux pauvres accusés de délits et de crimes, il ne leur restait qu'un seul garde-fou : l'appel d'une peine prononcée à la fin d'un procès ou d'une sentence interlocutoire à la torture.

En l'absence de recherches sérielles sur le développement de l'institution de l'appel, à la fin du Moyen Age et aux débuts des Temps modernes, nos connaissances en ce domaine n'ont reposé, jusqu'à présent, que sur la seule base des édits royaux. C'est assez peu. Car les articles insérés dans les ordonnances, si ce n'est qu'ils nous donnent le reflet d'une situation conjoncturelle, constituent

---

(*) Notre communication à la Table ronde du 13 janvier 1979 a pris la forme d'un exposé de l'état actuel de nos recherches et a eu pour titre « La Jurisprudence criminelle du Parlement de Paris au début du XVIIe siècle ». Pour la présente publication, plutôt que de traiter superficiellement plusieurs sujets disparates, nous avons isolé le thème le plus important. (MM. J.-P. Hubert et A. Zysberg ont bien voulu corriger sur le manuscrit nos fautes de langue française ; qu'ils trouvent ici l'expression de notre très vive reconnaissance.)

(1) F. Lot et R. Fawtier, *Histoire des institutions françaises au Moyen Age*, t. II : *Institutions royales*, Paris, 1958, p. 430.

moins un point de départ que l'aboutissement d'une évolution jurisprudentielle, parfois de très longue date... En tout cas, une série d'actes, vers la fin du règne de François Ier, établit le droit à l'appel pour tout condamné à une peine afflictive de corps ou de bannissement. A la simple condition de signaler oralement sa volonté lors de la prononciation de la sentence, l'appelant avec son procès allèrent directement au Parlement, passant (par mesure d'économie, vraisemblablement) par-dessus tout juge moyen[2].

Cette législation, pourtant, ne garantit pas son application. Même quand un procès avait été mené de façon impeccable, l'appel menaçait de coûter cher. Faute de moyens financiers pour assumer les frais que représentait le transport à Paris d'un pauvre prisonnier, le Parlement faisait retomber ces frais sur le receveur des amendes du siège subalterne. Le receveur étant normalement parent (ou allié) du juge, celui-ci ne s'empressait guère d'apprendre aux ignorants leurs droits légaux. Bien au contraire, il cherchait plutôt à décourager l'appel ou à y faire renoncer ; voire il procédait à l'exécution de la sentence nonobstant l'appel. Pour mettre fin à de tels abus judiciaires, l'Ordonnance criminelle de 1670 comporta la clause suivante (titre XXVI, article 6) :

> Si la sentence rendue par le juge des lieux porte condamnation de peine corporelle, de galères, de bannissement à perpétuité, ou amende honorable, soit qu'il y en ait appel ou non, l'accusé et son procès seront envoyés ensemble, et sûrement en nos cours...[3]

Aussi fallut-il, de François Ier à Louis XIV, quelque cent trente ans pour que le droit à l'appel devînt l'appel de droit. Mais l'appel de droit ne naquit pas tout d'un coup. Déjà en 1624, la sorcellerie — crime particulièrement difficile à prouver, qui suscitait la colère populaire et dont les procès, partant, étaient trop souvent abusifs — fit l'objet d'un arrêt du Parlement de Paris : tout condamné à une peine corporelle, qu'il fût appelant ou non, devait être automatiquement amené à la Conciergerie du Palais pour une révision de son procès[4]. L'arrêt de 1624 ne représente nullement un revirement, ni une révolution mentale vis-à-vis de la sorcellerie (comme le prétend Robert Mandrou[5]), mais bien plutôt la généra-

---

(2) Voir les ordonnances de Crémieu (juin 1536), art. 22, de Villers-Cotterets (août 1539), art. 163, et la Déclaration du 20 nov. 1541, dans F.A. ISAMBERT *et al.*, *Recueil général des anciennes lois françaises*, 29 vol., Paris, 1821-1833, t. XII, p. 508, 633-634, 759-761. Voir aussi les ordonnances d'avril 1454 (n.s.), art. 9 et 29 (*ibid.*, t. IX, p. 205-206, 215), et de mars 1499 (n.s.), art. 90-93 (*ibid.*, t. XI, p. 359-361).

(3) ISAMBERT, *Recueil*, t. XVIII, p. 420. Pour les cas exceptés de l'appel obligatoire, cf. titre I, art. 12, *ibid.*, p. 374.

(4) X2A 220, fol. 136 : exemplaire de l'arrêt imprimé dans la liasse AD III 29, n° 83. (Tous les documents cités au cours du présent article sont conservés aux Archives nationales.)

(5) *Magistrats et sorciers en France au XVIIe siècle*, Paris, 1968, p. 312, 343-348 et *passim*. Sur la sorcellerie, nous renvoyons le lecteur à nos articles : « Les Procès de sorcellerie au Parlement de Paris (1565-1640) », dans *Annales E.S.C.*, t. XXXII, 1977, p. 790-814 ; « The Parlement of Paris and the great witch hunt (1565-1640) », dans *Sixteenth century journal*, t. IX, n° 2, 1978, p. 31-44 ; « La Sorcellerie vue du Parlement de Paris au début du XVIIe siècle », à paraître dans les Actes du 104e Congrès national des Sociétés savantes (Bordeaux, 1979), Section

lisation d'un long développement jurisprudentiel qui remonte à la première moitié du XVIe siècle.

∴

En 1539, Jehanne Delorme dite la Murarde et trois hommes sont condamnés à être brûlés vifs par la justice seigneuriale d'Affoux* (près Tarare dans le Beaujolais) « pour raison de sorcerie, maulvaise foy, heresie et apostasie ». Trois d'entre eux sont exécutés ; seul le nommé Jehan Valette le jeune, dont le père et la mère obtiennent lettres de relief d'appel, réussit à faire apporter son procès devant le Parlement de Paris. Suite à une enquête menée par le sénéchal de Lyon, auquel la Haute Cour donne la charge d'ouïr les témoins, Valette est relaxé et le Parlement ajourne à comparoir le seigneur d'Affoux Charles de Villeneufve, son bailli Annemond Chalain, le notaire Anthoine Choignart et le sergent Jehan Ravier. Ils sont fortement soupçonnés d'avoir suborné et menacé les témoins et d'avoir fait mourir les trois autres accusés « par-dessus les appellations par eulx, ou aultres pour eulx, interjettées ». Pour un supplément d'information, des récolements et des confrontations, ils sont renvoyés, cette fois-ci, par-devant le bailli de Mâcon[6]. Quelques mois plus tard, aux Grands Jours de Moulins, le Parlement reçoit une requête du fils de Jehanne Delorme, afin qu'il reprenne l'appel interjeté par feu sa mère « tout ainsi que s'il eust relevé en temps deu ». Par arrêt du 25 octobre 1540, la Cour ordonne que le seigneur et ses trois officiers inculpés nommeront témoins « par lesquelz ilz entendent prouver et veriffier que ilz n'ouyrent oncques que une nommée la Murarde appellast devant Dieu et le monde de la sentence de mort contre elle donnée, en sorte qu'ilz eussent peu entendre, combien qu'ilz fussent prochains de ladicte Murarde lors de l'execution de mort faicte de ladicte Murarde, et que, en ce faisant, que ladicte Murarde n'appella jamais de lad. sentence, soit en la prononciation ou estant en la charrette en laquelle elle fut menée, ou au lieu du supplice...[7] » Après l'arrêt du 25 octobre, nous perdons le fil de ce procès — la seule affaire de sorcellerie rencontrée lors d'un dépouillement couvrant 24 mois entre les années 1539-1542. Mais les textes que nous avons cités font preuve d'une attention méticuleuse de la part du Parlement vis-à-vis des malversations de la justice subalterne. Il nous semble peu probable que le seigneur d'Affoux et ses officiers aient pu se tirer facilement de l'affaire.

---

d'Histoire moderne et contemporaine. Voir en outre « Criminal jurisprudence in Ancien-Régime France : the Parlement of Paris in the sixteenth and seventeenth centuries », dans *Crime and Criminal Justice in Europe and Canada*, publié par Louis A. Knafla, Montréal, Wilfred Laurier Press (à paraître prochainement).

(6) X2A 89A, arrêts des 19 févr. et 6 mars 1540 (n.s.) et 11 mai 1540. (L'arrêt du 28 nov. 1539, dont il est mention, n'a pas été retrouvé.)

(7) X2A 90, fol. 200r-202r. Un arrêt du 26 oct. 1540 (*ibid.*, fol. 207v) nous apprend que Me Jehan Choignard, « lieutenant du juge ordinaire du lieu de Fours au pays de Beaujolloys » (probablement parent du dessus-nommé Antoine Choignart) avait été prisonnier depuis trois ans pour raison d'une application abusive à la torture.

Sautons une quarantaine d'années (lacune qui sera comblée par nos recherches ultérieures), jusque vers 1580 : pleine période de la « chasse aux sorcières », avec vingt à vingt-cinq appels au Parlement tous les ans. Le Parlement toutefois ne se laisse pas emporter par la furie populaire ; au contraire, il ne confirme qu'un faible pourcentage des sentences données en première instance. Les archives témoignent non seulement d'une jurisprudence scrupuleuse en matière de sorcellerie, mais, ce qui est bien plus important, d'un effort pour assurer que la justice du roi s'exerce selon de bonnes règles et, surtout, pour éviter qu'elle ne devienne un maquillage pour la loi du lynch. Maints appelants, naturellement, protestent d'avoir été maltraités par les magistrats subalternes ; quoi de plus banal pour rétracter les aveux portés par les procès ? Le Parlement, connaissant à peu près le personnel des sièges du ressort, ne prend pas toutes ces protestations au sérieux. Nous n'avons repéré que deux affaires douteuses au début de la décennie : en 1581, suite à l'appel de Nicolas de La Ribière, condamné à mort par le lieutenant du sénéchal de la Marche à Guéret, la Haute Cour parisienne « enjoint au plus prochain juge royal d'informer des faictz proposez par le prisonnier » ; deux ans plus tard, elle décrète « adjournement personnel contre le juge [de Villiers-sur-Suize dans le département actuel de la Haute-Marne] pour respondre à telles conclusions que le procureur general vouldroit contre luy prendre...[8] » Soudain, au mois d'octobre 1587, une série de scandales judiciaires éclate dans le Nord-Est du royaume. « Y a ung mal en la Champaigne », dit le procureur général du roi Jacques de La Guesle, « s'est qu'on estime la pluspart des habitans sorciers[9] ».

Des lynchages à Reims, à Juniville (Ardennes), à Evres (Meuse) et à Somme-Yèvre (Marne) : les autorités locales poursuivent les responsables, ou des boucs émissaires, qui font appel au Parlement[10]. Avant l'expiration d'une année, au moins treize autres affaires scandaleuses se dévoilent à Paris grâce aux dépositions des appelants victimes des abus. Ceux-ci ont réussi, heureusement, à faire relever leurs appels — dans le département actuel de la Marne : à Verzenay, à Sainte-Menehould, à Hans, à La Neuville-au-Pont et à Condé-sur-Marne ; dans les Ardennes : à Brieulles-sur-Bar, à Condé-lès-Autry, à Sorcy-Bauthémont, à Jandun, à This et à Montcheutin ; dans
* l'Aisne, à Givry ; dans l'Oise, à Crépy-en-Valois[11]. C'est la baignade — la fameuse épreuve de l'eau — qui se révèle comme l'élément le plus dangereux des procès, comme un spectacle qui déclenche la

(8) Plumitif d'interrogatoire du 16 sept. 1581 (X2A 950) et arrêt du 19 sept. 1581 (X2B 115) ; plumitif d'interrogatoire d'Oger Basourdy, du 15 juil. 1583 (X2A 951).

(9) Audience du 18 juin 1588 (X2A 1395), affaire Jehan Malicet. Cf. la feuille d'audience (c.-à-d. le brouillon) qui porte : « on estime tous les y demeurans sorciers » (X2B 1099).

(10) Plumitifs des 28 nov. 1587, 30 mai, 18 juin, 8 et 9 juil., 29 août 1588 (X2A 956).

(11) Notre thèse de doctorat d'Etat, actuellement en préparation, comportera une liste exhaustive de références aux documents. En attendant, nous renvoyons le lecteur à notre article déjà cité, « Les Procès de sorcellerie... », p. 809-811.

violence populaire et qui aboutit, trop souvent, aux exécutions sommaires. L'épreuve par immersion sera formellement interdite par un arrêt du 1er décembre 1601 [12], mais l'interdiction est déjà préconisée dans le dispositif au bas de l'interrogatoire de Marguerite Palentin, le 2 janvier 1588 :

> Deffenses aux juges et tous aultres de jecter les accusez de sortilege dans la riviere, sur peine de privation de leurs estatz ; et ordonner que, à la diligence du procureur general du roy, l'arrest sera leu et publié par les sieges[13].

En dix cas, les magistrats responsables se voient semoncés à Paris ; plusieurs d'entre eux sont suspendus provisoirement de leurs charges ; dans l'affaire de Brieulles-sur-Bar, le Parlement défend au juge et au procureur fiscal de connaître désormais des procès criminels sans « appeller au jugement d'iceulx les plus anciens et fameux advocatz du siege royal plus proche de la prevosté de Brieulle »[14].

En l'état actuel de nos recherches, cette surveillance, imposée à titre personnel à deux magistrats subalternes, constitue le premier jalon jurisprudentiel de l'appel obligatoire édicté par l'arrêt général de 1624. Il est suivi de près, le 18 mars 1588, par un projet beaucoup plus ambitieux, qui annonce, pour l'essentiel, la législation qu'il faudra attendre encore trente-six ans. Vu l'importance capitale du texte, nous donnons ici la transcription littérale et intégrale des notes prises par le greffier :

> Les gens du roy ont requis qu'il soit enjoinct aux juges des provinces de desferer à leurs jugemens pour le regard des sorciers, soit qu'il n'y ayt appel de leurs jugemens, et qu'ilz [les accusés] soient amenez ; et que commission leur soit delivrée pour informer des appellations interjectées ausquelles l'on n'a desferé ; et faire aporter les proces et monition[s] ; et faire aporter les minutes des proces jugez, ores qu'il n'y ayt appel. Des abbus et malversations commises esd. executions.
> Arresté commission [blanc][15].

De toute évidence, l'avortement de ce projet est dû, en grande partie, à l'emprise de la Ligue sur le Parlement. Après la Journée des Barricades, les révélations de lynchages de sorciers vont en diminuant. Et Louis Dorléans, avocat général du Parlement ligueur, de dire, l'année suivante : « En ce miserable temps, la sorcellerye est entrée en ce royaulme, et est le crime si frequent et si libre qu'il merite quelque indignation[16] ». Les magistrats arrivistes du Parle-

---

(12) Voir R. MANDROU, *Magistrats et sorciers*, p. 181-183.

(13) X2A 956 ; arrêt non retrouvé. (Notons que, pour la période de la Ligue, tous les cartons de minutes d'arrêts sont en désordre, ce qui est d'autant plus fâcheux que les registres d'arrêts transcrits font défaut.)

(14) Arrêt du 1er mars 1588 (X2B 156).

(15) X2A 956. (Afin qu'on ne se vante pas trop de la précocité de la France à cet égard, rappelons qu'au Danemark l'appel de droit en matière de sorcellerie remonte à 1576. Voir G. HENNINGSEN, « Hver by sin heks », dans *Skalk*, 1979, n° 3, p. 28.)

(16) Audience du 6 mai 1589 (X2A 1396), affaire de la veuve Vernesson.

ment ligueur ne voient pas les choses du même œil que les hauts robins de vieille souche qui avaient cherché à mettre un frein à la chasse aux sorciers... Aux lendemains de la Ligue, on reprend le chemin qui conduira à l'appel de droit. Les découvertes des abus de justice et des sanctions prises à l'encontre des magistrats suivent de près (sinon entrecoupent) les pointes de la courbe des arrêts de mort, — ce qui démontre un manque d'unanimité au sein du Parlement, d'où les lenteurs de l'évolution de la jurisprudence.

En 1598 et 1599, c'est l'Ouest de la France qui fait l'objet de trois décisions notables. A Niort, pour avoir banni à perpétuité le nommé Thibaut Girard, sans lui permettre d'appeler, la Cour fait « inhibitions et deffenses aud. visenechal [de Poitou] ou sond. lieutenant de prendre cognoissance du crime de sortilege, sur peine de suspention de son estat »[17]. A Bellac, le vice-sénéchal de la Basse Marche prétend juger les sorciers « prévôtalement », c'est-à-dire sans possibilité d'appel ; il est ajourné à comparaître à Paris[18]. Enfin, à Montmorillon, le prévôt provincial réclame au Parlement une dérogation aux formes habituelles de la justice :

> Attendu la frequence desd. crimes [de sorcellerie et de vénéfice] et que, deferant à l'appel, la surseance sembleroit une impunité au peuple, aussy l'incomodité de la conduicte des prisonniers en cas d'appel, à cause qu'il ne se trouvoit deniers en la recepte des amendes et que le domaine estoit entierement aliené, [il demande] qu'il luy fust permis passer oultre à l'execution de ses jugements et sentences nonobstant l'appel...

Le procureur général du roi proteste que « cela pourroit tourner à perilleuse consequence » et la Cour fait

> deffenses aud. prevost provincial de Montmorillon, et aultres prevost[s] des mareschaulx et visenechaux ou leurs lieutenans, de faire executer les sentences et jugementz qu'ilz donneront contre les accusez de crime de sorcellerie et prononcer en dernier ressort, ains leur enjoinct deferer à l'appel qui sera interjecté de leursd. Jugemens, mesmes faire entendre aux condamnez par eulx, qu'ilz pourront interjecter appel de leursd. sentences...[19]

Un magistrat du bailliage royal de Gien, vers la même époque, se persuade qu'il a affaire à plus de deux cents sorciers « et que le païs en est infecté » ; son zèle est tel qu'il va jusqu'à employer la subornation des enfants et les tortures les plus cruelles. Voici le début du plumitif de son interrogatoire devant le Parlement, qui succède aux témoignages déposés par six de ses victimes écrouées à la Conciergerie :

> Me [Pierre] Danjou, advocat du roy à Gien y a xiiii ans.
> — Interrogé si, depuis le temps qu'il est en charge, on a fait le proces à des sorciers,

---

(17) Arrêt du 28 août 1598 (X2B 185).
(18) Audience du 5 juin 1599 (X2A 1398).
(19) Arrêt du 15 oct. 1599 (X2B 191). Cf. R. MANDROU, *Magistrats et sorciers*, p. 356-357 : en 1643 les officiers de Poitiers adressent une demande similaire au chancelier (sachant bien que le Parlement reste intransigeant sur ce point !).

— Dict que oy, que l'on a fait informations ; sont interrogez et, apres jugement, s'ilz sont condamnez à mort, s'ilz n'appelent, on les execute. Et que l'on n'a point acoustumance de les faire appeler, et que on les fait executer.
— Remonstré qu'il y a eu, depuis 3 mois, cinq sorciers qui ont esté executez, aultres que ceulx qui sont à la Cour.
— Dict que ouy, qu'ilz ont esté executez à mort.
— Remonstré qu'on ne les a interpelez d'en appeler, ny luy, ny aultre.
— Dict que non.

A la fin de l'interrogatoire, le procureur général du roi s'indigne : l'avocat Danjou « a deu advertir les pauvres accusez d'appeler, suivant l'ancienne usance, et les a deu provoquer d'appeler »[20]. Faut-il prendre l'expression « ancienne usance » au pied de la lettre ? L'interrogatoire (1583) de la nommée Jehanne Bonnet nous en donne l'exemple : « Remonstrée [...] qu'estant condamnée, n'en voullut appeller » — « A dict que l'on la feit appeller »[21]. Mais nous ne pouvons rien conclure à partir de ce texte isolé ; et la formule du procureur général se comprend mieux, nous semble-t-il, si nous nous rappelons que les innovations, aux XVIe et XVIIe siècles, se cachent souvent sous le prétexte d'un retour aux bonnes coutumes de jadis.

Quoi qu'il en soit, le Parlement, au fil des ans, fait face aux poursuites abusives de sorciers présumés, en soumettant trois juridictions seigneuriales à une surveillance obligatoire : à Aubenton (Aisne) en 1603 [22], et à Gurgy-le-Château (Côte-d'Or) en 1609 [23], à titre personnel (comme à Brieulles-sur-Bar en 1588) ; à Cheny (Yonne) en 1620 [24], à titre général. A la veille de l'arrêt général du 27 juin 1624, les textes se multiplient. Le 9 décembre 1623, lors d'une audience sur l'affaire de Marguerite Lhuillier, originaire de La Ferté-sur-Aube, le grand juriste Louis Servin prend la parole pour les gens du roi :

> L'on a faict le proces à des accusez de sortilege que l'on pretend avoir esté executez à mort sans appel, ce qui ne se doibt faire, estant une mauvaise forme contre les arrestz de la Cour[25].

Le Parlement cherche maintenant à mettre un terme à de telles « mauvaises formes ». Le temps est venu de dépasser les mesures

(20) X2A 963, 13 déc. 1600. Cf. deux arrêts du 29 déc. 1600 (X2B 198) ; après quoi le fil du procès se perd, sans que nous sachions les sanctions prises contre Me Danjou.

(21) X2A 951, 8 févr. 1583.

(22) X2B 213, 20 juin 1603. Un extrait du texte de l'arrêt est donné à la note 34 de notre article, « Les Procès de sorcellerie... »

(23) X2A 175, 14 déc. 1609 : « Enjoinct ladicte Cour aud. lieutenant de faire entendre aux condamnez par luy pour crime de sortillege qu'il est permis d'appeller de ses sentences et jugemens, et au procureur fiscal en interjecter appel pour eulx en cas de condamnation de mort ou question ». Le Parlement mit fin au monopole familial de la justice à Gurgy-le-Château, par arrêt du 7 sept. 1623 (X2A 217).

(24) X2B 316, 14 janv. 1620 : « A lad. Cour faict inhibitions et defenses aux officiers de la justice de Cheny de passer oultre à l'execution des condamnez à mort pour crime de sortilege, encores qu'il n'y ayt appel par les condamnez, ains leur enjoinct en ce cas interjecter ou faire interjecter appel par lesdictz condamnez ; ordonne que le present arrest, pour le regard desdictz defenses, sera, à la diligence du substitud du procureur general à Villeneufve-le-Roy [Villeneuve-sur-Yonne], leu et publié aud. Cheny au lieu accoustumé, à jour de plaidz, iceulx tenans, à ce que lesd. officiers n'en puissent pretendre cause d'ignorance ».

(25) X2A 218.

ponctuelles et locales. En l'occurrence, l'exécution sans appel de deux femmes et de trois hommes, à Vaux-en-Dieulet (Ardennes), donne lieu, le 26 janvier 1624, à un arrêt portant, à la fin, l'appel de droit de toute sentence de mort pour crime de sorcellerie, — *dans tout le ressort du Parlement de Paris,* soit la moitié de la France : la Cour

> faict deffences ausdictz juges de Veaulx en Diollet, et tous autres de ce ressort, faire proceder à l'execution des sentences de mort données pour crime de sortillege, ny recepvoir les condamnez à acquiescer, ains, où ilz n'en voudroient appeller, enjoinct aux substitudz du procureur general du roy et procureurs fiscaux des justices subalternes, d'interjetter appel desdictes sentences et envoyer les condamnés incontinant et sans delay es prisons de lad. Conciergerye ; et sera le present arrest, à la requeste dudit procureur general et dilligence desdictz substitudz, leu [et] publié es sieges de ce ressort et registré au greffe des lieux[26].

Cette clause, pourtant, se trouvant au bas d'un arrêt sur un procès particulier, n'a pas assez de force ; aussi le Parlement prépare-t-il un arrêt de caractère purement législatif. Dans le registre des plumitifs, à la date du 10 mai 1624, nous lisons :

> Cejourd'huy a esté arresté fayre deffenses à tous les juges de ce ressort de plus à l'advenyr fayre executter aucuns jugementz de mort pour raison de crime de sortillege, sans differer à l'appel et iceux [condamnés] envoyer à la Conciergerye du Palais[27].

Et le texte définitif du 27 juin va encore plus loin : il vise non seulement les condamnés à mort, mais toutes « sentences et jugementz [...] portans condamnation de razementz [préalablement à la recherche de la marque diabolique], questions, mort et autres peynes corporelles »[28]. La grande Ordonnance criminelle de 1670 ajoutera encore aux peines soumises à l'appel automatique, le bannissement perpétuel et l'amende honorable ; seules seront exclues les sentences de bannissement à temps. La surveillance obligatoire s'étendra d'ailleurs à l'ensemble de délits communs (sauf exception) et à tout le royaume de France.

L'arrêt du 27 juin 1624 marque une date de toute première importance dans l'histoire de la jurisprudence criminelle française. Il ne met pas fin, cependant, aux scandales judiciaires en matière de sorcellerie. Tant que les paysans en voudront à leurs voisins réputés sorciers, ils s'en prendront à eux, d'une manière ou d'autre. Si la voie légale est gênée par les frais de justice et par la mansuétude du Parlement, ils recourront, le cas échéant, à la loi du lynch — d'autant plus facilement qu'il s'agit d'une époque où n'avait pas

---

(26) *Ibid.*

(27) X2A 987. Entre-temps, le Parlement avait imposé localement les mêmes défenses à deux juridictions seigneuriales : à Ville-sur-Tourbe (Marne), le 9 janv. 1624, et à Chaumont-Porcien (Ardennes), le 7 mars 1624 (X2A 218).

(28) Arrêt déjà cité ci-dessus à la note 4. Moins d'un mois plus tard, le Parlement impose des restrictions identiques, localement, au petit siège seigneurial de Rimogne et Le Châtelet-sur-Sormonne (Ardennes), sans souffler mot de l'arrêt général (X2A 220, 19 juil. 1624).

été mis en place un effectif policier suffisant. En 1629, Nicolas Lhostel, fermier des amendes d'Humes (Haute-Marne), avertit les villageois qu'il « cousteroit bien de l'argent à faire le procès » à deux femmes, lapidées à mort par la suite. Le Parlement le tient responsable du malheur et l'envoye aux galères pour neuf ans[29]. Lorsqu'en 1640 la justice de Jully condamne deux femmes au bûcher sans soumettre leur jugement à la révision du Parlement, celui-ci convoque le juge et le greffier : l'arrêt fait référence explicite à la législation de 1624, dont les termes sont retranscrits presque mot à mot[30]. Les mêmes clauses sont reprises (en d'autres termes cette fois) dans l'arrêt qui tranche, l'année suivante, une horrible affaire de lynchage à Bragelone (Aube) : on condamne à être pendus en Grève le juge Paul Cocquerel, le procureur d'office François Aymard et le greffier Denis Cocquerel — et une partie de la populace parisienne, menée par les bedeaux de Notre-Dame, manifeste en leur faveur, montrant de la sympathie pour ces lyncheurs de sorciers[31].

Aussi voyons-nous un écart sensible et persistant entre la volonté de la haute magistrature, d'une part, et les mentalités du peuple et des petits officiers des sièges subalternes, d'autre part. Quand la guerre de Trente Ans s'abat sur le Nord-Est, poursuites sommaires et concussions atteignent les proportions d'une épidémie. Au lendemain de la bataille de Rocroi, l'archevêque de Reims avertit le chancelier de ce qui se passe « en quantité de paroisses de mon diocèze vers la frontière » et il demande l'envoi d'une commission pour en informer[32]. Les archives du Parlement témoignent d'un effort massif à l'encontre des abus. Au moins six juridictions seigneuriales (dont cinq dans le département actuel des Ardennes) sont visées par des arrêts portant « inhibitions iteratives » (parfois générales, parfois locales) d'utiliser l'épreuve de l'eau, de piquer pour la marque ou d'exécuter des sentences sans appel[33]. Le Parlement s'incline, toutefois, face à la conjoncture militaire et politique : des sanctions sévères contre ces magistrats subalternes risqueraient de faire passer des villages entiers du côté des Espagnols. Avec le rétablissement de la paix et, plus particulièrement, avec l'installation des intendants, ce genre de violence judiciaire ne demeurerait plus sans punition exemplaire.

---

(29) Plumitif du 30 janv. 1630 (X2A 993) et arrêt du même jour (X2A 237).

(30) X2A 266, 8 août 1640. Il s'agit probablement de Jully-sur-Sarce (Aube), ou peut-être Jully (Yonne).

(31) Arrêt du 2 août 1641 (X2A 269) et procès-verbal d'exécution du 3 août (X2B 1331). Sur cette affaire, comme sur la précédente, cf. R. MANDROU, *Magistrats et sorciers*, p. 351-352, 354-355 (où les dates des arrêts et les noms des lieux se trouvent pourtant mutilés).

(32) Lettre du 28 juil. 1644, dans *Lettres et mémoires adressés au Chancelier Séguier (1633-1649)*, publié par R. MOUSNIER, Paris, 1964, p. 636-637.

(33) Bégny et Savigny-sur-Aisne : arrêts des 9 sept. 1644 et 10 janv. 1645 (X2A 276) ; Aouste : arrêt du 10 mai 1645 (X2A 277) ; La Besace, Belval-en-Argonne (Marne) et La Berlière : arrêts des 1er août, 7 oct. et 17 oct. 1645 (X2A 278). Voir aussi les interrogatoires de Jehan Boyer, 5 août 1645, et de Me Jean Cailly, 24 nov. 1645 (X2B 1224) ; plumitifs (X2A 1010), *passim*.

*
* *

La série de précédents pour l'appel de droit, que nous venons de retracer brièvement, se limite aux seuls procès en matière de sorcellerie — à une exception près : un arrêt du 9 janvier 1624 [34] comporte, parmi les interdictions maintes fois rencontrées, une clause (citée ici en italique) importante pour l'avenir :

> Faict lad. Cour inhibitions et deffenses audict bailly [de Ville-sur-Tourbe] de cy-appres proceder à l'execution de ses jugemens de mort en crime de sortillege, encores que les condamnez ne fussent appellans, *et en tous autres crimes quand aulcuns complices des condamnez auront interjetté appel de leurs sentences*, ains luy enjoinct differer l'execution et envoyer incontinant tous les accusez es prisons de la Conciergerie du Pallais...

Les documents subsistants du procès de Jean Estienne, visé par cet arrêt, n'expliquent pas précisément pourquoi le Parlement étendit, dans ce cas, ces prohibitions au-delà de la sorcellerie pour embrasser l'ensemble des délits communs. Mais vers la fin de l'année 1630, il se produisit à Epernon[35] un scandale criant qui amena la Haute Cour à imposer — c'était la première fois, pour autant qu'on le sache à l'heure actuelle — l'appel de droit, à titre local, pour toute sentence de mort, quel que fût le crime en question. Cette affaire offre, pour l'historien, un intérêt exceptionnel, car la documentation comprend les interrogatoires de deux magistrats subalternes (dont nous publions les textes intégraux ci-dessous[36]) ; ils permettent de suivre, en gros, le déroulement d'un procès qui fit jurisprudence.

Me Jacques Chevallier, « lieutenant [juge] ordinaire de la chastellenye dud. lieu » d'Epernon, homme marié, se voit accusé de concubinage avec sa servante Gillette de La Vigne, pour « l'avoyr entretenue, au scandalle du publicq, l'espace de dix ou douze ans, et luy avoyr fait cinq ou six enffans et luy avoyr fait prandre des breuvages pour la fayre avorter » ; de plus, il est accusé de complicité dans l'infanticide de son dernier enfant[37]. L'ensemble des inculpations paraît, sinon absurde, du moins assez invraisemblable ; peut-être faudrait-il faire confiance à Chevallier quand il dit au Parlement « que le seigneur luy a faict faire ce proces pour ne luy avoir voullu rendre sa charge » de lieutenant[38]. Le seigneur, prétextant

---

(34) Déjà cité ci-dessus à la note 27 (texte complété par la minute dans X2B 344).

(35) L'identification du lieu n'est qu'une estimation ; les documents portent une graphie flottante : « Premont », « Piemont », « Apremont », « Aspremont ». Mais la châtellenie de « Premont » relève de Maintenon ; elle est près de Dreux et de Bû ; son seigneur est duc. Selon toute vraisemblance il s'agit d'Epernon ; une telle lecture permet d'ailleurs le déchiffrement de deux autres lieux-dits : « Mesnus » (Les Mesnuls) et « Onays » (Aunay).

(36) Interrogatoires de Me Chrestien Adam, avocat, et de Jean Badon, procureur fiscal, des 27 févr. et 17 mars 1631 (X2B 1195). Voir *infra*, p. 32 sq.

(37) L'ordonnance à laquelle fait référence l'interrogatoire du 17 mars est le fameux édit de Henri II, de févr. 1557 (n.s.), dans ISAMBERT, *Recueil*, t. XIII, p. 471-473.

(38) Voir le plumitif d'interrogatoire de Chevallier, du 20 févr. 1631 (X2A 994), et l'arrêt sur son procès, même date (X2A 240).

que le bailli est non résidant et cousin germain de l'accusé, fait instruire et juger le procès par l'avocat royal Me Chrestien Adam, sans avoir procédé par la voie ordinaire de récusation contre le bailli. Chevallier s'évade de sa prison. Le juge, négligeant les formes habituelles d'un procès par contumace, le condamne néanmoins, le 5 décembre 1630, au bannissement perpétuel et à une amende de 1.200 livres tournois : sentence dont Chevallier se rend appelant au Parlement qui réduira, le 20 février 1631, la peine à une année d'abstention (moins infamante que le bannissement) et à une aumône (moins infamante qu'une amende) de 400 livres. Ce châtiment correspond, nous semble-t-il, à la seule charge de concubinage. Entre temps, le 7 décembre, surlendemain de la sentence rendue contre Chevallier, Gillette de La Vigne est condamnée à mort, avec la simple présentation à la question préalable, et exécutée le même jour.

Par l'arrêt du 20 février, qui tranche l'affaire en ce qui concerne personnellement Chevallier, le Parlement semonce le juge et le procureur fiscal. Il leur reproche trois fautes majeures : la non-récusation du bailli, le jugement rendu contre Chevallier sans l'avoir dûment déclaré contumax, et l'exécution sans appel de la domestique — « sachant qu'elle estoyt despourveue de conseil ». A Me Adam, le conseiller Parfaict remontre « qu'à une servante de village, ygnorante des formes, encores qu'elle n'eust poinct declaré estre appelante, yl la debvoit neantmoins faire amener en la Cour, veu mesmes qu'yl y avoit un coaccusé avec elle ». Adam s'excuse en disant que « l'usage n'est point au païs que les haultz justiciers ou leurs chastellains fassent interjecter appel quand les condamnez ne le veullent pas eulx-mesmes ». Et devant la Cour, le rapporteur de répliquer « qu'yl a deub envoyer la fille, bien qu'elle ne fut appelante »[39]. Par arrêt du 6 mars 1631, l'avocat Adam est admonesté et le Parlement

> luy faict [défenses] de plus acepter aulcunes commissions particullieres des seigneurs haultz justiciers, et au sieur dudict Premont d'en donner, ains d'instituer des officiers en sa justice en la maniere accoustumée, et en cas de recusation contre eulx, faire proceder suivant les ordonnances ; faict pareillement inhibitions et deffences, tant audict Adam qu'officiers dudict Premont *faire mettre aulcune sentence de mort à execution, bien qu'il n'y en ayt appel, et leur enjoinct d'en faire interjecter pour les condamnez, encores qu'ilz ne veullent appeller,* comme aussy de proceder au jugement diffinitif contre les accusez absens et non contumacez, ains leur enjoinct procedder suivant les formes prescriptes par lesd. ordonnances[40].

La clause citée ici en italique, qu'elle fût le premier précédent ou non, fournit un exemple très clair de l'appel de droit pour toute sentence de mort — trente-neuf ans avant l'Ordonnance criminelle de 1670.

(39) Plumitif d'interrogatoire de « Me Jehan [*sic*] Adam », du 6 mars 1631 (X2A 994).
(40) X2A 240.

*
* *

Du xxvii febvrier M vi^c xxxi
Pardevant nous [blanc] Parfaict, conseiller du roy et [blanc]

Est comparu Me Chrestien Adam, advocat en la Cour et advocat du roy en l'eslection et grenier à scel à Dreux, juge chastellain de Bu, proche Dreux, y demeurant, aagé de 58 ans ou environ.

Lequel, apres serment,

Interrogé s'yl est bailly de la chastellenie de Premont ou lieux en deppendans,

A dit que non.

Pourquoy doncques yl s'est ingeré de faire le proces à une nommée Gillette de La Vigne et Jacques Chevalier, lieutenant en lad. chastellenie de Premont, au mois de novembre dernier ?

A dict que le sieur dud. Premont, recognoissant le scandal qui estoit tout publicq aud. lieu de Premont, au moyen de la vie honteuse et desbordée que menoit led. Chevalier avec lad. La Vigne, sa servante, au scandal de la justice dont icelluy Chevalier estoit un des premiers, et pour la suspition qu'eust led. sieur de Premont que la justice et la vengeance d'un crime qualiffié, tel qu'estoit prevenu led. Chevalier, ne demeurast impuny, joinct que le bailly dud. Premont est parent et cousin germain dud. Chevalier, mesmes esloigné de huit lieues, icelluy respondant fut pris par led. sieur de Premont, de vouloir instruire et juger led. proces, pour la cognoissance qu'avoit led. sieur de la cappacité et suffisance d'icelluy respondant, qui est le plus antien officier et advocat des environs, ce que mesme a esté consenty et accordé par led. Chevalier, tant s'en fault qu'il s'en soit jamais plaint au proces.

Interrogé s'yl a eu quelques causes de recusation proposées par le procureur fiscal dud. lieu de Premont, partie dud. Chevalier, allencontre dud. bailly et juge ordinaire de lad. chastellenie,

A dict que non, qui sont venue[s] à sa cognoissance.

Luy avons remonstré que, veu qu'yl est antien officier et advocat, ainsy qu'yl nous a cy-devant dict, yl n'a peu ygnorer que les seigneurs chastellains, ny aultres, ayent ce pouvoir et auctorité de commettre et nommer des juges à leur fantasie, et que la consequence en seroit fort perilleuse, principallement es affaires où yl n'y a que les procureurs fiscaulx de partie.

A dict qu'yl a tousjours apprins et a tenu pour constant par la doctrine des ordres et arrestz de la Cour que, puisqu'yl est au pouvoir des seigneurs chastellains et aultres de destituer leurs officiers *ad nutum,* à plus forte de raison, led. sieur de Premont, qui est le lad. qualité de chastellain, a peu commettre luy respondant en la place dud. bailly, pour le jugement de lad. affaire seulement.

Interrogé s'yl y a eu destitution faicte dud. bailly par led. sieur aud. temps,

A dict que non, mais qu'yl y avoit lieu de destitution, attendu l'yncompatibi[li]té des charges dont led. Suchon, bailly de Premont, estoit pourveu, estant aussy bailly de Maintenon, d'où releve lad. chastellenye de Premont.

Si l'ynstruction dud. proces a esté faicte par luy seul ?

A dict que non et que l'information a esté faicte par le nommé Beranger, antien praticien dud. Premont ; l'interrogatoire aussy par luy faict, et le surplus par luy respondant.

Pourquoy, puisque led. Belanger, antien practicien, avoit commancé lad. instruction, yl n'a pas icelle parachevée ?

A dict que led. Beranger est un practicien de village, qui ne sçait l'ordre de justice civille ny criminelle, c'est pourquoy led. sieur de Premont nommast et choisit le respondant, auquel yl donna pouvoir de parachever led. proces.

Interrogé quel pouvoir yl a eu dud. sieur de Premont et en quelle forme ?

A dict que led. sieur de Premont le manda par un des siens et, l'estant venu trouver, luy donna un escript signé de luy et non sellé de ses armes, contenant en substance que led. sieur de Premont, pour l'absence et suspition qu'yl avoit dud. Suchon, son bailly ordinaire, yl donnoit à luy respondant l'auctorité d'ynstruire et juger led. proces, lequel escript yl feit voir aud. Chevalier, qui tesmoigna l'avoir agreable et s'estimoit heureux d'estre jugé par luy.

Interrogé s'yl est fort accoustumé de juger des proces criminelz à Dreux et allieur,

A dict que ouy et qu'yl est fort ordinairement employé en jugement des proces criminelz aud. Dreux et es environs dans les justices. Joinct aussy qu'yl en a instruict et jugé plusieurs en lad. chastellenie de Bu et encores, depuis trois mois, a faict le proces à un cadaver qui s'estoit deffaict, et encores, depuis huict jours, en la ville de Dreux, pour homme accusé d'un meurtre.

Luy avons remonstré que, pour homme de l'experience telle qu'yl nous represente, yl se peult remarquer en l'ynstruction, jugement et executtion dud. proces, quelques obmissions notables : comme d'avoir donné sentence diffinitive à l'encontre dud. Chevalier non present ny contumacé ; de n'avoir confronté aud. Chevalier les declarations faictes par lad. La Vigne au proces verbal de question à elle presentée le vii decembre dernier, qui composoient la principalle charge allencontre dud. Chevalier ; et enfin, de n'avoir differé l'executtion de la sentence de mort d'icelle de La Vigne, attendu que la principalle conviction que la Cour eust peu tirer contre icelluy Chevalier deppendoit de la confrontation d'icelle de La Vigne ; joinct qu'à une servante de village, ygnorante des formes, encores qu'elle n'eust poinct declaré estre appelante, yl la debvoit neantmoins faire amener en la Cour, veu mesmes qu'yl y avoit un coaccusé avec elle, comme dict est.

A dict que, puisque la confrontation de lad. de La Vigne et dud. Chevalier, l'un à l'aultre, avoient esté faicte au proces, et appointement en droict prins et led. Chevalier mis en la garde de deux huissiers pour asseurance de justice et pour ouyr droict, et parce que l'estandue de la prison du lieu ne pouvoit pas contenir l'un et l'aultre commodement et seurement, led. Chevalier s'estant evaddé, dont proces verbal d'evasion fut dressé par luy respondant, il creut le pouvoir juger diffinitivement, nonobstant son evasion. Et quand à ce qui est du deffault de confrontation sur les dernieres recognoissances d'icelle de La Vigne, luy respondant n'estoit plus cappable d'y toucher, attendu qu'yl avoit donné son jugement deux jours auparavant, et que la question qui fut par luy ordonnée n'estoit pas pour augmenter la charge dud. Chevalier, ains seullement pour avoir lumiere de quelques complices du mauvais acte qu'avoit commis icelle La Vigne, qui s'estoit deffaict de son fruict.

Dict aussy qu'yl a faict ce qui a esté à son possible pour exciter lad. La Vigne à appeler, ce que n'ayant voullu faire, icelluy respondant a esté contrainct de faire executter lad. sentence ; joinct qu'yl n'eust pas esté à son possible d'ynduire aulcun d'appeler pour elle, crainte de se mettre en proces, ou pour l'horreur du crime ; et qu'yl n'a jamais apprins, et que l'usage n'est point au païs, que les haultz justiciers ou leurs chastellains fassent interjecter appel quand les condamnez ne le veullent pas eulx-mesmes.

Luy avons remonstré qu'yl ne peult s'excuser d'un manquement tres grand et essentiel aux formes de la justice, de n'avoir pas entendu, lors du jugement du proces et sur la scellette, led. Chevalier en sa deffense, en presence de luy respondant et des 4 advocatz par luy prins et qui ont jugé led. proces.

A dict que, pour les 4 advocatz, yl les avoit seulement prins pour conseil et que pour luy respondant avoir interrogé led. Chevalier dans l'ynstruction du proces et avoir consideré ses deffenses ; et qu'au surplus, lesd. advocatz se sont rapportez au jugement qu'en faisoit led. respondant, joinct ce qu'yl[s] en avoient apprins par led. proces.

Si, dans le lieu de Premont, le bannissement perpetuel emporte confiscation ?

A dict que ouy, mais qu'yl a esté en sa faculté et en son pouvoir de diminuer de la confiscation de biens portée par la coustume, et que son intention n'a point esté que led. bannissement perpetuel emportast confiscation de biens au proffict du sieur dud. Premont, car aultrement il l'eust exprimé.

S'yl a grandes habitudes et familiaritez avec led. sieur de Premont ?

A dict que non et que jamais yl ne l'avoit veu auparavant led. proces. Qu'est tout ce qu'yl a dict. Lecture fayte, a persisté et signé.

[s.] Chrestien Adam

∴

Du xvii mars M vi^{c} xxxi
Pardevant nous [blanc] Parfaict,

Est comparu Jehan Badon, procureur fiscal de Premont, y demeurant, aagé de lviii ans ou environ, pour estre ouy et interogé.

Interrogé s'il y a longtemps qu'il est procureur fiscal en la chastellenye de Premont,

A dit qu'il y a iii ans qu'il est procureur fiscal aud. lieu et qu'auparavant il estoyt greffier en la justice de Mesnus, proche dudit Premont.

Enquis sy ce n'a pas esté à sa requeste qu'au moys de novembre dernyer, le proces cryminel a esté fait à la nommée Gillette La Vigne et Jacques Chevallyer, demeurans audit Premont.

A dit que ouy et que ce fut à la denonciation de Robert Gibon, marchant habitant d'Onays, parroyse dud. Premont.

Enquis quel estoyt le tiltre de leur accusation,

A dit que la fille estoyt accusée d'avoyr recellé sa grossesse et d'avoyr deffait son fruict et, quand à luy, l'avoyr entretenue, au scandalle du publicq, l'espace de dix ou douze ans, et luy avoyr fait cinq ou six enffans et luy avoyr fait prandre des breuvages pour la fayre avorter, ainsy qu'il paroist par le proces.

Enquis sy ladite La Vigne a recongnu aud. proces avoyr deffait son fruict, contre la prohibition de l'ordonnance.

A dit qu'elle a confessé, aud. proces, qu'elle avoyt enterré son enffant dans la terre derriere la mayson dudit Chevalyer, et jeté le crucifeix dans ung puys, qui a esté trouvé.

Enquis quelle conclusion il avoyt prise contre l'un et l'autre,

A dit qu'il avoyt prys conclusions de mort contre tous deux, et par advys de conseil.

Enquis quel subject il trouvoyt pour prendre conclusion de mort contre ledit Chevalyer,

A dit que le[s] tiltre[s] de son accusation estoyent assez capitaux pour l'obliger à prandre telle conclusion.

Enquis pourquoy il a souffert que ladite Gillete La Vigne fut executtée à mort et qu'il n'a interjecté appel, ou fait interjecter pour elle, sachant qu'elle estoyt despourveue de conseil.

A dit qu'il n'a pas creu qu'il luy fut licitte d'en appeler, veu qu'il estoyt sa partye et qu'il n'y avoit aucune personne qui l'eust voullu fayre pour elle, craignant que cela ne le meyt en peyne et que le juge l'a sommée d'appeler, et croyoit, luy respondant, que s'estoyt assez.

Enquis, veu qu'il y avoyt ung autre accusé avec elle, pourquoy il n'empescha pas lad. execution d'aultant que la confrontation qui eust esté faite à l'encontre de ladite Gillette avec ledit Chevallyer estoyt grandement necessayre pour le jugement du proces dudit Chevalyer.

A dit que le proces estant fait à Chevalyer comme à ladite La Vigne, il a creu qu'il n'y avoyt plus rien à desirer, et attendu que cela regardoit plustost le juge que luy.

Luy avons remonstré qu'il y avoyt faulte à l'instruction dudit proces de sa part, d'aultant qu'il a souffert le jugement du proces contre Chevalyer, bien qu'il ne fut present.

A dit que, de verittê, le proces estant instruit, Chevalyer s'evadda des prisons, dont il feyt faire proces-verbal ; et que s'est au juge d'en respondre du surplus de l'instruction ; lequel, au surplus, empescha luy respondant de faire instruyre les deffaux et constumaces en la forme ordinayre.

Luy avons remonstré qu'il debvoyt d'aultant plus empescher l'executtion de lad. sentence contre ledit Chevalyer, y ayant un vray appel à luy signiffyé de la sentence dud. Chevalyer du v decembre dernyer, et que ladite Gillette La Vigne n'avoyt esté executtée que le septiesme ensuivant, ce que le debvoyt obliger à fayre supercedder.

A dit que ce n'estoyt qu'un simple apel pardevant ung tabelyon, auquel on luy dit qu'il ne debvoyt s'arrester.

Enquis pourquoy le proces n'a pas esté jugé par le juge ordinayre du lieu, ains par ung juge affecté par le sieur de Premont, son maistre,

A dit que la rayson est d'aultant que le bailly est cousin dud. Chevalyer, accusé, et sa demeure fort esloignée de Premont ; et que ce n'a pas esté luy qui a choysy le juge, ains le sieur de Premont luy-mesme, et sur le proces dudit Chevalyer, par lectre dont il nous a dit estre porteur, et qu'il representera à la Cour touteffoys et quantes.

Enquis pourquoy il ne proceddoyt pas par forme de recusation contre le bailly, s'il y avoit quelque parenté avec l'acusé, suivant les regles [?] de l'ordonnance.

A dict que cela n'est de son fait, ains du sieur duc de Premont, qui en a donné la commission.

Lecture faicte, a persisté.

[s.] Badon

VII

LA JUSTICE CRIMINELLE AUX XVIe-XVIIe SIÈCLES : LE PARLEMENT DE PARIS ET LES SIÈGES SUBALTERNES

La quasi-totalité des recherches poursuivies dans les archives de la justice criminelle d'Ancien Régime se concentrent sur le XVIIIe siècle, spécialement sur les dernières décennies avant la Révolution — circonstance qui s'explique par une meilleure conservation des documents, mieux inventoriés et surtout plus lisibles. Pour la période antérieure, les fonds sont peu nombreux, fragmentaires, mal ou pas du tout classés, alors que les dépôts principaux découragent et par leur masse et par le laconisme des actes. Qui plus est, l'enseignement de la paléographie se termine juste au seuil de ces écritures cursives dont la maîtrise est indispensable pour aborder les textes qui sont pourtant de loin les plus parlants.

Il en résulte que les idées généralement reçues sur la justice des XVIe et XVIIe siècles dérivent presqu'exclusivement d'extrapolations, d'édits royaux, de traités de droit et de manuels de pratique écrits par des juristes de l'époque ; l'on met, en outre, une confiance mal placée en des recueils factices d'antan [1]. Par conséquent les images populaires contemporaines, ainsi que les mythes nés à l'âge des Lumières n'ont jamais été corrigés. La synthèse d'Adhémar

1. Par exemple, la Collection Le Nain, Arch. nat., série U.

Esmein, dont la perspective libérale est typique des premières années de la troisième République, tient toujours sa place d'ouvrage de base[2]. L'on admet d'emblée que l'institution judiciaire a correspondu à une répression imposée d'en haut, caractérisée par une pénalité arbitraire et brutale, plus particulièrement à partir de la première moitié du XVIe siècle ; il n'y a pas lieu, semble-t-il, de révoquer en doute ce qu'ont dit les philosophes sur les horreurs de la procédure inquisitoriale et de la privation des moyens de défense. Interprétation réconfortante : pour peu que nous ne soyons pas satisfaits de notre justice criminelle actuelle, et que chancelle notre foi en l'organisation pénitentiaire comme panacée, nous pouvons néanmoins nous féliciter du progrès réalisé depuis une époque où tout était pire[3].

Les recherches actuellement en cours sur le Parlement de Bretagne pour la seconde moitié du XVIIIe siècle ont montré quelques failles dans cette représentation traditionnelle. L'on sait fort bien maintenant que la justice criminelle vers la fin de l'Ancien Régime était sensiblement plus humaine qu'on ne le pensait : alors surgit l'explication toute trouvée d'une progression due à la circulation d'idées plus libérales à la veille de la Révolution[4]. Ce raisonnement s'impose d'autant plus facilement qu'il est économique ; il n'entraîne qu'une rectification mineure de l'emploi que nous faisons des anciens manuels de pratique : le conservatisme connu des hommes de loi rendrait raison des écarts entre la théorie et la réalité vécue.

Il n'est malheureusement pas aussi facile de résoudre les problèmes posés par ces commentaires et collections de précédents. La divergence entre théorie et pratique ne diminue nullement au fur et à mesure que l'on remonte dans le temps ; au contraire, les vieux traités de jurisprudence s'avèrent, à beaucoup d'égards, bel et bien trompeurs. Leur répétition monotone des mêmes vingt ou trente arrêts pour fait de sorcellerie, par exemple, ne permettra jamais une appréciation de l'évolution jurisprudentielle au Parlement de Paris face à « la grande chasse aux sorcières ». De même, ce qui y

2. A. ESMEIN, *Histoire de la procédure criminelle en France...*, Paris, 1882. Cf. Bernard SCHNAPPER, « Les Peines arbitraires du XIIIe au XVIIIe siècle (doctrines savantes et usages français) », dans *Tijdschrift voor Rechtsgeschiedenis*, t. 41, 1973, p. 237-277 ; t. 42, 1974, p. 81-112 ; André LAINGUI et Arlette LEBIGRE, *Histoire du droit pénal*, t. 2 : *La Procédure criminelle*, Paris, Cujas, s.d. [1980].

3. Cf. Michel FOUCAULT, *Surveiller et punir : naissance de la prison*, Paris, Gallimard, 1975.

4. Louis-Bernard MER, « Réflexions sur la jurisprudence criminelle du Parlement de Bretagne pour la seconde moitié du XVIIIe siècle », dans *Droit privé et institutions régionales : études historiques offertes à Jean Yver*, Rouen, Lecerf, 1976, p. 505-530.

est dit de la torture n'a aucun rapport avec l'usage de la Haute Cour comme de la plupart des sièges subalternes [5]. Derechef : les anciens juristes passent sous silence tout ce qui concerne le règlement au niveau infrajudiciaire : l'accommodement hors cour des affaires criminelles allant jusqu'au vol ou à l'homicide [6]... Bien entendu, les auteurs n'adressaient pas leurs remarques aux magistrats des cours souveraines ; on conçoit mal tout de même que les officiers subalternes s'y soient instruits. Tout tend à suggérer que les juristes visaient un public large et mal informé ; aussi cachaient-ils soigneusement ce qu'il ne convenait pas de divulguer, et préservaient-ils les secrets du métier judiciaire. Quoi qu'il en soit, l'histoire de l'ancienne justice ne peut être bâtie autrement que sur une étude des archives. En l'absence de fonds considérables provenant de tribunaux inférieurs — du moins pour la France septentrionale [7] — force est d'entreprendre des recherches dans celui de la plus grande de toutes les cours, le Parlement parisien. Au-travers des documents dressés à son greffe, on a maints aperçus de la pratique auprès des sièges subalternes ; en même temps se clarifie le contexte rhétorique tant des édits royaux que des écrits de juristes — et par suite, la portée réelle de leurs discours.

Le ressort de la plus ancienne et sans comparaison de la plus prestigieuse des cours souveraines — le Parlement de Paris, s'étendait à la moitié de la superficie et de la population de la France, soit huit à dix millions de justiciables. A l'ère pré-bureaucratique de la monarchie, la Haute Cour parisienne exerçait de nombreuses fonctions d'administration et de législation ; en ce qui concernait la justice, tout édit royal serait resté lettre morte sans son concours actif (rappelons qu'avec l'armée et la fiscalité, la justice était l'une des trois institutions majeures tant soit peu centralisées). Une longue tradition historiographique a attiré l'attention sur les conflits entre le Parlement et le monarque, à tel point qu'au risque d'une lapalis-

5. A. SOMAN, « Les Procès de sorcellerie au Parlement de Paris (1565-1640) », dans *Annales E.S.C.*, t. 32, juil.-août 1977, p. 790-814 ; SOMAN, « The Parlement of Paris and the great witch hunt », dans *Sixteenth century journal*, t. 9, 1978, N° 2, p. 31-44 ; SOMAN, « La Sorcellerie vue du Parlement de Paris au début du XVIIe siècle », dans *Actes du 104e Congrès national des Sociétés savantes (Bordeaux, 1979), Section d'histoire moderne et contemporaine*, Paris, Bibl. nat., 1981, t. 2, p. 393-405. Sur la torture, voir ci-dessous, n. 85.

6. Voir le diptyque d'articles « Une économie de justice à l'âge moderne : composition et dissension », dans la revue *Histoire, Economie et Société*, t. 1, 1982, N° 3, p. 361-375 : Nicole et Yves CASTAN, « Recours, besoin et sens de la justice devant l'institution judiciaire française au XVIIIe siècle ; A. SOMAN, « L'infra-justice à Paris d'après les archives notariales ». Cf. ci-dessous, n. 19.

7. Le fonds de la sénéchaussée de Lyon fait exception : Arch. dép. Rhône, B.

sade, il faut souligner que la source des grandes ordonnances sur la procédure judiciaire — celles de 1499, de 1539 et de 1670 — ne pouvait être autre que la jurisprudence établie du Parlement. Les origines et l'évolution de cette jurisprudence ne sont pas à retrouver dans les actes législatifs : seules les archives sont aptes à nous renseigner.

En dépit de sa masse imposante, le fonds du Parlement criminel est loin d'être intact. A la différence du Parlement de Toulouse, celui de Paris n'a jamais, paraît-il, conservé les sacs à procès, avec toutes les pièces d'instruction qui seules permettraient une analyse approfondie des affaires. Pour la période qui précède le milieu du XVIe siècle, ne subsistent que les registres d'arrêts et d'audiences (ces derniers assez lacunaires). En raison d'un style formaliste et laconique, d'omissions et erreurs commises au greffe, ainsi que de références à des documents aujourd'hui perdus, l'interprétation de ces actes présente de grandes difficultés. « Pour les cas mentionnés au procès » : la formule se rencontre souvent et alors le chercheur ignore jusqu'au délit reproché à l'inculpé... A partir de la deuxième moitié du XVIe siècle la documentation se complète de manière progressive par d'autres séries parallèles : procès-verbaux de question et d'exécution (environ le tiers en est préservé), pièces d'instruction dressées au greffe du Parlement (des épaves seulement avant 1620 environ) et surtout la série quasiment intégrale de notes sténographiques prises lors des interrogatoires sur la sellette (les fameux « plumitifs de la Tournelle » dont les problèmes de déchiffrement sont notoires). A cet ensemble s'ajoutent les registres d'écrou de la Conciergerie du Palais, ignorés au moment de la constitution des Archives nationales et versés, au XIXe siècle, aux Archives de la Préfecture de police [8].

Vaste, peu commode, dépourvu d'instruments de travail et difficile de lecture, le fonds du Parlement criminel a toujours découragé les recherches systématiques visant les XVIe et XVIIe siècles. Fouilles ponctuelles à part, la bibliographie en est extrêmement mince et l'étude de Bernard Schnapper — une enquête détaillée sur deux années judiciaires (1535-1536 et 1545-1546) — est l'unique exemple

8. Paris, Arch. de la Préfecture de police, A^B 1 et seq. Sur le classement de la série X (Parlement de Paris) aux Arch. nat., voir l'excellent chapitre de Monique LANGLOIS dans *Guide des recherches dans les fonds judiciaires de l'Ancien Régime*, Paris, Imprimerie nationale, 1958, p. 65-161, et la mise à jour par Mlle LANGLOIS, « Les Archives du Parlement de Paris et la répression », ailleurs dans le présent volume. Le cahier des plumitifs pour l'année judiciaire 1609 (nov. 1609-oct. 1610) se retrouve égaré à la Bibl. nat., ms. fr. 10951.

d'un travail de longue haleine [9]. Le présent article repose sur sept années de recherches continues : d'abord le dépouillement intégral des trente-trois premiers registres d'écrou (1564-1639), relevant toutes les affaires identifiables pour faits de sorcellerie, infanticide, autres parricides, bigamie et sodomie ; ensuite deux périodes de douze mois chacune ont été examinées pour l'ensemble des prisonniers — six mois avant et après le massacre de la Saint-Barthélemy (24 août 1572), six mois avant et après l'assassinat d'Henri IV (10 mai 1610) — afin d'évaluer l'impact de ces catastrophes politiques sur la justice criminelle. Au cours de la transcription de tous les documents relatifs aux 1 300 procès de sorcellerie et aux 200 de sodomie ainsi repérés, d'autres enquêtes ont été entreprises en fonction des questions soulevées. Par exemple, sur les 160 accusés de sorcellerie effectivement torturés à Paris, on s'étonne de ne constater qu'un seul aveu. Cela a incité à opérer plusieurs sondages exhaustifs, le premier couvrant les sept années judiciaires 1604-1610 et, en vue de comparaisons, deux autres : quatre semestres entre 1539 et 1542 ; les années judiciaires 1619-1620 [10]. L'échantillon de vingt-quatre mois en 1539-1542, bâti à des fins multiples, permet des analyses diachroniques quand il est mis en rapport avec ceux de février 1572-février 1573 et novembre 1609-novembre 1610. En outre, ont été dépouillés intégralement les vingt premiers cahiers de plumitifs (années 1543-1564, avec lacunes) ; les plumitifs, audiences et minutes d'arrêts de 1586 à 1602 ; les pièces d'instruction jusqu'en 1646. L'exposé qui suit résume les principales données de cette recherche en ce qui concerne l'appel, la pénalité, la torture et les moyens de défense — en mettant l'accent sur les divergences qui apparaissent alors par rapport à l'image reçue de l'ancienne justice.

1. L'appel

Le Parlement jugeait peu d'affaires criminelles en première instance ; le gros de sa tache était de connaître les appels des sen-

9. B. SCHNAPPER, « La Justice criminelle rendue par le Parlement de Paris sous le règne de François Ier », dans *Revue historique de droit français et étranger*, t. 52, avril-juin 1974, p. 252-284. Citons en outre : Nathanaël WEISS, *La Chambre ardente...*, Paris, 1889 ; Paul GUÉRIN, « Délibérations politiques du Parlement et arrêts criminels au milieu de la première guerre de Religion (1562) », dans *Mémoires de la Société de l'histoire de Paris et de l'Ile de France*, t. 40, 1913, p. 1-116 (publication de la plupart des plumitifs X^{2A} 924 ; Denis PALLIER, *Recherches sur l'imprimerie à Paris pendant la Ligue (1585-1594)*, Genève, Droz, 1976 (dépouillement des minutes d'arrêts et plumitifs relatifs à ces années).

10. A la différence des autres échantillons, celui de 1539-1542 repose sur les seuls arrêts : X^{2A} 89 parties A et B (nov. 1539-oct. 1540), X^{2A} 91-92 (nov. 1540-avr. 1541 et nov. 1541-avril 1542) ; les parties B manquent pour ces deux années judiciaires.

tences prononcées par les cours subalternes, ou bien les procès évoqués, soit sur requête écrite, soit après audience. La procédure qui visait l'évocation supposait une plus grande sophistication, aussi était-elle mise en œuvre principalement par les gens appartenant aux classes aisées et surtout par les officiers de justice eux-mêmes quand ils étaient inculpés : dans bon nombre de ces affaires les parties furent « mises hors de cour et de procès » ou « reçues en procès ordinaire » (c'est-à-dire, procès civil) — reflet d'une litigiosité qui avait pour but de vexer l'adversaire plutôt que de le faire condamner (les Anglais l'appellent « vexatious litigation »). Les accusés pauvres se voyaient moins exposés à ce genre de harcèlement mais étaient souvent victimes d'abus judiciaires, de concussions, d'extorsion d'aveux et de peines démesurément lourdes. Dès le XVe siècle l'appel était d'un usage tellement répandu que la législation royale en fixa les limites afin d'empêcher que les procès ne s'éternisent ; en règle générale, cependant, toute sentence entraînant mort, torture ou autre peine afflictive, bannissement ou amende honorable pouvait donner lieu à un appel oral qui portait l'affaire directement au Parlement, esquivant, pour des raisons économiques, les juridictions intermédiaires : les ordonnances de Crémieu (1536) et de Villers-Cotterets (1539) l'exprimèrent clairement [11]. A la fin du XVIe siècle l'appel faisait souvent l'objet de l'éloquence des avocats plaidant en audience : — « la principalle marque [de l'autorité souveraine de la Cour] consiste à recepvoir les appellations des juges inferieurs » (1588) ; — « l'asylle des affligez qui consiste au seul remede de l'appel » (1595) [12]. L'appel se substitua donc, pour ainsi dire, à l'ancien droit d'asile des églises.

C'était une chose de légiférer sur le droit d'appel mais tout autre chose de le rendre efficace. Les magistrats subalternes se froissaient de cette ingérence, quoique sporadique, dans leur administration de

11. Ordonnance d'avril 1454, article 29, dans F.A. Isambert et *al.*, *Recueil général des anciennes lois françaises*, 29 vol., Paris, 1821-1833, t. 9, p. 215. L'ordonnance de Blois (mars 1499, articles 90-93) refusait aux récidivistes et aux vagabonds le droit d'appeler des sentences à la torture — droit implicitement réaffirmé (article 116) pour les autres condamnés *(Ibid.*, t. 11, p. 359-361, 366-367). Ordonnances de Crémieu (1536), art. 22, et de Villers-Cotterets (août 1539), art. 163 *(Ibid.*, t. 12, p. 508, 633-634). Nota : toutes dates n.s. (année commençant le 1er janv.).

Certaines grandes seigneuries, telle le duché de Bar de mouvance française, faisaient exception à l'appel direct au Parlement ; voir, par exemple, l'arrêt sur le procès de Didier Noël d'Haironville (Meuse), condamné à l'amende honorable et pécuniaire pour « des coups de pelle de feu sur la teste » de sa bellemère : le premier appel fut jugé à Ancerville le 14 mars 1602, le deuxième à Bar-le-Duc, le 22 mars, et le troisième à Paris, le 3 mai 1602 (X^{2A} 154, fol. 3^r^).

12. X^{2A} 1395, 2 avr. 1588, affaire François Allain ; X^{2A} 1397, 15 avr. 1595, affaire Nicolas Prou.

la justice. Qui pis est, la conduite d'un appelant à Paris augmentait de manière dramatique les frais d'un procès : il fallait compter trente à cinquante écus pour amener un prisonnier des villes de la périphérie du ressort — Troyes, Lyon, La Rochelle, Moulins, Angers — et encore plus pour le retour, les charges étant alourdies non seulement par les épices, gîtes et geôlages, mais aussi par l'habileté des conducteurs à se faire adjuger de beaux exécutoires, jusqu'à quatre écus de Paris à Saint-Denis et plus de six écus de Paris à Charenton ! Alors que Martin Audouyn fut envoyé de Châteaurenard (Loiret) en la Conciergerie pour 9 écus 1/2, l'exécutoire pour le renvoyer afin de faire amende honorable avant d'être banni, se monta à 46 écus 1/2. La veuve du baron de Nanteuil-la-Fosse (Marne) déboursa 815 écus pour faire condamner l'assassin de feu son mari, dont 170 écus pour la seule conduite [13]. Faute d'une partie civile pour en assumer la dépense, de tels frais incombaient au receveur des amendes, trop souvent proche parent du juge : d'où maintes connivences et pressions pour empêcher les appels (le Parlement luttait constamment contre le cumul familial des charges [14]). En 1586 Jean Verrier renonça à son appel de la torture et la subit à Everly (Seine-et-Marne) : — « Dict qu'il en appela, que le juge et le greffier luy dirent qu'il couteroyt beaucoup à amener ». De même, le lieutenant criminel de Poitiers condamna Michel Ryvau à la question en 1559 et le menaça : — « N'en appelle point, si tu appelles à Paris on te fera mourir par les chemins ». A Hauteville (Ardennes) en 1623, « la femme qui a esté condamnée à mort [pour sorcellerie] a esté chassée apres qu'elle eust appelé » [15].

En l'absence d'un effectif policier et de tout autre moyen pour contrôler l'exercice de la justice en province, le Parlement renforçait progressivement le système des appels. Il le rendit plus attrayant au condamné en lui offrant la probabilité d'un adoucissement de peine. Le Tableau I fait valoir que, dès le règne de François Ier, la moitié seulement des sentences de mort fut confirmée par la Haute

13. Saint-Denis : X2B 152, 13 août 1587 ; Charenton : X2B 190, 7 août 1599 ; Châteaurenard : X2B 185, 24 sept. 1598 ; Nanteuil-la-Fosse : X2B 148, 22 nov. 1586, Jacqueline de Proisy.

14. Par exemple : « ... la Court a tousjours trouvé maulvais que, en mesme siege, le pere et le filz feussent juge et prevost du lieu dont ilz sont fermiers » (X2B 1094, audience du 18 févr. 1570) ; « ... l'un le juge, l'aultre procureur d'office, et tous deux fermiers... Brief, ilz tiennent toute la justice soubz leur main, ce qui est deffendu par infiniz arrestz d'estre fermiers et juges » (X2B 1095, audience du 7 mars 1573, affaire Louis de Rochechouard). Cf. *Ibid.*, 22 août 1573, affaire Jacques Coutanceau.

15. X2A 954, 13 sept. 1586 ; X2A 918, 4 déc. 1559 ; X2A 987, 18 déc. 1623, Henri Hoquet.

Cour ; au début du XVIIe siècle 50 %, voire plus, de toutes les peines se trouvèrent commuées en appel. Bien entendu, les officiers de justice subalterne résistaient à cette clémence imposée d'en haut, à la modération des amendes pécuniaires et à la restitution des biens confisqués. Le Parlement néanmoins ne leur prodiguait pas de sanctions sévères ou humiliantes, qui auraient provoqué une rupture de communications. Habituellement le magistrat pris en faute s'en tirait avec une suspension provisoire, une semonce à Paris et une réprimande ; mais une accumulation d'offenses pouvait aboutir à sa destitution.

TABLEAU I. — *Appelants d'une sentence de mort.*

Sentence après appel	24 mois 1539-1542		12 mois Fév. 1572-Fév. 1573		12 mois Nov. 1609-Nov. 1610	
		%		%		%
Mort	125	50,6	70	42,1	78	46,7
Galères	13	5,3	25	15,1	35	21,0
Fustigé et banni	69	28,0	32	19,3	16	9,6
Fustigé	2	0,8	1	0,6	3	1,8
Banni	4	1,6	13	7,8	21(e)	12,5
Rémissionnaire (a)	5	2,0	6	3,6	0	0
Mort en prison ou envoyé à l'Hôtel-Dieu(b)	3	1,2	9	5,5	4	2,4
Renvoyé pour terminer le procès (c)	21	8,5	3	1,8	3	1,8
Elargi	5(d)	2,0	7	4,2	7	4,2
TOTAL	247	100,0	166	100,0	167	100,0

(a) Sous-représenté dans les registres d'écrous.
(b) Sous-représenté pour la période 1539-1542.
(c) En 1539-1542, surtout pour preuve de cléricature ou pour la torture en province.
(d) Tous après la torture, sauf un accusé de sorcellerie.
(e) Y compris un évadé des prisons et un officier destitué.

Toute appréciation statistique des archives judiciaires entraîne des conjectures et des classements arbitraires ; aussi les chiffres avancés n'ont-ils qu'une valeur approximative. Mais pour la période 1535-1545 on relève une moyenne annuelle d'environ 280 appels de sentences définitives (ou à la torture) [16]. Au cours des trois décennies

16. Le chiffrement des registres X^{2A} 89, 91 et 92 a été fait de sorte que les résultats soient aussi comparables que possible aux registres d'écrou. La méthode de B. SCHNAPPER (« Paris », cité à la n. 9) fut sensiblement différente ; toutefois son total de 640 sentences définitives et 267 interlocutoires tend à confirmer nos propres résultats.

suivantes le nombre d'appels fit plus que doubler, pour rester désormais plus ou moins stable : 697 en 1572 et 698 en 1610 [17]. Une remarque s'impose : elle concerne le pourcentage d'appels provenant de la ville de Paris et de ses environs immédiats, toujours sur-représentés en raison de la proximité du Parlement laquelle favorisait un recours à l'appel quasiment automatique. Avec 3 % environ de la *
population du ressort, Paris fournit en 1572 non moins de 22 % des appelants ; en 1610, 15 % seulement. La même tendance est à noter dans les effectifs d'appelants lyonnais ; la deuxième concentration urbaine, qui englobait un peu moins que la centième partie des justiciables, envoya 5 % des appelants en 1572, et 1 % en 1610 [18]. Pour peu que ces sondages soient représentatifs, ils suggèrent un progrès dans l'observation des règles, hors des grandes métropoles.

Le Tableau II expose la ventilation des appels par type de délit. L'on ne saurait trop insister sur le fait que les chiffres ne donnent nullement le reflet des catégories de criminalité régnant dans la société. La prépondérance décroissante des homicides et des voies de fait, d'une part, et d'autre part la hausse graduelle de vols, par exemple, ne confirment pas, à elles seules, l'hypothèse souvent avancée qu'à l'époque moderne le crime contre les biens se soit substitué progressivement au crime contre les personnes. Le tableau illustre plutôt les désignations — souvent arbitraires dans les cas d'accumulation de crimes dissemblables — appliquées aux procès menés de façon que les sentences en fussent appelées. Les archives du Parlement se prêtent à l'analyse jurisprudentielle et non pas criminologique [19]. Ainsi l'accroissement du nombre d'appels pour fait

17. Y compris, en 1572, 130 rémissionnaires et autres qui se sont rendus volontairement prisonniers en la Conciergerie ; 105 en 1610. Cf. B. SCHNAPPER, « La Répression pénale au XVIe siècle : l'exemple du Parlement de Bordeaux (1510-1565) », dans *Recueil de mémoires et travaux, publié par la Société d'histoire du droit et des institutions des anciens pays de droit écrit*, t. 8, 1971, p. 1-54. Le nombre annuel d'appels au Parlement de Bordeaux passa de moins de cent en 1523 et 1531 à plus de 300 en 1565 (p. 10). Nota : ces chiffres comprennent sans doute bon nombre d'appels autres que ceux retenus pour la présente étude.

18. Les origines géographiques des appels n'ont pas été retenues dans l'échantillon 1539-1542.

19. Pour un exemple précis, voir ailleurs dans le présent volume, le texte d'une communication de l'auteur au Congrès de Brest : « Pathologie historique : le témoignage des procès de bestialité aux XVIe-XVIIe siècles ». De façon générale la justice officielle ne réglait qu'une fraction indéterminable du délictuel. Voir A. SOMAN, « Deviance and criminal justice in western Europe : an essay in structure (1300-1800) », dans *Criminal justice history*, t. 1, 1980, p. 1-28, avec un synopsis en français ; Nicole CASTAN, *Justice et répression en Languedoc à l'époque des Lumières*, Paris, Flammarion, 1980 ; les articles cités ci-dessus à la n. 6.

d'infanticide témoigne-t-il d'une sensibilisation à ce crime, comme d'une plus grande facilité de preuve après que l'édit de 1556 en fit un *crimen exceptum ;* sur l'incidence réelle d'infanticide on ne peut rien conclure. Par contre, la hausse modeste relative aux délits verbaux banals — blasphèmes et injures — pourrait refléter une disposition à appeler des sentences de moindres peines. Il est à remarquer que les sentences de mort entrent pour 45 % dans le total des appels en 1539-1542, et pour moins de 30 % en 1572 et 1610.

TABLEAU II. — *Appelants au Parlement (répartition par délit).*

	24 mois 1539-1542		12 mois 1572-1573		12 mois 1609-1610	
		%		%		%
Homicide et excès	237	42,7	195	34,4	126	21,2
Infanticide	9	1,6	17	3,0	26	4,4
Vol et larcin	147	26,5	166	29,3	182	30,7
Incendie	2	0,4	11	1,9	14	2,4
Sorcellerie et magie	1	0,2	16	2,8	34	5,7
Hérésie et blasphèmes (a)	26	4,7	8	1,4	14	2,4
Injures	9	1,6	13	2,3	16	2,7
Faux, faux témoignage, fausse monnaie	36	6,5	40	7,1	62	10,4
Divers	58	10,4	54	9,5	96	16,2
Inconnu	30	5,4	47	8,3	23	3,9
TOTAL	555	100,0	567	100,0	593	100,0

(a) Y compris 17 cas d'hérésie en 1539-1542; non compris de nombreux cas d'hérésie évoqués et procès en première instance. Pendant les 6 mois après la St-Barthélemy, 28 écrous pour hérésie.

Deux des délits figurant au Tableau II appellent un commentaire particulier. Le grand essor des procès de sorcellerie s'accorde si bien avec l'interprétation courante de la fameuse chasse aux sorcières qu'il n'a rien, à première vue, de surprenant : des démonologies diffusées et des pressions exercées du haut vers le bas de l'échelle sociale ont opéré, dit-on, une sensibilisation massive de la population rurale vis-à-vis des comportements qui, au Moyen Age, étaient plus ou moins tolérés [20]. La croissance des procès d'incendie volontaire, cependant — tout à fait semblable mais un peu plus

20. Voir l'admirable synthèse de Jean DELUMEAU dans *La Peur en Occident, XIV*e*-XVIII*e *siècles,* Paris, Fayard, 1978, 2e partie.

tardive — donne à réfléchir (voir Graphique[21]). La poussée spectaculaire des appels pour fait de sorcellerie commence vers 1580 et se maintient jusqu'en 1624 ; pour fait d'incendie le maximum se situe entre 1612 et 1633. Les deux crimes ont beaucoup de traits communs : tous deux sont des actes de vengeance et/ou de chantage : tous deux sont extrêmement difficiles à prouver. Or, il serait absurde d'avancer l'hypothèse d'une sensibilisation aiguë à l'égard du feu au début du XVIIe siècle. Point n'était besoin ni d'intellectuels ni de magistrats sévères pour apprendre aux paysans à craindre que la grange ne brûle. Il semble infiniment plus probable que les deux courbes résultent d'une évolution judiciaire : une tendance à poursuivre, et les incendiaires et les sorciers par voie *légale*, au lieu de les chasser sommairement du village ou de les lyncher sur place. Le Parlement de Paris ne s'est jamais laissé entraîner par la fureur populaire à l'encontre des sorciers. Comme l'Inquisition espagnole et à l'inverse des petits Etats du Saint Empire[22], la Haute Cour parisienne, dès le XVIe siècle, y mettait une sourdine : on constate une tendance très marquée à commuer les peines imposées en première instance ainsi que des efforts énergiques pour venir à bout des illégalités trop fréquentes en milieu rural, surtout dans l'Est du royaume vers les frontières lorraines et néerlandaises. Il est à noter que le seul appel pour fait de sorcellerie rencontré au cours du dépouillement 1539-1542 concerne un grave abus contre le droit à l'appel : un jeune homme, Jean Vallette, condamné à être brûlé vif par la justice seigneuriale d'Affoux, près Tarare en Beaujolais, réussit, * grâce à l'intercession de ses parents, à faire relever son appel ; le Parlement le relaxa et semonça les magistrats d'Affoux pour avoir

21. Source : les registres d'écrou de la Conciergerie du Palais, Arch. Préf. police, A^B 1-33 (lacune nov. 1573-déc. 1574). La courbe d'infanticide y est ajoutée à titre de contrôle. Les chiffres pour l'incendie ont été établis par Oleg KOBTZEFF, *L'incendie volontaire devant le Parlement de Paris, de 1564 à 1639*, mémoire de maîtrise, Paris-IV, 1981, p. 14. Cf. A SOMAN, « Les Procès de sorcellerie » (cité à la n. 5), Fig. 1, p. 793. La chute générale pendant les années 1589-1594 est due aux guerres de la Ligue et à l'impossibilité de faire venir à Paris les appelants de province. Pour la période antérieure à 1564, avant le début de la série d'écrous, le dépouillement intégral des plumitifs (années 1543-1564, avec lacunes) a livré une liste de 62 appelants pour fait d'incendie et 15 appelants pour crimes de sorcellerie et de magie.

22. Voir, par exemple, Bartolomé BENNASSAR *et al.*, *L'Inquisition espagnole, XVe-XIXe siècle*, Paris, 1979 ; Gustav HENNINGSEN, *The Witches' advocate : Basque witchcraft and the spanish Inquisition (1609-1614)*, Reno (Nevada), 1980 ; Marie-Sylvie DUPONT-BOUCHAT et Robert MUCHEMBLED, *Prophètes et sorciers dans les Pays-Bas, XVIe-XVIIIe siècle*, Paris, Hachette, 1978.

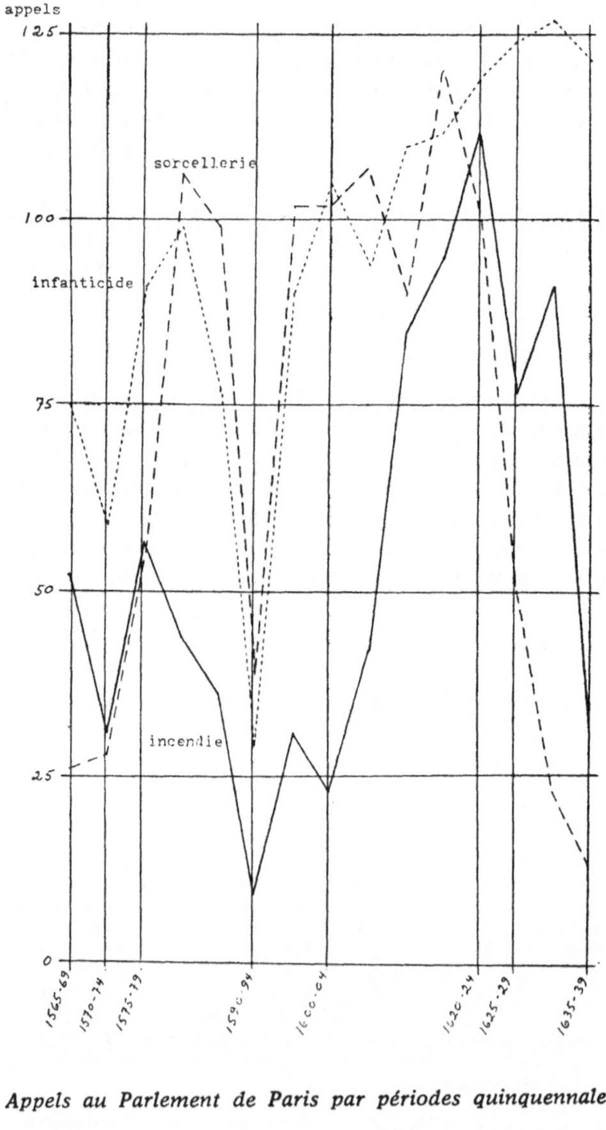

Appels au Parlement de Paris par périodes quinquennales

exécuté une femme et deux autres hommes en passant outre à leurs appellations [23].

Les lynchages et les exécutions sommaires ne laissent pas d'ordinaire de traces écrites, si ce n'est dans les archives d'un tribunal supérieur qui mène des poursuites pour réprimer de tels désordres ; encore faut-il que l'affaire parvienne à la connaissance de la cour. Aussi le nombre restreint des exemples, tel le lynchage à Affoux, ne doit-il pas nous amener à sous-estimer un problème qui ne se manifeste qu'indirectement. L'accroissement soudain des appels-sorcellerie d'abord et, plus tard, des appels-incendie, témoigne vraisemblablement d'une baisse relative du lynchage pour ces deux crimes. La découverte en 1587-1588 d'une vingtaine de procès abusifs incita les « gens du roi » à proposer l'appel obligatoire pour toute affaire de sorcellerie. En 1600 le Parlement réprimanda Pierre Danjou, avocat du roi à Gien : « il a deu advertir les pauvres accusez d'appeler, suivant l'ancienne usance, et les a deu provoquer d'appeler » (rappelons qu'à l'époque, toute innovation se masquait sous le prétexte d'un retour aux anciennes coutumes) ; par arrêt du 30 décembre 1602 Me Danjou, suspendu provisoirement de sa charge depuis plus de deux ans, fut condamné ès dommages et intérêts et sa suspension prolongée encore six mois... Au cours des années suivantes le Parlement soumit trois sièges subalternes à l'appel de droit en matière de sorcellerie et, en 1624, généralisa cette pratique à tout le ressort de Paris. L'effet de l'arrêt général de 1624 fut de diminuer le nombre des procès de sorcellerie, mais une véritable épidémie de lynchages dans les Ardennes en 1644-1645 illustre bien la force des résistances dans cette région notoirement réfractaire à la procédure légale. Entre temps, à la suite d'un scandale à Epernon en 1631, la Haute Cour imposa, sur la juridiction seigneuriale responsable, l'appel d'office pour toute sentence de mort, quel que fût le crime : genèse jurisprudentielle de la clause célèbre de l'Ordonnance criminelle de 1670 (titre XXVI, article 6) :

23. Pour les sources de cette affaire, ainsi que pour le paragraphe suivant, voir A. Soman, « Aux origines de l'appel de droit dans l'Ordonnance criminelle de 1670 », dans *XVIIe siècle*, t. 32, N° 1, janv.-mars 1980, p. 21-35. Sont à ajouter à la liste des lynchages de sorciers (p. 24-26) : aux environs de Lyon en 1544 et 1552 (références aimablement communiquées par Natalie Zemon Davis), à Montrichard (Loir-et-Cher) en 1568, à Ribemont (Aisne) en 1576, à Guise (Aisne) en 1586 ; dans les Ardennes en 1587-1588, à Senuc, à Buzancy, à Vaux-Champagne et à Viel-Saint-Rémy ; à Neuvy-sur-Loire (Nièvre) en 1589, à Châtillon-sur-Saône (Vosges) en 1599 et à Château-du-Loir (Sarthe) en 1602.

> Si la sentence rendue par le juge des lieux porte condamnation de peine corporelle, de galères, de bannissement à perpétuité, ou amende honorable, soit qu'il y en ait appel ou non, l'accusé et son procès seront envoyés ensemble, et sûrement en nos cours...[24].

A partir du milieu du XVIIe siècle, un nouveau réseau d'administrateurs — les intendants — veilla à ce que ce régime fût observé ; désormais les sentences criminelles, soumises à une révision judiciaire obligatoire, ne possédèrent qu'une valeur nominale. L'affermissement séculaire de l'appel de droit — qui se substitua aux Grands-Jours intermittents du XVIe siècle — fait partie intégrante de l'œuvre centralisatrice de l'Etat absolutiste.

2. La peine de mort

Une enquête sur les appels six mois avant et six mois après deux grandes catastrophes politiques — la Saint-Barthélemy et l'assassinat d'Henri IV — permet de constater d'importantes variations dans le rythme des châtiments en réponse à ces événements retentissants. En 1572 le pourcentage de sentences de mort confirmées en appel monta de 35 % à 51 % ; en 1610, de 37 % à 54 %. Au-travers des appels on peut observer la réaction des tribunaux de province : après l'attentat de Ravaillac le nombre d'appelants condamnés à mort en première instance passa de 24 % à 32 %, tandis qu'avec l'éclat de la quatrième guerre de Religion la montée ne fut que d'un modeste 2 %. Dans l'échantillon 1539-1542, le taux de condamnations à mort confirmées par le Parlement gravita autour de 45 % pendant les premiers semestres mais s'éleva brusquement à 70 % de juin à octobre 1540 : aucun événement de grande envergure n'explique cette poussée de sévérité ; peut-être tenait-elle au roulement traditionnel des magistrats de la « Tournelle » ou chambre criminelle de la Haute Cour. Quoi qu'il en soit, le fait même de ces oscillations à court terme impose une très grande prudence lors de l'interprétation d'échantillons nécessairement limités. Il semble, néanmoins, qu'en dépit de l'accroissement de l'effectif des appelants, le nombre d'exé-

24. ISAMBERT, *Recueil*, t. 18, p. 420. Pour les catégories de personnes et de crimes exceptées de l'appel automatique, cf. titre I, art. 12, *ibid.*, p. 374. Quant à la seule peine exemptée — le bannissement à temps, sans confiscation de biens — voici l'usage qu'en fit le juge de Chalon-sur-Saône à l'encontre du voleur d'un cheval vers la fin du siècle : « Je m'arrest à ce dernier supplice, parce que si l'on condamne le prisonnier au fouet, il faudroit le transférer à la Cour pour faire confirmer le jugement, et les frais en seroient considérables. Si on le condamne au contraire à une peine pécuniaire, il n'aura pas moyen d'y satisfaire » (Henri BEAUNE, *Journal d'un lieutenant criminel au XVIIe siècle*, Paris, 1866, p. 27-28) ; ce qui n'empêcha pas le condamné d'en appeler lui-même à Dijon.

cutions arrêtées restait assez stable : une moyenne de 68 par an vers 1540, 72 en 1572 et 89 en 1610 ; après correction pour les poussées de sévérité, les chiffres sont ramenés à 62, 64 et 70 respectivement [25].

Aussi le nombre d'exécutions représente-t-il un premier indice de la baisse relative de la dureté du châtiment après 1540 (le contraire de l'interprétation usuelle fondée sur la comparaison abstraite des édits de 1499 et 1539 [26]). Considérons maintenant les différents modes du dernier supplice. Sur 137 arrêts de mort repérés pendant les années 1539-1542, dans 32 cas l'exemplarité de la peine fut dramatisée par l'amputation de la main meurtrière ou par l'incinération du cadavre du criminel pendu : peines réservées aux cas les plus énormes tels que parricides, hérésie, sorcellerie, sodomie, etc. Ces peines théâtrales sont devenues, au cours du XVIe siècle, de plus en plus rares. L'importance du bûcher sous le règne de François Ier résulte, en partie, des poursuites contre les hérétiques mais le supplice du feu s'appliquait en outre à certains crimes passibles, plus tard, de la simple pendaison : plusieurs cas d'infanticide et un cas d'inceste. Bien que le fameux édit d'Henri II sur l'infanticide (1556) en ait défini les preuves légales et, par conséquent, en ait facilité les condamnations, ce crime se détacha peu à peu des autres « parricides » ; à la fin du XVIe siècle le bûcher était plutôt exceptionnel en matière d'infanticide et, dès le début du XVIIe siècle, le Parlement modifiait régulièrement les sentences archaïques des cours subalternes qui prescrivaient la peine du feu [27]. Les incestueux aussi cessèrent d'être passible du bûcher. De même, au XVIIe siècle le Parlement décrétait l'amputation de la main seulement pour les plus horribles parricides, alors qu'au milieu du XVIe siècle, d'autres meurtres semblent avoir entraîné ce supplément de punition. Encore, sous le règne de François Ier quelques faux-monnayeurs souffrirent la peine traditionnelle d'être bouillis [28] : mode d'exécution tombé en désuétude par la suite. Dès 1548, lors du vote sur le procès de deux

25. Ces chiffres résultent des taux globaux d'exécutions, par exemple, 137 en 1539-1542, comprenant 12 non analysées dans le Tableau I.

26. Voir ESMEIN, *Procédure criminelle*, p. 136 et *sq.*; SCHNAPPER, « Bordeaux », p. 43-44. Schnapper tend à assimiler les peines de galères à celles de mort (*Ibid.*, p. 34-36).

27. Par exemple l'arrêt du 22 juin 1602 contre Suzanne Chillou (X^{2A} 154, fol. 164^{v}) : le Parlement élimina la torture préalable et l'incinération de sa dépouille, la condamnant à la simple pendaison.

28. Voir l'arrêt contre Jean Pringue, du 28 mars 1541 (X^{2A} 91, fol. 412^{v}) ; un autre exemple en 1535-1536 est cité par SCHNAPPER, « Paris », p. 267, Tableau 6. Schnapper a repéré deux cas à Bordeaux, cité dans « Bordeaux », p. 21 n. 21 et p. 31 n. 113.

faux-monnayeurs lyonnais, il n'y eut qu'une seule voix pour « les bouillir et les estrangler auparavant »[29]. Aussi apparaît-il que le XVIe siècle a vu une tendance marquée à limiter le champ des cas énormes : l'affermissement de l'institution judiciaire a permis de réduire le nombre des exécutions spectaculaires dans leur exemplarité.

Quant aux supplices affreux du bûcher et de la roue, une lecture littérale des arrêts risque de tromper le chercheur. A l'exception des hérétiques obstinés qui ont refusé d'abjurer leurs erreurs, il est peu probable, même sous le règne de François Ier, que des criminels aient été réellement brûlés vifs : d'ordinaire les arrêts se terminent par un *retentum* — clause secrète avec interdiction de la divulguer — précisant que le condamné « sera étranglé auparavant que le brûler et sentir le feu »[30]. L'on craignait que les souffrances insupportables d'une longue agonie ne poussent la victime au désespoir et donc à se damner au moment même où il devait rendre son âme à Dieu (un hérétique opiniâtre qui continuait à « blasphémer » jusqu'à la potence se serait damné en tout cas)[31]. Afin d'assurer une mort salutaire on prononçait au condamné le *retentum* de la Cour avant son exécution, mais ce détail — comme d'autres choses qui allaient de soi — n'est mentionné qu'exceptionnellement dans les textes des arrêts[32]. Parfois le *retentum* n'y figure même pas ! Dans l'affaire

29. X^{2A} 908, fol. 60v.

30. Par exemple l'arrêt du 17 déc. 1539 (classé au 13 déc., X^{2A} 89A) contre Jean Michel : « Et neantmoins est retenu in mente curie que, si ledict prisonnier perseveroit en ses hereticques propositions et erreurs contenuz en son proces, qu'il sentira le feu selon ladicte sentence, auparavant l'estrangler ; et où il ne seroit perseverant, sera estranglé auparavant que le brusler et sentir le feu ». La note suivante, mutilée par le couteau du relieur, se trouve apostillée au *retentum* de l'arrêt contre Jean Boursault, du 6 févr. 1540 *(ibid.)* : « Nota que s[era] leue ce present arr[est] par extraict ; il n[e] fault mectre l[e] *retentum in m*[*ente*] *curie* ».

31. Jean de CORAS, *Arrest memorable du Parlement de Tolose...* [12 sept. 1560 contre Martin Guerre], Lyon, 1561, in-4°, annotation 94 : « La rigueur eust certainement commandé de le faire brusler vif mais, pour obvier à quelque desespoir qui eust peu surmonter la temerité de cest imposteur forcené et plain de rage, la court ordonna qu'il fust au paravant estranglé. En quoy tous juges seront admonnestez de n'exercer point, sans quelque grande et notable cause, ces cruelles et brutales feritez, de brusler ou desmembrer les malfaicteurs tous vifz... ».

32. Un exemple se trouve dans l'arrêt contre Amable Favre, du 9 déc. 1609 (X^{2A} 175) : « Il est retenu que ledict Favre sera estranglé avant que d'estre jecté dans le feu, et sera le present arrest [entendez *retentum*] prononcé audict accusé ». Cf. X^{2B} 92, 16 oct. 1576, pour le cas d'un *retentum* qui constitue une pièce à part : « Il est retenu que, combien que, par arrest ce jourd'huy donné, la sentence de mort donnée contre Jacques Dupuy ayt esté confirmée, neantmoins la Chambre des vaccations a ordonné qu'il sera estranglé auparavant que sentir le feu, et sera ledict proces bruslé avec le corps dudict Dupuy, prisonnier, et sera ce present retentum prononcé audict Dupuy lors de la prononciation dudict arrest ».

célèbre du magicien Jean Michel, par exemple, l'arrêt du 12 septembre 1623 le condamne d'être « bruslé vif », alors que le dispositif au bas des notes de son dernier interrogatoire précise : « ... le condamner à estre bruslé vif, avec retention que sera secrettement estranglé ayant senty la premiere flame vif... » [33]. Dans un texte destiné au public, susceptible d'être copié à la main, voire imprimé, il ne seyait pas toujours faire apparaître la clémence de la Cour. Le « plumitif » d'un interrogatoire sur la sellette, et du jugement auquel les magistrats arrivaient après délibération, n'était, par contre, destiné qu'aux seuls yeux des greffiers, comme aide-mémoire et brouillon de rédaction : il est assurément plus véridique que l'arrêt, qui est éloigné d'un degré de plus de la réalité jurisprudentielle. En compulsant les cahiers des « plumitifs », on rencontre de temps en temps un dispositif qui, naïvement, fait valoir la différence entre langage officiel et langage privé. A titre d'exemple prenons le procès de Robert de Martygnon, accusé d'incendie volontaire et appelant d'une sentence de mort : lors du vote, deux conseillers et le président Séguier changèrent leurs avis plus d'une fois ; enfin, par sept voix contre cinq, la Cour donna son jugement et le greffier prit note du dispositif comme s'ensuit :

> Il passe, apres avoir ung peu senty le feu, qu'il sera estranglé et consommé en cendres, et au residu que la sentence sortira son effect ; et que l'on escripra au juge qu'il advertisse et die au prisonnier qu'il sera estranglé auparavant [34].

Malheureusement l'arrêt ne nous est pas parvenu, mais le texte du dispositif n'admet qu'une seule interprétation plausible : Robert de Martygnon — quoi qu'en ait pu dire l'arrêt — devait recevoir le coup de grâce *avant* de souffrir les flammes et le Parlement intentionnellement cacha sa clémence [35].

33. X^{2A} 217 (arrêt) ; X^{2A} 986 (dispositif) à la date.

34. X^{2A} 911, 2 août 1554. Vers 1555 il y eut un changement de style au greffe : au lieu d'inscrire les votes dans les cahiers, les greffiers désormais se servaient de feuilles volantes, dont quelques-unes se trouvent toujours conservées intercalées entre les pages des cahiers.

35. Il arrive qu'un arrêt se trouve dressé de telle façon qu'il exprime le contraire du sens réel. Le texte suivant, révélateur d'un petit contretemps, pas plus, entre le Parlement et le roi, est tiré des plumitifs (X^{2A} 959, 20 juil. 1598) : « ... sur les lettres obtenues par Jehan de More, sieur de Bresteau, portans interdiction à la Court de cognoistre le faict... [la Cour a] arresté que il sera faict arrest par lequel sera dict qu'il sera passé outre... avec retentum que, si le prisonnier persiste en ses lettres d'interdiction, à differer et ne passer outre jusques à ce qu'il en ayt esté faict des remonstrances au roy ». L'arrêt du même jour (X^{2B} 184, minute) ne souffle mot du *retentum* et par conséquent laisse penser que le Parlement manquait d'égards envers le monarque, ce qui est loin de la vérité (quoique conforme à l'historiographie libérale de l'Ancien Régime).

Il en allait de même pour la roue : mode d'exécution pratiqué depuis longtemps en Allemagne et introduit en France en 1535 comme châtiment exemplaire, principalement à l'intention des voleurs de grands chemins, « afin de donner crainte, terreur et exemple à tous autres »[36]. Tout au long de l'Ancien Régime les arrêts, reprenant les termes de l'édit royal, décrivaient une mort des plus atroces : tel assassin de Bar-le-Duc en 1596 fut « condamné... à avoir les bras et cuisses, tant hault que bas, et les reins rompus et brisez [avec une barre de fer] sur un eschaffault... ce faict, mis sur une roue... pour y demourer, le visaige tourné vers le ciel, tant qu'il plaira à Dieu le y laisser vivre »[37]. Mais tous les arrêts, sans exception, étaient modifiés par *retentum*. Dès le premier exemple conservé dans les archives, du 15 janvier 1541, la victime bénéficiait toujours d'une grâce qui mettait fin à son agonie : « Il est retenu *in mente curie* que ledict [Pierre] Guerrigues, dict Le Cadet..., incontinant apres l'execution de ladicte sentence,... sera estranglé le plus tost que faire se pourra »[38]. La grâce d'étranglement — comme pour le bûcher, elle fut prononcée au condamné[39] — pouvait intervenir, soit avant le premier coup de barre de fer, soit après le premier coup, soit après le deuxième. Le Parlement avait beau faire proclamer en 1661 qu'il allait désormais « faire executer ponctuellement et sans grace, afin d'imprimer la terreur dans l'esprit de tous les méchans, qui... voyans expirer leur semblable sur une rouë après vingt-quatre heures de souffrance, pourront enfin faire quelque reflexion sur leur detestable vie » ; le *retentum* demeurait la règle immuable[40]. Au XVIe siècle finissant, quelques rares cas de trois coups se rencontrent et, par un jugement exceptionnellement dur en 1620, Nicolas Clabault devait agoniser pendant une heure avant de recevoir la mort[41]. Ce dernier texte, isolé, présente la peine maximale pendant

36. Edit du mois de janvier 1535, dans ISAMBERT, *Recueil*, t. 12, p. 400-402.

37. X^{2B} 177, 9 sept. 1596, Pierre Charlot.

38. X^{2A} 91, fol. 171. Schnapper ne cite aucune condamnation à la roue en 1535-1536 ; les registres d'arrêts manquent pour les années judiciaires 1536-1538. Dans l'échantillon 1539-1542, hormis l'arrêt contre Pierre Guerrigues, un texte seulement fait mention de la roue : par arrêt du 18 sept. 1540 contre Christophe Chantereau pour viol (X^{2A} 89^{B}), cette peine fut commuée en pendaison.

39. « Enjoinct [au prévôt des maréchaux de Sainte-Menehould] en advertir le prisonnier au pays afin qu'il [ne] meurre en desespoir » (X^{2A} 926, 19 oct. 1564, Pierre Rouville).

40. Jean PINSON DE LA MARTINIÈRE, *La Connestablie et mareschaussée de France...*, Paris, 1661, in fol., p. 1014. Le dépouillement rapide des plumitifs X^{2A} 1031-1032 (années judiciaires 1665-1666) ne révèle aucune sentence de la roue sans *retentum*.

41. Trois coups : X^{2B} 121, 8 oct. 1582, Guillaume Lemaire ; X^{2B} 183, 22 mai 1598, Pierre Rondel ; dans la minute d'arrêt contre Pierre Charlot, cité à la n. 37, les mots « trois premiers coups » se trouvent raturés et remplacés par « le premier coup ». Nicolas Clabault : 23 janv. 1620 (X^{2A} 982).

le XVIe et le début du XVIIe siècles ; il préfigure une augmentation de sévérité au XVIIIe siècle, quand le *retentum* habituel précisait étranglement après deux heures sur la roue [42]. En principe, seule une cour souveraine était censée prononcer pareil acte de grâce mais, çà et là, il se trouve stipulé par une sentence de tribunal subalterne — implicitement, voire explicitement — sans que le Parlement s'en formalise [43].

De temps à autre, mais rarement, on appliquait un condamné à la torture *préalable* afin d'obtenir les noms de ses complices — à ne pas confondre avec la torture *préparatoire* qui avait pour but l'obtention des aveux avant la condamnation (voir plus loin) [44]. Le recours à la question préalable se rencontre surtout pour crimes de lèse-majesté, de fausse monnaie et d'assassinat ; contrairement à ce qu'on pourrait imaginer, le cas n'est pas fréquent pour crimes de sorcellerie et de magie, sans doute pour éviter la multiplication des dénonciations par « réaction en chaîne ». Sur 117 sorciers et magi- *
ciens exécutés par arrêt du Parlement de Paris (1568-1635), à 6 seulement fut appliquée la question préalable : à 3 en 1572, 1 en 1580 et 2 en 1593 ; d'autre part, la Cour élimina la question préalable, prononcée en première instance, dans 16 arrêts de mort visant 20 sorciers ou magiciens (1582-1626). (La chronologie dans cet exemple s'explique à la fois par la jurisprudence en matière de sorcellerie et par la pénalité en général.) A partir d'une moyenne annuelle de quatre applications en 1539-1542, la torture préalable se raréfia encore davantage : peut-être une ou deux fois par an au XVIIe siècle. Vers la fin de l'Ancien Régime elle devint relativement plus importante que la question préparatoire, abolie en 1780, alors que la question préalable resta en usage jusqu'en 1791 [45].

42. En ce qui concerne le XVIIIe siècle, l'auteur tient à remercier Yvonne Bongert et Nicole Castan de lui avoir fourni des renseignements sur la jurisprudence des parlements de Paris et de Toulouse, respectivement.

43. Implicite : Claude de Lacouste, 26 févr. 1624 (X^{2A} 218) — « rompu vif de barre de fer tant que mort s'en ensuive, son corps mort mis... sur une roue ». Explicite : Josué Pricot, 5 sept. 1586 (X^{2B} 147) — « condamné à estre estranglé, puis rompu et brisé en ses membres et son corps mis sur une roue » ; Alexandre Porteletttre, 9 sept. 1643 (X^{2A} 273) — « les bras, cuisses et jambes... rompus... apres neantmoins avoir esté estranglé ».

44. Exceptionnellement la roue pouvait servir pour la torture préalable, par exemple l'arrêt du 30 juin 1603 contre Jean Guyonnet (X^{2A} 157, fol. 167^r) : « Il est retenu, apres que ledict Guionnet auroit esté rompu, sera interrogé sur ces complices de l'assassinat [de son maître] mentionné audict proces, et aussytost estranglé ».

45. Cf. Louis-Bernard MER, « Criminalité et répression en Bretagne (appréciation statistique 1750-1760) », extrait des *Mélanges en l'honneur du doyen Pierre Bouzat*, Paris, A. Pedone, 1980, p. 19.

3. Les peines afflictives et le bannissement

Les sondages effectués dans les archives du Parlement de Paris pour la décennie 1535-1545 illustrent bien les débuts des galères en tant qu'institution pénale (voir le Tableau III). Dans l'échantillon 1539-1542 on trouve une référence à un ancien galérien et une autre à un évadé des galères, mais pas une seule peine de galères prononcée par un tribunal de première instance. De telles condamnations étaient le fait du seul Parlement ; elles étaient sporadiques, groupées selon la demande et la disponibilité de criminels aptes au service de la rame : une condamnation en février 1540 et dix au cours des quatre premiers mois de 1542. Ce n'est que vers 1545 que les sièges subalternes commencent à envoyer des malfaiteurs aux galères en nombres significatifs. Aussi le Tableau III fixe-t-il avec précision l'époque de la transition d'une peine occasionnelle à une institution ordinaire de la justice criminelle. A l'apogée des Galères de France, de 1685 à 1715, les matricules oscillaient entre 900 et 1 600 par an. De cet effectif accru, pourtant, 20 % à 40 % seulement étaient des criminels de droit commun [46]. Il faut conclure que les parlements du royaume mirent une forte résistance aux pressions royales : ils n'augmentèrent pas beaucoup le nombre de condamnés par rapport aux chiffres atteints dès le milieu du XVIe siècle.

TABLEAU III. — *Condamnations aux galères.*

Période	Sièges subalternes	Parlement de Paris
Nov. 1535-Oct. 1536(a)	2	9
24 mois 1539-1542	0	11
Nov. 1545-Oct. 1546(a)	21	64
Févr. 1572-Févr. 1573	58	42
Nov. 1609- Nov. 1610	96	66

(a) Source : SCHNAPPER, "Paris", Tableaux 4 et 6, p. 261, 267

L'établissement des galères comme mode de châtiment intermédiaire entre la mort et le bannissement — alternative, pour les criminels masculins, tantôt à l'une, tantôt à l'autre — ne pourrait cependant pas expliquer, à lui seul, un changement marqué dans la pratique du bannissement. Dans l'échantillon 1539-1542, plus de la moitié des 165 personnes bannies furent exilées du royaume de

46. Voir André ZYSBERG, « Galères et galériens en France à la fin du XVIIe siècle », dans *Criminal justice history*, t. 1, 1980, p. 49-115, en particulier les pages 53, 76, 78.

France : 94, dont 65 à vie. Au cours des trente années suivantes, l'exil hors du royaume devint exceptionnel : 6 cas en 1572 et 10 cas en 1610. Alors que les bannissements oscillaient entre des limites étroites — de 25 % à 31 % du total des arrêts concernant les appelants — la rigueur en diminuait. En 1572 et en 1610, environ 85 % n'étaient bannis qu'à temps de leurs pays, du ressort du tribunal subalterne ou tout au plus de la province, ainsi que « de la ville, vicomté et prévôté de Paris » — afin d'empêcher que la capitale ne devînt un aimant pour les vauriens. Cette tendance à bannir simplement de la localité peut être attribuée, en partie, à une désensibilisation vis-à-vis des itinérants et vagabonds après le milieu du XVIe siècle, qui dura jusqu'au début du XVIIIe siècle, quand une nouvelle ère de croissance démographique fit renaître la peur des indigents et surtout des indigents « étrangers ». Mais les documents judiciaires présentent bon nombre d'exemples indiquant que le bannissement n'était pas toujours pris au sérieux.

Il arrive assez souvent qu'on trouve des arrêts de bannissement « sur peine de punition corporelle », mais pour la très grande majorité la sanction est la mort : « sur peine de la hart ». En fait la menace ne s'appliquait guère, semble-t-il. Les exilés repris en effraction de ban s'avéraient presque toujours des récidivistes ayant commis de nouveaux crimes depuis la prononciation de leurs peines ; les quelques rares exceptions se voyant condamnées au fouet et « rebannies », c'est-à-dire que le temps de leur bannissement restait le même, mais à courir à partir du second arrêt. La poursuite contre un malfaiteur en rupture de ban, sans récidive, n'avait rien d'automatique, comme témoigne cet arrêt de 1582 : Michel Everard, banni de Paris « sur peyne de la hard » pour neuf ans en 1578, « ne delaisse de converser et frequenter en ceste ville, en quoy il enfrainct et mesprise l'authorité de ladicte Court » ; le procureur général du roi demande permission pour informer et pour se saisir du délinquant, mais la Cour se contente d'enjoindre « audict Everard garder son ban sur les peynes portées par ledict arrest et [seulement] à faulte de ce faire, a permis et permect audict suppliant faire prendre au corps ledict Everard » [47]. En 1601 le nommé Claude Texier, larron, se plaint au Parlement qu'il n'aurait pas dû être jugé en dernier ressort au Châtelet car la sentence n'a « esté contre luy donnée que pour avoir esté trouvé en ceste ville contrevenant à son arrest de bannissement » ; la Cour le reçoit appelant et « enjoinct au lieutenant criminel [de Paris] procedder contre tous ceulx qu'il trouvera en ceste ville non gardans leur ban et iceulx condamner aux galaires

47. X^{2B} 117, 24 janv. 1582.

pour aultant de temps qu'ilz auront esté bannis, deferant neantmoings à l'appel s'il est interjecté »[48]. Cette dernière menace des galères ne valait pas plus que la hart ; elle ne pouvait évidemment pas s'appliquer aux femmes, ni aux invalides[49]. En effet bon nombre de condamnations aux galères étaient commuées pour raisons de santé ; une requête de Jean Masson en donne un exemple pittoresque : — « actendu sa viellesse et aussi qu'il est grevé et rompu des parties honteuses et les jambes grandement offensées, ayant aussi une courte alayne, à raison de quoy il estoit impossible qu'il peut faire service audict seigneur [le roi] en sesdictes gallaires »[50]. Au lieu d'être envoyé aux galères à vie, Masson fut condamné au fouet et au bannissement perpétuel. C'est un cercle vicieux.

Au fil des interrogatoires, ici et là, on rencontre des gens bannis restant plusieurs années dans leurs villages avant d'appeler, sans, pour autant, être inquiétés — par exemple Isabeau Oriot en 1619 : — « Remonstrée que la sentence a esté donnée en 1615 et où elle a toujours esté ? » — « A dict qu'elle n'a bougé du village... »[51] Tout dépendait, bien entendu, du sentiment des voisins. En l'absence d'une force policière, un bannissement prononcé par les officiers de justice, sans l'appui de la communauté, était lettre morte ; d'autre part, maintes personnes bannies auraient été chassées de leurs villages en tout cas, ou bien auraient choisi l'exil volontaire pour éviter le pire[52]. Le bannissement effectif n'était que l'expression formelle d'une réalité sociale.

La fustigation se prête moins facilement à l'analyse quantitative. L'on sait que Perrette Goyer et Jeanne Gombaut reçurent chacune trois coups du fouet au début du XVIIe siècle ; Claudette Minauld, en 1582, fut condamnée à être fustigée « à trois divers jours », avec dix coups chaque fois[53]. Mais de telles précisions sont trop rares pour en tirer des conclusions ; aucune tendance nette, non plus, dans les proportions des fustigations publiques par rapport à celles,

48. X^{2A} 152, fol. 192^r, 1er févr. 1601.

49. En principe elle ne pouvait pas non plus s'appliquer aux hommes bannis pour moins de cinq ans. Voir un arrêt du 17 oct. 1597 (X^{2B} 181) portant défenses de « condamner aucuns à moindre temps que cinq ans, affin que leur temps n'expire devant qu'ilz soient renduz propres pour servir... ».

50. X^{2B} 120, 23 juil. 1582.

51. X^{2A} 981, 26 juin 1619. Cf. X^{2A} 985, 20 avr. 1622, Aubin Tevenent : — « Remonstré qu'il y a iii ans que la sentence est donnée, et où est-ce qu'il a esté ? » — « A dict qu'il n'a bougé du pays... ».

52. Par ex., X^{2B} 1094, 20 juil. 1571, affaire Cardin Bouchard.

53. Goyer : X^{2A} 964, 20 déc. 1601. Gombaut : X^{2A} 965, 18 févr. 1603. Minauld : X^{2B} 119, 18 mai 1582.

moins humiliantes, qui étaient infligées dans la cour de la prison ou « sous la custode », c'est-à-dire dans la chambre de la question. L'étude des arrêts permet de constater, cependant, la disparition totale des fustigations « à trois divers jours ». Ce fut la peine qui frappa 27 % des gens condamnés au fouet en 1535-1536 ; dix ans plus tard le pourcentage n'était plus que de 17 % ; 4 % seulement en 1572 ; et la décroissance poursuivit son cours jusqu'au dernier exemple repéré, en 1593 [54].

Mais de toutes les évolutions jurisprudentielles en matière pénale, la plus remarquable est la fin des mutilations visibles : la marque au front pour les faussaires et les parjures, l'essorillement pour les voleurs incorrigibles. La marque au front fut la première à disparaître : en 1535-1536 il y en eut deux cas avant appel et six arrêtés par le Parlement — et par la suite on n'en trouve plus aucun, ni avant ni après appel. Ces chiffres suggèrent une jurisprudence parallèle des sièges subalternes et de la Haute Cour, celle-ci ne dévançant pas ceux-là. Le Tableau IV indique une évolution parallèle similaire quant à l'essorillement ; le dernier arrêt du Parlement

TABLEAU IV. — *Essorillement.*

Année judiciaire	Avant appel	Après appel
1535-1536	14	20
1539-1540	7	10
1545-1546	6	6

à ce sujet se rencontre en 1562, l'ablation de l'oreille ayant été remplacée par la flétrissure sur l'épaule : alternative connue mais très peu utilisée jusqu'en 1542 (voir le Tableau V) [55]. Or, en tant que remplacement de l'essorillement, la flétrissure présentait deux grands désavantages d'ordre pratique : elle ne pouvait guère avertir les victimes possibles d'un larron et elle était facilement masquée par une brûlure, laissant une cicatrice ambiguë. Les interrogatoires témoignent des nouvelles difficultés à identifier les récidivistes : — « C'est son maistre qui l'a frappé d'une poelle chaude » (1602) ; — « Un costé

54. SCHNAPPER, « Paris », p. 261 ; X2B 167, 31 août 1593, Jeanne François.

55. Un arrêt du 20 nov. 1540 (X2A 91, fol. 21) dit d'un récidiviste qu'il avait « sur l'espaulle la marque aux larrons ». Les informations pour les années judiciaires 1535 et 1545 sont tirées de SCHNAPPER, « Paris », p. 266-267. Quelques exemples tardifs d'essorillement prononcé en première instance : à Magny-en-Vexin (X2B 152, 1er août 1587) ; « le mol de l'oreille couppée », à Loudun (X2B 172, 14 août 1595) ; « la sommité de l'oreille senestre couppée », à Villeneuve-sur-Yonne (X2B 173, 5 déc. 1595).

c'est un charbon et l'autre costé n'est rien » (1642) [56]. Apparemment, sous le règne de François Ier, le dégoût inspiré par un homme sans oreilles commença à l'emporter sur la peur d'être volé. Il ne s'agit de rien moins que d'une transformation profonde des sensibilités, aussi bien chez les élites que dans le peuple : transformation diamétralement opposée au cliché de la « répression » judiciaire s'endurcissant au cours du XVIe siècle [57].

TABLEAU V. — *Flétrissure sur l'épaule.*

	Avant appel	Après appel
12 mois 1535-1536	1	0
24 mois 1539-1542	0	0
12 mois 1545-1546	15	7
12 mois 1572-1573	8	1
12 mois 1609-1610	9	15

4. La torture [58]

Les recherches menées sur la torture imposent une révision radicale de toutes nos suppositions dans ce domaine. Chacun « sait » que la torture constituait un des aspects les plus répréhensibles de l'ancienne justice ; aussi point n'était besoin d'en étudier la pratique. Le sujet même — exception faite pour la théorie — est quasiment abandonné aux amateurs et les Français ne sont d'ailleurs pas mécontents d'attribuer à leur Ancien Régime des images horripilantes pour la plupart tirées, soit d'un passé plus lointain, médiéval, soit de l'histoire du Saint Empire.

Nous possédons un témoignage insigne sur la pratique de la torture au Moyen Age : le *Registre criminel du Châtelet de Paris* de

56. X^{2A} 964, 22 févr. 1602, Jean Hillier ; X^{2A} 1007, 20 sept. 1642, Edmé Gombault. Cf. la feuille d'audience du 2 avr. 1588 (X^{2B} 1099), plaidoyer de l'avocat Mornac : « On a voulu dire que, le despouillant, il y auroit esté trouvée une merque d'un charbon qu'il auroit eu. Ceulx quy sont cognoissans ont dict que c'estoit une merque de justice ».

57. Un siècle et demi plus tard, pour faire face à un problème spécifique, la mutilation visible fut ressuscitée : l'ordonnance du 4 déc. 1684 condamna les soldats déserteurs « à avoir le nez et les oreilles coupées, à estre marquez de deux fleurs de lis aux joües... » (cité par A. ZYSBERG, « Galères », p. 75).

58. La torture préalable a déjà été évoquée sous la rubrique « La peine de mort » ; ce qui suit concerne exclusivement la question préparatoire, utilisée afin de compléter les preuves de culpabilité.

1389 à 1392 [59]. Quoiqu'incomplet — il ne procure que des abrégés ou extraits de procès pour les affaires les plus graves dont ce tribunal fut saisi — il se prête néanmoins à une exploitation circonspecte. Trois sur quatre des 126 individus y figurant furent appliqués à la question, mais les chiffres n'admettent pas de comparaison avec des périodes ultérieures car la compétence du Châtelet à l'époque était beaucoup plus large : en tant que tribunal d'exception il se voyait assigner la connaissance de nombreux crimes commis ailleurs qu'à Paris. Bien que la fréquence du recours à la torture reste inconnue, le calcul des aveux extorqués est à la fois facile et assez sûr. Dans un cas type, un voleur confesse le fait dont il est prévenu, cependant on l'applique à la question pour d'autres larcins qu'il aurait pu commettre. Près de 60 % s'effondrent et sont condamnés à mort (de moindres peines sont exceptionnelles). En cas de non-aveu ou d'aveux partiels, les magistrats n'hésitent pas à réappliquer la torture une deuxième, troisième, quatrième, voire une cinquième fois, jusqu'à arracher une confession jugée suffisante — sauf pour une petite poignée d'accusés dont les refus obstinés d'avouer leur valent le fouet ou le bannissement au lieu de la mort [60].

Cent cinquante ans plus tard tout est changé : la répétition de la question ne se pratique plus [61] et le taux d'aveux obtenus lors

59. *Registre criminel du Châtelet de Paris du 6 septembre 1389 au 18 mai 1392*, éd. H. Duplès-Agier, 2 vol., Paris, 1861, 1864, 567 et 624 p. Il consiste en la publication intégrale d'un manuscrit contemporain : Arch. nat., Y 10531 — lequel est fort probablement le « registre et livre des confessions faites par les prisonniers », mentionné au tome 2, p. 142, (Une série de registres de ce genre a fourni la base de la thèse de doctorat [Amsterdam, 1978] de Pieter Spierenburg : *Judicial violence in the Dutch Republic. Corporal punishment, executions and torture in Amsterdam, 1650-1750.)*

60. Cette dernière éventualité se produit dans quatre cas. Soixante-trois accusés sont appliqués une fois à la torture, 19 deux fois, 6 trois fois, 5 quatre fois et 2 cinq fois. Quelques exceptions : dans quatre cas une confession entraîne une peine inférieure à la mort ; dans un cas le refus de compléter le premier aveu n'empêche pas la peine de mort ; pour trois inculpés dans une affaire de violences, la question constitue la seule peine.

61. De par l'ordonnance de 1499 (art. 114) on ne peut réappliquer à la question sauf s'il survient de nouveaux indices (Isambert, *Recueil*, t. 11, p. 366). A l'égard de nouveaux indices le Parlement est cependant soupçonneux ; voir les arrêts contre Blaise Ladmiral, des 12 juil. 1540 (X^{2A} 89^{B}) et 29 avr. 1541 (X^{2A} 91, fol. 536^{v}). Cette jurisprudence anticipe, de plus d'un siècle, l'Ordonnance criminelle de 1670 (titre XIX, art. 12) qui défend catégoriquement toute répétition de question pour même crime (Isambert, *Recueil*, t. 18, p. 413). Comme on doit s'y attendre, certains juges campagnards ignorent la jurisprudence parisienne : en 1588 Nicolas Guichard est écroué à la Conciergerie, appelant d'une sentence de « question extraordinaire jusques à troys diverses foys », donné au petit bailliage seigneurial de « Coussy », paroisse de Subligny (Cher) (Arch. Préf. police, A^{B} 10, fol. 171^{v}) ; la Cour le condamne au bannissement perpétuel sans le torturer (arrêt X^{2B} 158, 16 juil. 1588).

des applications uniques est inférieur à 10 %. Sur 126 sentences à la torture repérées dans l'échantillon 1539-1542 le résultat est connu dans 71 cas : six personnes seulement avouent : une femme et quatre hommes sont condamnés à mort et un homme est banni pour cinq ans. Dans les 55 autres cas le Parlement renvoie l'accusé en province pour être torturé au siège subalterne dont il avait appelé, et la trace du procès se perd. Quatre des gens ainsi renvoyés réapparaissent, appelant d'une sentence de répétition de la question, toujours annulée ; deux, après des aveux sous la torture, appellent des sentences de mort ; quant aux autres les archives ne nous renseignent pas sur leur sort. Hors contexte, ce taux d'aveux — 6 sur 71 — ne serait peut-être pas tout à fait convaincant, mais les archives ne laissent pas de doute concernant la politique du Parlement à l'égard de la torture. Au long du XVIe siècle, et au-delà, la Haute Cour entame maintes poursuites contre des magistrats de sièges subalternes pour abus de la question. En même temps les renvois en province se raréfient et le Parlement se réserve à lui seul la torture des appelants. Enfin la violence de la question appliquée à Paris se réduit encore davantage : un échantillon exhaustif et indiscutable couvrant les sept années judiciaires 1604-1610 fait valoir un taux dérisoire d'aveux, de 2,3 %... Développons brièvement chacun de ces éléments de cette tendance jurisprudentielle.

La méthode de torture employée à Paris n'est guère différente de celle qui était pratiquée dès la fin du XIVe siècle. La victime est menée dans la chambre de la question : après interrogation, on lui prononce une sentence de torture, on la déshabille, on lui attache poignets et chevilles à des cordes qui passent dans des anneaux fixés aux murs de façon que, quand la victime est « bandée », elle soit inclinée, la tête plus haute que les pieds. L'extension peut être rendue plus pénible en glissant le « petit treteau » sous la corde liant les pieds : acte qui marque le passage de « la présentation de la question » à « la question modérée ». Le questionneur verse dans la bouche de la victime ainsi étendue, jusqu'à quatre « coquemars » d'eau (la contenance du coquemar établie, au XVIIe siècle, à deux pintes chopine, mesure de Paris, soit 2,33 litres). La question « entière » ou « extraordinaire », si elle a lieu, est la suite immédiate de la question modérée ; elle consiste en la substitution du « grand treteau » au petit — ce qui augmente encore la tension — et en quatre coquemars additionnels [62]. Dans le cas où la victime est « grevée » d'une hernie,

62. Voir le règlement (1697) sur l'application à la torture, dans ISAMBERT, *Recueil*, t. 20, p. 281-284. Cf. le témoignage indépendant — d'autant plus précieux qu'il est émotionnel et sévère — du mémorialiste anglais John EVELYN, *Diary*, éd. W. Bray, Londres, 1890, p. 210, 11 mars 1651.

d'un membre rompu, etc. — constaté lors de la visite médicale préalable obligatoire — et, par conséquent, serait incapable de supporter l'extension, on lui applique la question des brodequins, lesquels sont le mode de torture coutumier dans l'Ouest du royaume ; ou encore on lui applique les « menottes » aux bras [63].

La question à l'extension et à l'eau, les brodequins et les menottes sont les seules méthodes de torture licites dans le ressort de Paris. L'estrapade — qui, pour le moins, provoque la désarticulation des épaules — est strictement défendue. De plus, il semble que l'interdiction est assez bien respectée, car elle ne se trouve réitérée que très rarement, même dans les plumitifs, c'est-à-dire non officiellement. Deux exemples seulement se rencontrent dans cette série de documents pour les années 1548-1564 : en 1557 le juge de Torcy (Seine-et-Marne) est suspendu et ajourné à comparoir suite à l'interrogatoire de Claude Prebtereau, « actendu le mal insupportable qu'il a soubztenu en la question appellée la grue [=l'estrapade ?] et les playes et cicatrices qu'il a exhibez à la Court » ; en 1564 le Parlement fait « défenses au juge [de Maulevrier (Maine-et-Loire)] de doresnavant bailler l'estrapade » [64]. A Pailly (Yonne) la torture de Jacques Pillavoyne revêt la forme d'un acte de violence collective sommaire : « il y avoyt plus de viii^{xx} [160] personnes presentes quant il eut la question, et qu'elle luy fut baillée sur ung chemyn » ; on décrète ajournement personnel contre le prévôt de la seigneurie [65]. D'autres officiers sont semoncés, vraisemblablement pour violences excessives en la question habituelle, tels ceux du siège royal d'Amiens pour répondre « de la vehemente execution de question faicte, dont [Jean] Lescrime dict estre perclus d'un bras » (1542) ; ou le juge de Montlhéry (Essonne) après que Guillaume Feret « eut la jambe rompu du treteau » (1560) [66]. D'autres encore le sont pour diverses « questions inusitées », par exemple de serrer les pouces dans un rouet (à Auxerre en 1553) ou, tardivement, « la question de feu » dont Jean Bouteroux est mort à Gien en 1600 et qui choque profondément les magistrats parisiens : « on luy presente les pieds devant le feu, gressant la

63. Pour un procès-verbal de la question des brodequins, voir X^{2B} 1330, 31 janv. 1608, Antoine Ducroq ; pour la question des menottes, *ibid.*, 20 avr. 1606, Martin Leclerc, et 13 et 19 déc. 1606, Jean Suireau.

64. Prebtereau : X^{2A} 914, 18 mars 1557 ; arrêt X^{2A} 119, même date. Maulevrier : X^{2A} 925, 25 mai 1564, Louis Bouderon ; arrêt X^{2A} 133, fol. 348^{v}.

65. X^{2A} 918, 27 juil. 1560 ; arrêt X^{2A} 126, 31 juil.

66. Amiens : X^{2A} 92, 22 mars 1542. Montlhéry : X^{2A} 918, 7 août 1560 ; l'ajournement ne figure pas dans le texte de l'arrêt, X^{2A} 126, même date.

plante des piedz »[67]. Au surplus, le Parlement réprouve l'extorsion des aveux sous l'effet d'alcool ou par privation de sommeil.

Le problème fondamental, caractéristique de l'Ancien Régime, est de surveiller ce qui se passe en province. En 1592 le Parlement ordonne une enquête sur « la forme d'user à l'execution des sentences de question » à Troyes ; un siècle plus tard c'est au bailliage d'Orléans que des abus se révèlent[68]. Au milieu du XVIe siècle l'essentiel de la lutte est d'assurer le droit d'appel à tout condamné à la question : le seul premier semestre de l'année 1557 fournit trois exemples d'abus[69]. Une fois l'appelant à Paris, la Haute Cour est en mesure de contrôler l'exécution de la sentence : de plus en plus les appelants sont torturés par le questionneur de Paris. En 1539-1542, au moins un appelant sur deux est renvoyé à la juridiction de première instance — une trentaine tous les ans. En 1572 il n'y en a que six[70]. A la fin du XVIe siècle les rares renvois pour la question semblent revêtir le caractère d'un « châtiment » soit à l'encontre du siège subalterne, soit à l'encontre de la partie civile : les frais de procès ainsi alourdis tendraient à décourager des poursuites frivoles — mesure à pratiquer, bien sûr, uniquement auprès des tribunaux qui appliquent à la torture selon les bonnes formes. Les sièges provinciaux ne torturent presque plus. En 1600 Me Antoine de Villaine, substitut du procureur général à Montaigut-en-Combraille (Puy-de-Dôme), témoigne : « Il se trouvera qu'il y a XV ans qu'il n'y a eu question dressée à Montagu »[71]. Après 1602 le Parlement cesse complètement de renvoyer à la question en province et quand il

67. Auxerre : X^{2A} 909, 3 juin 1553, Edmond Dyvolet ; cf. l'arrêt du 6 juin, X^{2A} 114, fol. 109^v-110^r. Gien : X^{2A} 963, 13 déc. 1600, Me Pierre Danjou, avocat du roi ; A. SOMAN, « Aux origines de l'appel de droit », p. 26-27 ; l'interrogatoire de Danjou du 16 déc. 1602 (X^{2A} 965) et l'arrêt qui met fin à l'affaire, du 30 déc. 1602 (X^{2A} 156, fol. 103^r-104^r).

68. Troyes : X^{2A} 1396, 16 oct. 1592, audience sur l'affaire Georges Delutel. Orléans : arrêt de 1697 cité à la n. 62. Cf. Edouard MAUGIS, « Sur quelques arrêts du Parlement concernant l'administration de la question dans les sièges du ressort », dans *Nouvelle revue historique de droit français et étranger*, t. 43, 1919, p. 419-428. Un exemple du programme éducatif du Parlement est donné par l'arrêt du 2 oct. 1540 (X^{2A} 90, fol. 80^v) qui ordonne l'aménagement d'une chambre de la question à Moulins, et les arrêts des 2 et 29 oct. (*ibid.*, fol. 88^v, 224^v) précisant que les applications à la torture auront lieu en la présence du sénéchal du Bourbonnais ou de son lieutenant : une démonstration pratique.

69. X^{2A} 119, 26 févr. : à Moulins ; *ibid.*, 9 avr. : à Blois ; X^{2A} 914, 21 mai : à Availles-Limouzine (Vienne).

70. B. SCHNAPPER fait remarquer qu'à la même époque le Parlement de Bordeaux centralisait les applications à la question (« Bordeaux », p. 22-23).

71. X^{2A} 962, 6 avr. 1600.

recommence au XVIIIe siècle c'est sans doute parce que les conditions de surveillance — grâce, en partie, aux intendants — se trouvent améliorées [72].

En même temps que le Parlement se réserve l'administration de la torture, il en diminue, et la fréquence d'application, et la violence. En 1539-1542 la Haute Cour condamne environ 20 % des appelants à la question ; en 1610 le taux d'applications est de 5 % seulement. Le Tableau VI donne la répartition par crime des appelants effectivement appliqués à la torture. On y relèvera une nette tendance vers une concentration sur les diverses catégories d'homicide et sur l'incendie volontaire : le pourcentage de questions relatives à ces crimes passe de 45 % à 70 % et, vers 1620, à 76 % — avec une baisse correspondante pour le vol. Le Tableau VI peut être comparé

TABLEAU VI. — *Applications à la torture (répartition par délit).*

	1539-1542 (% de 126)	1604-1611 (% de 257)	1619-1621 (% de 101)
Homicide	38,1	44,0	37,6
Infanticide	1,6	3,9	5,9
Autres parricides	2,4	6,2	7,9
Empoisonnement	1,6	2,0	1,0
Vol et larcin	20,6	7,8	6,9
Incendie	2,4	14,0	23,7
Sorcellerie	0	5,8	1,0
Faux et faux témoignage	4,8	0,4	4,0
Fausse monnaie	5,5	0,4	4,0
Viol et rapt	5,5	5,4	1,0
Inceste	2,4	6,2	0
Sodomie	1,6	2,7	2,0
Accumulations de crimes(a)	0	1,2	4,0
Hérésie	0,8	0	0
Inconnu	12,7	0	1,0
	100	100	100

(a) Homicide, vol, incendie

72. Le dernier renvoi repéré concerne le siège d'Ernée (Mayenne), X^{2A} 156, fol. 42v, 3 déc. 1602 : les frais de conduite de deux accusés d'homicide sont à la charge de la veuve de la victime, partie civile. L'année précédente la Cour arrêta le renvoi de Pierre Noblet à « Villefranche-sur-Meuse » ; à la requête de la partie civile la torture eut lieu à Paris (X^{2A} 963, 27 mars et 2 avr. 1601 ; arrêt X^{2A} 152, fol. 382). L'auteur tient à remercier Yvonne Bongert et Louis Lotznenou pour les renseignements sur la pratique de la torture à Paris au XVIIIe siècle.

avec le Tableau VII qui indique la fréquence de la torture par rapport au nombre d'appelants pour chacun des crimes principaux : en raison des limites étroites des deux sondages, l'interprétation de ce tableau se fera avec beaucoup de prudence [73]. Les différents degrés de la

TABLEAU VII. — *Applications à la torture (fréquence par délit).*

	1539-1542 (a)			1609-1610		
	Appelants	Torturés	%	Appelants	Torturés	%
Homicide (b)	203 (c)	44	21,9	85	14	16,5
Infanticide	9	2	22,2	26	1	3,8
Autres parricides	9	3	33,3	0	0	0
Empoisonnement	2	2	100	7	2	28,6
Vol et larcin	147	25	17,0	182	4	2,2
Incendie	2	2	100	14	6	42,9
Sorcellerie	1	0	0	34	1	2,9
Faux et faux témoignage	22 (c)	6	27,3	52	0	0
Fausse monnaie	17	7	41,2	10	0	0
Viol et rapt	20	7	35,0	15	1	6,7
Inceste	7	3	42,9	7	0	0
Sodomie	4	2	50,0	6	2	33,3
Divers et inconnu	118	12	10,2	155	0	0
TOTAL (tous délits)	561	115	20,5	593	31	5,2

(a) Non compris : appelants aux Grands-Jours de Moulins (1540).
(b) Y compris, pour la période 1539-1542, des excès graves.
(c) Y compris 3 non-appelants torturés.

question figurant dans les arrêts interlocutoires sont résumés par le Tableau VIII. Le sondage de 1547-1548 [74] fait valoir que la majeure partie de l'évolution vers une torture atténuée se situe avant le milieu du XVIe siècle : grosso modo les pourcentages sont déjà les mêmes que soixante ans plus tard. La simple « présentation » — pure menace, sans infliger aucune douleur — est en baisse, alors que la

73. La torture n'a pas été chiffrée pour 1572-1573, ni les appels pour 1604-1609, 1610-1611 et 1619-1621. Précisons qu'en 1619-1621 environ 45 % des appelants pour crime d'incendie volontaire sont appliqués à la torture. Quant à la sorcellerie, le recours à la question (17 % des appelants en 1604-1608) devient exceptionnel après 1610 : cinq cas seulement entre 1615 et 1624, date de l'ultime application. Rappelons que le dernier arrêt de mort pour fait de sorcellerie — la magie rituelle exclue — intervient en 1625.

74. X2A 907, fol. 75-108, du 14 nov. 1547 au 23 janv. 1548, et X2A 908, du 24 janv. au 6 août 1548 : soit 8 mois 1/2.

« présentation avec extension » devient progressivement plus fréquente. Encore une fois, les chiffres ne donnent qu'une idée approximative de la réduction de la violence employée pour arracher des aveux, car ne sont mesurables ni la force de l'extension ni la quantité d'eau versée. L'extension était pénible — « Ha ! les espaules » (1586) — mais les procès-verbaux donnent à croire qu'elle était proportionnée à l'âge de la victime et à son état de santé [75]. De même en ce qui concerne l'eau — « Messieurs, je creve d'eau ! » (1597) : si la victime se trouvait mal, s'évanouissait ou, rarement, commençait à vomir, la torture s'arrêtait court. De la question au-delà de la présentation avec extension, c'est-à-dire la question entière ou modérée, 56 procès-verbaux sont conservés pour la période 1604-1611 : dans 25 cas le nombre de coquemars d'eau fut moindre que le maximum autorisé par la sentence. Dans l'échantillon 1619-1621, par contre, cette « grâce » n'apparaît plus au travers des procès-verbaux : 37 sur 38 victimes reçurent soit quatre soit huit coquemars. Selon toute vraisemblance, pourtant, il ne s'agit pas d'un durcissement de la torture : il est fort probable que l'on jettait de l'eau sur le visage de la victime plutôt que dans sa bouche : la pratique était déjà courante à la fin du XIVe siècle et il existe un témoignage indépendant de sa continuation jusqu'au milieu du XVIIe siècle [76].

TABLEAU VIII. — *Degré de torture.*

	1539-1542 (% de 126)	1547-1548 (% de 98)	1604-1611 (% de 257)	1619-1621 (% de 101)
Question entière	42	3	38	39
Non indiqué (probablement entière)	25	45	8	0
Question modérée (a)	13	30	30	38
Présentation avec extension	1	8	10	17
Présentation	19	14	14	6

(a) Y compris, en 1539-1542, 2 cas de question "extraordinaire moderement" et 3 cas de question "telle qu'il la pourra endurer"; 4 cas de question "telle qu'il la pourra porter" en 1547-1548 et 2 en 1604-1611. Cette formule, qui semblerait annoncer les affres stéréotypées de la torture, témoigne en fait d'égards pour la faiblesse physique ou morale de la victime; sans autre mention elle entraînait la question modérée (voir, par exemple, X^{2A} 909, 23 oct. 1553)

75. En 1619-1621, par exemple, 5 victimes sur 38 furent jugées incapables d'endurer l'extension et, par conséquent, torturées par les menottes. Au XVIIIe siècle les menottes ne s'employaient plus mais les chirurgiens jurés du Parlement trouvaient régulièrement une excuse pour substituer les brodequins pour la question à l'extension et à l'eau.

76. *Registre criminel du Châtelet*, t. 1, p. 402, 415 ; t. 2, p. 47 et *passim ;* EVELYN, *Diary*, 11 mars 1651, *loc. cit.*

Le taux estimé d'aveux sous la torture, en 1539-1542, est de 8,5 % ; la politique de surveillance et d'adoucissement poursuivie par le Parlement de Paris eut pour effet de le réduire à 2,3 %. De novembre 1604 à octobre 1611, 257 sentences à la question obtinrent six confessions seulement dont, en trois ou quatre cas, des aveux partiels : deux personnes furent condamnées à mort et quatre reçurent des peines *citra mortem*. Pendant les années judiciaires 1619-1620, sur 101 applications à la question, deux victimes avouèrent : d'où un arrêt de mort et une peine de galères à temps. Les principales données sur ces huit affaires sont résumées par le Tableau IX. La torture, évidemment, s'était réduite à une ordalie plutôt mesurée. Elle était douloureuse, bien entendu, faisait peur aux uns, beaucoup moins aux autres qui en auraient eu vent, en prison par exemple. Dans les cas où la question provoqua des aveux, ce fut la peur autant, sinon plus que la douleur qui mina la résistance de la victime. Une telle conclusion semble être suggérée par une analyse de quatorze procès-verbaux (1585-1621) : un aveu à la présentation, un à l'extension, trois au premier coquemar d'eau, deux au deuxième coquemar, un au quatrième, quatre dès la mise en place du grand treteau, un au cinquième

TABLEAU IX. — *Aveux sous la torture*
(6 sur 257 en 1604-1611 ; 2 sur 101 en 1619-1621).

	Délit	Sentence dont appel	Degré de torture	Peine si nihil fateatur	Peine après aveux	Date de l'arrêt
Léonarde Roussaude	Infanticide	Mort	Modérée	Bannir 3 ans	Fouet, bannissement perpétuel	2 août 1605
Jean Orfeville	Homicide	Question entière	Entière	Bannir 5 ans	Galères perpétuelles	26 mai 1606
Edmé Robelin	Homicide	Question entière(?)	Entière(?)	P.A.I.(a)	Mort	25 juin 1606
Scipion Caboche	Homicide (fille de sa femme)	Question entière	Modérée	P.A.I.(a)	Fouet, bannissement perpétuel	8 mars 1607
Jean Grussy	Tentative de viol (fille de 5 ans)	Question entière	Entière	Bannir à perpétuité	Fouet, bannissement perpétuel	14 août 1607
Léonard Pornin	Bestialité	Question entière(?)	Modérée	Bannir à perpétuité	Mort	2 mars 1610
Julien Poirier	Homicide	Question entière	Modérée	P.A.I.(a)	Mort	11 mars 1621
Martin Benard	Homicide d'une sorcière	Question entière	Entière(?)	Galères 3 ans	Galères 9 ans	19 août 1621

(a) Plus ample information : élargir

coquemar et un aveu au sixième [77]. Tout compte fait, la torture en France n'était probablement ni plus périlleuse ni plus démoralisante que l'emprisonnement ou le procès criminel lui-même [78]. Elle se détachait nettement de celle qui était pratiquée dans le Saint Empire romain où des taux d'aveux de 40 % à 90 % étaient communs au XVIIe siècle, selon la rigueur ou l'insouciance avec lesquelles les différents Etats administraient la législation impériale de 1532 ; et bien qu'en Angleterre la question fût théoriquement interdite, on y tolérait largement la privation de sommeil — méthode presqu'infaillible pour extorquer des aveux [79].

Autrement dit, au cours du XVe siècle et de la première moitié du XVIe siècle, la torture perdit sa place centrale dans la procédure criminelle française. En attendant des recherches complémentaires qui fixeront la chronologie du processus, on ne saurait exagérer ni l'importance de cette révolution jurisprudentielle ni la sensibilisation à la douleur qu'elle suppose — sensibilisation qui allait dans le même sens que la répugnance aux mutilations visibles évoquée plus haut. L'abandon de la torture dure, tout comme le remplacement de l'essorillement par la flétrissure sur l'épaule, entraînait des conséquences d'ordre pratique, car la renonciation à une torture efficace portait atteinte à un des deux piliers de l'ancienne théorie de preuves légales : l'aveu et le témoignage, à l'exclusion des preuves matérielles [80]. Les traités de l'ancien droit gardent un strict silence à l'égard de la preuve matérielle, et pourtant Jean Bodin, dans sa *Démonomanie des sorciers* (1580), parle à plusieurs reprises de sentences de mort fondées sur « évidence de fait » [81]. Son dire est appuyé par de nombreux interrogatoires datant de la fin du XVIe siècle mais,

77. Plusieurs autres procès-verbaux relatent que la victime avoua, fut déliée et, puis, rétracta sa confession. En pareil cas le Parlement traitait l'aveu comme une « dénégation », sans réappliquer à la torture — anticipant ainsi l'Ordonnance criminelle de 1670 (titre XIX, art. 10, ISAMBERT, *Recueil*, t. 18, p. 413).

78. Grâce aux registres d'écrou de la Conciergerie (exception faite pour 1607-1608, la colonne d'élargissements étant lacunaire), il est possible de vérifier que les prisonniers ne sont ni morts ni hospitalisés par suite à la question. La mort due à la question était rarissime : trois cas seulement repérés (1557, 1587, 1604).

79. E. William MONTER, *Witchcraft in France and Switzerland*, Ithaca et Londres, 1976, p. 105-107 ; Keith THOMAS, *Religion and the decline of magic*, New York, 1971, p. 517.

80. Voir John H. LANGBEIN, *Torture and the law of proof*, Chicago, 1977. Cf. LAINGUI et LEBIGRE, *Histoire du droit pénal*, t. 2, p. 110-121.

81. Jean BODIN, *De la demonomanie des sorciers*, livre IV, chapitres 2 et 5, éd. Paris, 1580, p. 172v et seq., 201v. A la p. 178 Bodin fait remarquer que la torture en France était moins violente qu'en Allemagne.

en l'absence de pareils documents pour la période antérieure, il est impossible de remonter jusqu'aux origines de cette jurisprudence insoupçonnée : vraisemblablement elle allait de pair avec l'évolution de la torture et les deux tendances se sont-elles renforcées l'une l'autre.

L'Ordonnance criminelle louis-quatorzienne classe cependant la torture à un rang élevé dans l'échelle des peines — juste avant la mort. En voici la liste en ordre décroissant de sévérité : la mort, la question avec réserve des preuves, les galères perpétuelles, le bannissement perpétuel, la question sans réserve des preuves, les galères à temps, le fouet, l'amende honorable, le bannissement à temps [82]. Le paradoxe se résout lorsqu'on se rend compte que la législation ne donne pas le reflet d'une réalité judiciaire mais plutôt d'une image délibérément projetée. Le lecteur remarquera que l'Ordonnance ne distingue pas les différents degrés de la torture et ne souffle mot des peines imposées en cas de non-aveu. Si l'édit était pris à la lettre, il faudrait en déduire que Jeanne Rigault, relaxée en 1621 après la question présentée avec réserve des preuves, fut punie plus rigoureusement que Jean Gueret qui, la même année, subit la question entière et fut banni à vie du royaume — ce qui est absurde. Un meilleur reflet de la pénalité du Parlement est donné par les notes insérées çà et là dans les cahiers de plumitifs quand le greffier enregistrait le débat sur une sentence : en 1615, par exemple, la Cour dut trancher entre deux peines et, après un vote contesté, prononça que neuf ans de galères constituaient un moindre châtiment que la question entière avec une peine minimale de bannissement pour cinq ans [83].

Pour tempérée que fût la torture en France, il ne fallait toutefois pas en proclamer la modération. Au contraire : en exagérant les horreurs de la question, la justice conservait un instrument traditionnel de pression à l'encontre des accusés pour leur faire peur et, éventuellement, les inciter à avouer. En 1667, lors de la rédaction du code pénal, Pussort, arguant du taux infime d'aveux, proposa d'abolir la question préparatoire — suggestion repoussée par le pré-

82. Ordonnance criminelle de 1670, titre XXV, art. 13, ISAMBERT, *Recueil*, t. 18, p. 417. Cf. *Procès-verbal des conférences tenues... pour l'examen des articles... de l'Ordonnance criminelle*, 2 vol., Paris, 1709, t. 2, p. 248-249. La « réserve des preuves » signifie que les indices justifiant l'application à la question n'étaient pas purgés par la torture (voir l'article « Criminal jurisprudence » cité ci-dessous, p. 52) : malgré la théorie, la réserve des preuves n'avait aucune importance d'ordre pratique.

83. X^{2A} 977, 20 févr. 1615.

sident Lamoignon [84]. Aussi la torture traîna-t-elle sa vie de bluff pendant encore 110 ans et le texte de l'Ordonnance incidemment sema-t-il la confusion dans l'esprit des futurs historiographes [85].

5. **Les moyens de défense**

A la différence de la pénalité, cet aspect de la procédure criminelle n'est guère susceptible d'une démonstration quantitative ; multiplier les exemples ne persuaderait pas non plus le lecteur qui tient à la légende noire d'une justice implacable de jadis. Il ne resterait qu'à l'inviter à choisir au hasard un registre d'arrêts ou d'audiences [86] et à passer une journée ou deux à compulser les actes, plus particulièrement les arrêts sur requête. Une analyse abstraite de l'ordonnance de Villers-Cotterets (1539) pourrait sans doute créer l'impression d'un étau judiciaire sans rémission pour quiconque avait le malheur d'être accusé ; pourtant dans les archives du Parlement le nombre d'arrêts sur appel d'une sentence définitive est largement dépassé par les affaires où le prévenu réussit à contester un emprisonnement abusif, à récuser son juge, à établir son alibi, à reprocher les témoins adverses, à prouver la malice de la poursuite, à faire évoquer son procès, à obliger le siège subalterne à l'envoyer appelant à Paris... Et Louis Servin, futur avocat général du roi, de s'exclamer en audience en 1585 : « Les plus justes et les mieulx vivans ne seroient jamais assurez s'il n'estoit loisible de se deffendre contre les calomniateurs » [87].

L'édit de 1539 renforça en effet le secret de la procédure et priva l'accusé de conseil ; cependant, à côté des abus régnant aux sièges subalternes — obstacles mis au droit d'appel, concussions pratiquées lors des saisies, mauvais traitements et procédures vio-

84. *Procès-verbal*, t. 2, p. 224.

85. Les auteurs des manuels de pratique prêtaient unanimement leur concours au bluff du Parlement (comment auraient-ils pu faire autrement sans se perdre ?). Voir, par ex., l'article « Question » de Laurens Bouchel, *La Bibliotheque ou thresor du droit français*, 2 vol., Paris, 1615, t. 2, p. 680-686 : les abus de la torture y sont décrits de façon que le lecteur les suppose conformes aux usages permis.

86. X^{2A} 1392-1399 (registres d'audiences des années 1581-1599, 1609-1612) ; en général, pour le XVIIe siècle, les audiences sont intercalées dans les registres d'arrêts. Selon une vieille croyance, l'ordonnance de Villers-Cotterets aurait supprimé les plaidoiries pour les affaires criminelles graves ; or il n'en est rien : s'y retrouvent maintes audiences en matière de sorcellerie, sodomie, fausse monnaie, vol, assassinat, bigamie, rapt, viol, incendie volontaire, crime de lèse-majesté, etc.

87. X^{2A} 1394, fol. 94^r.

lentes, état déplorable des prisons — les torts éventuels introduits par l'instruction inquisitoriale stricte étaient peu de chose. On conçoit mal d'ailleurs comment le praticien du lieu pouvait garantir son client contre le monopole de pouvoir détenu par les coqs du village ou les bourgeois de l'échevinage. L'ordonnance de Villers-Cotterets doit être interprétée dans son contexte, compte tenu d'un système d'appels de plus en plus efficace, et le préambule pris au sérieux : « pour... abréviation des procès et soulagement de nos sujets » [88]. La législation visait principalement non pas la punition des criminels mais plutôt la correction du double abus invétéré que constituaient le procès extorsionnaire et la subornation des témoins [89]. Le prévenu nanti trouvait toujours le moyen de tourner la loi et de se pourvoir de conseil ; il en avait d'autant plus besoin que sa richesse l'exposait aux accusations calomnieuses. Quant aux gens démunis, le Parlement voulait surtout décourager la violence sommaire et favoriser la poursuite légale fût-elle élémentaire ; pourvu qu'il y eût appel, les éventuelles erreurs judiciaires et peines trop rigoureuses pouvaient être rectifiées à Paris. L'appel était coûteux, nous l'avons vu ; ce problème était irrémédiable. Mais en abrégeant la procédure en première instance et, par conséquent, en limitant les frais, on pouvait espérer attirer la vengeance publique vers l'institution judiciaire en voie d'affermissement : l'accroissement du nombre des appels témoigne de la réussite, du moins partielle, de cette politique. Avant la fin du XVIe siècle l'appel de droit commençait à affleurer ; peu à peu le procès parisien se substituait au jugement local, le rôle des sièges subalternes se voyait graduellement réduit au ramassage des informations et à leur validation par le moyen de la confrontation de l'inculpé avec les déposants. Et sur un autre plan la législation de Villers-Cotterets à l'égard des moyens de défense est analogue à celle de l'Ordonnance criminelle à l'égard de la torture : la projection d'une image sévère afin de cacher un ménagement réel.

Conclusion

Aujourd'hui la thèse d'Adhémar Esmein atteint son centenaire ; depuis sa soutenance les historiens n'ont cessé de répéter que la

88. ISAMBERT, *Recueil*, t. 12, p. 600.

89. Voir les réflexions sur la justice française dans la *Vie de Benvenuto Cellini*, traduite par Maurice Beaufreton, 2 vol., Paris, Julliard, 1965, t. 2, p. 75-85. En 1602-1603 l'affaire de Jean de Grassy — financier italien prévenu, comme Cellini soixante ans plus tôt, de sodomie hétérosexuelle — s'embrouilla vite en accusations et contre-accusations de subornation (pièces d'instruction dans le carton X2B 1179).

période comprise entre l'ordonnance de Villers-Cotterets (1539) et l'Ordonnance criminelle de 1670 représente le nadir de la justice criminelle en France et, en particulier, que la première moitié du XVIe siècle est caractérisée par une répression accrue. Il est temps de réviser le sujet à la lumière des recherches menées dans les archives, compte tenu d'un jeu complexe entre l'image et le vécu.

Aux débuts de l'époque moderne l'institution judiciaire ne détenait nullement les moyens de s'imposer contre le gré des populations : son affermissement traduit un besoin général de se mettre à l'abri de la vengeance privée et de la violence sommaire, avec, par conséquent, une tendance à recourir volontairement à la justice légale. Dans l'évolution d'une justice criminelle légale la répression du lynchage importait tout autant que la répression de la délinquance, et les efforts pluriséculaires du Parlement n'auraient pas eu d'effet sans un désir correspondant, de la part des justiciables, d'une nouvelle forme de sécurité collective. Cette demande — processus d'acculturation de très long terme [90] — fournissait une base sur laquelle les parlements de France consolidaient, petit à petit, un système d'appels visant à corriger les abus perpétrés par les cours subalternes, soit royales soit seigneuriales, et à donner ordre à la multitude de coutumes locales que l'Etat manquait de pouvoir pour abroger. En matière de justice, comme en tout autre domaine d'administration, les droits régionaux et particuliers constituaient l'obstacle principal à toute réforme jusqu'à la fin de l'Ancien Régime.

L'appareil judiciaire — avec toutes les failles et les carences que l'on sait — fut mis en place et les grandes lignes de la politique du Parlement de Paris essentiellement établies, un siècle au moins avant l'Ordonnance criminelle de 1670. Certaines sensibilisations et désensibilisations ont pu modifier la répartition entre les divers délits, mais le rythme d'appels et d'arrêts de mort trouva un niveau plus ou moins stable. Quoi qu'en aient dit les juristes d'autrefois — dont les écrits étaient gouvernés par des règles tacites, qu'il incombe à nous historiens de prendre en considération si nous voulons comprendre le contenu de leur discours — la pénalité, à l'aube de l'époque moderne, évoluait dans la direction d'un adoucissement (les guerres de Religion, voire la Saint-Barthélemy, ne doivent-elles pas leur réputation de cruauté au fait justement que les contem-

90. Pour une analyse fine des archaïsmes survivant jusqu'au XVIIIe siècle, voir N. CASTAN, *Justice et répression*, p. 53-66 : « Se faire justice soi-même ».

porains les ont ressenties comme cruelles ?[91]). Ravaillac et Damiens mis à part — ils constituent le cas limite — les exécutions devenaient de moins en moins théâtrales et les mutilations visibles disparaissaient. La torture s'étiolait. L'appel était en train de devenir automatique en fait bien avant de l'être de droit. L'Ordonnance criminelle louis-quatorzième codifia une jurisprudence depuis longtemps pratiquée, plutôt qu'elle n'instaura un nouveau régime judiciaire. Au XVIIIe siècle, l'unique nouveauté de grande envergure fut le rôle fortement accru attribué aux tribunaux d'exception : réponse à l'essor démographique et à l'émergence d'une population mobile qui échappait aux sanctions traditionnelles de contrôle communautaire et donc à la justice ordinaire[92].

⁂

Sur ce sujet l'auteur a fait un premier essai de synthèse : « Criminal jurisprudence in Ancien-Régime France : the Parlement of Paris in the sixteenth and seventeenth centuries », dans *Crime and criminal justice in Europe and Canada*, publié par les soins de Louis A. KNAFLA, Waterloo, Ontario, 1981, p. 43-75. Le présent article reprend la même matière, mise à jour à la lumière de recherches plus récentes dont les plus pertinentes sont le dépouillement intégral, aux Archives nationales, des cartons d'arrêts X^{2B} 145-192 et des cahiers d'interrogatoires X^{2A} 907-926, 954-965. Un traitement beaucoup plus détaillé paraîtra dans la thèse d'Etat actuellement en préparation : « Sorcellerie et déviances devant le Parlement de Paris, du milieu du XVIe siècle au milieu du XVIIe siècle ».

Yves Castan, Nicole Huet et Elisabeth Labrousse ont aimablement aidé l'auteur à corriger ses fautes de langue française ; qu'ils reçoivent ce témoignage d'une vive reconnaissance.

91. Cf. Denis CROUZET, « Sur le concept de barbarie au XVIe siècle », dans *La Conscience européenne au XVe et au XVIe siècle*, Collection de l'E.N.S. de jeunes filles, N° 22, Paris, 1982, p. 103-126.

92. N. CASTAN, « La Justice expéditive », dans *Annales E.S.C.*, t. 31, N° 2, mars-avr. 1976, p. 331-361.

VIII

PATHOLOGIE HISTORIQUE : LE TÉMOIGNAGE DES PROCÈS DE BESTIALITÉ AUX XVIe - XVIIe SIÈCLES

Tout comme la pathologie vient à l'aide de la physiologie, les études se multiplient depuis peu sur l'histoire de la mort, de la peur, du crime et de la violence, de la prison, des galères et du vagabondage, de la folie et des déviances de toutes espèces : autant de sujets qui sortent des coins sombres de « curiosa » chers aux amateurs, pour prendre place parmi les domaines dignes de l'attention de l'historien sérieux. Aussi peut-on mettre à contribution les procès en matière de bestialité — déviance sexuelle s'il en fut jamais — afin d'approfondir nos connaissances des mœurs et de la vie sociale à l'époque moderne.

En 1920 parut dans la collection de la « Bibliothèque des curieux » un petit ouvrage sous le nom du « Dr Ludovico Hernandez », pseudonyme choisi par Louis Perceau et Fernand Fleuret, qui avaient collaboré avec Guillaume Apollinaire à dresser le catalogue du fonds Enfer de la Bibliothèque nationale : *Les Procès de bestialité au XVIe et XVIIe siècles*[1]. Il s'agit de trente-neuf procès publiés d'après le manuscrit français 10 969 de la Bibliothèque nationale : *Procès faits à*

1. Dr Ludovico HERNANDEZ, *Les Procès de bestialité aux XVIe et XVIIe siècles. Documents judiciaires inédits, publiés avec un avant-propos*, Paris, Bibliothèque des curieux, 1920, in-8°, 238 p.

divers sodomites jugés au Parlement de Paris, tome 1, 1540-1692 [2]. Ce manuscrit de 859 pages, qui, au dire de Perceau et de Fleuret, forme un « recueil assez complet » [3], date du XVIIIe siècle, sans que nous puissions savoir autre chose sur sa provenance. Il est copié d'une belle main d'écrivain professionnel, aux marges généreuses, relié en plein cuir d'époque, et présente 49 affaires de sodomie et de bestialité qui se répartissent ainsi : 10 affaires de « sodomie » dans le sens de pédérastie ou d'homosexualité masculine ; 24 affaires de bestialité ; 15 affaires de bestialité en combinaison avec d'autres délits sexuels — surtout des viols d'enfants mineurs mais aussi des cas d'inceste et de sodomie hétérosexuelle, par exemple Toussaint Boudier « accusé d'avoir connu charnellement et contre nature plusieurs personnes » [4]. Parfois il n'y a que l'arrêt du Parlement sur le procès jugé en appel ; le plus souvent, toutefois, cet acte se trouve précédé par plusieurs pièces de procédure : le procès-verbal d'arrestation, l'information, l'interrogatoire de l'inculpé, le récolement des témoins et la confrontation de ceux-ci à l'accusé, la sentence du tribunal subalterne...

Etant donné la disparition de la quasi-totalité des archives des cours de première instance pour l'époque en question, s'ils s'avéraient authentiques ces documents présenteraient un très grand intérêt. Mais l'historien familier des textes judiciaires de cette période ne lira pas loin avant d'être déconcerté par les anomalies et les anachronismes qu'il y trouvera. Certaines sénéchaussées de l'Ouest et du Centre se voient transformées en bailliages [5]. Dès le XVIe siècle il est régulièrement fait mention de captures par la « brigade de la maréchaussée », alors que le mot « brigade » n'avait pas ce sens-là avant la toute fin de la période envisagée [6]. Quelques-unes des prétendues sentences déclarent que l'accusé fut condamné, sans dire à quelle

2. Le tome 2 (ms. fr. 10970) est entièrement consacré au procès célèbre de Benjamin Deschauffours en 1726. Ce dernier s'ajoute à 9 procès extraits du ms. fr. 10969, dans un volume qui fait pendant à l'autre : Dr Ludovico HERNANDEZ, *Les procès de sodomie, aux XVIe, XVIIe et XVIIIe siècles. Publiés d'après les documents judiciaires conservés à la Bibliothèque nationale*, Paris, Bibliothèque des curieux, 1920, in-8°, 191 p. L'affaire de Salomon Perresson en 1677 fut omise de l'une et l'autre publication.

3. *Les Procès de bestialité*, p. 232.

4. Ms. fr. 10969, p. 541-542. Sa prétendue victime principale s'appelait Léopold Jean Bougeran *(sic)*.

5. *Ibid.*, Moulins (p. 14, 837), Thouars (p. 155), Baugé (p. 809) ; à la p. 329 il est question du « bailliage et senechaussée de Riom ».

6. Outre les documents judiciaires, voir les dictionnaires d'Antoine FURETIÈRE et d'Edmond HUGUET.

peine [7]. Presque tous les arrêts font référence aux « conclusions du procureur général du roi » ; en fait le procureur général ne soumettait ses conclusions que lorsque l'affaire présentait une question de droit. A l'inverse, aucun des appelants, à trois exceptions près, ne fut « ouï et interrogé par ladite Cour sur sadite cause d'appel et cas à lui imposés » : formule invariable des vrais arrêts sur les procès en appel et qui évoque « l'interrogatoire sur la sellette », la dernière audition d'un appelant avant la prononciation du jugement ; dans le manuscrit cette formule se rencontre pour la première fois à la page 719. On s'étonne de lire des allusions aux « maisons de force » au début du XVIIe siècle [8]. Autre anachronisme : les sentences « confirmées » par le Parlement sont à « exécuter », au lieu de « sortir leur effet ». Ou encore, quinze arrêts dans le manuscrit précisent que l'appel fut interjeté par le procureur du roi, ou le procureur fiscal, au nom du condamné défaillant : information qui ne se rencontre jamais dans les arrêts antérieurs à l'Ordonnance criminelle de 1670 (titre XXVI, article 6), quand toute sentence corporelle, afflictive ou infamante devint l'objet d'un appel obligatoire [9]. Par ailleurs, les clauses concernant les amendes pécuniaires, les confiscations, les frais de justice et les appels *a minima* ont toutes quelque chose de bizarre. Comment ne pas sourciller à la lecture des listes des témoins citées tout au long dans les textes des arrêts [10] ? — et par surcroît ces témoins ont trop souvent deux prénoms : phénomène assez rare avant le XVIIIe siècle... Plutôt que de multiplier de telles critiques, citons le texte d'un prétendu arrêt remarquable non seulement par son laconisme inhabituel mais aussi par sa forme manifestement vicieuse :

7. Par exemple, François Beaupled (ms. fr. 10969, p. 436), Gervais Lienard (p. 468) et Jean Perier (p. 559-560).

8. *Ibid.*, affaires Bedeau (p. 306 : « hopital de Bicestre »), Berthin (p. 517 : à La Rochelle) et Moreuil (p. 612 : « maison de force la plus proche dudit lieu de Bellar [*sic* pour Bellac] »).

9. Par exemple dans l'affaire Didier Lengarat [= Legayat] (ms. fr. 10969, p. 324) : « l'appel interjetté par le substitut du procureur general audit siege de Joinville pour et au nom dudit Didier Lengarat ». Le lecteur notera ici une deuxième erreur grossière, car Joinville était un siège seigneurial. L'auteur du manuscrit tombe dans la même erreur dans le cas de Pierre Fontaine (p. 646), appelant de La Roche-Guyon, également une justice seigneuriale.

Sur cet aspect des appels, voir A. SOMAN, « Aux origines de l'appel de droit dans l'Ordonnance criminelle de 1670 », dans *XVIIe siècle*, t. 32, N° 1, janv.-mars 1980, p. 21-35. L'appel au nom du condamné laisse parfois une trace dans les « plumitifs » des interrogatoires sur la sellette, par exemple, Claude Toussaint (Arch. nat., X2A 973, 14 oct. 1611) ; *cf.* le ms. fr. 10969, p. 457, où l'auteur se trompe sur ce point, présumant qu'il fit appel lui-même.

10. Par exemple, ms. fr. 10969, p. 11, p. 23.

« Veu par la Cour de Parlement l'appel interjetté par Ambroise Vernart de la sentence contre luy rendue le dix-huitieme jour du mois de mai dernier par le bailly de Bonnestable, et generalement toutes les pieces dudit proces ; ouy sur ce le procureur general du roy, Dit a eté que par laditte sentence a eté bien jugé, mal et sans griefs appellé, pour raison de quoy la Cour renvoye ledit Vernart prisonnier par devers ledit Bailly de Bonnestable pour l'execution de laditte sentence et dudit arrest... » [11]

Néanmoins, en dépit de ces fautes évidentes, les affaires signalées par le manuscrit sont incontestablement réelles : toutes, sauf une seule, se retrouvent dans le fonds criminel du Parlement de Paris [12]. Les dates des arrêts, ainsi que les noms et prénoms des accusés comportent un certain nombre d'erreurs, certes, mais non pas beaucoup plus que le taux d'erreurs commises au greffe même du Parlement [13]. En rassemblant, pourtant, les documents subsistant sur ces quarante-huit affaires (arrêt, écrou à la Conciergerie, notes sténographiques de l'interrogatoire sur la sellette) et en rapprochant ceux-ci des textes du manuscrit, le chercheur commence à s'apercevoir que l'auteur du manuscrit n'a retenu qu'un petit nombre de données — date de l'arrêt, nom, prénom, l'animal concerné, siège subalterne [14], peine — et que tout le reste est plus ou moins imaginaire.

11. *Ibid.*, p. 579-580.

12. Arch. nat., sous-séries X^{2A} et X^{2B}, auxquelles s'ajoutent les registres d'écrou de la Conciergerie du Palais, conservés aux Archives historiques de la Préfecture de Police (Paris), A^{B} 1-73 ; un registre de plumitifs, égaré, se trouve à la Bibl. nat., ms. fr. 10951. Sur ce fonds voir l'excellent chapitre de Monique Langlois dans le *Guide des recherches dans les fonds judiciaires de l'Ancien Régime*, Paris, Impr. nat., 1958, p. 65-161 ; une mise à jour par Mlle Langlois se trouvera publiée dans le même volume que le présent article. Pour un bref exposé de la méthode suivie pour exploiter les archives du Parlement, voir A. Soman, « La Sorcellerie vue du Parlement de Paris au début du XVIIe siècle », dans *Actes du 104e Congrès national des Sociétés savantes (Bordeaux, 1979), Section d'histoire moderne et contemporaine*, Paris, 1981, t. 2, p. 394-395.

13. Trois dates d'arrêts données par le manuscrit sont à corriger : pour 27 oct. 1604 lire 27 sept. 1604 ; pour 30 oct. 1607 lire 3 oct. 1607 ; pour 23 août 1609 lire 23 août 1610. En outre, les arrêts des 23 janv. 1554 et 5 janv. 1556 sont datés selon l'ancien calendrier quand le nouvel an ne commençait qu'à Pâques. La présente étude était déjà sous presse lorsque l'arrêt du « 28 nov. 1678 » contre Maurice Violais a été retrouvé : 26 nov. 1668.

14. Dans sept cas les noms des sièges donnèrent lieu, soit à des fautes de lecture, soit à de mauvaises conjectures : par exemple, « Lagny » (p. 123) pour « Longny[-au-Perche] », « Magny » (p. 87) pour « La Court de Marigny et du Moulinet » (Loiret), « Le Mans » (p. 497) pour « Avant[-lès-Marcilly] » (Aube), « La Chapelle » (actuellement englobé dans la ville de Paris, p. 405 et seq.) pour « La Chapelle[-Vicomtesse] » (Loir-et-Cher).

La date de la sentence en première instance est donnée par le texte de l'arrêt en vingt et un cas ; elle est relevée correctement deux fois seulement. Les quatre écrous qui y figurent sont tous fictifs. A l'aide d'un calendrier perpétuel on constate que le jour de la semaine correspond au quantième en cinq cas seulement sur quarante-sept. Les détails donnés par les interrogatoires ne sont jamais en rapport avec le manuscrit : le lieu et la date du délit, les témoins, éventuellement les parties civiles : les âges des inculpés non plus, sinon dans quelques procès contre de très jeunes gens d'environ quatorze ans, âge de la majorité en matière pénale. A titre d'exemple prenons l'affaire notoire d'une femme et d'un chien ; le texte de l'arrêt contre Claude de Culan, du 15 octobre 1601, est cité tout au long dans les *Mémoires-journaux* de Pierre de l'Estoile et, dès l'année suivante, fait l'objet d'une mention par Henri Boguet dans son *Discours exécrable des sorciers* (chapitres 12 et 13). Selon le manuscrit cette femme n'avait que seize ans, elle s'est accouplée avec le chien dans la cour d'un prieuré le 15 août, condamnée à mort et appelant elle fut écrouée à la Conciergerie le 8 octobre. En réalité, Claude de Culan était veuve et n'aurait pas eu moins de quarante ans ; le délit eut lieu dans un cabaret le 15 septembre (fête de saint Lubin) [15] ; son écrou est du 13 octobre. Enfin, l'imagination de l'auteur du manuscrit va jusqu'à modifier l'essentiel du crime : passe une faute de lecture (« chienne » pour « chèvre ») et une jument métamorphosée en ânesse : les bêtes en deux cas ne sont pas spécifiées par l'arrêt et l'auteur les invente à volonté [16]. Beaucoup plus grave : sur les vingt-cinq derniers procès de bestialité, seulement quatre restent tels ; en quinze cas la bestialité ne figure qu'en arrière-plan par rapport à un autre crime purement imaginaire, et en six cas l'auteur se laisse emporter par ses fantasmes jusqu'à supprimer tout à fait la moindre mention de la vraie inculpation.

On reviendra à la fin de l'article sur les questions posées par ce manuscrit étrange. Pour l'instant il faut simplement reconnaître qu'il ne pourrait pas servir de base pour une recherche sur les procès de bestialité (en général *tout* recueil factice est à laisser de côté). Heureusement il existe un moyen de retrouver la très grande majorité des procès de sodomie jugés en appel par le Parlement de Paris et par conséquent de bâtir un échantillon quasiment exhaustif.

15. Arch. nat., X^{2A} 963, plumitifs des 13 et 15 oct. 1601.

16. Ms. fr. 10969, p. 12, 742 (*cf.* l'écrou, A^{B} 53, fol. 61^{r}) ; p. 26-27, 91 (*cf.* Arch. nat., X^{2A} 919, 3 oct. 1560, plumitif de Macé Avril : les « bestes brutes » non précisées s'avèrent avoir été une jument et des brebis, et non pas des ânesses).

Les registres d'écrou de la Conciergerie du Palais sont conservés à partir de 1564 et se prêtent facilement à une exploitation sérielle. Le dépouillement intégral des trente-trois premiers registres (jusqu'en 1639) livre une liste de 177 affaires de « sodomie », le plus souvent sans distinguer les différentes significations du terme mais parfois avec une précision telle « sodomie d'une ânesse » ou « pour avoir eu la compagnie d'une vache » ou d'un autre animal (quatre cas). Les arrêts et les interrogatoires permettent la répartition en deux catégories : 96 affaires de bestialité et 81 affaires de pédérastie, d'homosexualité masculine ou de sodomie hétérosexuelle [17]. Des recherches ultérieures ont ajouté huit affaires au second groupe, pour un total de 107 accusés dont en dix cas le délit précis reste inconnu. Quelques-uns de ces dix procès auraient pu être pour crime de bestialité mais seuls les cas sûrs ont été retenus.

La bestialité est identifiable dans les arrêts, soit par une clause de la sentence qui, suivant la Bible, prescrit la mort de la bête [18], soit par une qualification telle « sodomie brutale », « brutalité » ou « bougrie » (« bougeronnage », par contre, semble avoir été réservé pour l'homosexualité) ; la locution « sodomie et bastalité » se rencontre exceptionnellement dans l'arrêt du 8 février 1621 contre Abraham Berthin, mais le mot « bestialité » ne devient courant que vers le milieu du XVIIe siècle. Assez souvent l'arrêt désigne le crime par quelques termes d'exécration : « luxure abominable et brutalité » (15 octobre 1601), ou bien « vice et crime abhominable et detestable de sodomye et paillardise contre nature, contrevenant es droictz divins et humains » (15 juillet 1581). Car il s'agit du *crimen pessimum* qui inspire l'horreur à tous gens de bien. Lors de l'interrogatoire de Simon Goussart, qui « s'en est allé oublyer avecques une jument », la Cour lui demande « s'il a pas peur que la terre ne l'engloutisse » [19]. Cette détestation est soulignée par l'incinération des cadavres, et de

17. Il est à noter que l'homosexualité féminine n'était pas poursuivie à l'époque ; l'unique cas est celui de Claude de l'Espine, punie principalement pour sorcellerie, et ses complices en actes homosexuels relaxées (Arch. nat., X^{2A} 956, 6 févr. 1590, le début du texte se trouve hors place à la suite du 21 oct. 1589 ; X^{2B} 164, 8 mars 1590). *Cf.* E. William MONTER, « La Sodomie à l'époque moderne en Suisse romande », dans *Annales E.S.C.*, t. 29, N° 4, juil.-août 1974, p. 1023-1033, plus particulièrement les pages 1029 et 1031.

18. *Lévitique* 20, 15-16 : « Qui cum jumento et pecore coierit, morte moriatur : pecus quoque occidite... » (Vulgate).

19. Arch. nat., X^{2A} 943, 18 mai 1575.

la bête et de l'homme (aucun des condamnés ne fut brûlé vif[20]), ainsi que du procès « pour en effacer la mémoire ».

Une dizaine d'affaires de bestialité s'ajoute à la première liste tirée des registres d'écrou : en trois cas, le crime est laissé en blanc ; en deux cas, il est donné à tort comme « excès » (c'est-à-dire voies de fait) et « homicide » ; et en cinq cas le greffier emploie le vocable « inceste », voire « insexe » ! Ce n'est pas une erreur : le 16 juin 1642 Jean Berthier fut écroué à la Conciergerie « pour inceste commis avecq une vache ». Inversement un écrou pour « sodomie » se révèle effectivement une affaire d'inceste[21]. Cette confusion entre l'inceste et la bestialité — mais non pas avec la sodomie dans les autres sens du mot — donne à réfléchir et mérite l'attention de l'historien des mœurs sexuelles de jadis.

L'échantillon consiste donc en 106 procès de bestialité : 104 hommes, plus deux affaires de femmes et de chiens. On a déjà évoqué le cas célèbre de la veuve Claude de Culan. L'autre affaire est celle de Françoise Priou, jeune fille de quatorze ans : accusée par un seul témoin, elle appela d'une sentence de torture, n'avoua rien en la présentation de question ordonnée par la Haute Cour et fut relaxée[22]. Ces deux femmes constituant des cas particuliers, retenons les 104 hommes — qui représentent au moins 90 % des affaires portées en appel devant le Parlement de Paris pendant trois quarts de siècle. Leur répartition dans le temps est donnée par le tableau I[23].

20. Sur la peine du bûcher voir l'article d'A. Soman, « La Justice criminelle aux XVIe-XVIIe siècles : le Parlement de Paris et les sièges subalternes », dans le présent volume, p. 15-52.

21. Arch. Préfecture de Police, A^B 25, fol. 78^r, Didier Imbert, son fils et sa fille. *Cf.* leur interrogatoire : Arch. nat., X^{2A} 984, 13 mai 1621. Outre les six cas cités ci-dessus, dans l'écrou de Claude Chapoton (A^B 5, fol. 242^r) le mot « incexe » est biffé et corrigé en « sodomite » ; pour Claude de Culan (A^B 15, fol. 123^r) le greffier avait d'abord écrit « inxecte » avant de le changer en « sodomye ».

22. Arch. nat., X^{2A} 971, 15 oct. 1609 (plumitif) ; X^{2A} 174, 17 oct. 1609 (arrêt). Sur la présentation de question voir l'article cité à la note 20.

23. *Cf.* les graphiques de l'article d'A. Soman, « Les Procès de sorcellerie au Parlement de Paris (1565-1640) », dans *Annales E.S.C.*, t. 32, N° 4, juil.-août 1977, p. 793, 797. La documentation pour les procès de bestialité consiste en 104 écrous, 104 arrêts (3 affaires comportant deux arrêts, 3 arrêts en déficit résumés dans les écrous), 106 plumitifs d'interrogatoires (pour 98 procès, 8 appelants interrogés deux fois) et 16 procès-verbaux de torture (Arch. nat., X^{2B} 1174, 1330-1331). Une liste détaillée des documents prendra sa place dans la thèse d'Etat actuellement en préparation : *Sorcellerie et déviances devant le Parlement de Paris, du milieu du XVIe siècle au milieu du XVIIe siècle ;* après la soutenance les transcriptions des plumitifs seront versées aux Arch. nat., série U.

TABLEAU I

Nombre d'appelants pour bestialité et pour sodomie.

Années	Bestialité	Sodomie hormis bestialité
1564-1569	3	6
1570-1579	8	14
1580-1589	14	22
1590-1599	6	11
1600-1609	25	21
1610-1619	22	17
1620-1629	19	10
1630-1639	7	6
TOTAL	104	107

Une première constatation : à son maximum le nombre de procès ne s'élève qu'à deux ou trois par an sur une population de huit à dix millions pour le ressort de Paris, qui comprenait la moitié de la France. L'Ouest se trouve sur-représenté, avec 45 procès, par rapport au Centre et à l'Est ; les départements actuels de l'Indre, de l'Allier et de la Creuse n'ayant pas fourni un seul cas pendant toute la période : mais même à la sénéchaussée du Mans, avec deux appelants en 1599 et trois en 1611-1614, on ne saurait parler de « répression ». Une deuxième observation : les jugements prononcés par la Haute Cour sont relativement sévères — 55 condamnés à mort, 6 aux galères, 20 bannis et seulement 19 élargis. Cette sévérité s'expliquerait-elle par l'extrême simplicité juridique présentée par les procès de bestialité ?

Le manuscrit de la Bibliothèque nationale donne l'impression que la bestialité, au XVIIe siècle, était rarement poursuivie sauf en association avec un autre crime sexuel. Or il n'en est rien : les quinze cas de ce genre s'avèrent tous des fantasmes de l'auteur. Sur les 104 procès il n'y en a que quatre où il est question d'un autre délit : deux cas de vol, très marginal (1610 et 1622) ; Pierre Moulin (1625), outre l'affaire d'une ânesse, « a courru apres une fille... et jecté sur elle son ordure » (entendez semence) : et en 1587 quatorze hommes accusèrent Crespin l'Espée de tentatives homosexuelles et deux femmes l'ont « veu derriere une vache faisant actes abominables ». Toutes les autres affaires étaient de simple bestialité.

Bien entendu, une dénonciation pareille n'avait rien de « simple » à une époque où l'effectif policier était dérisoire et alors que les procès criminels n'étaient pas pris en charge par l'Etat. Les tribunaux de première instance n'intentaient pas volontiers des poursuites aux frais des receveurs des amendes, sauf pour les cas les plus énormes et les plus scandaleux (six procès sur 104 seulement furent menés aux frais des parties civiles). S'il n'y avait qu'un seul incident, il faut présumer que le scandale fut grand et retentissant. Ou bien s'il s'est agi d'un récidiviste incorrigible : seize interrogatoires laissent apercevoir des traces d'actes antérieurs à ceux qui ont provoqué les inculpations. Ou bien l'accusation s'explique par une âpre querelle villageoise ou familiale (les témoins sont souvent proches parents des accusés) [24]. Les documents sont beaucoup trop laconiques pour permettre à l'historien de démêler le fond des affaires. Ce n'est d'ailleurs pas sa tâche. Tout ce qui lui est possible c'est d'essayer d'en comprendre la procédure et la jurisprudence.

Or, dans les procès de bestialité il n'est pratiquement jamais question des preuves matérielles — comme, en sodomie homosexuelle ou en cas de viol, des lésions ou la communication d'une maladie vénérienne. Une condamnation est fondée, soit sur des aveux réitérés et non extorqués, soit sur les dépositions d'au moins deux témoins irréprochables, c'est-à-dire des gens bien vivants et non intéressés. Un seul témoin, ou plusieurs témoignages tant soit peu douteux, pouvaient donner lieu à une sentence interlocutoire à la torture (3 appelants sur 34 appliqués à la question à Paris avouèrent). Un aveu partiel — la volonté de commettre l'acte sans l'avoir exécuté — se prêtait à une peine *citra mortem* (bannissement ou galères). Par conséquent, les interrogatoires tournent presque tous autour de la prétendue extorsion des aveux et des reproches contre les témoins. Car, à quelques exceptions près, tous les accusés furent surpris en flagrant délit et la procédure fut très rapide. En 1609 Etienne Pasien, garçon de meunier à Montmorency, âgé de seize ans, «le jour St-Barnabé [11 juin], menant la jument de son maistre, il eut la compaignie de ceste jument et fut veu par deux hommes » [25] ; il avoua devant le premier juge et, dès le surlendemain, on le trouve écroué à la Conciergerie, appelant d'une sentence de mort, peine confirmée par la Haute Cour le 17 juin. La relative simplicité juridique se traduit par les brefs délais entre les écrous et les interrogatoires sur la sellette, nettement plus courts pour crime de bestialité que pour

24. Voir A. Soman, « Deviance and criminal justice in western Europe, 1300-1800 : an essay in structure », dans la revue annuelle *Criminal justice history*, t. 1, 1980, p. 1-28, avec un synopsis en français ; Nicole Castan, *Justice et répression en Languedoc à l'époque des Lumières*, Paris, Flammarion, 1980.

25. Arch. nat., X^{2A} 971, 17 juin 1609.

d'autres délits. Dans 27 cas sur 104, l'audition eut lieu dans la semaine après la réception du procès au greffe du Parlement — rapidité remarquable ; dans 27 autres cas le délai fut de huit à quinze jours ; 17 appelants seulement attendirent plus d'un mois dans la Conciergerie avant d'être interrogés.

Afin de mieux cerner les affaires faisant objet des 104 procès criminels, dressons le bestiaire de tous les animaux dont il est mention dans les documents (voir le Tableau II). Le total s'élève à 111 bêtes : dans deux cas l'animal reste inconnu ; dans neuf cas il s'agit de deux bêtes différentes ; une affaire présente trois bêtes. Le lecteur verra que les grosses bêtes (juments, ânesses, vaches, mules) y sont en très grande majorité — 97 sur 111, ou 87 % — et les animaux de petite taille (levrettes et autres chiennes, brebis, truies, chèvres) jouent un rôle assez insignifiant. Les proportions restent inchangées si l'on ajoute 29 procès hors série, 14 en amont et 15 en aval : 122 grandes bêtes sur 142, ou 86 %.

Tableau II

Le bestiaire de la bestialité.

Animal	104 procès 1564-1639		133 procès 1540-1692	
Jument	44		56	
Anesse	26		33	
Vache	25		30	
Mule	2		3	
TOTAL grand bétail		97		122
Chienne	5		6	
Brebis	4		6	
Truie	3		3	
Chèvre	2		4	
Poule			1	
TOTAL	111		142	

Aussi les procès de bestialité ne font-ils pas exception à la règle générale : *les archives criminelles ne donnent jamais le reflet fidèle de la criminalité mais de ce qui est poursuivi en justice.* L'on ne saurait trop souvent la répéter. Maintes et maintes études naïves, fondées sur les documents judiciaires, tombent dans le piège : plutôt que d'y avoir trouvé la sociologie d'un comportement réprouvé, elles décrivent cette fraction des délinquants qui se sont fait appréhender.

A la réflexion le bestiaire de la bestialité surprend de moins en moins.

Le petit bétail : on le faisait entrer facilement dans la maison : les brebis étaient des radiateurs naturels de l'hiver campagnard ; les convoitises « contre nature » pouvaient se réaliser en cachette sans trop de risques. S'accoupler avec une jument, par contre, voilà ce qui ne pouvait s'accomplir, ni sans de grandes difficultés d'ordre physique, ni sans grave danger d'être aperçu. Le Parlement en était parfaitement conscient, les accusés aussi. — « C'eust esté chose impossible de prendre la jument et que quatre hommes y eussent esté depechez » (1584). — « A dict qu'ilz sont faulx tesmoins et fauldroit qu'il eust le membre aussy long que le bras » (1616). — « Comment eusse ay-je faict cela ? (1600). Le « comment » faisait l'objet de bon nombre de questions. La jument était petite, elle était dans un fossé ; ou l'accusé était monté sur un tronc d'arbre coupé, sur un boisseau, sur un tas de fumier. — « Ladite jument estoit petitte, et qu'il y avoit deux chevaulx lachez à l'estable où estoit ladite jument » (1585). Abraham Gonnart « fut veu par trois tesmoins, estant dans une estable monté sur un boisseau » (1612).

L'étable n'était pas plus un lieu sûr que le verger. Seuls les gentilshommes possédaient des étables privées et ce n'étaient pas des gentilshommes qui étaient accusés de bestialité. Parmi les 104 appelants on compte 15 gardiens de bétail, 5 palefreniers et laquais, 10 « chartiers », 45 hommes d'autre métier agricole, 20 artisans et 9 de diverses professions (un prêtre, un messager, un sergent, etc.). Leurs âges ne sont donnés qu'en 38 cas, donc une pyramide des âges connus n'est pas nécessairement représentative : 4 garçons au-dessous de quatorze ans, 24 adolescents de quatorze à vingt ans, 8 hommes de vingt et un ans à quarante ans, et 2 vieillards au-delà de la cinquantaine. Presque tous semblent avoir été bien intégrés dans la vie villageoise. Aucun berger ne fut prévenu de sodomie avec ses brebis. Qui l'aurait dénoncé ? Non pas, certes, ses compagnons ! Les bergers, vivant — comme les bûcherons — en marge de la société, sont notoirement absents de la liste : le seul signalé par les documents est un jeune de quinze ans, accusé de relations avec une chienne.

Les données sur chaque affaire ne sont pas nombreuses ; elles profilent, toutefois, la bestialité telle qu'elle était poursuivie en justice : un comportement *scandaleux* et surtout *exhibitionniste* ! En cela, rien de surprenant : à toute époque l'exhibitionnisme est le délit sexuel par excellence. François Beaupled « fut veu en plein jour avec une chevre faire acte horrible à reciter » (1611). En 1602 on accusa Pierre Gorré « d'avoir eu compaignie avec son asnesse en plain chemyn ». La Cour demanda à Colas Fetis en 1606 « quelle heure il estoyt quand il fut surpris en la rue ? ». Edmé Bonnet commit l'acte avec une jument « en plein midy en une petite rue en la ville du Mans » (1599)... C'était un comportement de *très jeunes hommes* auxquels le Parlement posait parfois la question : « Si quelqu'un luy a apris à faire ceste ordure ? » (1607) ; car le crime était « contre nature » et, à l'inverse d'autres crimes, inexcusable par la jeunesse. Dans cinq procès l'appelant s'est dit « tenté par le diable ». Dans cinq autres cas il fut question de la folie. En 1561, après l'interrogatoire de Jean Mamer, la Cour ordonna une information auprès des « prisonniers du cachot dudict Mamer, avec le sergent de la geolle qui a la charge dudict cachot » et qui avait affirmé « ledict Mamer aliené de son esprit » ; la sentence de mort fut commuée en galères perpétuelles. Selon les circonstances la bestialité pouvait être un indice de folie. Georges Tommelet, soldat accusé d'homicide, lança ce reproche contre le témoin Ambroise Pajot, son ancien goujat : « Dict qu'il est fol, a couvert une jument »[26]. Proscrit à plusieurs reprises par la Bible, tel exhibitionnisme entraînait le dernier supplice : aussi l'acte commis avec un gros animal dans un lieu public tenait-il plus ou moins d'une volonté suicidaire. En trois cas l'accusé confessa son crime — librement ou sous pression ? — à son curé : à cet égard le texte de l'interrogatoire de Guillaume Faucheur est très précieux : « Remonstré qu'il a confessé qu'il avoit esté à confesse de son peché à son curé, quy luy a baillé penitence de jeusner de quinze jours en XV jours, trois fois, au pain et à l'eau »[27].

Voilà quelques conclusions fondamentales qui s'imposent après une analyse sérielle des procès de bestialité au Parlement de Paris — très différentes d'ailleurs de celles qu'on pourrait tirer du manuscrit de la Bibliothèque nationale. L'on aurait tort, pourtant, d'écarter ce dernier comme une imposture démasquée. Ces fantasmes rédigés sans doute pour la délectation privée de leur créateur ont néanmoins pour base une liste de quarante-neuf arrêts réels dont quarante-cinq au moins sont des cas de bestialité[28]. D'où est venue cette liste ? Il est difficilement concevable que l'auteur lui-même ait fouillé dans les archives criminelles ; les erreurs et les anachronismes sont trop

26. Arch. nat., X^{2A} 963, 3 juil. 1601.

27. Arch. nat., X^{2A} 959, 13 avr. 1598.

28. Deux affaires sont indiscutablement des cas de pédérastie : celle de Chausson et Palmier en 1661 et celle de Bonnet de La Contamine en 1677. Le motif de l'arrêt contre Nicolas Ferry en 1540 n'est pas précisé. De même ignore-t-on la vraie inculpation contre Maurice Violain, dont l'arrêt mal daté 28 nov. 1678 n'a pas été retrouvé.

grossiers pour quelqu'un qui aurait eu l'habitude des documents juridiques. Vraisemblablement l'auteur a eu sous les yeux, à un moment, les textes des arrêts rassemblés par un curieux du milieu judiciaire ; retenant un nombre limité de détails et quelques bouts de phrases, il s'en est servi comme point de départ pour fabriquer des situations imaginaires et, pour lui, excitantes. A la longue il se lassa, semble-t-il de la bestialité et, à partir de son vingt-deuxième procès, il donna plus libre cours à ses autres fantasmes.

Mais le curieux qui avaient repéré tous ces arrêts : qui était-il ? Perceau et Fleuret affirmèrent que le manuscrit est « une copie de Simon Gueulette, Procureur du Roi » au Châtelet de Paris [29] : hypothèse qui n'est guère convaincante. Gueulette (1683-1766) compila un recueil de procès criminels sensationnels, aujourd'hui conservé aux Archives nationales [30]. L'on y trouve en vrac des fiches dressées d'après les *Mémoires-journaux* de L'Estoile et *La Connestablie* de Pinson de La Martinière : six affaires de sodomie, dont trois de bestialité, retrouvés dans le premier, et huit affaires de sodomie, dont deux de bestialité, dans le second [31]. Ces deux listes ne se recoupent pas et, à l'exception du seul arrêt contre Claude de Culan (voir ci-dessus), aucun de ces cas ne figure dans le manuscrit de la Bibliothèque nationale. Si Gueulette en était la source, pourquoi notre auteur aurait-il négligé treize belles affaires ? Inversement, si Gueulette passait son temps à puiser directement dans les archives du Parlement, il n'aurait pas eu besoin de copier sur des ouvrages imprimés. Quel que fut l'homme de loi collectionneur d'arrêts en matière de bestialité, l'auteur des manuscrits français 10 969-10 970 créa un exemple remarquable de littérature pornographique. A ce titre il mériterait une étude spéciale.

*
**

L'auteur tient à remercier Elisabeth Labrousse et Jean-Louis Flandrin d'avoir bien voulu corriger ses fautes de langue française.

29. *Les Procès de bestialité*, p. 7.

30. AD III 1 et seq., surtout — pour les affaires de sodomie — AD III 1-3 et AD III 19.

31. Jean PINSON de LA MARTINIÈRE, *La Connestablie et mareschaussée de France...*, Paris, 1661, in-fol., p. 1007-1008. Claudine DAGNET, *Pierre de l'Estoile, témoin de la justice criminelle, 1574-1611*, mémoire de maîtrise, Paris-IV, 1977, p. 89.

IX

LA QUERELLE DE L'ANTIMOINE : GUY PATIN SUR LA SELLETTE

par Elisabeth LABROUSSE
et Alfred SOMAN

Résumé

On connaît depuis longtemps le procès de Guy Patin contre Jean Chartier, son collègue de la Faculté de Médecine de Paris. La version de Patin se lit dans sa correspondance personnelle et dans les Actes de son décanat ; celle de son adversaire dans un factum. A ces sources traditionnelles viennent s'ajouter les pièces d'instruction retrouvées dans les archives du Parlement. La publication ici de ces dernières permet d'apprécier le procès criminel comme une prolongation fortuite du litige civil et faisant partie d'une stratégie procédurière typique de la vie conflictuelle sous l'Ancien Régime.

Guy Patin's lawsuit against Jean Chartier, his colleague in the Faculty of Medicine of Paris, has long been familiar. Patin gave his version of the affair in his private correspondence and in the official Acts of his deanship ; Chartier presented his side of the case in a controversial pamphlet. These traditional sources are now supplemented by the documents of the trial itself, discovered in the archives of the Parlement of Paris and published here for the first time. The reader is thereby enabled to perceive the criminal trial as part of a strategy of civil litigation – a typical example of conflict under the Old Regime.

Bon nombre de docteurs-régents de la Faculté de Médecine de Paris appréciaient leur collègue Guy Patin : à trois reprises, en 1642, 1644 et 1648, son nom avait été l'un des trois proposés pour la charge de Doyen, la décision ultime étant acquise par tirage au sort (1). Finalement, le 5 novembre 1650 – il avait alors quarante-neuf ans, était docteur depuis 1627 et enseignait la chirurgie depuis 1632 –, c'est le billet portant le nom de Guy Patin qui sortit du chapeau et il devint, pour deux ans, Doyen de la Faculté.

L'usage voulait que le Doyen rédigeât, en latin bien entendu, les actes de son décanat et A. Corlieu a édité autrefois une traduction française à peu près intégrale de ceux qui sont de la main de Patin (2). Ces textes permettent d'éclairer les documents d'Archive récemment retrouvés par l'un de nous (A. Soman) que nous publions ici en partie, car la teneur exacte de ce genre de pièces, d'un déchiffrement et d'une interprétation souvent si difficiles, est intéressante à connaître pour tous les dix-septiémistes. On a certes étudié de près quelques grandes affaires criminelles (procès de Ravaillac, de Grandier, de la Brinvilliers) mais dans le cas présent il s'agit d'un incident banal et mineur, qui permet de se représenter la stratégie procédurière mise en œuvre tant au criminel qu'au civil, une stratégie si familière aux contemporains et qui nous demeure souvent si énigmatique en dépit des nombreuses allusions qu'y font des documents de l'époque.

Obtusément conservateur (ne récusait-il pas la circulation du sang !) et passionnément attaché aux traditions de la Faculté de Paris, Patin détestait l'École rivale de Montpellier ; on connaît ses conflits avec Théophraste Renaudot, dont il avait triomphé en 1643, après que la mort de Richelieu ait privé le gazetier d'un puissant protecteur. Patin en tenait pour les trois S : la saignée, le séné, l'eau de son. Dogmatique, il honnissait les empiriques, disciples de Paracelse et partisans de l'antimoine, donc, du vin émétique. Ce médicament n'avait-il pas été formellement condamné par la Faculté de Paris en 1566, puis, derechef, en 1615 ? Ces décrets de la Faculté n'ayant jamais été rapportés, « l'antimoine demeure poison » aux yeux de Patin (3). Toutefois, inconséquence significative, le *Codex Medicamentarius* édité à Paris en 1638, sous l'égide de la Faculté, contenait la recette de l'émétique !

Conservateur vigilant, dès les premiers jours de son décanat, le 24 novembre 1650, Patin eut l'occasion de faire modifier un libellé de thèse qui semblait mettre en doute les bienfaits de la saignée (4) et, le 12 mai suivant, il fut l'un des promoteurs d'une décision de la Faculté qui prohibait aux docteurs-régents, ses membres, d'accepter une consultation avec un, ou des empiriques, et cela sous peine de la perte de leurs « grades, honneurs et émoluments ». Un mois plus tard, on alla plus loin : on prétendit faire signer à tous les docteurs-régents le décret du 12 mai et on lui ajouta l'interdiction de donner à titre individuel une approbation à des livres ou des remèdes « de charlatan » (5).

L'offensive des conservateurs se précisa car, le 11 août 1651, quittant le plan anodin des déclarations d'intention et des proclamations générales, la Faculté, en la personne de son Doyen, porta plainte contre Me Jean Chartier, l'un de ses docteurs-régents, qui venait de publier, sans approbation, un in-4^0 de 56 pages – savamment ponctué de grec, d'hébreu et d'arabe – *La science du plomb sacré des sages, ou de l'antimoine, où sont décrites ses rares et particulières vertus, puissances et qualitez,* muni d'un Privilège du Roi en date du 26 juin. Aux pages 51-52 de l'opuscule, Chartier soulignait discrètement l'inconséquence d'une Faculté qui tenait par tradition l'antimoine pour vénéneux, mais se démentait elle-même en accueillant l'émétique dans son *Codex*. Menacé donc de la discipline corporative, l'auteur en appela au Parlement de Paris, car celui-ci, en effet, exerçait une tutelle administrative sur toute l'Université de la Capitale (6).

Né en 1610, lié avec les Renaudot, ce Jean Chartier était fils du premier lit d'un célèbre médecin, savant éditeur d'Hippocrate et de Galien, mais il était brouillé avec son père contre qui il était en procès (7). Patin le dit « gueux comme un peintre, tout prêt de mourir en prison pour ses dettes » et, revenant un peu plus tard à la charge, il ajoute que Jean Chartier est « un petit safranier [entendez : banqueroutier] qui ne sait de quel bois faire flèche, qui a tout mangé son bien, qui n'était pas grand, qui a trente procès contre ses créanciers... » (8). Reste que Jean Chartier était « écuyer, conseiller et médecin ordinaire du roi, et professeur en médecine au Collège royal de France ». Patin y devint son collègue en 1654 après avoir acheté 4 000 livres la charge qu'abandonnait Riolan vieillissant. Ce qui lui donna l'occasion, s'il faut l'en croire, d'apprendre que depuis plusieurs années les « gages » de Chartier étaient saisis par ses créanciers ; Patin prétend aussi que, tout en se disant « médecin du roi », Chartier n'avait pu verser les 12 000 livres que sa belle-mère demandait d'une charge où il succédait à son père (9). Pauvreté n'est pas vice et la malveillance de Patin à l'encontre de Chartier est frénétique...

Quoi qu'il en soit, sa victime, qui n'en était pas à un procès près, en intenta un a la Faculté à la suite de la condamnation portée contre son livre. La Faculté, intimée, rétorqua en demandant au Parlement « que ce Jean Chartier soit rappelé à l'observation des lois et règlements de notre Ecole » et, sur les conclusions du Doyen, « jusqu'à ce qu'il reconnaisse ses fautes et revienne à de meilleurs sentiments, qu'il soit rayé de la liste des docteurs-régents » (10). Le Parlement se saisit de l'affaire : par arrêt du 16 septembre 1651, toutes choses devaient demeurer en l'état, en attendant l'audition des parties après la rentrée en novembre. L'audace de Chartier scandalisa tant ses collègues qu'ils lui firent affront, selon Patin, lors de la Messe du lendemain de la Saint Luc (19 octobre) (11).

Cette indignation générale, dont se flattait le Doyen, l'encouragea peut-être à passer outre aux défenses du Parlement édictées par l'arrêt du 16 septembre. Le 4 novembre 1651 (premier jour de la seconde année du décanat de Patin) la Faculté procéda au deuxième décret – il en fallait trois – pour priver l'insolent Chartier de ses « droits, privilèges et émoluments », et, en conséquence, effacer son nom de la liste des docteurs-régents appelés à argumenter lors de la première des thèses quodlibétales que devaient soutenir les bacheliers en médecine pour accéder au grade de licenciés (12). Le combat de la Faculté de Paris contre l'antimoine quittait le plan théorique et prenait une allure de vendetta personnelle acharnée : sur ce terrain, Patin n'allait pas tarder à s'en apercevoir, beaucoup de ses collègues n'étaient plus disposés à le suivre.

La sévérité de la sanction n'était pas pour intimider les partisans de l'émétique, pour la plupart abrités par leurs charges de Cour et qui soutenaient Chartier en sous-main et peut-être même de leurs deniers (13). Le 23 novembre 1651, le Doyen ne se vit-il pas obligé d'imposer silence à Me Étienne Bachot qui avait osé mentionner certains arguments en faveur de l'antimoine ? Que des voix contraires se fussent élevées ou non, l'assemblée du 23 décembre prit le troisième et ultime décret pour expulser Jean Chartier de l'École, et elle fixa au 11 janvier la soutenance de la seconde thèse quodlibétale de Daniel Arbinet qui, selon l'usage, devait être présidée par le docteur-régent le plus récemment promu, en l'occurrence, Me Germain Hureau (14).

Quelques jours plus tard, le 29 décembre, la Faculté se réunit pour délibérer sur les corrections à introduire dans une nouvelle édition du *Codex*, en projet : les adversaires de l'antimoine étaient bien décidés à en ôter la recette du vin émétique ! Chartier ne perdit pas une minute et fit expédier au Parlement une protestation, qu'il avait sans doute préparée à l'avance. La plainte requérait que l'assemblée du jour et ses décisions relatives à la révision du *Codex* fussent tenues pour non avenues, ainsi que les sanctions prises antérieurement contre Jean Chartier. En somme, conformément à l'arrêt du 16 septembre, toutes choses devaient rester *in statu quo* tant que le procès n'aurait pas été tranché par le Parlement. Et suivant les règles en matière de telles requêtes, le plaignant en fit signifier le texte à sa partie. Dès l'assemblée terminée, le Doyen fut accosté par un huissier qui lui communiqua l'acte (15). Vu la sage lenteur des procès civils (celui-ci, nous le verrons, s'achèvera en 1666), s'incliner devant la démarche de Chartier aurait été, pour Patin, renoncer au combat. Son tempérament lui rendait impossible cette sagesse.

On devine l'anxiété indignée du Doyen, qui se rendit sur le champ chez l'avocat de la Faculté, Me Simon Pietre (qui allait l'année suivante, devenant alors prêtre, opter pour une prébende ecclésiastique paisible) (16) ; l'avocat fut rassurant et tint pour « ridicule » la signification obtenue par Chartier. Pour plus de sûreté, Patin alla exposer l'affaire au Président de Bailleul. Quand, le lendemain, il se rendit à l'audience dans la Grand'Chambre, assisté de l'avocat de la Faculté, pour se défendre, il crut avoir eu gain de cause et que la révision du *Codex* serait autorisée par le tribunal. Mais le Parlement prononça en faveur de Chartier. Le 4 janvier 1652, un huissier de la Grand'Chambre signifia à Patin l'arrêt sur requête dont voici la teneur :

> Veu par la Cour la requeste à elle presentée par Jean Chartier, escuier, docteur-regent en la Faculté de medecine de Paris et professeur en medecine au College royal de France, à ce que, pour les causes y contenues, tout ce qui avoit esté faict aux Escolles le vingt-neuf decembre dernier fust cassé et revocqué comme attentat, nouvelles deffences faictes à Me Guy Patin, doyen de la Faculté de medecine, et aux docteurs qui ont estez nommez, et à tous autres, de procedder à la reformation du *Codex* qui contient le nombre de tous les remedes dont les medecins de Paris se peuvent servir, lequel a esté faict en l'an mil six cens trente-huict par le suffrage de tous les docteurs de ladicte Faculté solennellement assemblez, et de rien attenter ou inover, à peine de cassation, trois mil livres d'amande, et de tous despens, dommages et interests contre ledict Pattin et lesdicts docteurs pretendus nommez en leurs propres et privez noms ; veu aussy les pieces attachée[s] à ladicte requeste ; conclusions du procureur general du roy ; tout consideré ;
> Ladicte Cour a ordonné et ordonne que, sur les appellations interjectée[s] par le suppliant, les parties auront audiance au premier jour, ce pendant toutes choses demeureront en estat (17).

Patin protesta contre ce qu'il considéra comme une chicane : « C'est ainsi, se récria-t-il, que Chartier obtint un arrêt du Parlement d'un greffier de la Grand'Chambre, nommé Boileau [probablement, le père du poète], à prix d'argent comptant, ce qu'il n'avait pu obtenir de juges impartiaux » (18).

Deux jours plus tard, la Faculté publia le feuillet de la thèse d'Arbinet, sans que le nom de Chartier figurât parmi les docteurs habilités à la disputer. La réplique ne tarda guère : le 8 janvier, le Doyen eut communication par huissier d'une supplique présentée par Chartier au Parlement, dans laquelle il demandait que fût reconnu son droit d'argumenter lors de la soutenance du 11 janvier et se disait victime d'une hostilité personnelle de Patin à son endroit, source première de tous ses déboires. L'assertion a des côtés fort plausibles à la lumière de la correspondance de Patin ; toutefois celui-ci semble avant tout engagé dans une sorte de guerre sainte contre l'antimoine et ses fauteurs, dont son exécration de Chartier n'est qu'une conséquence. Reste que, concrètement, il se propose d'écraser l'insolent coûte que coûte, de qui il avait écrit : « S'il trouve moyen d'éluder notre décret au Parlement, nous l'attraperons par une autre voie » (19). Sa victoire d'antan sur Renaudot l'avait apparemment rendu optimiste.

Le lendemain de cette nouvelle signification, Patin s'en alla consulter non plus un seul, mais deux avocats – Me Simon Pietre et Me Charles Baudot – qui le tranquillisèrent et l'incitèrent à ne tenir nul compte de ce nouveau document. Conseil malencontreux, nous allons le voir, mais qui n'empêcha pas Me Pietre de toucher trente-quatre livres d'honoraires pour ses peines, son secrétaire et les greffiers s'en partageant douze autres (20).

Le 10 janvier, contrairement aux prévisions des avocats, le Parlement exauça le vœu de Chartier et exigea que ce dernier prît part à la soutenance fixée pour le lendemain :

Veu par la Cour la requeste à elle presentée le huict janvier M vi^{c} cinquante-deux par Jean Chartier, escuyer, docteur-regent en la Faculté de medecine de Paris et professeur en medecine au College royal de France, à ce que, pour les causes y contenues, il fust ordonné que, dans la these qui est à disputer jeudy prochain aux Escoles de ladicte Faculté, proposée par Me Daniel Arbinet, bachelier en ladicte Faculté, et en la disputte de laquelle doibt presider Me Germain Hureau, docteur-regent en ladicte Faculté, le nom du suppliant seroit employé au nombre de ceux qui doibvent disputter ladicte theze, et ce suivant l'ordre du tableau et la matricule, qu'à cet effect ladicte theze seroit reimprimée, avec deffences à Me Guy Patin, doyen de ladicte Faculté, de mettre que ladicte theze soit disputée qu'au prealable elle n'ayt esté reformée et le nom du suppliant mis et employé en l'ordre qu'il doibt estre les disputans ladicte theze, suivant ledict tableau, et ausdicts Hureau et Arbinet de proposer ladicte theze en la forme qu'elle est et qu'elle n'ayt esté corrigée et reformée, et de rien faire ny attenter au prejudice des arrests, à peine de cassation et nullité, de trois mil livres d'amende et de tous despens, domages et interestz soufferts et à souffrir par le suppliant, et outre ordonner que, pour l'execution du present arrest, et à ce qu'il n'y soit contrevenu, les portes desdictes Escoles seront fermées ledict jour de jeudy prochain par l'un des huissiers de la Cour, qui en dressera proces-verbal, et ce à faulte de coriger et reformer ladicte theze et d'employer le suppliant en l'ordre desdicts disputans ; veu aussy les arrests de ladicte Cour des seize septembre M vi^{c} cinquante-un et quatre du present mois de janvier, et autres pieces attachées à ladicte requeste, icelle communicquée à partye de l'ordonnance de ladicte Cour ; conclusions du procureur general du roy, et tout consideré ;
Ladicte Cour a ordonné et ordonne que, sur les appellations, les parties auront audience au premier jour, et ce pendant a reiteré les deffences portées par lesdicts arrests des seize septembre M vi^{c} cinquante-un et quatre du present mois, faict deffences ausdicts Patin, Hureau et Arbinet de proposer ladicte these jusques à ce qu'autrement par ladicte Cour en ayt esté ordonné, et en cas de contravention, permet à [*laissé en blanc* : Me Nicolas Doussin], huissier en icelle, d'en informer, pour, ladicte information faicte, rapporté et communicquée au procureur general du roy, estre ordonné ce qu'il appartiendra (21).

L'huissier Doussin signifia l'arrêt au Doyen le mercredi soir à sept heures. La soutenance devait commencer à moins de douze heures de là. Plaideur chevronné, Chartier avait, de cette manière, tendu à Patin un piège bien imaginé : le Doyen ne pouvait, sans perdre la face, retarder la cérémonie du lendemain ; passer outre à l'interdiction – beaucoup plus explicite que celle du 16 septembre précédent – équivaudrait à une « rébellion » contre la Haute Cour. Pour se tirer du dilemme, le Doyen s'arrêta à une stratégie assez ingénieuse. Dans son récit de l'affaire – qui s'accorde d'ailleurs sur ce point avec les documents judiciaires – Patin dit avoir répondu à l'officier qu'il obéirait au Parlement. En vertu d'une casuistique, peut-être suggérée ou encouragée par les avocats, il semble que le Doyen avait décidé qu'obéir aux statuts de la Faculté, promulgués, des siècles auparavant, par le Parlement, c'était obéir à celui-ci plus scrupuleusement que si l'on s'arrêtait à un « vulgaire arrêt sur requête » (par « vulgaire » entendez : en français).

Le 11 janvier, aux aurores, selon l'usage, on se prépara à la soutenance de Daniel Arbinet. Me Jean Chartier « trompé par une réponse vague du Doyen » reconnaît Patin (22), vint s'asseoir, revêtu de sa robe, parmi les docteurs qui allaient argumenter. Il y a tout lieu de penser que le Doyen avait été évasif parce qu'il cherchait l'occasion d'infliger un camouflet public à son adversaire.

C'est seulement après que la soutenance eut débuté que Patin, faisant mine d'apercevoir soudain Chartier assis parmi ses confrères, lui intima l'injonction de vider les lieux, puisque son nom ne figurait plus dans la liste de ceux qui devaient argumenter, par suite du décret pris par la Faculté le 23 décembre 1651. Le Doyen avait évidemment voulu infliger à Chartier une remontrance solennelle et publique ; il stipula cependant que le délinquant pourrait retrouver tous ses droits pour peu que, venant à resipiscence, il renonçât au procès qu'il avait eu le front d'intenter contre la Faculté, « sa mère » et se soumît à ses décrets (23). Patin ne visait à rien moins que la défaite totale de son adversaire.

Ainsi débuta la séance interdite par arrêt du Parlement signifié la veille. Alors Chartier fit avancer l'huissier Doussin jusque là tapi dans un recoin de la salle, et ce dernier fit lecture officielle de l'acte. Ici la version de Patin s'éloigne quelque peu de la vraisemblance : son récit ne fait aucune mention de la lecture de l'arrêt et, lors de son interrogatoire (voir plus loin) à l'en croire : « du moins [il] ne l'entendit point ». Ce qui laisse deviner pourtant la salle en ébullition autour de l'incident, le tapage et le vacarme : situation qui se prêtait à mettre sur le compte de Patin des paroles injurieuses à l'intention de Chartier et des propos irrévérencieux envers l'autorité du haut tribunal – paroles non entendues par l'huissier (le Doyen ne cessa pas d'y insister, tout au long du procès) car, autrement, il n'aurait pas manqué de les coucher dans son procès-verbal de rébellion contre une ordonnance du Parlement. Patin prétend s'être contenté de faire un historique des conflits survenus depuis six mois. En achevant son discours, le Doyen annonça pompeusement que la soutenance allait suivre son cours, « de par la force, la puissance et l'autorité de notre discipline, et selon des statuts qui sont pour nous autant d'arrêts de Parlement, lois inviolables et éternelles qui nous ont été données par le Parlement de Paris, d'une nature bien supérieure et bien plus élevée que celle d'une supplique vulgairement appelée Arrêt sur requête » (24). Le procès-verbal dressé, l'huissier et Chartier se retirèrent et la soutenance interrompue reprit son cours malgré son irrégularité.

L'irrascible Doyen s'était mis dans un mauvais cas en traitant cavalièrement une intimation aussi formelle du Parlement. Il n'est pas exclu que l'attitude de Patin s'explique, pour une part, par le désir de profiter de circonstances qui paraissaient favorables. Sa haine des empiriques ne datait pas d'hier, mais ceux-ci étaient, nécessairement, à Paris médecins de Cour – ainsi pouvaient-ils exercer sans appartenir à la Faculté de la ville. A tort ou à raison Patin croyait ces « charlatans » (25) soutenus par Mazarin. On était alors en pleine Fronde des Princes et le Doyen a pu penser qu'il était indiqué d'en finir avec les partisans de l'antimoine à un moment où la Cour avait des choses plus urgentes que de faire sentir son poids dans une querelle médicale.

Dans le récit qu'il composa des actes de son décanat, Patin prit soin de souligner que sa hauteur combative avait rencontré l'approbation « de tous les docteurs présents et de beaucoup d'autres qui survinrent » (26), mais il est clair qu'au moins, assez vite, beaucoup de ses collègues ont déploré sa pugnacité, même parmi ceux qui n'étaient pas spécialement férus de l'émétique. En effet, le 26 mars 1652, le Doyen se vit implicitement désavoué par bon nombre de ses collègues, soixante-et-un médecins parisiens ayant contresigné une approbation de l'antimoine : beaucoup de membres de la Faculté avaient fait chorus avec les médecins de Cour (27).

Cette manifestation en faveur de l'antimoine fut-elle tramée par Me Jean Chartier ? En tout état de cause il avait su tirer avantage de son exclusion d'une soutenance de thèse : avec le procès-verbal du 11 janvier, il était à même d'intenter un procès criminel contre le Doyen et ses comparses. A cette fin il n'avait qu'à mettre en œuvre le dispositif de l'arrêt du 10 janvier et à faire informer par l'huissier Doussin. Ce qui fut fait le 18 janvier.

Ni le procès-verbal ni l'information ne sont aujourd'hui conservés dans les archives du Parlement ; nous sommes toutefois en mesure d'en reconstituer l'essentiel d'après les pièces d'instruction subséquentes. Prévoyant l'éventualité, Chartier s'était assuré d'avoir des amis dans la salle d'assemblée, le 11 janvier ; huit jours plus tard il en produisit quatre devant Me Doussin, dont un bourgeois de Paris, un compagnon barbier et un domestique (ce dernier reprochable de par sa qualité). Au moins trois d'entre eux déposèrent que le Doyen, lors de son refus de se plier devant l'arrêt du Parlement, dit que Chartier « n'était qu'un âne » et que lui, Patin, « se moquait des arrêts de la Cour et qu'il s'en frottait le cul » (28). Aussi, à l'accusation de rébellion (étayée par le procès-verbal), l'information donna-t-elle lieu d'ajouter les charges d'injures et de propos insolents méritant une sévère répréhension. Certains des témoins imputèrent les mêmes paroles au candidat, Daniel Arbinet et, de façon moins précise, au président de thèse, Me Germain Hureau. A la requête de Chartier, la chambre criminelle du Parlement, le 10 février, décréta ajournement personnel contre tous trois (29).

Beaucoup plus rapides en général que les procès civils, les actions criminelles n'étaient cependant pas dépourvues de longueurs quand les accusés savaient se défendre. Afin d'éviter l'humiliation d'un interrogatoire d'office, les trois prévenus présentèrent requête, le 24 février, d'être reçus directement en audience. Nouvelle requête de Chartier « à ce que toute audience fût déniée auxdits Patin, Hureau et Arbinet jusqu'à ce qu'ils eussent subi l'interrogatoire ». Arrêt du 8 mars prescrivant que le conseiller Nicolas Chevalier fît un rapport sur l'information (Chevalier, déjà rapporteur du procès Chartier-Patin devant la Grand'Chambre, se vit donc nommer rapporteur du procès criminel) (30). Les manœuvres des accusés n'aboutirent qu'à retarder la procédure de deux mois : par arrêt du 6 avril le Parlement réitéra l'assignation (31). Voici l'interrogatoire de Patin qui eut lieu le 15 avril :

Du xv avril M vi^{c} Lij

Pardevant nous, Nicolas Chevallier,

Est comparu Me Guy Patin, docteur-regent et docteur de la Faculté de medecine, aagé de cinquante ans.

Interrogé pourquoy il compare devant nous,

A dict que s'est pour obeyr à l'arrest de la Cour, qui porte qu'il sera ouy sur une calonnieuse accusation à luy imposée.

Interrogé s'il congnoist Jean Chartier, escuier, docteur-regent en la Faculté de medecine à Paris et professeur en medecine au College royal de France,

A dict que ouy.

Interrogé s'il n'a pas sceu que Me Daniel Herbinet, bachellier en ladicte Faculté, a cy-devant proposé une theze pour disputter aux Escolles de ladicte Faculté,

A dict que ouy.

Interrogé qui debvoit presider lors de ladicte disputte,

A dict que s'est que Me Germain Hureau qui presidoit.

Interrogé sy ledict Chartier estoit du nombre de ceux qui debvoient disputter, et estoit nommé en ladicte theze,

A dict que non, à cause que ledict Chartier est privé des droitz de la compagnie à cause d'un libelle qu'il a faict, qui n'a poinct esté aprouvé par la Faculté, et dont il a reffuzé de prendre l'aprobattion.

Interrogé pourquoy luy respondant n'avoit pas faict mettre dans ladicte theze le nom dudict Chartier pour disputter, comme les autres,

A dict qu'il y a respondu cy-dessus, et n'est poinct dans l'ordre des desputans puisqu'il ne jouyt poinct des droictz de l'Escolle, ayant refuzé de prendre aprobation de son livre, de ladicte Faculté ; estant luy respondant fondu en deux arrestz de la Cour de l'an M v cens (32) et vi^{c} ix, outre deux decretz de la Faculté de l'an xlviii et Lj contre ledict Chartier.

Interrogé s'il sçait pas que ledict Chartier a obtenu plusieurs arrestz portant deffences de proposer ladicte theze qu'auparavant le nom dudict Chartier n'y soit employé selon l'ordre du tableau,

A dict qu'un arrest sur requeste luy a esté signiffié par l'huissier Dhoussin, le mercredy au soir, à vij heures, et que l'acte debvoit commencer à vj heures au matin le lendemain, et ainsy estoit l'heure indeue pour luy faire ladicte signiffication et ne pouvoit se pourvoir contre iceluy ; et de plus, que ledict acte ne se pouvoit revocquer accause que la theze avoit esté publiée dès le samedy precedent. C'est pourquoy ledict acte fut continué en vertu des status de la Faculté de medecine, qui sont des arrestz d'une nature tout autre et plus sublimes que ne peult estre un arrest sur requeste, ce qu'est celuy obtenu par ledict Chartier, [*ajouté* :] et sans ouyr luy respondant.

Interrogé s'il n'est pas vray que le dernier desdicts arrestz, qui est du dixiesme janvier M vi^{c} Lij, luy a esté signiffié,

A dict que ouy, et que se fut à vij heures du soir, ainsy qu'il a dict cy-dessus, et que le lendemain l'on debvoit disputter dès les six à sept heures, ainsy qu'il avoit esté publié.

Sy, au prejudice desdicts arrestz et mespris d'iceux, il n'a pas proposé et faict disputter ladicte theze ?

A dict qu'elle a esté disputtée en vertu des status et conformement à iceux.

Interrogé sy ledict Chartier s'estant presenté pour disputter, ou empescher icelle jusques à ce qu'il ayt esté employé en icelle, luy respondant ne luy dict pas qu'il n'estoit qu'un asne et qu'il ne dispu[te]roit point,

A dict que non.

S'il n'est pas vray qu'un huissier de ladicte Cour s'estant transporté en ladicte Escolle et fait les deffences portées par ledict arrest, luy respondant auroit, nonobstant icelles, fait ouverture [de] ladicte disputte, disant en ces motz : qu'il se mocquoit des arrestz de la Cour et qu'il s'en frottoit le cul ?

A dict qu'il n'a jamais dict lesdictes parolles, ny avoir eu une telle pensée, et que s'est une vexation que luy fait ledict Chartier pour esluder le jugement du proces civil d'entre les partyes, dont luy respondant poursuy le jugement depuis neuf mois.

Sy ledict arrest ne fut pas leu en pleine assemblée par ledict huissier ?

A dict que ledict arrest ne fut poinct leu en ladicte assemblée, du moins ne l'entendit poinct lors, et qu'il estoit imposible de differer ladicte disputte, la publication en ayant esté faicte pour ledict jour.

S'il ne sçait pas le respect qu'il doibt aux decretz de la Cour ? et pourquoy il n'y a pas obey ?

A dict que ouy, et qu'il y a tousjours obey, et obeyra toutte sa vye.

S'il en veult croire l'huissier Doussin et les temoins ouys en l'information ?

A dict qu'il en croira bien l'huissier Doussin et ledict proces-verbal que luy respondant a signé, et non autrement ; et que, pour les tesmoins, il ne les congnoist point et ne les peult croire, et que s'ilz ont despposé aucune chose contre luy respondant, se sont faux tesmoins. Et proteste d'obtenir, contre ledict Chartier, ses dommages et interestz pour sa calonnieuse accusation, et qu'il est prest de produire trois personnes d'honneur qui diront la veritté, qui sont les sieurs Perreaux (33), [Charles] Le Breton et [Toussaint] Fontaine, qui assistoient luy respondant et estoient presens lors que ledict huissier vinct en ladicte Escolle et qu'il fit son proces-verbal que luy respondant a signé, et par lequel il prend droict. Qu'en tel cas ledict Chartier ne seroit recepvable à faire une telle plaincte, ains ledict huissier Doussin, qui n'en a poinct parlé par sondict proces-verbal. Outre qu'en France les actions populaire[s] ne sont poinct receu[es], et que se seroit à monsieur le procureur general du roy à se plaindre (34), et non ledict Chartier, qui ne faict ladicte proceddure que pour empescher jugement dudict proces, ainsy qu'il a dict cy-dessus.

Lecture faict, a persisté et a signé
[*s.*] Guy Patin, Doyen de la Faculté de medecine
N. Chevalier (35)

Interrogé le 6 mai, Arbinet nia également avoir dit que « Chartier était un âne » ni qu'il « se moquait desdits arrêts et s'en torcherait le cul ». A l'en croire, de telles paroles n'avaient pas été prononcées, mais, au reste, quant à lui, au moment critique « il ne songeait qu'à dire sa thèse et non autre chose », ce qui n'est pas sans vraisemblance.

Le 7 mai ce fut au tour de Me Germain Hureau de répondre ; il s'efforça d'éluder l'accusation qui le visait : comment aurait-il pu interrompre de son propre chef une soutenance commencée « attendu la compagnie qui était présente, en laquelle y avait deux princes, et les grands frais qui étaient faits » ? Mais surtout, Hureau s'efface derrière l'autorité du Doyen : quant à lui, « il n'empêchait point que ledit Chartier ne disputât, et qu'il fallait s'adresser à monsieur le Doyen pour cela » (36).

Chartier étant alors « obligé de servir son quartier auprès du roi en qualité de médecin ordinaire », il n'a pas poursuivi son procès pendant près de huit mois (37). Ce ne fut que le 2 janvier 1653 que le Parlement ordonna le récolement des témoins et leur confrontation avec les accusés (38).

Le 10 janvier, les quatre témoins persistèrent en leurs dépositions faites il y avait un an de cela, « sans y vouloir ajouter ni diminuer ». Suite à quoi, Arbinet leur fut confronté. Patin et Hureau firent de leur mieux pour esquiver cette épreuve mortifiante qui constituait la vraie marque d'un procès criminel à « l'extraordinaire ». Malgré un deuxième arrêt, du 19 février, Hureau ne comparut jamais et Chartier finit par accepter les déclarations portées par son interrogatoire : après tout, son cas n'était que marginal. Patin, par contre, en tant qu'accusé principal, ne pouvait plus éluder la sommation et, le 28 février, il affronta les témoins qui mettaient en cause son comportement (39). Il est rare qu'on publie ce genre de document, par conséquent nous avons choisi d'en reproduire intégralement le texte :

Confrontation faicte par nous, Jean Le Nain, conseiller du roy en sa cour de Parlement et commissaire commis par icelle en cette partye, des tesmoins ouys en l'information faicte par l'huissier Doussin, à la requeste de Me Jean Chartier, escuier, docteur-regent en la Faculté de medecine à Paris et professeur en medecine au College royal de France, demandeur et accusateur contre Me Guy Patin, aussy docteur-regent et doyen en ladicte Faculté, accusé, suivant les arrestz du xj jour de janvier et xix febvrier M vi^{c} Liii (40).

Du xxviij febvrier M vi^{c} Liii

Confronté audict Me Guy Patin, Anthoine Verier, tesmoin ouy en ladicte information, lesquelz, apres sermens par eux respectivement faitz de dire veritté,

Se sont recongnus l'un l'autre.

Ledict accusé, adverty de l'ordonnance de proposer reproches contre ledict tesmoin auparavant ouyr sa depposition, autrement n'y seroit cy-apres receu,

A dict pour reproches qu'il a veu le tesmoin vallet du sieur curé de St-Jean, et du sieur Roger, conseiller en la Cour des aydes, et que la qualité faict veoir que le tesmoin n'est pas un bon tesmoin. Ne sçait quel il est, et quant il aura apris sa vye et ses mœurs, proteste de donner de plus grand[s] reproches.

Ledict tesmoin a dict qu'il est vray qu'il a demeuré chez le sieur curé de St-Jean et chez le sieur Roger, conseiller en la Cour des aydes, mais que, pour cela, il n'a dict que la verittè, et est homme d'honneur et sans reproches.

A l'instant avons, en la presence dudict accusé, fait lecture de la depposition dudict tesmoin, en laquelle iceluy tesmoin a persisté comme veritable, sans y voulloir adjouster ny diminuer, et que ledict accusé est Patin duquel il a parlé par sadicte depposition.

Ledict accusé a dict que ladicte depposition est fausse en tous ses poinctz, et que l'huissier Doussin luy signiffia un arrest donné sur requeste, le mercredy à sept heures au soir, au mois de janvier M vi^{c} Lj [*sic* : 1652], et le landemain luy accusé se rendit, à vii heures du matin, aux Escolles de medecines, où la disputte publique commenceroit. Le jeune Chartier se presenta à luy accusé, disant qu'il voulloit disputter en vertu dudict arrest sur requeste, auquel il feyt response que, n'estant pas sur la theze, il ne pouvoit poinct disputter ; que la Faculté ne le recongnoissoit point pour docteur jusques à ce qu'il eut soubmis, au jugement et à la censure de la Faculté, un [*biffé* : meschant] libelle pour l'enthimoine, [*biffé* : fabriqué] composé par ledict Chartier (41). Sur lequel refus, ledict Chartier tira, d'un coing de la salle, Me Nicolas Doussin, huissier de la Cour, lequel demanda audict acusé pourquoy il ne voulloit pas que ledict Chartier disputtast et quand il dispusteroit. Luy fit response qu'il disputeroit quant il seroit bien sage et qu'il ne plaideroit plus contre sa mere la Faculté de medecine. Sur quoy ledict Doussin dict en ces termes : « Il fault donques que je fasse mon proces-verbal », ce qu'il fyt ; luy dicta, et le signa. Et prend droict par ledict proces-verbal dudict huissier Doussin, lequel ne depposera aultre chose que ce qui est contenu en sondict proces-verbal. Qu'il a trois tesmoins, docteurs en medecine, qui estoient à ces costés, qui pourront depposer qu'il n'a reffusé personne. Et ayant remonstré audict Chartier qu'il avoit tort et que son affaire se pouvoit accommoder en un quart d'heure, ledict Doussin, s'adressant audict Chartier, luy demanda : « Pourquoy donc plaidés-vous, Monsieur ? » Et ledict Chartier ezistant [= hésitant] en sa response, luy respondant dict : « Il plaide contre la Faculté sa mere, à laquelle il ne veult poinct soubmettre son libele, et nous en sommes au Parlement ». Sur ces parolles, ledict Doussin dict audict Chartier : « Monsieur, acordés cette affaire comme monsieur le doyen vous le conseil[le], messieurs du Parlement vous renvoyeront au jugement de l'Escolle ». Et ayant luy respondant haste pour s'en aller faire sa charge, reconduisit lesdicts Doussin et Chartier jusques à la porte de ladicte Escolle. Quy est tout ce qui se passa entre eux.

Ledict tesmoin a persisté en sa depposition, et ont signé

[*s.*] Guy Patin
Antoine Verrier

Confronté audict Patin, accusé, Jean Fourchet, bourgeois de Paris, tesmoin ouy en ladicte information, lesquelz, apres sermens par eux respectivement faitz de dire verittè,

Ledict tesmoin a dict qu'il congnoist ledict accusé pour l'avoir veu en l'Escolle de medecine, le jour cotté par sa depposition, et portant lors la robbe dudict Chartier, et encores veu une fois l'accusé pour luy avoir porté un livre de la part dudict Chartier.

Ledict accusé a dict qu'il ne congnoist point ledict tesmoin ; et, adverty de l'ordonnance,

A dict, pour reproches, que ledict tesmoin ne peult estre creu en tesmoignage pour ledict Chartier, d'aultant qu'il estoit aupres dudict Chartier, ayant apporté sa robbe et la remporta, comme son vallet ; de plus, que le tesmoin, recongnoissant qu'il a apporté un livre à luy acusé de la part dudict Chartier, cela fait veoir qu'il est son domestique et reputé tel, et en cette qualité ne doibt estre creu.

Ledict tesmoin a dict qu'il n'est poinct domestique dudict Chartier, mais qu'il est son amy et le sert quant il a affaire de luy, mais que, pour cela, il n'a dict que la verittè.

A l'instant avons, en la presence dudict accusé, fait lecture de la depposition dudict tesmoin, en laquelle icelluy tesmoin a persisté comme veritable, sans y voulloir adjouster ny diminuer, et que l'acusé present est le sieur Patin duquel il a parlé.

Ledict accusé a dict que ladicte depposition est faulse et n'a jamais eu la pensé de profferer les parolles portées par icelle ; qu'au contraire, il a parlé dudict arrest avec tout respect ; et pour le justiffier, s'est qu'il se rapport au proces-verbal dudict huissier, lequel, estant l'homme de la Cour, il n'eut manqué d'en dresser son proces-verbal pour accuser luy Patin, au lieu qu'il fait tout le contraire, justiffiant luy Patin par sondict proces-verbal.

Ledict tesmoin a persisté en sa depposition comme veritable, et ont signé
[*s.*] Guy Patin
Fourchet
Taxé audict tesmoin pour estre venu deux fois, xxiiii sols parisis.

Confronté audict accusé, Pierre Hude [compagnon barbier], tesmoin ouy en ladicte information, lesquelz, apres sermens par eux respectivement faitz de dire veritté,

Ledict tesmoin a dict congnoistre ledict accusé.

Ledict accusé a dict qu'il ne congnoist point ledict tesmoin ; et, adverty de l'ordonnance,

A dict que, ne congnoissant point ledict tesmoin, il ne le peult reprocher, mais qu'il nous vient de dire qu'il fut veoir, en l'Escolle, une dysexion et anathomye d'une feme, qui se faisoit à huict heures, laquelle ne se fyt qu'à unze heures, et que cela fait veoir que le tesmoin est un faulx tesmoin.

Ledict tesmoin a dict qu'il fut en l'Escolle sur les huict heures et que, lors, il se fyt un bruict, comme il a depposé, qui est la veritté.

A l'instant avons, en la presence dudict accusé, fait lecture de la depposition dudict tesmoin, en laquelle iceluy tesmoin a persisté comme veritable, sans y voulloir adjouster ny diminuer, et que l'accusé present est celuy qui proffera les parolles portées par sa depposition, contre l'honneur de l'arrest.

Ledict acusé a dict que ladicte depposition est fausse et qu'il est aisé à recongnoistre cette veritté, pour que ledict tesmoin parle d'une chose qu'il deppose faussement avoir esté dicte et faicte en presence dudict huissier Doussin, lequel n'eut manqué d'en dresser son proces-verbal ; qu'il n'a jamais profferé lesdictes parolles, comme indigne d'un homme d'honneur, sçachant le respect qu'il doibt aux arrestz, ny n'a jamais tutoyé personne, et que cette villaine parolle contre un arrest sur requeste n'est jamais entré en sa pensée.

Ledict tesmoin a persisté en sa depposition comme veritable, et ont signé
[*s.*] Guy Patin
Pierre Hude
Taxé audict tesmoin pour estre venu deux fois, xxiiii sols parisis.

Confronté audict accusé, Claude Langlois, tesmoin ouy en ladicte information, lesquelz, apres sermens par eux respectivement faitz de dire veritté,

Ledict tesmoin a dict congnoistre ledict acusé pour l'avoir veu aux Escolles de medecine.

Ledict accusé a dict qu'il ne congnoist point ledict tesmoin ; et, adverty de l'ordonnance,

A dict ne pouvoir reprocher ledict tesmoin comme ne le congnoissant point, et ne l'a jamais veu.

A l'instant avons, en la presence dudict acusé, fait lecture de la depposition dudict tesmoin, en laquelle icelluy a persisté comme veritable, sans y voulloir adjouster ny diminuer, et que s'est du sieur Patin, accusé present, duquel il a parlé par sa depposition.

Ledict accusé a dict que ladicte depposition est fausse aussy bien que les autres, qui se contrairie[nt] en ce que ledict tesmoin deppose de choses differentes des autres, et que leur varietté faict veoir leur faussetté (42). Prend droict par le proces-verbal de l'huissier Doussin, qui a escript la veritté du fait par sondict proces-verbal. Et n'a jamais profferé les parolles dont pas [*sic* : parle] le tesmoin, ny mesme pensé à ce faire, ce que paroist veritable par le proces-verbal dudict huissier, par lequel il persiste à prendre droict.

Ledict tesmoin a persisté en sa depposition comme veritable, et ont signé
[*s.*] Guy Patin
Langlois.
Taxé audict tesmoin pour deux fois, xxiiii sols parisis.

Ce faict, a ledict Patin dict qu'il remonstre à la Cour que ledict Chartier n'a nul droit d'estre son callonniateur et accusateur comme il fait, et que se debvoit estre l'huissier Doussin. Que ledict Chartier n'a inventé cette accusation que pour esluder la poursuitte que ledict Pattin faisoit contre luy à la Grand'Chambre, à quoy ledict Chartier est porté par quelques autres qui vouldroient mettre l'enthimoine en credit pour se donner praticque par la nouveauté de se remede, et se mettre en reputation. Lequel remede a esté declaré veneneux et incorigible par un decret solonnel de la Faculté, de l'an M v^{c} [lxvi], laquelle avoit esté assemblée par l'ordre de messieurs les gens du roy, et par un autre decret de ladicte Faculté de l'an 1615, lequel decret fut confirmé par arrest de la Cour. De plus, declare qu'il prend droict par une autre raison : s'est qu'en France les actions populaires n'estant point receues, d'aultant qu'elle residoit en la personne seulle de monsieur le procureur general, ledict Chartier ne peult passer que pour un callonniateur affin de gaigner temps et ne point veoir condenner son libelle pour l'entimoine, duquel tant de gens sons malheureusement mortz depuis six ans. Et declare derechef qu'il prend droit par ledict proces-verbal dudict huissier Doussin. Et a signé

[*s.*] Guy Patin
Le Nain

Suite aux confrontations, le Parlement appointa, par arrêt du 6 mars, les parties à produire par écrit leurs faits justificatifs (43). C'est à cette étape du procès que Chartier, s'efforçant d'obtenir une condamnation des plus lourdes, fit publier son factum : « Il s'agit de paroles indiscrètes, sales et insolentes..., d'injures atroces, de violences et de voies de fait contre le demandeur ». Il prétend que Patin « publie partout qu'il se moque de la procédure extraordinaire et du procès, et que, quelque arrêt qui puisse intervenir, il en fera effectivement ce qu'il a menacé de faire de l'arrêt du dixième janvier 1652 » (44).

Le 14 juillet 1653 eurent lieu les interrogatoires sur la sellette : dernière audition de tout prévenu au criminel (45). Et le lendemain, le tribunal, tout en étouffant l'accusation de propos scandaleux, rendit un arrêt qui donnait, on va le voir, une victoire modérée à Me Jean Chartier :

Veu par la Cour le proces criminel faict de l'ordonnance d'icelle, par l'un des conseillers à ce commis, à la requeste de Maistre Jean Chartier, conseiller et medecin ordinaire du roy, docteur-regent en la Faculté de medecine à Paris et professeur au College royal de France, demandeur contre Maistre Guy Patin, docteur-regent et cy-devant doyen de la Faculté de medecine, Maistre Germain Hureau et Daniel Herbinet, aussy docteurs-regens en ladicte Faculté, deffendeurs et accusés ; proces-verbal faict par Nicolas Doussin, huissier en ladicte Cour, contenant les viollances commises par lesdicts accusez et la rebellion par eux faicte audit Doussin en executant l'arrest de ladicte Cour du dix janvier mil six cens cinquante-deux, obtenu par ledict Chartier ; ledict arrest du dix janvier, par lequel auroit esté ordonné que, sur les appellations pendant en la Cour, les parties auroient audiance au premier jour, ce pendant les deffenses portées par les arrests des seize septembre mil six cens cinquante-un et quatre janvier ensuyvant, reiterées ; deffenses ausdicts Pattin, Hureau, Herbinet de proposer la terre [*sic* : thèse] en question jusques à ce qu'autrement par la Cour en eust esté ordonné, et en cas de contrevantion, permis à l'huissier porteur dudit arrest d'en informer, pour, l'information rapportée, estre ordonné ce qu'il appartienderoit ; information faicte par ledit Dousin, huissier, en execution dudit arrest, le dix-huict dudit mois de janvier ; arrest de ladicte Cour du dix febvrier ensuivant, par lequel auroit esté ordonné qu'iceulx Pattin, Hureau et Herbinet seroient adjournés à comparoir en personnes pour estre ouys et interrogés sur le contenu en ladicte information ; autre arrest du six apvril mil six cens cinquante-deux, entre lesdicts Pattin, Hureau et Herbinet, demandeurs en requeste du vingt-quatre febvrier precedent, à ce qu'ils fussent receus opposans à l'execution dudit arrest d'adjournement personnel, ce faisant, deschargés de l'assignation à eux donné[e], d'une part, et iceluy Chartier, deffendeur, et demandeur en requeste judicaire à ce que toute audience leur fut desniée jusques à ce qu'ils eussent comparu, par lequel auroit esté ordonné qu'ils subiroient l'interrogatoire ; interrogatoires à eux faicts par le conseiller commis, les quinze apvril, six et sept may ensuivant, contenant leurs confessions et denegations, ensemble la declaration d'iceluy Patin qu'il n'avoit eu aucune intention de contrevenir audict arrest ny mespriser iceluy, ny d'avoir dict aucunes parolles injurieuses contre l'honneur dudit Chartier ; arrest du deux

janvier dernier, par lequel auroit esté ordonné que les tesmoings seroient recollés en leurs deppositions et confrontés aux accusez ; recollement des tesmoings ouys en ladicte information, et confrontation d'iceux faicte ausdicts Pattin et Herbinet, les dix dudit mois de janvier et vingthuict febvrier ensuivant ; arrest du six mars audit an, entre ledit Chartier, demandeur et accusateur, et iceux Pattin, Hureau et Herbinet, deffendeurs et accusez, par lequel, apres la declaration faicte par ledict demandeur qu'il prenoit droict par l'interrogatoire dudit Hureau, les parties auroient esté appoinctées à bailler conclusions civiles ; deffences par attenuation dudit Pattin ; requeste dudit Chartier, employé[e] pour responce ; productions desdicts Chartier et Pattin ; forclusions de fournir de deffenses par attenuation et produire par iceux Hureau et Herbinet ; conclusions du procureur general du roy ; ouys et interrogés lesdicts Pattin et Herbinet sur les cas à eux imposés ; tout consideré ;
Dict a esté, apres la declaration dudit Pattin, porté[e] par son interrogatoire, que la Cour a condamné et condamne iceluy Pattin en quarante-huict livres parisis vers ledict Chartier, pour toutte reparation, dommages et interests ; enjoinct ausdicts Pattin, Hureau et Herbinet d'obeir à l'advenir aux arrests de la Cour ; faict deffenses à iceluy Pattin de meffaire ny mesdire audict Chartier, mesme audict Pattin, et à tous autres, de le troubler à l'advenir, ledict Chartier, en la jouissance des droicts de docteur-regent en la Faculté de medecine, le tout à peine d'amande arbitraire ; ordonne qu'aux frais et despens dudit Pattin, le nom dudit Chartier sera remis au tableau des docteurs de ladicte Faculté ; condamne en oultre iceluy Pattin es deux tiers des despens du proces, et lesdicts Hureau et Herbinet en l'autre tiers, chacun à leur esgard, vers ledict Chartier (46).

Sans doute Chartier avait-il escompté davantage : sinon une amende honorable publique, du moins une déclaration dans la chambre de la Tournelle (peines traditionnellement assorties à la rébellion et aux injures) ; à défaut d'un blâme essuyé à genoux, peut-être une admonestation, debout. Se contenta-t-il de sa réintégration à l'École et de modestes réparations civiles ? Toujours est-il que Patin considéra le jugement comme « une infamie du siècle », mais, ajoute ce contempteur des mœurs de ses contemporains, « elle n'est pas unique » (47). A l'en croire, il a perdu son procès parce que jugé « à la Tournelle... trop déréglée ; que le rapporteur était trop fort contre [lui] » sur l'instance de la reine, circonvenue par les charlatans qui l'entouraient. Plusieurs amis de Patin lui conseillaient « de prendre contre cet arrêt une requête civile », mais l'ancien Doyen eut le bon sens d'y renoncer, préférant se « reposer, étudier céans ou aller voir des malades » (48). L'humiliation de réinscrire le nom de Me Jean Chartier dans la liste officielle des docteurs-régents lui avait été épargnée, puisque sa seconde et dernière année de décanat s'était achevée le 5 novembre 1652.

Quelques semaines avant cette passation de pouvoirs, Daniel Arbinet, déjà éprouvé, avait dû passer un moment difficile quand, en septembre 1652, il s'apprêta à soutenir les thèses ultimes qui lui permettraient d'accéder enfin au grade convoité de docteur : son président, Me François Vignon (évidemment hostile au Doyen) avait en effet donné au malheureux candidat des sujets provocateurs ; d'une part, « la médisance entre collègues médecins et son indécence », et l'autre, des considérations sur la valeur éventuelle de l'antimoine ! Encore Doyen à pareille date, Patin s'empressa d'exiger d'autres thèmes de discussion (49).

Me Jean Chartier, « professeur du roi sans faire aucune leçon et [qui] n'était qu'une bête et un ivrogne » (50) était mort depuis quatre ans déjà quand, le 10 avril 1666, le Parlement de Paris (après consultation des docteurs-régents à cette date, qui montra que huit d'entre eux seulement – sur cent deux ! – restaient des adversaires irréconciliables de l'antimoine) prit un arrêt qui rendait licite le vin émétique, permettant « à tous médecins de se servir dudit vin pour les cures des maladies, d'en écrire et d'en disputer » (51). Une telle victoire posthume de son adversaire indigna naturellement Patin, mais si le vieil homme restait colérique, l'amertume lui demeurait étrangère et il confia alors à son ami Falconet : « Je me console parce qu'il faut qu'il y ait des hérésies [allusion à Mat. 18,7]... Dès que le vent aura changé, tous ces champions de l'antimoine se dissiperont comme la fumée de leurs fourneaux. *Ipsi peribunt : dii meliora piis* » (52) – à court terme, en tout cas, un diagnostic erroné de plus à l'acquit, déjà bien lourd, de Guy Patin.

Elisabeth LABROUSSE et Alfred SOMAN

NOTES

1. Cf. Patin à Falconet, 4 nov. 1650, dans *Lettres de Guy Patin*, éd. Reveillé-Parise, 3 vol., Paris, 1846, t.II, pp.565-566.
2. Dans *Lancette française : Gazette des hôpitaux*, t.LXXII, 1899, pour la première année, et *La France médicale*, nouv. sér., t.L, 1903, pour la seconde.
3. « Decretum Facultatis medicinae parisiensis, quo statuitur, 'stibium esse deleterium...', tertio kalend. augusti an. 1566 » dans Charles Jourdain, *Index chronologicus chartarum pertinentium ad historiam Universitatis parisiensis*, Paris, 1862, p.386 ; cf. *Lettres de Guy Patin*, I, p.191 n. ; Patin à Belin fils, 3 mai 1653, *ibid*., p.190.
4. *Lancette française*, 1899, p.741.
5. *Ibid*., pp.909 et 945-946.
6. *Ibid*., pp.946 et 954. Le *Factum pour Jean Chartier... contre M. Guy Patin*... [1653] procure sa version du procès (exemplaire conservé à la Réserve de la Bibliothèque nationale, Thoisy 326ter, fol. 121-122, 125-126).
7. Patin à Falconet, 3 nov. et 22 déc. 1651, *Lettres*, II, pp.599 et 603.
8. Patin à Belin fils, 16 nov. 1652 et 3 mai 1653, *Lettres*, I, pp.186 et 190.
9. Patin à Charles Spon, 21 avril 1655, *Lettres*, II, p.171.
10. *Lancette française*, 1899, p.954.
11. Patin à Falconet, 3 nov. 1651, *Lettres*, II, p.599. L'arrêt du 16 septembre n'a pas été retrouvé.
12. *La France médicale*, 1903, pp.77-78.
13. Patin à Charles Spon, 26 mai 1654, *Lettres*, II, p.137.
14. *La France médicale*, 1903, pp.78-79.
15. *Ibid*., p.80.
16. Patin à Belin fils, 16 nov. 1652, *Lettres*, I, p.186.
17. Arch. nat., X1A 2311, fol.41, 4 janvier 1652 (imprimé en tête d'un factum publié vers 1656 : Thoisy 326ter, fol.127). Les transcriptions ici présentées conservent l'orthographe, souvent flottante, des manuscrits. Suivant la pratique habituelle, nous y avons apporté une ponctuation moderne, ainsi qu'un minimum d'accents. Quant aux erreurs manifestes des greffiers : les mots répétés ont été supprimés tacitement ; les additions au manuscrit se trouvent entre crochets carrés.
18. *La France médicale*, 1903, p.80.
19. Patin à Falconet, 3 novembre 1651, *Lettres*, II, p.599.
20. *La France médicale*, 1903, p.363.
21. Arch. nat., X1B 1723, 10 janvier 1652. L'arrêt manque au registre X1A 2311 : c'est à l'obligeante compétence de Melle Monique Langlois, conservateur des archives du Parlement, que nous en devons la minute.
22. *La France médicale*, 1903, p.81.
23. *Ibid*.
24. *Ibid*.
25. Patin à Charles Spon, 25 novembre 1653, *Lettres*, II, pp.82 et 84.
26. *La France médicale*, 1903, p.81.

27. Cf. J. Lévy-Valensi, *La Médecine et les médecins français au XVIIe siècle*, Paris, 1933, pp. 148-149.

28. Paroles stéréotypées au XVIIe siècle. Voir, par exemple, dans les archives de l'officialité de Paris (Arch. nat., Z1-0 110, 5 juillet 1621), l'interrogatoire de Me Vincent Bault, curé de la paroisse St-Marcel à St-Denis-en-France : « S'il a pas dict qu'il torcheroyt son derriere de tout ce que led. sieur archidiacre feroyt contre luy ? »

29. X2B 529.

30. X2A 292.

31. *Ibid.*

32. La « sténographie » du greffier est telle qu'on ne peut sûrement distinguer entre « 1500 » et « 1600 ».

33. Claude Perraut, Jacques Perreau ou Pierre Perreau ? Cf. la liste des membres de la Faculté, dans *La France médicale*, 1903, p.78 ; en effet, le nom de Jean Chartier y manque.

34. Patin veut dire que les actions criminelles n'étaient normalement valables qu'avec l'adjonction du procureur général du roi à la plainte de la partie civile – ce qui, curieusement, n'a pas été le cas dans ce procès.

35. X2B 1235.

36. Les interrogatoires d'Arbinet et de Hureau se trouvent classés avec celui de Patin, dans la chemise datée le 15 avril 1652, X2B 1235.

37. *Factum pour Jean Chartier*, fol. 125r. Selon Patin il n'a pas fallu nommer successivement moins de cinq rapporteurs « que la corruption du siècle a fait changer l'un après l'autre » avant d'en avoir un (Ménardeau, qui signa l'ultime arrêt ?) entièrement docile aux vœux des empiriques et, surtout, de François Guénaut, l'un des pires ennemis de Patin, médecin du prince de Condé (*v*. Patin à Charles Spon, 25 novembre 1653, *Lettres*, II, p.84). Le roulement des rapporteurs aurait été plutôt l'effet que la cause du délai, car on avait coutume de renouveler tous les trois mois le personnel affecté à la Tournelle.

38. X2A 293.

39. Les récolements et confrontations sont classés dans la chemise datée le 15 avril 1652, X2B 1235.

40. Pour 11 janvier, lire 2 janvier. L'arrêt du 19 février n'a pas été retrouvé.

41. Les mots raturés sont ceux régulièrement assortis à des libelles diffamatoires.

42. Patin touche ici au cœur d'un problème fondamental aux informations : les témoins déposent souvent des faits différents les uns des autres.

43. X2A 294. De telles productions ne sont jamais conservées ; elles se trouvent énumérées dans l'arrêt définitif en fin de l'affaire (voir plus loin).

44. Fol. 121 r et 126 r.

45. Patin et Arbinet seulement, Hureau étant toujours défaillant. Le « plumitif » (c'est-à-dire, notes prises sur le vif) n'apporte rien de nouveau au dossier : X2A 1018, à la date. Noter que, pour cette période, par une erreur d'étiquetage, les cotes des cahiers ne correspondent pas à celles données par le *Répertoire numérique* ; en attendant la rectification, la cote de ce document est : X2A 1017.

46. X2A 294, 15 juillet 1653. Chartier en fit imprimer le texte sous l'intitulé *Extrait des registres du Parlement* ; un exemplaire se trouve inséré dans le *Factum pour Jean Chartier* (Thoisy 326ter, fol.123-124). Les frais du procès sont difficilement estimables. Les épices perçues par les conseillers-rapporteurs se montèrent (pour les seules pièces retrouvées) à 162 livres ; les salaires des témoins à 3 livres 12 deniers. En outre, les gens du roi touchèrent des honoraires pour leurs conclusions, mais les charges les plus lourdes étaient celles du greffe (pour les expéditions), dont il n'y a plus de trace.

47. Patin à Charles Spon, 25 novembre 1653, *Lettres*, II, p.84.

48. *Ibid.*, p.85.

49. *La France médicale*, 1903, p.283.

50. Patin à Charles Spon, 14 juillet 1662, *Lettres*, II, p.470.

51. Cité par Charles Jourdain, *Histoire de l'Université de Paris au XVIIe et XVIIIe siècles*, Paris, 1867, p.226. Cf. *Lettres*, III, p.610 n.

52. Patin à Falconet, 30 juillet 1666, *ibid.*, p.610.

X

UN BÛCHER POUR UN JUDAÏSANT : JEAN FONTANIER (1621)

Le 10 décembre 1621, sur la place de Grève, à Paris, Jean Fontanier monta sur le bûcher pour avoir renié le christianisme et tenté d'en répandre une critique radicale...

Cette affaire sensationnelle suscita aussitôt des écrits de circonstance. Des deux qui subsistent aujourd'hui, le *Discours sur la vie et la mort de Jean Fontanier* — huit pages in 16 en gros caractères [1] — n'est qu'un bavardage dévot, vide de tout renseignement précis ; il s'agit de l'entreprise purement commerciale d'un libraire avisé, qui a escompté que le titre, largement mensonger, de l'opuscule attirerait des acheteurs. C'est sans doute l'indigence de cette publication (ou de telle autre du même genre, perdue depuis) qui a poussé un homme bien informé à faire paraître l'*Histoire véritable de la vie de Jean Fontanier* [2].

Sur cette base, en la contrôlant par d'autres sources d'archive, Frédéric Lachèvre a pu établir un récit solidement étayé de la vie et du procès de Jean Fontanier [3]. Né en 1588 dans une bonne famille de la bourgeoisie réformée de Montpellier [4], orphelin de bonne heure, élevé par un oncle prénommé Philippe (comme l'était également d'ailleurs le père de l'orphelin) Jean Fontanier, qui savait le latin et avait même quelque teinture de grec, étudia le droit et fut reçu avocat en 1609. Peu après, il visita l'Italie et, de Venise, poussa jusqu'à Constantinople où des juifs servirent de truchement à ses compagnons de voyage et à lui-même : ce qui fut pour Fontanier l'occasion de s'initier à l'hébreu. A son retour en Italie, en 1611, il abjura le protestantisme, ce qu'il cacha à son oncle. A la mort de celui-ci, l'année suivante, Jean Fontanier hérita d'un office de notaire-secrétaire du roi, mais songea à se faire capucin à Toulouse. Toutefois la rigueur de la règle affecta sa santé : après une attaque de paralysie (?), il fut congédié par le prieur (qui pourrait bien avoir jugé à bon droit le jeune homme assez déséquilibré). En 1613, Fontanier vend son office et part pour la Hollande, où il trouve un poste de secrétaire auprès d'un auditeur du Conseil des Etats-Généraux, ce qui le ramène à Paris, en 1614, pour y suivre diverses affaires litigieuses devant la Cour de Parlement. En 1617, il est dans la capitale et loge dans une auberge, « à l'enseigne du nom de Jésus », rue Béthisy [5].

L'année suivante, cet instable entreprend un second voyage en Italie et à son retour il place ce qui lui reste d'un patrimoine dangereusement écorné dans une entreprise de coches et carrosses publics. Au commencement de l'année 1621, il fait un voyage de quelques semaines à Anvers et Bruxelles. En revenant, il fait la connaissance, à Cambrai, du rabbin Daniel de Montalto (ou de Montalte comme on disait en France) qui lui montre un petit ouvrage prétendument composé par son frère Isaac, médecin [6]. De retour à Paris, Fontanier y retrouve Daniel de Montalte : le rabbin accepte de lui communiquer l'ouvrage entrevu à Cambrai et lui assure quelques subsides pourvu que Fontanier se charge de répandre les thèses de l'opuscule ; fort heureusement pour le rabbin, celui-ci partit aussitôt après pour l'Orient.

Fontanier fait afficher aux carrefours de Paris, le 7 novembre 1621, un placard passablement délirant, offrant à qui le souhaiterait la communication gratuite d'un « trésor inestimable », procurant richesses et sérénité ; au bas de l'avis étaient indiqués son nom et son adresse, rue de Béthisy. Aux quelques curieux venus le voir, Fontanier imposa de signer une promesse qui les engageait à conserver le secret le plus absolu sur les révélations qu'ils allaient entendre. Puis Fontanier commença à leur dicter un texte français, rempli d'attaques et de quolibets contre le christianisme...

Horrifiés, deux de ses auditeurs le dénoncèrent et le 13 novembre le lieutenant criminel se présenta rue de Béthisy et surprit Fontanier en train de dicter à quatre auditeurs. Le lieutenant saisit le petit traité et conduisit l'orateur au Châtelet. La procédure criminelle était alors expéditive : dès le 25 novembre 1621, Fontanier se trouva condamné à l'amende honorable et au bûcher... Il fit appel et fut conduit à la Conciergerie du Palais [7] où, dégrisé et désespéré, le malheureux cessa quelques jours de s'alimenter. Aussi fut-il convoqué, le 4 décembre, par les juges du Parlement, soucieux, nous le verrons, de le rassurer, ce pourquoi ils le flattèrent de quelque espérance d'indulgence. A cette date, au reste, Fontanier se proclamait catholique et se disait prêt à renoncer à ses erreurs ; sa pitoyable ligne de défense consistait à prétendre qu'il n'avait attiré chez lui des auditeurs que dans l'espoir d'être délivré par eux de ses doutes...

Le 10 décembre, le Parlement confirma la sentence [8], ce qui incita Fontanier à se raviser et ne plus être disposé à « bien mourir »... Non sans peine, deux docteurs de Sorbonne obtinrent du condamné un dernier revirement en lui promettant qu'il serait étranglé avant de sentir les flammes s'il acceptait de mourir sans scandale (adoucissement *déjà* prévu par l'arrêt, car tel était l'usage, que Fontanier ignorait [9]...), à savoir, après s'être confessé, avoir demandé pardon à Dieu et au roi et en se recommandant aux prières des assistants. Les choses se passèrent ainsi finalement.

Il serait injuste de reprocher à Lachèvre d'avoir ignoré les manuscrits français 18.319-18.320 de la Bibliothèque nationale, car les « Observations de ce qui s'est passé en Parlement depuis la Saint-Martin de l'année mil six cent sept », rédigées par le président Nicolas de Bellièvre, concernent surtout le protocole de la Haute Cour et ne traitent qu'exceptionnellement de la matière des procès. Toutefois l'affaire Fontanier passionna Bellièvre, qui assurait la présidence de la Chambre criminelle depuis plus d'un an, à telle enseigne qu'il y consacra treize feuillets dans son journal intime [10]. Les circonstances quasi miraculeuses de l'arrestation [11] soulignaient l'importance de la question du droit : « si un juif judaïsant et voulant monstrer aux chrestiens sa doctrine est punissable de mort ; et aussy la question si un chrestien faisant le semblable estoit aussy punissable de mort ». La jurisprudence française n'offrant comme précédents que des bannissements à l'encontre des juifs, le président souhaitait faire paraître Jean Fontanier comme un chrétien apostat et blasphémateur : crimes passibles de la peine capitale.

Lorsque Bellièvre fut averti par le geôlier de la Conciergerie que Fontanier refusait de manger, il proposa à ses collègues de faire venir le désespéré car « cela le pourroit remettre ». Il est vrai que les magistrats n'avaient pas encore eu le temps d'étudier les pièces du procès, et que le conseiller-rapporteur Pierre Broussel [12] était absent ce jour-là, mais on pouvait entreprendre un interrogatoire, quitte à en renvoyer la poursuite à plus tard, ce qui avait quelque chance de tirer le prisonnier de son accablement ; or, « l'exemple estant attendu, s'il meritoit la mort, il estoit plus expedient que ce fust en public que, par longueur en l'expedition, l'avoir laissé mourir en nos cachots... »

Interrogé, Fontanier assura pathétiquement n'être pas l'auteur du « Trésor inestimable » et ne s'être jamais converti au judaïsme. Ramené dans son cachot, il recommença à s'alimenter et « sembloit avoir quelque esperance de vie »...

Le jeudi 9 décembre, la Cour étudia le rapport du conseiller Broussel qui avait extrait quelques citations du « Trésor inestimable ». Bellièvre demanda que celui-ci lui fût confié car il voulait le lire de près avant d'interroger l'inculpé, le lendemain ; il est possible que le consciencieux président ait jugé le rapport insuffisant et, philologue autant que magistrat, il prétendait scruter de près un texte capable d'envoyer au bûcher son auteur présumé. Le magistrat raconte avoir mis « bien sept heures » à « parcourir » seulement le livret, dont il fit soigneusement divers extraits « pour convaincre l'accusé d'en estre l'auteur et non coppiste ». Le texte, en effet, trahissait à un lecteur attentif un rédacteur dont le français était évidemment la langue maternelle... Puis le mémorialiste eut l'heureuse idée de transcrire « l'ordre de ce livre et quelques remarques d'iceluy pour servir au jugement de pareils proces s'il s'en presentoit à l'advenir » — se « guardant bien, neantmoins, de les mettre aux termes du livre mesme, ny la pluspart des choses plus particularisées, tant elles sont execrables et que j'ay de desir de les oublier... »

Le fait de rédiger, ne fût-ce que pour ses propres yeux et en termes atténués, un opuscule sur l'affaire Fontanier témoigne d'une ambivalence assez caractéristique de l'époque : une sensibilité scandalisée pourtant mêlée à une curiosité devenue érudite. Cette attitude perce en maints endroits dans les *Mémoires-journaux* de Pierre de l'Estoile : « vilain », lit-on dans la marge auprès des histoires scabreuses, « tant que le papier en rougist » ; en octobre 1601, le Parlement interdit de divulguer l'arrêt de mort d'une femme trouvée coupable de bestialité avec un chien, ce qui n'empêche pas le mémorialiste, membre du cercle restreint de hauts robins, de le recouvrer « pas le moien d'ung mien amy qui estoit greffier [13] »... Dès le début du procès Fontanier, on prend soin de garder le dossier à l'abri des yeux indiscrets. Au lieu de suivre la voie normale par les greffes, les pièces d'instruction et à conviction (le « Trésor inestimable ») passent directement des mains du procureur du roi au Châtelet en celles du procureur général au Parlement. L'arrêt contre Fontanier précisera que le « livre, minuttes et grosse dudict proces » seraient réduits en cendres avec le condamné, cependant c'est le président lui-même qui en perpétue la mémoire, sans risque toutefois que ses observations atteignent le vulgaire dans l'immédiat [14].

Ce livre contenoit 94 feuillets de minutte bien escritte en lettre françoise. Le volume in-4° n'estoit relié ne couvert, mais estoit en cahiers attachés ensemble. Le titre duquel estoit :

f. Thresor inestimable ou manserisme, c'est à dire, description du manser, par Rabbi Isaac Montalte, docteur porturgais *(sic)*, medecin de la royne mere du roy. Reveü par Daniel Montalte, frere de l'auteur. A Cracovie, avec privilege des superieurs. Pour les heritiers de Joseph Cigale, en l'année 4775 [15].

f. 1 v° Approbation des docteurs au nombre de 10 ou 12, de Constantinople et de plusieurs autres endroits. Nota que ce n'estoient pas seings apposés, mais nommés comme si c'eüst esté une coppie que ce livre.

f. 2 Prologue de l'auteur.

f. 4 Aux Marrans, c'est à dire, ceulx qui se sont revoltés de la vérité judaïque pour suivre la damnation chrestienne : Epitre au lecteur.

f. 5 Au lecteur salut.

f. 6 v° Thresor inestimable, v. supra.

f. 12 v° Premier chapitre : il y en a jusques à 28 pour contredire, quasi verset pour autre, l'Evangile St-Mathieu, lequel, ayant pensé destruire, il s'imagine que les autres le sont aussy.

f. 61 Refutation du Pater Noster.

f. 63 De l'Ave Maria, salutation angelique.

f. 64 Du Credo, symbole des apostres.

f. 69 Du Confiteor. Et s'imaginoit l'auteur qu'ayant monstré le foible fondement de ces prières, avec la déstruction de l'Evangile St-Mathieu, le christianisme estoit déstruit.

f. 70 Des dix commandements.

f. 74 Conclusion de l'hauteur.

Apres avoir tasché de destruire la créance chrestienne, il veult establir la judaïque.

f. 76 De la sainte loy de Dieu : I. la judaïque. A costé de quelques pages de ce chapitre sont ces tiltres ou apostiles du blaspheme que font les infideles chrestiens en voulant transubstantier le pain. De la creance des juifs.

f. 80 Du jour saint qui est le sabmedy.

f. 82 Des deportements des juifs, et à costé de quelques pages de ce chapitre, des prieres ordinaires des juifs. Des calomnies contre les juifs pour leurs sacrifices. De la viande de[s] juifs. Du manger du juif avec le chrestien. De l'amitié des peuples estrangers avec les juifs. Des calomnies contre eux. De leurs usures. Nota qu'il les excuse s'ils exercent usure, soubs le pretexte que, ne possedant terres et estant contraints de paier plusieurs impositions et nourir leurs familles, n'ayant que leur seule industrie.

f. 88 v° Conclusion de l'auteur, à la fin de laquelle sont quelques vers françois du Pseaume 80 ou 86, de la traduction de Marot, ainsy que souvient ces vers que je ne leüs qu'en passant, et n'ayant point de Marot, je ne peus verifier s'ils estoient de luy Marot.

f. 91 Au roy de France Louys XIII : c'est une epistre en laquelle il l'exhorte d'embrasser la cognoissance du vray Dieu et de ne faire tant de bien à ses favorits.

f. 92 Sur la vie de l'auteur de ce traicté. Est notable qu'il ne le nomme mais le designe si particulierement que quinze ou 20 lignes qui y estoient emploiées, joinct les ratures et renvois qui ne se pouvoient appliquer qu'à luy-mesme. A la fin duquel estoient encores quelques vers du psalmiste.

f. 93 Forme de serment par escrit que doit faire celuy qui veult apprendre le secret du Thresor inestimable, avant qu'il commence, lequel, apres avoir escrit, il reiterera tout haut. Nota que, par ce serment, il estoit porté que l'on promettoit à Dieu et à Mr Fontanier [de] ne reveler directement ou indirectement, ny mesmes par signes, le secret du Thresor inestimable, ains que l'on procureroit l'advenement de l'œuvre et le bien dudict Fontanier. Et en cas que, dedans dix jours, l'on jugea que l'on ne peust continüer ou ne voulust, estoit loisible de s'en retirer dedans ledict terme. Et puis estoit adjousté que si l'on contrevenoit à ce serment, Dieu perdit l'ame et le corps de cettuy-là. Il y avoit plusieurs autres paroles par lesquelles apparoissoit l'anxieté de laquelle estoit detenu celuy qui l'avoit composé, pour s'assurer de la conscience de ceulx à qui il se communiqueroit.

f. 94 La forme de mes affiches [16]. Par icelle le monde estoit invité de le venir trouver. Promettoit le Thresor inestimable sans argent. N'estoit plus besoing de faire fortune avec les grands, se mectre aux partis, courir les perils. Et qu'il enseigneroit de mettre son esprit en repos et le corps en delices, et caet. Et plus bas : Affectionné amy de ceulx qui les apprendront, Fontanier. Il est logé à l'enseigne du Nom de Jesus, rue de Betizy.

Ce livre celui paraphé du lieutenant criminel.

Sommaire du livre bruslé : Je ne pense pas qu'il se puisse lire un livre plus ignorant qu'estoit cestuy-cy, et en mesme temps plus rempli d'injures et de blasphemes, et sortant d'esprit plus enragé contre Jesus Nostre Sauveur, lequel en somme il faisoit naistre de l'accouplement d'un forgeron ou serrurier avec la Vierge *[note marginale :* encores disoit-il que ç'avoit esté comme par force, la surprenant une nuict depuis le 10 septembre jusques au 10 d'octobre, qu'en leur loy les hommes se levent à minuict pour aller au temple [17]], laquelle, pour éviter la peine de l'adultere, feignit l'anno[n]ciation. Et les miracles auxquels il accusé ne pouvoit respondre et qu'il ne pouvoit dénier, il les imputoit au sort d'un caractere qu'il disoit Nostre Seigneur avoir porté dans la chair de sa cuisse gauche [18]. Lesquels caracteres il avoit appris lisant dans un livre de Cabale et magie, nommé *L'Abedaforas* [19], pour lors et maintenant aussy tres estroictement bien deffendu. L'ignorance de cet auteur de touttes choses bonnes ou doctes estoit si grossiere que, sans les injures dont estoit tout rempli ce livre, je ne crois pas que l'auteur eust peu tant remplir de papier. Mais j'en diray les raisons cy-apres. A present je ne puis conjecturer autre chose sinon qu'il l'avoit composé sur des memoires ou extraicts de quelques rabbis ou Cabale des juifz, interpretant quelques propheties et passage du Viel Testament à leur guise : disans le Messie debvoir venir mais qu'il n'est venu encores, qu'il doit venir pour rassembler Israel et non le perdre. Au reste, que les juifs sont les catholiques, et non aulcune secte des chrestiens qu'il faict 8 en nombre, dont la pire (à son dire) sont les Romains. Il appelle les juifs catholiques parce qu'ils sont dispersés partout.

Le vendredy matin, je commandé particulierement au greffier de la Tournelle de faire tenir prests les chirurgiens de la Conciergerie, si d'adventure on vouloit faire visiter cest accusé pour veoir s'il avoit esté circoncis.

Description de Fontanier : La compagnie estant assemblée sur les 8 heures, l'accusé fust faict entrer pour estre ouÿ. C'estoit un homme plustost petit que grand, bien faict, de poil fort noir, de couleur bazané, la barbe en pointe comme la portoit le monde de la Cour et de Paris : ce que je remarque pour monstrer qu'il estoit faict comme un autre. Vestu d'un habit de satin noir mouchété, le bas de soye noir. En somme il estoit de menue taille, assez maigre et bien faict.

Serment nouveau : Luy faisant lever la main, je le fis jurer par le Dieu vivant qui a créé le ciel et la terre, auquel il croioit.

Ordre tenu pour interroger : Ayant leü son livre et appliqué à son proces, je creu qu'il le falloit convaincre d'en estre l'auteur, et, pour y parvenir en l'interrogeant, de luy faire raconter sa vie en retrogradant, à commencer du jour qu'il fust constitué prisonnier, m'imaginant qu'il luy seroit plus facile de s'en resouvenir, et se doubteroit moins de la fin pour laquelle je le fesoy, m'enquerant pendant chaque sejour, voiage, employ ou estude, ce qu'il avoit faict, veu ou leü, afin qu'ayant tiré de luy ceste verité, naifvement ou pressé, je peusse inferer que ce n'estoit Montalte medecin, son frere ny autre, qui fust autheur de ce livre, mais que luy seul.

Sommaire de la vie de l'accusé : Il nous dict donques qu'il avoit demeuré 4 ans en ceste maison où pend pour enseigne le Nom de Jesus. Pendant ce temps, qu'il avoit faict quelques voiages, le dernier avoit esté en Flandres, duquel revenant, passant par Cambrey, avoit trouvé Montalte frère à l'hostellerie, et caet.

Qu'il avoit faict autre voiage en Italie, s'estant embarqué à Marseille, avoit esté à Veronne, où il s'estoit faict catholique romain ; avoit esté à Venise.

Qu'il avoit faict autre voiage en Italie, estant allé en Hollande quand les Hollandois donnerent secours aux Vénitiens que conduisoit le sieur de Roquelores Dolagne [20]. Que de là il fust à Constantinople où il se servit de quelques juifs pour truchement.

Qu'il faisoit ces voiages à ses despens.

Qu'estant à Paris il faisoit des affaires au Conseil du roy, avoit pris à ferme pour 4000 livres les coches de traverses de la dame de Fonteine [21] ;

par des propositions que fist le lieutenant civil, le party fust rüiné, 1613 ou 1614. 1611 qu'il fust faict secretaire du roy des 21 de l'election de Navarre, mais que, pour ses debtes, il fust contreint vendre cest office [22].

Il avoit un oncle de son nom, commis de Mr de Lomenie, qui luy donnoit argent quelques fois, l'entretenoit.

1608 fist le serment d'advocat en ce barreau, assisté longtemps aux plaidoiries, n'a touttesfois plaidé. Avoit estudié en droit deux ans à Tholose, Montpellier et Vallence.

Qu'il avoit estudié en dialectique celle d'Aristote interpretée par Pacius [23].

Avoit esté un an à la première.

Avoit peu estudié en grec dans la grammaire d'Antesig[nan] ; peu en hebreu dans la grammaire de Bellarmin [24].

Capucin : Avoit esté capucin quatre mois, chose qu'on ne luy avoit encores demandée et qu'il eüst peine d'advoüer, touttesfois que c'estoit au couvent de Tholoze, et qu'il en estoit sorti par infirmité seulement.

De touttes ses responces ayant sceu qu'il sçavoit peu de latin, qu'il sçavoit quelque mot grec, avoit estudié en hebreu, qu'il n'avoit leu qu'un livre latin qui s'appelle Tite Live, quel[que] peu Plutarque, qu'il ne sçavoit rien en philosophie ny en droit, sur lequel interrogé il se souvint d'une regle de droit : *favorabiliores sunt rei quam actores* [25], qu'il ignorait les mathematiques, la medecine et la theologie, avoit leü quelques historiens françois seulement, à ce qu'il disoit.

Remonstrance à l'accusé : Je l'admonestay derechef de recognoistre la vérité par le serment qu'il avoit faict. S'il estoit juif, pourquoy il le dénioit ? S'il avoit faict le livre, pourquoy se disoit-il chrestien ? Quelle maniere de conferer pour esclairer ses doubtes ? Mais qu'il avoit advoüé n'avoir esté à confesse que 4 mois avant, à un prestre de St-Eustache,.duquel il ne sçait le nom, qu'il n'y avoit esté à Pasques parce qu'il n'estoit en bon estat. Qu'il n'avoit pas bien resolument et déterminément respondu du lieu de sa conversion à la religion catholique, si entre les mains de l'archevesque, son vicaire ou de religieux il avoit abjuré ; qu'il n'en avoit aulcunes lettres attestatoires. Qu'il avoit appris l'hebreu, c'estoit depuis ses estudes. Qu'il avoit esté par tous les lieux où il y avoit synagogues en l'Europe, ou la pluspart, s'estoit servy de juifs à Constantinople, trouvé saisy des tables de Moïse, de prières hebraïques et de ce livre, des serments à luy prestés pour guarder le secret, livre escrit et signé de sa main. Qu'il eüst à recognoistre la verité s'il n'estoit pas prepucié, circonciz. Lors l'accusé, comme surpris, dict (touttesfois fort lentement) que non, et qu'il estoit chrestien et non l'auteur du livre, demandant pardon de sa témerité, trop grande curiosité, que l'on ne le fist point martir, qu'il feroit une penitence si exemplaire qu'elle seroit plus proffitable que sa mort. Ce qu'il avoit jà dict la premiere fois qu'il fust mandé.

Lors je luy dis que, puisqu'il guardoit le serment qu'il avoit presté à ceulx qui luy avoient enseigné le judaïsme, comme il l'avoit exigé de ceulx auxquels il le vouloit monstrer, qu'il eust à se deffendre par raisons. Car je luy vouloy faire cognoistre que nous sçavions bien, par ce qu'il venoit d'advouer et par la lecture de son livre, que ce n'estoit Montalte le medecin, son frere ny autre, mais que c'estoit luy accusé ; en guardant par ceste demonstration le mesme ordre qu'il avoit tenu en son livre, premierement de destruire la faulse creance qu'il vouloit donner que ce fust Montalte, et puis establissant la certitude et verité que c'estoit luy qui l'avoit composé.

Monstré que Montalte n'est l'auteur du livre : Luy feit donq remonstre que ce ne pouvoit estre le medecin Montalte, parce que c'eust esté une traduction, d'aultant que Montalte ne sçavoit point le françois naifvement, ayant esté fort peu en ce royaume. Ce livre avoit esté composé par un François qui sçavoit touts les quolibets dicts vulgaires, proverbes des carefours, berlans, cabarets et lieux infames. 2e ce n'estoit point Montalte car il n'y avoit un seul mot de baragoin françois, ny un seul bon mot de touttes les langues et sciences que sçavoit excellement Montalte : hebreu, grec, latin, espagnol, italien ; un seul traict d'humanité, d'antiquité, d'histoire, de philosophie, de medecine, en quoy exelloit Montalte, mais pas une seule conception d'un Portugais ou gentil esprit, ny pas mesmes une histoire des païs qu'il avoit habités. E[n] un mot, ce livre estoit faict aussy depuis la mort de Montalte [26], décédé à Tours au grand voiage de Baione lors du mariage du roy, car en ce livre il estoit parlé, au commencement, au milieu et à la fin, de l'arrivée à Paris du carme deschaussé, qui fust au mois d'aoust dernier [27]. Et aussy qu'il est faict au temps auquel les chrestiens en France s'entretuent, qui est à dire, pendant le siege de St-Jean-d'Angely, de Clerac ou Montauban [28].

Ce n'estoit le frere de Montalte : Ce n'estoit pas aussy le frere de Montalte, parce qu'il avoit dict que cestuy estoit un marchant. Or cestuy qui l'a faict sçait le latin quelque peu ; car partout, le texte de St-Mathieu, duquel va l'Eglise romaine, est cité partout pour le contredire. Il y a une ligne escritte en grec dedans ce livre. Et puis un estranger ne pouvait parler le langage du livre eust-il esté nourry 40 ans en France. Et si les exemples qui sont dedans ce livre de quelques histoires arrivées en France, ny l'interest que prend l'auteur du livre à la dessipation de la France par la liberalité du roy à ceulx qu'il ayme, ne se remarqueroit en l'espitre liminaire ; joinct la description de la vie de l'auteur, et plusieurs autres circonstances que luy furent representées, pour en exclurre ce marchant comme autheur.

Que l'accusé avoit composé le livre : Mais aussy ce ne pouvait estre eux, puisque c'estoy[t] luy accusé :

1) Qu'il s'en estoit trouvé saisy, escrit et signé de sa main.

2) Les apostils et renvois frequents, radiations de quelques lignes et mots lisibles, sur lesquels estoient autres parolles de mesme substance et plus energiques pour exprimer son intention, tesmoignoient assés que ce n'estoit par coppie, car l'ommission eust esté remplacée plus naifvement.

3) Son parler, son stil s'y remarquoit evidemment *nam et loquela tua manifestum* [29]. Il faict : fust esté, fussent esté, allarent, et caet — desquels terme[s] de parler pour dire : eust esté, eussent esté, allerent — usent ordi-

nairement ceulx de son païs.

4) Que ce livre avoit esté composé par celuy duquel la vie estoit descritte en peu de mots dedans son livre, et toutte telle qu'il nous venoit de racconter.

5) Qu'il estoit composé par un homme de la capacité et incapacité desquelles il se venoit de depeindre, destitüé de bien dire, d'art de rhetorique, d'argument concluant ou sophistiqué ; nuls traicts de poetes ou historiens, nulles marques de philosophie, medecine, theologie ou jurisprudence, mathematiques. L'y remarquoit une ligne de grec, un endroit où il diso[i]t que l'hebreu s'entendoit autrement, quelque comparaison d'histoire, de Plutarque, comme Themistocles diso[i]t qu'il eust esté perdu s'il n'eust esté perdu [30]. Ainsy l'auteur de luy. Et apres, ne voulant contredire les 8 sectes chrestiennes par le particulier, il veut abbatre le tronc. Que les Lacedemoniens disoient à leurs capitaines qu'il ne falloit pas s'amuser à tüer béaucoup de gens des Thebaens leurs ennemis, mais qu'il falloit tüer Epaminondas [31], ainsy que, destruisant Jesus Christ, les 8 sectes l'estoient. S'il y avoit d'autres histoires, c'estoit d'un Louys Gofridy, executé au Parlement de Provence [32], ou d'un carme deschaussé. Parloit de l'histoire du Pere Boucher, cordelier, qui a descrit son voiage de la Terre Sainte [33]. Parloit d'Arminius [34], de l'evesque d'Aire [35], que la maison de Levi en France et de Ruban avoient disputé quels les aisnés entre eux, et non entre Levi et Ruban [36]. Que l'on délivra à Pasques Barrabas, comme l'on faict aujourd'huy, à Rouen [37] et autres bonnes villes, celuy qui porte la fiérté ; à Venise aussy, le jour de l'Ascension [38], comme le faict aussy à Romajan des Turcs à Constantinople [39]. Qu'il n'y avoit qu'au païs de l'Espagnol et en France où il n'y eust point de synagogues : Rome, Venise, Mantoue, Amstredam, Francfort, Salonique, Constantinople. Bref, touttes choses, lieux, et non autres que ce qu'il nous avoit advoué avoir lëu ou véüs.

6) Celuy qui avoit faict le livre avoit esté longtemps de la Religion pretendue reformée. Car de page en page il ne se presentoit aucun subject ou controverse entre nous catholiques et eux, ou de parler de Nostre Saint Pere le pape, des cardinaux, patriarches, archevesques, evesques, abbés, religieux, religieuse[s] — bref, de touts prestres, ordre hierarchique, ceremonies de l'Eglise romaine, que l'auteur ne s'estendit, plongeast en injures atroces, derisions touttes telles que les ministereaux et ignorans passionnés d'entr'eux ont accoustumé de vomir. Et puis, quand il n'en pouvoit ou vouloit plus dire, il renvoioit les Romains à Calvin et Luther et autres leurs adversaires, mais disoit-il : ces miserables-là sont encores trompés, touttesfois il ne leur disoit aulcunes injures, et disoit tousjours que la plus impertinente des 8 sectes du christianisme estoit la catholique. Par lesquels termes il estoit aisé à veoir que c'estoit luy lequel, ayant appris et pratiqué ce ramage jusques à l'age de vingt-cinq ans, il ne l'avoit peu oublier ; adjoustant à la haine des catholiques, la haine du christianisme, de l'exces de laquelle il avoit composé son livre. Car d'autres choses n'estoit-il rempli. Il falloit aussy que ce fust un chrestien renegat pour y apporter tant de passion, agité de furies, pour quelques enormes offences

par luy auparavant commises, et mesmes il feignoit avoir conferé avec des juifs qu'il appelle Marrans convertis à la foy, pour monstrer qu'il s'estoit affermi, trouvant leur[s] raisons de changement trop foibles.

L'accusé comme convaincu : A touttes ces raisons, l'accusé, comme vaincu, respondoit ou doucement, foiblement, ou rien.

A luy remonstré que, s'il avoit des doubtes, ce n'estoit le moien d'en estre esclaircy que de n'en conferer avec les docteurs chrestiens, puisqu'il conferoit avec les juifs ; ni mesme d'en estre esclaircy avec quatre escholiers de l'age qu'ils estoient et de leur ignorance à la loy sainte, mais bien resolution de les pervertir. L'accusé ne pouvoit que respondre.

A luy remonstré comment il n'estoit point resolu de ces doubtes par la seule transcription de ce livre si grossier et ignorant, si attroce et cruel comparé à la loy évangile si humaine et si saincte, si contraire au discours de son livre en sagesse [et] piété. Qu'il ne preigne Jesus que pour un homme, mais qui parle tousjours saigement, qui vit de mesme, qui faict tousjours bien, tousjours miracles, qui patit pouvant prendre ses aises, qui expose sa vie pour ses amys et sa doctrine, qui pardonne à ses ennemis, qui commende de leur pardonner, prier pour eux, leur faire bien, recommende la delection, la charité, la paix — bref, que s'il n'avoit cognoissance d'aulcune divinité et religion, touttes luy estant proposées, la nature luy dicteroit d'embrasser celle-là. Et neantmoins il a tant de temps esté à descrire son livre, il l'a guardé, il l'a enseigné. Il falloit qu'il eust perdu le sens d'aveuglement, son livre criant *sanguis eius super me* [40] et renonçant de bon cœur comme avoient faict autrefois les juifs : livre qui ne contient que fureur, rage, qu'anatheme, vengeance, cruautés — bref, tout contraire à une loy de nature, à la moralité, à l'Ancien Testament lequel, au moins, il doit sçavoir. Et par là qu'il jugeast si l'autheur n'en estoit pas le diable ou inspiré du diable.

L'accusé ne plore [41] : A touttes ces remonstrances il faisoit semblant de gemir, d'y acquiescer ; je ne le vis néantmoins jamais plorer. Et disoit qu'il estoit vray que l'Evangile qu'il lisoit luy crevoit le cœur, voulant dire qu'il voioit le contraire de ce qu'il enseignoit.

5 remarques fort considerables [42] : Je luy remonstré enfin qu'il estoit bien heureux d'avoir esté perdu ainsy qu'il avoit dict de luy par la comparaison de Themistocles, puisque maintenant il se disoit chrestien. Qu'estant logé au Nom de Jesus, il avoit pensé prendre ce Jesus, mais qu'il l'avoit pris, et n'avoit pas tué Epaminondas comme il s'estoit imaginé de faire. Qu'un jour de sabmedy il avoit esté pris, jour qu'il n'eüst pas pensé, comme luy debvant estre favorable au judaïsme. Que miraculeusement il avoit esté surpris dictant ces mots à ses escholiers : la main me tremble, la plume me tombe des mains. (« Quand je m'imagine que, si nous estions surpris, les gibets et le feu ne seroient pas construits pour nous chastier, et encores ce qui me faict le plus de peine et apprehension que j'ay, que l'on ne me donneroit pas la liberté pour declarer la verité judaïque au peuple ». J'ay inseré de son livre jusques à ces termes.) Mais veritablement le lieutenant criminel entra comme ces mots finissoient d'estre dictés : la main me tremble, la plume me tombe des mains. Car les papiers des escholiers jectés soubs la table, portoient ces derniers mots-là. Que ce n'estoit sans [d]ecret de la providence divine que ce fust un vendredy qu'il respondit de sa vie, et encores en son age de trente-trois ans, jour et age auxquels Nostre Seigneur avoit operé le salut du monde que luy accusé avoit voulu destruire. Qu'il pouvoit bien dire comme Julien l'apostat à sa mort : *Vicisti Galilae.*

Remonstrance de l'accusé : Apres ces paroles il se jecta à genoux. Je le fis réassoir. Et dict que Dieu ne vouloit la mort du pescheux mais qu'il se convertit et vescut. Que sa faute estoit remissible parce qu'il n'estoit l'autheur du livre. Que ce qu'il avoit enseigné n'avoit encores corrompu personne. Et puis, qu'il feroit une si austere penitence qu'il seroit en plus grand exemple que par une mort rigoureuse et ignominieuse.

Arrest que l'accusé sera visité : Apres l'avoir faict retirer, je proposé à la compagnie s'il estoit à propos de le faire visiter par chirurgiens, sçavoir s'il estoit circoncis. Les uns ne le desiroient pas, comme estimant qu'il meritast la mort, bien qu'ils ne s'en ouvrissent pas ; les autres le désirerent. Et passa qu'il seroit visité. Cependant nous advisames, parce que l'heure alloit sonner, sçavoir si nous remettrions l'affaire au lundy ou passer outre. Nous estions quinze juges. Il passa que nous le jugerions et passerions l'heure. Le rapporteur ayant commancé à opiner, les chirurgiens nous vinrent rapporter qu'ils avoient visité l'accusé, lequel ils croioient avoir esté circoncis, parce qu'ayant voulu recouvrir le gland, la peau estoit courte et cicatrisée comme si le fer y eust passé il y avoit jà longtemps. Disoient que l'accusé leur avoit advoüé qu'autrefois ayant eü du mal, le fer avoit passé par là, mais que ce n'estoit la circoncision. Eux retirés, le rapporteur continua son opinion qui fust bien d'une bonne demie heure et plus, et dict choses belles. Touttesfois dict n'avoir trouvé aulcune ordonnançe de nos roys contre les juifs (il y en a néantmoins une de Saint Louys, l'an 1235, par laquelle ils sont bannis [43]).

Advis : Son opinion fust : soit comme juif (n'estant point permis à eux d'estre en France, moins d'y dogmatiser ; fit aussy grand cas de ce serment qu'il tiroit, pouvant estre de consequence à l'Estat en cela et en autre chose dedans ceste ville et tout le royaume) soit aussy qu'il fust chrestien, ayant faict ce dont estoit convaincu, il estoit d'advis de confirmer la sentence excepté d'estre bruslé vif, estant d'advis qu'il fust estranglé avant. Estoit aussy d'advis de decretter decret de prise de corps contre les quatre escholiers [44]. Mr Lecoigneux, conseiller de la Grand'Chambre, qui fust celuy lequel opina apres, dict seulement qu'au lieu d'examiner les preuves de ce proces, il estoit d'advis qu'à la postérité il y eüst exemple qu'en un tel faict l'on n'avoit opiné que du bonnet [45]. Ceste ouverture touttesfois ne fust suivie, bien que chacun dict fort peu, soit que le proces et preuves fussent tres concluantes, soit aussy que l'heure estoit tarde. Je dis seulement que, puisque c'estoit un proces, il en falloit opiner si l'accusé se fust advoüé juif et que ce qu'il avoit faict estoit par zele de sa religion, il nous eust empesché davantaige, encores bien que les juifs n'ayant demeuré en France, mesmes en estant bannis par l'edict publié au Parlement au mois de mai de l'an 1615 [46]. En ce cas, dogmatisant, l'on pourroit conclurre à la mort. Qu'en l'an 1540 un prince nommé Thabor, venant de l'une des langues de terre entrant de la mer scythique vers le septemtrion, la plus proche de l'Europpe (car il y en [a] deux), là où l'on dict que la religion juifve est en quelque façon, y ayant eü des Hebreux envoiés de Babilone en la derniere captivité, par Salmanazar ; ce prince Thabor estant venu en l'Europpe et veoir le roy de France François premier, pour l'exhorter au judaïsme, dont notre roy s'estant mocqué, il passa par l'Italie à Mantoue ; les autres disent qu'il alla en Espagne pour faire le mesme ; et là que Charles Quint le fit brusler (voy[r] la Geographie de monsieur de Reffuge [47], au commencement [d]u traicté de ceste partie-là, et la Chronique de Genebrard [48], vers l'an 1540 ou 1545). Touttesfois il falloit confesser que nos histoires ne nous fournissoient aulcun exemple en cas pareil, et nos ordonnances ne portoient aulcune chose de cela — j'entends de la peine de mort au juif ou chrestien judaïsant, ny de galeres, ny de fouet. Mais que cest accusé se disant chrestien opiniastrement, il ne se pouvoit excuser de la peine de la loy de Dieu, qui estoit la mort, la lapidation (Levitique 24 chapitre et ibi Theodoret [49]). J'estois aussy d'advis, et de brusler tout le proces, et du decret de prinse de corps contre les 4 escholiers, quand ce ne seroit qu'*ad terrorem* pour tous ceulx qui à l'advenir pourroi[en]t avoir d'aussy mauvaises curiosités que ceulx-cy avoient eü. Et bien que les feuilles par eux escrittes, et le proces, fust bruslé, nous ne laisserions pas d'avoir la memoire pour les convaincre de leur meschanseté ou temerité, s'ils entroient en dénégation d'avoir esté à ces leçons, et de leurs confessions [50].

Rapport faict par le lieutenant criminel de l'execution de l'arrest : Le lendemain, sabmedy, nous donnasmes charge au greffier de la Cour (ayant appris par bruit commun l'execution de l'arrest qu'avions renvoié au lieutenant criminel) d'advertir ledict lieutenant criminel de faire envoier, au lundy suivant, le proces-verbal d'execution d'iceluy arrest.

Et le lundy la grosse d'iceluy nous fust apportée et, à l'instant, survint le procureur general, lequel dict que le lieutenant criminel estoit à la porte pour donner compte à la Cour de l'execution d'iceluy arrest, lors fust faict entrer. Nous avions jà leü son proces-verbal. Il s'excusa de ce que son greffier s'estoit trop hasté, parce qu'il en avoit désiré donner compte luy-mesme.

Il dict donques que, comme nostre arrest et le prisonnier luy eussent esté renvoiés sur le midy du vendredy, il le prononcea au condamné en l'auditoire en la maniere accoustumée, apres luy en avoir faict faire lecture par son greffier (l'arresté [51] ne se leut pas). Le condamné dict : Voilà un cruel jugement. Il luy remonstra que sa faute estoit aussy bien grande. Repliqua le condamné : Dieu vous punisse aussy rigoureusement que vous me faictes. A l'instant, faict conduire à la chapelle. Les docteurs luy sont donnés : 2 de Sorbonne, l'un nommé Messier, l'autre Bernard [52], lesquels furent jusques à 3 heures apres midy, qu'ils ne purent tirer autre chose de luy que des pleintes. Et disoit le condamné qu'il estoit si plein de douleur qu'il ne pouvoit penser à aultre chose. Que Dieu luy feroit miséricorde qu'il l'esperoit. Mais il ne parloit de Jesus Christ ny des saincts ny de chose qui peust faire cognoistre qu'il fust chrestien.

Apres 3 heures, luy lieutenant criminel revenant au Chastellet, les docteurs luy dirent l'estat. Qu'il parla au condamné, lequel luy demanda quelle difference il y avoit entre un qui ne se repentoit point, et luy ; que la peine estoit trop cruelle, qu'il ne méritoit la mort. A luy remonstré que Dieu pardonnoit au pecheur repentant, mais la peine demeuroit en satisfaction, que les juges de la terre n'avoit rien à pardonner. Lors qu'il adjourna ses juges à comparoir dedans l'an.

Les docteurs s'adviserent de luy demander si le bruslement vif estoit point ce qu'il l'estonna si estrangement, et luy declarerent qu'ils feroient quelque chose vers luy lieutenant pour adoucir sa peine. Iceluy lieutenant, qui sçavoit l'arresté de la Cour, le promit, et se presentant au condamné, lequel luy demanda : que pouvés-vous faire pour moy ? Respondit : addoucir la rigueur du supplice que vous ne sentirés point le feu. Il repart : mais j'en mourray tousjours. Et sur cela, recommença à dire qu'on le traittoit trop rigoureusement, puisqu'il s'estoit repenti. Et ne peust-on le convertir à soy remettre pour cela et de prendre patience.

L'accusé se confesse à toutte extremité : Et que l'heure se passant, fust le condamné mis en la charrette, nud, la torche au point, le cry faict devant le Chastellet. De là, conduit devant la grande porte de l'eglise de Paris, où estant, il ne vouloit prononcer ces mots : pour avoir faict et composé. Et neantmoins on le pressa de le faire, ce qu'il fit ; ne vouloit demander pardon ; pressé, il le fit aussy. De là, mené à la Greve, où il fut une bonne heure, les docteurs requerant tousjours luy lieutenant criminel de superseder l'exécution, esperant tousjours qu'il se convertiroit. Enfin le commandement faict de le faire descendre de la charrette. Voyant le condamné qu'il alloit estre exécuté, il dit qu'il vouloit bien se confesser au prestre. Ce qui fust à l'instant faict et, tost apres, celuy qui l'avoit confessé dict au peuple qu'il estoit converty et repentant. Et alors furent chantées les prières accoustumées. Lors l'image du crucifix luy fust mis es mains, car, auparavant, il ne l'avoit voulu prendre. A l'instant faict executer.

Il est remarquable que, devant et depuis ceste confession auriculaire, le condamné n'a prononcé aulcun mot par lequel l'on peust juger qu'il se fust converti et qu'il soit mort chrestien. Son confesseur le sçait. Je ne sçay ce qu'il eu peut declarer.

La descouverte de ce judaïsme : Le lieutenant criminel fust enquis de quelle façon il avoit eü l'advis et si quelques-uns de ses escholiers surpris l'auroient décélé. Il declara que les deux logés rue des Mathurins, à la Plume d'or, en avoient donné l'advis à monsieur Fouquet [53], conseiller d'Estat, cy-devant président à Rennes, lequel en ayant adverty monsieur le chancellier et monsieur le gouverneur [54], ledict sieur gouverneur luy avoit faict donner [ordre]. Et d'effect, ces 2 escholiers-là attendoient dedans la maison toutte la matinée que luy lieutenant criminel vint pour luy ayder à surprendre ce judaïsant. Raison pourquoy il les auroit laissé aller à leur caution. Et d'autant qu'ils l'avoient requis de laiser aller Fillacier, il l'avoit faict. Le medecin [55] arresté presentant caution, il la receüt et le laissa aller, afin de ne luy point donner subject de se pleindre de luy, puisqu'il laschoit aller les autres.

Retractation de l'arrest de prise de corps contre 2 : Luy retiré, nous délibérasmes, sçavoir si nous rélascherions pas quelque chose de la rigueur du decret de prise de corps contre ces 2-là. Enfin il passa qu'il n'y auroit qu'adjournement personnel contre ces deux-là.

Nous deliberasme[s] encores, sçavoir si nous comprendrions au decret celuy duquel le serment signé s'estoit trouvé, bien qu'il ne fust, luy, trouvé escrivant. Enfin passa que nous n'en parlerions point, parce qu'il se pouvoit faire qu'ayant faict le serment, on luy descouvroit la meschanceté, laquelle il n'auroit voulu suivre. Et puis, qu'il estoit plus à propos d'estouffer ceste poursuitte que la renouveller que par force, afin de ne donner tesmoignage de connivence.

Dire du confesseur : Et le 14 dudict mois de decembre, je parlay à ces docteurs qui avoient accompagné ce condamné. Celuy qui l'avoit confessé, nommé Bernard, disoit qu'il croioit qu'il fust mort chrestien. L'autre, nommé Messier, n'en pouvoit que dire, et sembloit qu'il ne le creust pas. M'enquerant de ce confesseur quels indices il avoit de sa conversion, il me dict que c'estoit la confession auriculaire, en laquelle il luy avoit mesme dict quelques particularités, voulu recepvoir l'absolution à genoux, et que, l'ayant interpellé s'il ne diroit pas au peuple qu'il estoit chrestien, dict qu'il le vouloit bien. Et puis, qu'estant attaché au poteau, il nomma plusieurs fois nom de Jesus et Maria, et ses prières à la catholique, mesme luy demanda s'il le trouvoit en bon estat. A quoy je respondis audict confesseur qu'il se resouvint de ce qu'il me venoit de dire que ce Fontanier, estant par luy visité es prisons de la Conciergerie 8 jours avant son jugement, luy recognust *qu'il avoit esté circoncis ;* qu'apres qu'iceluy leur [avoit] esté delivré au Chastellet, jamais n'auroit voulu ouyr parler de Jesus Christ ; qu'estant dedans la charrette, ne voulut prendre la croix ny souffrir qu'eux la luy fissent baiser par les chemins ; que le condamné avoit obtenu d'eux, et eux du lieutenant criminel, que, s'il vouloit tesmoigner un signe de conversion, il ne sentiroit la rigueur du feu ; que ce voyant prez à estre jecté dedans, il en eust l'horreur ; qu'il se peult faire que, pour l'éviter, il feignit ceste confession, mesmes il dict quelques particularités afin de mieulx marquer une conversion, trompant son confesseur, il mourroit plus doucement ; que de luy-mesme il n'auroit tesmoigné au peuple aucune conversion de sa bouche ; que si, attaché au poteau il auroit proféré, à eux docteurs et aux voisins, le nom de Jesus et autres paroles chrestiennes, il se peult faire que l'apprehension du feu duroit encores en luy, ou la creinte de la fureur du peuple contre luy ; ou bien, qu'estant tout esperdu, il resonnoit les parolles qu'eux docteurs, comme plus proches de luy, raisonnoient continuellement à ses oreilles. Ils me dirent tous deux que, sur les chemins du supplice, interpellé en quelle religion il voulut donq mourir, si turc, si paien, il disoit chrestien, mais pourtant qu'il n'avoit le loisir d'y penser davantaige, pour lors voulut qu'on le laissast en repos. Ils disoient qu'il estoit merveilleusement agité et transporté hors de luy, ne pouvant ou voulant se resoudre à rien.

J'ay eu assurance par deux hommes dignes de foy, qu'ils avoient ouÿ dire, depuis ce proces, à un advocat du Parlement, lequel ils me nommoient, que ce Fontanier avoit battu son pere en la presence de luy advocat, et que le pere s'en estoit pleint à luy. C'estoit, ou pour le subject, ou sur le temps de la succession à eux escheüe de Fontanier, commis de monsieur de Lomenie [56].

Le 17 decembre, ce mesme docteur Messier, confesseur, m'estant revenu veoir, me dict qu'il croioit que Fontanier fust mort chrestien, parce que jà il m'avoit dict et qu'il m'assuroit que plusieurs luy virent baiser la croix, descendant de la charrette. Luy ouyrent proferer Jesus Maria, plusieurs fois, ses prieres chrestiennes, avec tesmoignage de repentence. Il me dict qu'il s'estoit resouvenu de l'opposition que le luy avons faict à luy docteur, que ce que le condamné avoit faict signe de chrestien, avoit esté pour eviter le feu, parce qu'il luy avoit esté promis de l'en dispenser s'il tésmoignoit conversion. A cela il me respondoit que ce ne pouvoit estre la cause de sa conversion, parce que plusieurs [fois] avant cest instant de conversion, il n'avoit faict le semblant, bien que l'on eüst commandé par 3 ou 4 fois de le tirer de la charrette pour estre executé, et que ces autres fois, il l'eust aussy bien tesmoigné que ceste derniere, mais que Dieu ne l'avoit encores converti, ou que son esprit ne luy estoit encores revenu, mais qu'ils delayerent tant par prieres envers le magistrat qu'enfin ceste bonne heure arriva.

Les « Observations » de Bellièvre permettent de rectifier une partie des conjectures, dans l'ensemble au reste souvent pertinentes, de Lachèvre. S'il a jugé avec perspicacité que le « Trésor inestimable » était un manuscrit, rédigé par Jean Fontanier, il n'était pas en mesure, comme le fut le magistrat, de mesurer le niveau très médiocre de la culture de l'inculpé. Mais surout il s'est sérieusement mépris quant à la nature de l'ouvrage juif paraphrasé par le Français, quand il a supposé qu'il s'était agi d'un traité cabalistique [57]. Il est en effet tout à fait impensable qu'un rabbin (et au surplus, rien ne prouve que Daniel Montalte était cabaliste !) ait communiqué, fût-ce à un néophyte (si Fontanier s'est présenté à lui comme converti au judaïsme, ce qui est assez vraisemblable) le *Sefer Yecira* [58] avec une si étrange facilité. L'initiation à la cabale était soumise à une quantité de conditions précises dont il semble que Jean Fontanier ne remplissait presqu'aucune.

En revanche, on s'explique fort bien qu'à un transfuge du christianisme Montalte ait fait connaître l'un de ces traités anti-chrétiens, prenant le contre-pied des Évangiles, qui circulaient depuis des siècles dans les milieux juifs : quelques recoupements permettent démonstrativement de reconnaître que tel fut le cas [59]. L'hébreu de Fontanier n'était probablement pas assez sûr pour qu'il ait pu traduire l'opuscule, mais il n'est pas long et on peut penser qu'en quelques rencontres Daniel de Montalte, qui vit Fontanier d'une façon assez suivie à Paris, put l'aider à en prendre connaissance. Il est assez vraisemblable que les deux hommes conversaient en italien [60], mais le témoignage de Bellièvre, bon juge, atteste que le texte français avait toute l'aisance de style d'une paraphrase libre.

Le parallèle esquissé par Lachèvre à la fin de son étude entre Jean Fontanier et Geoffroy Vallée [61] (exécuté en 1574) paraît un peu malencontreux. Il est bien moins suggestif que le contraste — et les analogies — du cas du Languedocien avec celui de Nicolas Antoine, brûlé à Genève en 1632 comme converti irréductible au judaïsme. Chez les deux hommes, on constate des inquiétudes religieuses qui les conduisent à abjurer la religion de leur enfance : né catholique, Antoine se convertit au protestantisme et devint même pasteur ; mais Antoine est de toute évidence une âme pieuse et il devint un excellent hébraïsant [62]. Fontanier, quant à lui, n'a pas le sérieux d'Antoine : on l'entrevoit prétentieux, impulsif et léger, sans compter que rien ne montre chez lui le parfait désintéressement et l'intégrité morale dont témoignent la vie et la mort d'Antoine.

Les observations de Bellièvre, par ailleurs, soulèvent, il en est fort conscient, un problème juridique qui ne paraît guère s'être posé à Genève : « Juif enseignant sa doctrine est-il punissable de mort » se demande le magistrat. Et de quelle pénalité doit-on frapper un chrétien qui a passé au judaïsme ? A Genève, on allait hésiter devant le cas d'Antoine : fallait-il le considérer comme un malade mental, le bannir de la République ou le livrer aux flammes ? En France, peut-être à cause de l'existence de la liberté de conscience impliquée par l'Édit de Nantes — puisqu'il rendait licite une abjuration, aussi bien du catholicisme que du protestantisme — Bellièvre s'interroge sur la sanction éventuelle qu'appellerait la conversion d'un chrétien au judaïsme et il apparaît, en somme, soulagé que le malheureux Fontanier, en se proclamant catholique, attire sur sa tête le pire des châtiments. Le pauvre garçon, pourtant avocat, n'avait pas deviné que s'il s'était déclaré juif, il aurait posé à ses juges un épineux problème et aurait probablement échappé au bûcher, pour se voir banni ou envoyé aux galères [63].

Si médiocre que semble avoir été le niveau intellectuel de Fontanier, sa témérité — qui procède de naïveté et de forfanterie — n'est pas sans rappeler celle dont furent aussi les victimes Michel Servet, bien avant lui, à Genève en 1553, et Vanini, deux ans plus tôt à Toulouse. Tous ces hommes ont vraiment courtisé le danger par des bravades dont on ne saurait décider quelle part y a prise la naïveté ou l'aveuglement qu'entraîne une vanité pathologique. Peut-être serait-il trompeur de sous-estimer le nombre des hétérodoxes et des mécréants dans l'Europe occidentale de leur temps ? Le contrôle social — féroce — ne pouvait s'exercer que sur ceux dont la déviance spéculative s'accompagnait d'une imprudence présomptueuse dans le comportement : les gens circonspects y échappaient. Qui sait si le Père Garasse, dénombrant 20.000 athées dans le Paris de son époque, exagérait aussi outrageusement qu'on a pu le penser ?

Elisabeth LABROUSSE et Alfred SOMAN.

NOTES

(1) B.N., Ln[27]. 7703, Paris, Isaac Mesnier, M.D.C. XXI. Avec Permission.

(2) *& diversité de Religion qu'il a exercé durant icelle, & l'artifice duquel il se servoit pour attirer des auditeurs à sa fausse doctrine, en fin sa derniere conversion à la foy catholique, apres laquelle il fut executé en la place de Greve.* Ensemble l'arrest de la Cour confirmatif de la sentence du Chastelet. Paris, Melchior Mondiere, M.D.C. XXI. Avec Permission, 16 pp. in-16 en petits caractères, Bibl. Mazarine, 25.166. A la p. 3, l'auteur dénonce le vide d'une publication antérieure sur le même sujet, probablement le *Discours* mentionné ci-dessus.

(3) *Le libertinage au XVIIe siècle,* t. VII, *Mélanges,* Paris, 1920, p. 59-81. Gérard Nahon a eu l'obligeance de nous signaler que l'affaire Fontanier est mentionnée — brièvement — dans Robert ANCHEL, *Les Juifs de France,* Paris, 1946, p. 149, sans référence à l'étude de Lachèvre et sur la base de sources manuscrites dont la principale est constituée par des extraits abondants de l'*Histoire véritable*... (B.N., ms. Baluze, 212, fol. 167).

(4) La mère de Paul Pellisson-Fontanier était cousine germaine de notre personnage.

(5) Une partie de l'ancienne rue Béthisy, située à proximité immédiate de Saint-Germain-l'Auxerrois et donc tout près du Louvre, est devenue de nos jours la rue Perrault. Notons que dans la rue Béthisy s'élevait l'hôtel de Ponthieu, acquis en 1617 par le duc de Montbazon, lequel signala à la justice ordinaire « que l'on judaïsoit en ceste maison-là » (voir ci-dessous note 54).

(6) On connaît bien le père des deux hommes, Philotée-Elien Luna Montalto, médecin de Marie de Médicis, mort en 1616 : voir ci-dessous note 26. En revanche on sait peu de choses sur ses nombreux fils, si ce n'est que l'un, Moïse, fut médecin en Pologne, et un autre, Isaac, médecin dans les Provinces Unies où il édita en 1637, à Amsterdam, un traité médical juif du XVIe siècle. Quant au rabbin Daniel Montalto, nous n'avons rien trouvé le concernant et parmi les fils connus de Philotée-Elien aucun ne porte ce prénom.

(7) L'écrou du 26 novembre 1621, conservé aux Archives de la Préfecture de Police (Paris), A[B] 25, fol. 189r : transcription procurée par Lachèvre, p. 66.

(8) Les « plumitifs de la Tournelle » (notes prises sur le vif par les greffiers de la Chambre criminelle) du 4 et du 10 décembre (Arch. nat., X[2A] 985) confirment le dire du président Bellièvre (voir plus loin) ; la minute d'arrêt se retrouve dans le carton X[2B] 330, une copie à la B.N., ms. V[c] Colb. 218, fol. 212-213 : ces documents cités intégralement par Lachèvre, p. 66-73.

(9) Sur la peine du feu et le coup de grâce qui la précédait presqu'invariablement depuis le milieu du XVI[e] siècle, voir A. SOMAN, « La Justice criminelle aux XVI[e] et XVII[e] siècles : le Parlement de Paris et les sièges subalternes » dans *Actes du 107e Congrès national des Sociétés savantes (Brest, 1982), Section de Philologie et d'histoire jusqu'à 1610,* 2 vol., Paris, Bibl. nat., 1984, t. I, p. 15-52, plus particulièrement p. 30-31.

(10) Ms. fr. 18,319, fol. 218-230 (nous résumons ici le début et la fin, et en publions ci-dessous la majeure partie). Nicolas de Bellièvre (1583-1650) était fils du chancelier Pomponne de Bellièvre. Il épousa en 1605 Claude Brûlart, fille du garde des sceaux qui devint chancelier après Pomponne de Bellièvre. D'aussi puissantes connexions familiales expliquent que, dès 1605, Nicolas de Bellièvre ait été conseiller au Parlement, qu'il soit devenu procureur général du roi en 1612 et président à mortier en 1614. Il s'agit d'ailleurs d'un magistrat cultivé et travailleur. Notons au passage une coïncidence curieuse : l'hôtel de Bellièvre était situé rue de Béthisy.

(11) Voir ci-dessous à la note 42.

(12) Broussel (1576-1654) était conseiller en la troisième chambre des Enquêtes, charge moins prestigieuse que celle d'un conseiller en la Grand'Chambre. Beaucoup plus tard, le 26 août 1648, son arrestation allait servir de détonateur à la Première Fronde.

(13) Éd. G. BRUNET, *et al.,* 12 vol., Paris, 1875-1896, t. I, p. 333 (septembre 1579) ; t. II, p. 54 (décembre 1581) ; t. VII, p. 316 (octobre 1601) ; t. IX, p. 122 (août 1608).

(14) Deux ans plus tard, en 1623, le bûcher de Jean Michel, magicien de Moulins, fournit un exemple encore plus flagrant : son arrêt ordonnera l'incinération des « livres et carractaires desquelz il a esté trouvé saisy, ensemble le proces tant grosse que minutte » (A.N., X[2A] 217, 12 septembre 1623). En consignant le fait dans son journal, Bellièvre ajoute que le lieutenant criminel Gilbert Gaulmin « avoit faict des interrogatoires à cet accusé, où il avoit voulu faire paroistre ce qui se peut dire sur la magie » (ms. fr. 18.320, fol. 490-491). Or Gaulmin ne résistera pas à la tentation de faire circuler des copies de cette instruction, dont trois exemplaires se trouvent actuellement à la Bibliothèque nationale (ms. fr. 5778, fol. 1 ; ms. fr. 21.730, fol. 100 ; n.a.fr. 1997, fol. 49) et un autre à l'Arsenal (ms. 2151, fol. 1). Le parallèle est encore plus frappant tenant compte que Bellièvre ne commente pratiquement pas d'autres procès criminels.

(15) Tout ce libellé, apparemment dû à Fontanier, est un étrange charabia : ainsi le livret est décrit comme s'il s'agissait de la copie d'un texte imprimé ; or l'année 4775 du calendrier hébraïque correspond au premier quart du XIe siècle de l'ère chrétienne ! Ce libellé amalgame Philotée-Elien Montalto, médecin mort en 1616 (voir ci-dessous note 26) avec son fils Isaac, lui aussi médecin. « Manserisme » : voir la note 18.

(16) L'*Histoire véritable* (citée à la n. 2) procure les textes, et des affiches (p. 7-8) et du serment (p. 9-10) : voir Lachèvre, p. 63-65.

(17) Note infrapaginale, sans guidon de renvoi : « Qui nie Jesus Christ nie la Trinité. Cestuy-ci disoit que par nul texte du Viel Testament elle se peut prouver ».

(18) Les détails cités permettent d'identifier le texte utilisé par Fontanier ; depuis des siècles circulaient dans les milieux juifs des traités anti-chrétiens rédigés en hébreu, les *Toledoth Yeshuh*, des vies de Jésus qui prenaient le contre-pied des récits évangéliques. Voir Jean-Pierre OSIER, *L'Evangile du ghetto*, Paris, Berg International, 1984, qui donne la traduction française de quelques variantes de ces opuscules, en les faisant précéder d'une Introduction. C'est du « Manuscrit de Vienne » que la source de Fontanier semble le plus proche, si tout le début (analysé par Bellièvre du fol. 4 au fol. 91) est d'une autre origine, probablement plus récente, et provient peut-être d'un des frères Montalto. L'emploi du terme « manser » confirme l'hypothèse concernant la source de Fontanier, comme a bien voulu nous l'indiquer le professeur François Secret qui nous a renvoyés à Augustus Pfeiffer, *Theologiae... judaicae atque Mohammedicae... principia sublesta*, v, 6, Lipsiae, 1687, p. 217 : « mamser » serait une translitération, selon les usages germaniques, du terme hébreu (et yiddish) signifiant 'bâtard', un des caractères dénigrants attribués à Jésus dans ces opuscules. L'auteur de l'*Histoire véritable*, en publiant l'arrêt du Parlement, avait sauté les mots « manser » et « manserisme » qui lui furent sans doute incompréhensibles. Lachèvre, pas plus renseigné à cet égard, les restitua en hasardant la lecture « mauser », que nous corrigeons ici.

(19) Entendez, l'*Abohadah Zarah*, un traité talmudique concernant l'idolâtrie, renseignement dû à l'obligeance de Bernhard Blumenkranz.

(20) Riqueloire, gentilhomme français depuis longtemps au service des Etats généraux, qui accompagna le régiment hollandais arrivé à Venise en avril 1617, sous le commandement suprême de Johan-Ernst de Nassau, préliminaire de l'alliance en gestation entre les deux républiques (J.-C. De JONGE, *Nederland en Venetie*, La Haye, 1852, p. 76-77). Nous n'avons pu consulter une source contemporaine des événements : Jacques LINSAY, *Cort Verhael ven de reyse der nederlansche soldaten die, anno 1616, na Venetien zijn ghereyst...*, qui actuellement manque en place à la B.N., et où nous aurions peut-être trouvé des renseignements supplémentaires sur ce Ricqueloire, apparemment sieur d'Olagne ou peut-être d'Aulagne. Le *Mercure françois* de ces années-là n'en souffle mot.

(21) Sur cette affaire des coches, voir LACHÈVRE, p. 62, n. 1 : la dame de Fontaine s'appelait Anne du Bueil.

(22) Voir LACHÈVRE, p. 60, n. 1 : l'office fut vendu le 22 mars 1613 (LACHÈVRE, p. 61, n. 3) à Isaac de Laffemas, huguenot au service de Richelieu par la suite, à qui TALLEMANT des RÉAUX a consacré une historiette (éd. Antoine ADAM, Pléiade, t. II, p. 258-262).

(23) La première édition de la traduction latine de l'*Organum*, procurée par Pacius (Giulio Pace) parut en 1584 et l'ouvrage fut plusieurs fois réédité.

(24) La grammaire grecque de Pierre Antesignan avait déjà connu à cette date de multiples éditions. Quant aux *Institutiones linguae hebraicae* de BELLARMIN, imprimées initialement à Anvers en 1606, elles aussi avaient été rééditées depuis leur parution.

(25) *Digeste*, Livre L, titre XVII (De diversis regulis juris antiqui), 125 (Gaius, lib. 5 Ad Edictum Provinciale). Souvent commenté, l'adage fait état d'un principe élémentaire, selon lequel « les défendeurs doivent être traités avec plus de faveur que les demandeurs ». Nous devons ces renseignements à l'obligeance de Michel Reulos. On devine que Bellièvre a jugé indigente la science juridique d'un avocat qui n'était capable de citer que cet adage.

(26) Ici, Bellièvre, trompé par le titre de l'opuscule (voir ci-dessus n. 15) confond le père et le fils. Une étude très documentée de Harry FRIEDENWALD *(Bulletin of the Institute of the History of Medicine*, t. III, 1935, p. 129-158) fournit quantité de renseignements sur Philotée-Elien Luna Montalto. D'origine portugaise, né dans la seconde moitié du XVIe siècle, le marrane Felipe Rodrigues étudia la médecine à Salamanque. Il gagna ensuite l'Italie où il publia son premier livre et devint médecin du grand duc de Florence ; au bout de quelques années, il revint au judaïsme avec beaucoup de ferveur et prit les prénoms de Philothée-Elien. En 1612, il devint médecin de Marie de Médicis qui obtint du pape la permission d'utiliser les services d'un homme qui pratiquait ouvertement le judaïsme ; Montalto est un lointain ancêtre de la neuro-psychiatrie et Eleonor Galigai lui dut une grande amélioration de sa santé. Il mourut à Tours, le 19 février 1616, et la reine-mère fit embaumer son corps qui fut envoyé à Amsterdam pour y être enseveli dans le cimetière juif récemment établi près de la ville. A cause de ses rapports avec Eleonor Galigai, le médecin juif défunt fut mentionné à diverses reprises lors du procès de la veuve de Concini, et dépeint, sans fondement, comme un cabaliste et un magicien, ce qui servait l'accusation contre la malheureuse femme (B.N., ms. Vc Colb. 221, *passim)*. En réalité, on sait Philothée-Elien hostile à la cabale (art. cit., p. 134 et p. 142) ; ses ouvrages sont d'ailleurs ou médicaux, ou scripturaires (controverse anti-chrétienne dans un commentaire sur *Esaïe*, chap. 53). Friedenwald ne lui connaît que trois fils adultes : Raphaël, Isaac et Moïse (p. 130). Si le rabbin Daniel Montalto était bien frère d'Isaac, il aura échappé aux recherches de Friedenwald, à moins qu'il n'y ait eu confusion entre Raphaël et Daniel. Selon Jean-Marc Pelorson (« Carlos Garcia et la colonie hispano-portugaise de Paris », *Bulletin hispanique*, t. LXXI, 1969, p. 530), pendant le séjour de Philothée-Elien Montalto en France, deux de ses fils — sans doute, les aînés — se trouvaient à Amsterdam ; il se pourrait que ces deux jeunes hommes aient été oubliés par Friedenwald. On sait que Philothée-Elien avait une progéniture nombreuse.

(27) Il s'agit de Dominique de Jésus-Marie (1559-1630), qui avait été préposé général de 1617 à 1620. Le pape Paul V l'ayant envoyé auprès de l'armée impériale, il assista à la bataille de la Montagne Blanche (8 novembre 1620), si l'on peut douter que ses pieuses adjurations aient poussé les Impériaux à la livrer. Son passage à Paris suscita une publication de circonstance : *Histoire admirable de la vie, mœurs, voyages et actions du Reverend Pere Dominique a Jesu-Maria, de l'ordre des carmes deschaussez, nouvellement arrivé en France*, Paris, MDC XXI, Avec Approbation, in-12, 15 p., dont la B.N. conserve plusieurs exemplaires. Caramuel publia en latin sa vie, à Vienne, en 1655, en un in-folio de plus de 600 pages, probablement parce que les carmes souhaitaient la béatification d'un général de leur ordre, qui avait écrit plusieurs œuvres de spiritualité et très saintement vécu.

(28) Saint-Jean-d'Angély tomba le 23 juin 1621 ; le siège de Clairac, commencé le 29 juillet, s'acheva par la chute de la ville, le 4 août 1621 ; le siège de Montauban débuta le 21 août et fut levé le 18 novembre 1621.

(29) *Matthieu* 28, 73, texte de la Vulgate.
(30) PLUTARQUE, *Vies...*, Thémistocle, 29, 9.
(31) PLUTARQUE, *Moralia*, Apophtegmes des Lacédémoniens (Agésilas, 75), 214 c.
(32) Louis Gaufridy, vicaire marseillais, né en 1572, mourut sur le bûcher à Aix-en-Provence, le 30 avril 1611 (Robert MANDROU, *Magistrats et sorciers en France au XVIIe siècle*, 1968, p. 198-210 et 230-234).
(33) Jean BOUCHER, cordelier du Mans, publia en 1613, *Le Bouquet sacré ou le voyage de Terre Sainte*... qui fut réédité dans la même ville cinq ans plus tard. Ce livre est analysé dans un article d'A. LE BRAZ, *Revue de Paris*, avril 1896, p. 539-575. Le voyage eut lieu en 1611-1612.
(34) Jacobus Arminius (Harmensen), né vers 1560, mourut en 1609 comme professeur de théologie à Leyde ; sa doctrine s'écartait du calvinisme originel car, touché par l'érasmisme, Arminius concédait une certaine place à la liberté humaine, ce qui le mit aux prises avec son collègue Gomar, strict prédestinatien. Toutefois c'est seulement en 1618-1619 que le Synode de Dordrecht condamna l'arminianisme, qui avait été soutenu agressivement depuis plusieurs années par les « Remonstrants », une condamnation d'ailleurs étroitement liée à la tension politique entre les régents, républicains et souvent remonstrants, et le parti du prince d'Orange, identifié avec le calvinisme le plus rigide.
(35) L'évêque d'Aire est sans doute ici Philippe Cospéan (ou Cospeau), célèbre orateur sacré, qui fut transféré à Rouen en 1621 ; son successeur à Aire fut Sébastien Bouthilier.
(36) Ruben perdit son privilège d'aînesse *(Genèse*, 49, 3-4) et ses droits initiaux furent partagés entre ses frères Juda, Lévi et Joseph (*Genèse*, 49, 25-26 et *I Chroniques*, 5, 1-2). Mais les autres allusions du passage nous échappent.
(37) Voir *Histoire de Rouen* (sous la direction de Michel MOLLAT), Toulouse, 1979, p. 272 : « Chaque année, le jour de l'Ascension, Messieurs du chapitre libèrent solemnellement un meurtrier et ses complices ». Le condamné ainsi grâcié présentait la fierté (la châsse) de saint Romain du haut d'un édicule qui existe encore. Le *Dictionnaire de l'Académie*, dans sa première édition (1694) signale que le vieux mot « fierté » n'était plus usité à cette date que s'agissant de la châsse de saint Romain à Rouen.
(38) L'Ascension était la fête la plus importante de l'année à Venise, celle au cours de laquelle se renouvelait le mariage symbolique du doge et de la mer.
(39) Michel FEBVRE (Justinien de Neuvy, ou parfois, de Tours Capucin), *L'Etat present de la Turquie* (une édition italienne avait paru l'année précédente), Paris, 1682, p. 31, signale simplement que les juges ne condamnent aucun criminel à mort durant le Ramadan, mais Fontanier, qui avait résidé à Constantinople, est peut-être ici exactement informé, bien que nous n'ayons pas trouvé de confirmation de son témoignage.
(40) Allusion à *Matthieu*, 27, 25.
(41) Certains démonologues maintenaient que l'absence de larmes constituait un indice de culpabilité dans les procès de sorcellerie, par ex. Henri Boguet, *Discours exécrable des sorciers*... 1re éd. Lyon, 1602, chap. 40 : « les larmes servent principalement aux pénitents pour laver et nettoyer leurs péchés... » On voit ici Bellièvre sensible à cet aspect compromettant du comportement de Fontanier.
(42) Le magistrat énumère en leur donnant un chiffre en marge les cinq éléments quasi miraculeux de l'affaire : le nom de l'auberge, le jour (samedi) de l'arrestation, les mots que prononçait Fontanier lors de l'irruption de la police, le jour (vendredi) de l'exécution et l'âge (33 ans) du condamné, et rappelle les mots fameux de l'empereur Julien reconnaissant le triomphe final du Galiléen.
(43) L'information de Bellièvre est déficiente. En fait, si la situation des juifs en France n'avait fait que se détériorer depuis les Croisades, c'est sous Charles VI, en 1394, que les juifs furent, en principe, bannis à perpétuité du royaume. Voir *L'Histoire des juifs en France* (publiée sous la direction de Bernhard BLUMENKRANZ), Toulouse, 1972.
(44) Voir ci-dessous n. 50. Bellièvre donne la liste des « escholiers » interrogés : « Pierre Petit, natif de Montluson, âgé de 22 ans, advocat en Parlement ; Jan Gautier, natif de Mirebeau, escholier estudiant en mathematique, agé de 22 ans, logé rue des Mathurins avec le precedent, l'un catholique, l'autre de la Religion pretendu reformée » (ces deux jeunes gens avaient été les dénonciateurs de Fontanier). « Le troisiesme avoit nom Jan Filacier, filz d'un orfebvre de ceste ville de Paris, advocat en Parlement, 27 ans. Et le 4me estoit Rodolphe Ranchin, docteur en medecine, natif de Montpellier, agé de 24 ans — cestuy de la Religion reformée, l'autre estoit catholique ». Un cinquième auditeur, non identifié, se trouvait absent le jour de l'arrestation. Voici le témoignage, au premier procès, des auditeurs de Fontanier : Ranchin « estoit venu chez l'accusé dès le lundy, et un autre le mercredy ; les 2 autres le jeudy. Estant pris le sabmedy, ils avoient pris 3 leçons apres leur serment. Confessent que par curiosité ils ont esté veoir celuy qui avoit mis affiches, et que veritablement ils ont bien recognu à ceste derniere leçon que leur maistre monstroit doctrine contraire au christianisme. Deux d'entre eux disoient qu'ils n'avoient escrit que ceste fois-là mais qu'ils avoient pris 3 leçons commencées, estant venus de meilleure heure ce jour-là. Confrontés à ce maistre, non reprochés [par l'accusé] et demeurent d'accord de leur deposition. Mais il les interpelle qu'ils ayent à declarer s'ils *[sic]* ne leur avoit pas dict, ce mesme matin-là, qu'encores qu'il leur dicta cela, touttesfois qu'il estoit chrestien et disoit Nostre Seigneur Jesus Christ. Deux declarent qu'ils ne s'en souviennent point, et les 2 autres disent qu'ils luy ont ouy dire chose approchante mais que l'accusé adjoustoit à l'instant. Touttesfois les raisons du livre sont bien fort preignantes au contraire. Le juge, à l'heure, ordonne que ce maistre sera mené prisonnier, et aussy ce medecin, lequel estoit de la mesme ville et s'entrecognoissoient auparavant. Pour le regard des trois autres, il les laisse aller à leur caution juratoire. Au Chastellet le medecin est eslargy à caution... » (Il est possible que ce Rodolphe Ranchin ait été membre d'une famille réformée initialement originaire d'Uzès, qui compta de nombreux juristes dont l'un fut un lettré et l'un des fondateurs de l'Académie de Castres).
(45) Lors du vote, la première voix exprimée était traditionnellement celle du rapporteur, suivie des conseillers de la Grand'Chambre, puis des conseillers des Enquêtes (en principe, par ordre inverse d'ancienneté à l'intérieur de chaque groupe), enfin du président — mesure vraisemblablement arrêtée afin de neutraliser l'influence prépondérante de ce dernier. Jusqu'en 1555, les votes sont inscrits dans les cahiers des plumitifs (X^{2A} 907-911) ; par la suite, ils ne le sont qu'exceptionnellement (par ex., X^{2A} 956, 5 mai 1588).
(46) Cette Déclaration, en date du 23 avril, entérinée en Parlement le 18 mai, expulsait du royaume les juifs qui s'y étaient installés depuis quelques années (F.-A. Isambert *et al.*, *Recueil général des anciennes lois françaises*, 29 vol., Paris, 1821-1833, t. XVI, p. 76-78). Quant à l'application de cette loi, voir l'expulsion de

quatre juifs anversois en 1623 : plumitifs des 26 et 31 juillet, X²ᴬ 986 ; arrêt du 1er août, X²ᴮ 342.

(47) En fait, l'épisode n'est pas mentionné dans la *Géographie historique*... d'Eustache de Refuge. Bellièvre a peut-être confondu avec les *Relationi universali* de Botero, 1595, livre II, p. 120-121, qui le rapporte.

(48) Voir Genebrard, *Chronographia*, éd. de 1585, p. 726-727. Menasseh Ben Israël, dans son *Esperança de Israël* (Amsterdam, 1650) est plus précis et identifie ce David Rubeni (ou Reubeni), né en Arabie vers 1490 et venu en missionnaire en Europe occidentale. Voir la traduction française de l'*Espérance d'Israël*, procurée par Henri Méchoulan et Gérard Nahon, précédée d'une substantielle Introduction et accompagnée de notes (Paris, Vrin, 1979, p. 139-140) ; parmi d'autres études, elle renvoie à un article de I.S. Revah, « David Rubeni exécuté en Espagne en 1538 », *Revue des Etudes juives*, 1958, p. 128-135. Selon Henri Sauval (B.N., ms. Baluze 212, fol. 77r) il s'agirait de deux individus : un « rabin Salomond » brûlé à Mantoue en 1533, et David Rubeni supplicié en Espagne.

(49) Les *Quaestiones in Genesim, Exodum, Leviticum*... de Théodoret avaient été publiées en traduction latine en 1567. La référence exacte est *Lévitique* 24, 23 et concerne le châtiment infligé à un blasphémateur. Bellièvre pose sagacement le problème : si Fontanier était juif, on ne pouvait sanctionner comme blasphèmes ce qui n'aurait été que l'expression de sa foi ; il ne tombe sous les lois que s'il se proclame chrétien...

(50) Le Parlement décernait régulièrement de tels décrets à l'encontre des complices déjà élargis, par exemple, dans les procès de magie : formalité suivie d'une prompte relaxe. Voir plus loin : les deux dénonciateurs n'ont été l'objet que d'un ajournement personnel, alors que les deux autres furent pris au corps (voir aussi l'arrêt supplémentaire du 10 décembre 1621, X²ᴮ 330, publié par Lachèvre, p. 73).

(51) C.-a-d., le *retentum* d'étranglement. Lorsque la justice ne s'acharnait pas à provoquer une mort exemplaire, elle ne faisait pas difficulté de prononcer le *retentum* en même temps que l'arrêt (voir ci-dessus, art. cit. n. 9).

(52) Les noms de ces deux docteurs en Sorbonne ne sont pas mentionnés dans l'ouvrage de Pierre Féret, *La Faculté de théologie de Paris*, tomes III-IV : *Le dix-septième siècle*, ce qui laisse penser qu'ils n'étaient pas les plus connus de leur corps.

(53) François Fouquet, conseiller d'Etat (1587-1640) fut le père du malheureux surintendant Nicolas Fouquet.

(54) Hercule de Rohan, duc de Montbazon, gouverneur de Paris, était le beau-père de Luynes, favori de Louis XIII ; le chancelier était alors Nicolas Brulart de Sillery, beau-père de Bellièvre, et le lieutenant criminel de Paris était Antoine d'Aguesseau.

(55) A savoir, Rodolphe Ranchin : voir ci-dessus n. 44.

(56) Si l'on n'avait pas raconté cette histoire à Bellièvre, il aurait fallu l'inventer, tant on attendait le pire des comportements de la part d'un homme sans foi (voir ci-dessus : « agité de furies pour quelques énormes offenses par lui auparavant commises »). Il ne peut s'être agi du père de Jean Fontanier, car celui-ci avait été orphelin dès l'enfance, ni de son oncle Philippe, « commissaire de M. de Loménie » qui l'avait élevé et dont l'héritage engendrait la querelle ; si l'anecdote a le moindre fondement, c'est avec un autre de ses oncles que Jean Fontanier aurait été aux prises.

(57) Voir Lachèvre, p. 80 : « Nous sommes maintenant fixés sur les tendances du *Trésor inestimable !* Elles étaient celles d'un adepte de la cabale juive ». Le grand érudit, par ailleurs, semble oublier qu'un peu plus haut, p. 62, n. 3, il avait conjecturé, non sans témérité, que l'ouvrage « soi-disant imprimé à Cracovie » pourrait avoir été un opuscule satirique dirigé contre le socinien Simon Simonius et qui lui attribuait un matérialisme athée, sans nul rapport avec le judaïsme ou avec la cabale... Au surplus, la mention du livre *imprimé* à Cracovie est trompeuse ; il s'agissait évidemment d'un texte manuscrit, comme au reste le conclut Lachèvre, p. 81.

(58) Le *Sefer Yezirah* (Livre de la Création) est un court ouvrage thaumaturgique, probablement composé au second siècle de notre ère ; il préfigure à certains égards le développement ultérieur de la Cabale qui en proposera une interprétation.

(59) Voir ci-dessus, n. 18.

(60) Montalte avait habité Venise, Fontanier avait voyagé en Italie et surtout les Languedociens qui, à cette date, savaient tous l'occitan, avaient de grandes facilités pour apprendre l'italien, véritable « lingua franca » du temps.

(61) Sur Geoffroy Vallée, voir Lachèvre, *Mélanges*, p. 5-59, et Henri Busson, *Le Rationalisme dans la littérature française de la Renaissance*, nouv. éd., Paris, 1957, p. 523-534.

(62) E. Labrousse, « Vie et mort de Nicolas Antoine », *Etudes théologiques et religieuses* (Montpellier), t. LII, 1977, p. 421-433.

(63) Sous l'Ancien Régime, la peine à infliger au condamné était largement laissée à la décision des juges : celle que mentionnait le texte législatif n'était qu'une indication. On a vu (ci-dessus, après la note 48 : « ... nos ordonnances ne portaient aucune chose de cela — j'entends de la peine de mort au juif ou chrétien judaïsant, ni de galère, ni de fouet ») Bellièvre sensible à une sorte de vide juridique, en France, en la matière. Il y a peut-être un parallèle à tirer avec une autre affaire contemporaine : en octobre 1619, Andrieu Joyet, 35 ans, marié, père de quatre enfants, du Boulonnais, a été banni par la justice de Calais « pour s'estre dict anabatiste et avoir proferé plusieurs propos execrables contre la divinité ». Après son premier interrogatoire au Parlement, on l'envoya au pénitencier « et, s'yl persiste en sa religion d'anabatiste, le bannir à perpetuité du royaulme ». Il se convertit au catholicisme le 8 janvier 1620 et fut relaxé, avec main levée de ses biens saisis et défenses « d'attenter à sa personne » (A.N., X²ᴬ 982, 4 décembre 1619, 11 et 15 janvier 1620 ; X²ᴮ 316, 17 janvier 1620).

N.B. : Dans des communications au premier Colloque international sur l'Inquisition (Lisbonne et Sao Paulo, février et mai 1987) Richard Ayoun a signalé que le rabbin Moïse Montalto portait également le prénom de Daniel, ce qui tranche la question abordée *supra*, note 26. Les Actes de ce Colloque paraîtront ultérieurement.

XI

LE TEMOIGNAGE MAQUILLE : ENCORE UN ASPECT DE L'INFRA-JUSTICE A L'EPOQUE MODERNE

Pendant longtemps, les historiens de la justice criminelle de jadis ont continué imperturbablement à tracer son orbite autour de la « répression ». Pareille perspective s'accordait avec l'image traditionnellement noirâtre de l'Ancien Régime, malgré un obstacle majeur peu remarqué puisque la quasi totalité des recherches d'archive visait la seconde moitié du XVIIIe siècle et que l'on remontait le fil du temps à l'aide d'extrapolations. En effet, une force policière dotée des pouvoirs d'enquête – indispensable à toute « répression » – a été une création tardive : elle n'est née que sous le règne de Louis XIV et elle a mis de longues décennies pour s'affermir et prendre consistance.

Cependant, vers 1970, la redécouverte de l'infra-judiciaire criminel a entraîné une révolution copernicienne en la matière. On essaie maintenant de faire graviter cette ancienne justice autour d'un nouveau concept : la litigiosité volontaire. Le vieux dicton : mauvais accord vaut mieux qu'un bon procès, s'appliquait non seulement à la justice civile mais aussi à l'ensemble des délits hormis les cas énormes, la contrebande et le vol professionnel – et encore ces exceptions ne sont-elles pas très nettes.

Avant d'entrer dans le vif de cette question, rappelons d'abord que la banalité des transactions privées explique plusieurs phénomènes observés dans les archives criminelles des XVIe, XVIIe et de la première moitié du XVIIIe siècle.

(1) Maints accusés poursuivis pour la première fois présentent néanmoins tout un historique de crimes et délits qui n'ont jamais été l'objet d'une inculpation (injures, voies de fait, vols, voire homicides)[1].

(2) Le fonds criminel d'un quelconque tribunal subalterne consiste, pour la très grande majorité, en procès inachevés : violences verbales, coups et blessures – et à un moindre degré, larcins, grossesses, etc. – ont donné lieu à des plaintes et des informations sans suite. L'instruction ne va que rarement au-delà de l'interrogatoire de l'accusé, avant que les parties transigent, mettent un terme provisoire au conflit et laissent tomber la poursuite en justice[2].

(3) Il apparaît que bon nombre de procès n'ont jamais eu d'autre but que d'arriver à un accommodement plutôt qu'à un jugement.

(4) Les traces de ce comportement se retrouvent tant dans les procès eux-mêmes que dans les minutiers des notaires et dans les registres des consistoires protestants[3].

Autrement dit, le rapport flexible entre justice et infra-justice, qui de nos jours se limite au seul droit privé, s'appliquait également, à l'époque moderne, au domaine du délictuel. Ceci est d'autant plus vrai au fur et à mesure qu'on remonte dans le temps, jusqu'à l'époque antérieure à la naissance d'un dispositif policier capable de dépersonnaliser la poursuite criminelle.

*
* *

J'ai récemment eu l'occasion d'étudier de près une demi-douzaine de procès d'infanticide provenant du bailliage de Saint-Germain-des-Prés (début du XVIIe siècle) et du Châtelet de Paris (première moitié du XVIIIe siècle) : procès d'un caractère incontestablement public (sans partie civile) et qui n'ont pas, par conséquent, abouti à des transactions privées[4]. Mais, dans leur ensemble – surtout deux d'entre eux –, ils jettent une lumière nouvelle sur le lien entre justice et justiciables, fournissant un indice pour le décodage des témoignages qu'on aurait tort de prendre au pied de la lettre[5].

Le premier de ces procès est celui de Marie Hanault, fille de quarante ans de Verrières-le-Buisson (Essonne). Elle est écrouée à la Conciergerie du Palais, le 28 février 1703, appelant d'une sentence prononcée par le juge d'Antony. Huit jours plus tard, le Parlement, ayant découvert un vice de forme dans la procédure, annule l'ensemble de l'instruction et renvoie et prisonnière et procès devant le Châtelet de Paris, où la nouvelle instruction a lieu le 16 mars : les onze témoins viennent à Paris pour déposer une seconde fois (les frais incombent personnellement au prévôt d'Antony, pris en faute). C'est donc cette seconde procédure qui se trouve conservée dans le fonds du Châtelet : elle ne comprend pas le procès-verbal du procureur fiscal d'Antony, gardé pour mémoire seulement, puis renvoyé à Antony et aujourd'hui perdu . mais elle comporte l'information, l'interrogatoire de l'accusée, les récolements des témoins et les confrontations entre témoins et accusée, ainsi que les conclusions du procureur du roi[6]. Le laps de temps (d'un mois environ) entre les événements et les dépositions ne fait que donner du relief au comportement que j'entends souligner. Faisons particulièrement attention à la chronologie du drame raconté par les témoins.

Louis Barbaut, maître chirurgien, est le premier à déposer :

Depose que vers le [samedi] dix fevrier dernier il fut averty par le procureur fiscal d'Anthony, qui l'est aussy du lieu de Verrieres, qu'il avoit eu avis par quelques paysans qu'ils avoient trouvé un enfant mort enterré à costé du ruisseau de Fontaine Gaudet. Que ledit procureur fiscal ayant requis le deposant de s'y transporter avec luy pour connoitre l'estat où estoit ledit cadavre, s'il estoit mort naturellement ou d'une mort violente, lorsqu'ils furent arrivez sur le lieu, ledit procureur fiscal donna ordre au nommé François Mesnage, vigneron demeurant à Antony, de retirer ledit enfant de terre. Ce qu'il fit fort adroitement, et ledit corps en ayant esté tiré, il se trouva entierement nud et estre venu à terme. Mais comme il estoit gasté de terre, ils le furent laver à la fontaine du seau, et luy deposant n'y remarqua aucune cause de mort. Ce qui luy fit croire qu'il estoit mort de sa mort naturelle. Après quoy, ledit cadavre fut porté dans l'auditoire d'Antony. Le soupçon de l'exposition dudit cadavre masculin estant tombé sur Marie Hanaut, elle fut constituée prisonniere, et luy deposant ayant eu ordre dudit procureur fiscal et du juge du lieu de visiter ladite Hanaut, il remarqua que son sein estoit remply de lait, et que les vuidanges s'escouloient encore par ses partyes naturelles, ce qui luy fit connoitre que ladite Marie Hanaut estoit effectivement accouchée depuis peu.

Le deuxième témoin est Catherine Alexandre, sage femme âgée de soixante ans :

Depose qu'ayant esté mandée par le procureur fiscal d'Antony, un jour de dimanche il y a un mois ou environ [le dimanche 11 février, vraisemblablement], pour visitter Marie Hanault dans les prisons d'Antony, elle s'y transporta avec le nommé Barbault, maître chirurgien dudit lieu, et l'ayant visittée, elle remarqua que ladite Hanault avoit du lait dans ses mamelles. Et l'ayant touchée par ses parties naturelles, elle trouva qu'elle les avoit fort douloureuses et que les vidanges s'en ecouloient encore. Ce qui lui persuada qu'elle estoit accouchée depuis peu.

Le troisième témoin est le vigneron François Mesnage (quarante-cinq ans) :

> *Depose qu'il y a aujourd'hui cinq sepmaines, autant qu'il peut se souvenir [c'est-à-dire, le vendredi 9 février], que travaillant à prendre des taupes dans le pré pres la fontaine des Godets, il aperceut dans le ruisseau quelque chose de blanc, ce qui exita sa curiosité. Et s'estant aproché, aperceut que s'estoit le corps d'un enfant masle nouveau-né, pardessus lequel l'eau dudit ruisseau coulloit. En mesme temps, ayant appellé le nommé Jean Chartier, Philippe Boucher et quelques autres, ils firent reflexion que sy quelques chiens venoient à passer, il[s] pouvoi[en]t manger ledit cadavre et, pour l'eviter, ils le retirerent dudit ruisseau et l'enterrerent dans un trou qu'ils firent et, l'ayant couvert de terre, ils s'en allerent avertir le procureur fiscal...*

Jean Chartier, quatrième témoin, confirme le récit de François Mesnage et précise l'heure de la découverte du cadavre : « sur les quatre à cinq heures du soir », donc peu avant la tombée de la nuit hivernale.

Ensuite, les témoignages des femmes sur les faits et gestes de Marie Hanault : trois d'entre elles déposent de leurs soupçons de sa grossesse ; les quatre autres racontent ce qui est arrivé à la veillée du soir du mercredi 7 février. Voici la sixième déposition, de Marie-Anne Regnout :

> *Depose que le mercredy sept febvrier dernier, estant dans l'estable de la veuve Germain avec plusieurs autres et la nommée Marie Hanault, ladite Hanault se plaignoit d'une colique. On envoya querir de l'eaue de vie qu'elle but et s'en alla sur les dix heures du soir. Et le lendemain, le fils de ladite Germain dit à elle deposant : il y a des placares de sang dans nostre cour, lequel sang elle fut voir et, ayant trouvé ladite Hanault, elle luy dit qu'elle avoit esté laver la lessive et qu'elle se portoit mieux.*

Marie-Anne Regnout est formelle concernant la date : « le mercredi sept février dernier ». La veuve Germain dit : « le sept ou huit du mois de février dernier ». Son fils : « il y a un mois ou environ ». Et le dernier témoin : « un jour au commencement du mois de février dernier, dont elle n'est présentement memorative».

Quant à l'accusée, Marie Hanault, voici l'extrait de son interrogatoire :

> ... *A dit qu'elle est acouchée au commancement du mois de febvrier dernier, un jour de mercredy. Croit que c'est le sept dudit mois, sur les dix heures du soir.*
> – *Enquise sy elle acoucha dans sa maison,*
> – *A dit que non, qu'elle estoit à un[e] veillée audit lieu de Verriere ledit*

jour. Que le mal la prist dans l'estable de la veuve Germain. Qu'elle fut obligée d'en sortir à cause de ses douleurs...

Elle accoucha dans la cour de l'étable, sous un hangar. A l'en croire, elle s'évanouit et, quand elle reprit conscience, son bébé était mort. Elle le porta chez elle et, le lendemain matin (le jeudi 8 février), traquée par le déshonneur, elle prétexta une lessive à faire et « le porta dans un ruisseau proche la fontaine des Godets et jetta de la terre dessus... ».

Rien de plus limpide, apparemment, que cette affaire : le courant du ruisseau emporte la terre qui cache le cadavre et les vignerons le trouvent l'après-midi du vendredi 9 février. Ils l'enterrent provisoirement et vont chercher le procureur fiscal qui arrive sur les lieux, accompagné du chirurgien, le samedi 10 février.

Et bien, non ! Ce n'est pas ainsi que les choses se sont passées. La chronologie vient à être bouleversée lorsqu'on lit les conclusions du procureur du roi au Châtelet. Ce document commence comme d'habitude par l'énumération des pièces de procédure, dont la première, le procès-verbal d'exhumation, n'est pas du samedi 10 février mais du vendredi 16 février.

Or, de deux choses l'une : soit que la justice d'Antony ait attendu une semaine avant d'enquêter sur l'avis donné par les vignerons – ce qui aurait risqué une charge de malversation autrement plus grave que le simple vice de forme réprouvé si sévèrement par le Parlement[7] ; soit que les vignerons aient menti en disant qu'ils sont allés sur le champ avertir le procureur fiscal. A mon avis (je ne vois pas d'autre explication conforme à toutes les données), ils sont allés non pas à la justice mais chez eux, avertir leurs *femmes*. Car ce n'était pas là une affaire d'hommes.

Ils ne vont pas à la justice avant six jours (le procès-verbal étant perdu, on ne connaît pas la date exacte). Pendant ces six jours (du vendredi 9 jusqu'au jeudi 15 environ), les femmes de Verrières instruisent le *vrai* procès de Marie Hanault. Si elles ne l'avaient pas condamnée, la justice aurait tout ignoré de l'affaire. En l'occurrence, elles ont livré la fille aux magistrats et ceux-ci ont fermé les yeux sur le témoignage retardé des deux vignerons. La peine prise d'enterrer le petit corps sur place pour le protéger des chiens errants, pourrait bien, plus simplement, faire figure de recel de cadavre, afin de cacher le crime aux yeux de la justice. Le juge d'Antony savait trop clairement que s'il se mêlait de critiquer les dépositions et de poursuivre les déposants pour faux témoignage, il s'exposerait dans l'avenir à ne plus jamais trouver de témoins dans ce genre d'affaire.

D'un autre côté le chirurgien se trompe (volontairement ?) sur la date de l'exhumation – « vers le dix février » – de même il omet de dire que deux jours se sont écoulés entre son rapport sur le cadavre de l'enfant et son rapport sur la mère (lequel est en date du 18). La sage femme d'ailleurs est complice dans cette imprécision : « un jour de dimanche, il y a un mois environ » ; la phrase peut faire référence tant au 11 février qu'au 18 février, la bonne date.

Quatre témoins entrent, par conséquent, dans un petit complot (tacite ?) pour effacer de leurs dépositions la semaine oubliée : la semaine du procès à l'infra-judiciaire. Le crime est des plus odieux, il frôle le cas énorme, pourtant la Justice officielle dépend entièrement de la justice officieuse du village[8].

*

* *

Pour faire suite à ce premier exemple tiré du monde rural au tout début du XVIIIe siècle, en voici un second qui nous situe au plein coeur de Paris, rue de la Verrerie, dans un milieu artisanal et commerçant. C'est l'année 1731, soixante-quatre ans après la nomination de La Reynie à l'intendance de la police. Cette dernière, de plus en plus autonome, est en voie d'envahir et de déformer l'espace judiciaire de la capitale, entreprenant des enquêtes indépendantes et procédant à des jugements arbitraires[9]. Mais le comportement des gens reste assez semblable à ce qu'on vient de constater à Verrières-le-Buisson.

On peut reconstituer, du moins en partie, la distribution des habitants dans l'immeuble à l'enseigne de la Perle :

- Rez de chaussée : Hubert Aubron, maître épicier, locataire principal.
- 1er étage : la dame de Varenne, quatre-vingts ans, paralysée, sourde et à moitié aveugle ; sa servante, Marie-Florence Leclerc, fille de quarante ans ; l'amie de celle-ci, Anne Huyard, âgée d'une trentaine d'années et qui loge depuis quelques jours chez la veille dame[10].
- 2e étage : un maître perruquier, sa femme et ses ouvrières.
- 3e étage : deux appartements, l'un occupé par un maître fondeur, l'autre par François Charbonnier (une déchirure dans le document empêche de connaître son métier).
- 4e étage : un maître tailleur d'habits ; les cabinets.

Ecoutons la déposition du maître tailleur :

Depose qu'un lundy il y a aujourd'huy trois semaines [le 19 février], il vit par la fenestre de sa cuisine, qui est au quatrieme etage de la maison où il demeure, entre trois et qautre heures apres midy, la servante de la nommée Varenne, qui demeuroit alors au premier etage de la meme maison, balayer et laver avec de l'eau du sang qui etoit repandu sur les montées, principalement au-devant de la porte du sieur Maclot, peruquier, ce qui l'excita à regarder au latrine où il vit encore du sang sur la lunette et sur le planché. Que même il jetta du papier allumé dans le tu[y]au mais n'y vit rien. Que malgré quelques reflections que cela luy fit faire, il le dit au domestique du curé de Saint-Merry...

La femme du perruquier (2e étage) et le fondeur du 3e voient, eux aussi, la servante en train de nettoyer le sang. Charbonnier, l'autre locataire du 3e, voit davantage :

*Depose que le lundy dix-neuf de ce mois [*sic*: du mois dernier], entre trois et quatre heures apres midy, travaillant sur son etabli, il vit par la fenestre une jeune fille ou femme vestu[e] d'un casaquin d'estamine avec une ju[p]e rayé[e], qui demeuroit lors au premier etage chez la nommée Varennes, monter les montées avec grande peine et difficulté les montées [*sic*], laquelle porta au latrine et y jettat quelque chose qui etoit enpaqueté dans un torchon, sans que le deposant sçache ce que c'est. Vit le meme jour dans l'apres-midy la servante de ladite Varennes balayer la monté[e], et entendit le sieur Malcot, peruquier, dire qu'il etoit inquiet de ce qui c'estoit passé et que, comme il avoit chez luy des ouvrieres, il etoit [d'avis] d'en avertir le commissaire.*

Charbonnier est le seul témoin à déposer d'avoir aperçu Anne Huyard qui grimpait l'escalier jusqu'aux latrines. Et lors du récolement, un mois plus tard, il s'en dédit :

... adjouste que ce n'est que par ouÿ-dire qu'il sçait que la servante... a ballayé la montée où il y avoit du sang. N'a point dit qu'il ayt veu la fille ou femme vestue d'une estamine avec un juppon rayé porter au latrine et y jetter quelque chose qui estoit empacquetté dans un torchon.

Il ne reste de son témoignage que sa seule conversation avec le perruquier qui parlait d'aller à la justice.

Cependant, le perruquier ne va pas chez le commissaire. Bien que cette Anne Huyard ne soit qu'une étrangère à la maison (du moins c'est ce qu'on prétend), ni lui ni personne ne veut assumer la responsabilité d'une dénonciation sur de simples conjectures. Rongés par le soupçon, jaloux de leur respectabilité bourgeoise, les locataires de la Perle (ou certains d'entre eux) brûlent de connaître la vérité des traces de sang, toutefois un appel à la police – ou au vidangeur – risquerait de les plonger tous dans un scandale affreux, pour ne rien dire des récriminations dans le cas où la fille s'avérerait innocente et rien ne se trouverait dans la fosse.

Comment sortir de ce dilemme ? Au terme des pourparlers, les voisins arrêtent leur parti sur une solution qui satisferait à toutes les exigences morales. Sous couvert d'avoir reçu « de sinistres rapports [sur la dame de Varenne], quoy qu'elle soit extremement agée... [et qu'elle] etoit dans l'usage de recevoir chez elle beaucoup de monde, sans qu'il parut neantmoins qu'elle tint lieu de debauche », on lui donne congé, refusant (rétroactivement ?) de renouveler son bail à la mi-terme, le 21 février. L'épicier, locataire principal, s'efforce d'écourter le temps entre le lundi 19 février et le mercredi 7 mars quand elle quitte la maison ; le perruquier fait de même. Mais cette fois-ci la chronologie n'admet aucun doute : l'attente est de dix-sept jours. Et le lendemain du déménagement, comme par hasard, le vidangeur commence à travailler dans la fosse. Dans la nuit du jeudi 8 mars, le vidangeur trouve « le cadavre d'un enfant male nouveau-né, luy paressant avoir esté jecté depuis peu de temps ». Le matin du vendredi 9, dès huit heures du matin, il est chez le commissaire pour en donner avertissement. Celui-ci se rend immédiatement à l'enseigne de la Perle, parle avec l'épicier qui lui fournit avec une précision admirable la nouvelle adresse de la dame : « rue Saint-Germain-de-l'Auxerois chez une frutiere pres le grenier à scel, attenant un marchand de tabac vis-à-vis la rue de la Petitte Sonnerie, où elle a esté enmenagé par un porteur d'eau de ce quartier ». Le commissaire y court, arrête la coupable et l'amène au Châtelet.

La police n'est saisie de l'affaire qu'en simple exécutante de la décision prise par les locataires érigés en tribunal infra-judiciaire. Le moment venu pour témoigner, ces derniers sont libres de se distancier au maximum de la souillure du crime. Les sept témoins sont tous des hommes. La femme du perruquier se voit obligée de participer avec son mari lorsque le commissaire fait irruption dans la maison et dresse son procès-verbal. Mais trois jours plus tard, lors de l'information, elle s'efface et laisse témoigner son mari pour elle.

Comme dans notre premier exemple, la justice prête son concours pour gommer le long délai embarrassant entre l'acte criminel et le recours à la police. Il n'y a absolument rien dans le rapport du médecin légiste qui puisse indiquer ou suggérer que le corps mort du bébé était déjà vieux de plus de quinze jours : il s'agit tout bonnement d'un « cadavre d'un enfant male nouveau-né » présentant deux plaies profondes à la tête et le cordon ombilical sans ligature. Quant à la mère : « nous estimons qu'elle est acouchée depuis trois semaines ou environ » – phrase assez vague pour admettre l'interprétation qu'on veut[11].

*
* *

Pour conclure : je ne crois pas que ces deux affaires soient exceptionnelles. Sur six procès d'infanticide (intégralement conservés) que les aléas de la recherche ont mis entre mes mains (le premier de 1610, le dernier de 1742), tous sauf un seul (le premier) accusent des anomalies du même genre[12]. Le phénomène me paraît à la fois parfaitement normal et intimement lié aux autres comportements infra-judiciaires qui nous sont déjà familiers : accords véhiculés par le curé, le consistoire, le seigneur... ; exploitation de l'appareil judiciaire pour arriver à des transactions soit à l'amiable soit avec dédommagement. Même au milieu du XVIIIe sicèle, la police est encore trop jeune pour avoir modifié massivement les rapports immémoriaux entre justice et justiciables.

NOTES

1. Steven G. Reinhardt a retracé les carrières de plusieurs voleurs : "The Selective prosecution of crime in Ancien Régime France : theft in the sénéchaussée of Sarlat » dans *European history quarterly*, t. 16, n° 1, janvier 1986, p. 3-24.
2. Alain Margot (travaillant sous la direction de Pierre Chaunu) a été le premier chercheur à souligner cet état des choses : « La Criminalité dans le bailliage de Mamers (1695-1750) » dans*Annales de Normandie*, t. 22, 1972, p. 185-224. Cf. A. Soman, « Deviance and criminal justice in western Europe, 1300-1800 : an essay in structure » dans *Criminal justice history*, t. 1, 1980, p. 3-28, plus particulièrement p. 7-13 ; Bruno Isbled, article dans ce volume.
3. A. Soman, « L'infra-justice à Paris d'après les archives notariales » dans *Histoire, économie et société*, t. 1, 1982, p. 369-375. Une erreur d'imprimerie a détaché cet article de celui de Nicole et Yves Castan (*ibid.*, p. 361-367) : « Recours, besoin et sens de la justice devant l'institution judiciaire française au XVIIIe siècle » ; les deux essais devaient former un diptyque sous les titres : « Une économie de justice à l'âge moderne : composition et dissension ».
Sur les consistoires, voir J. Estèbe et B. Vogler, « La Genèse d'une société protestante : étude comparée de quelques registres consistoriaux languedociens et palatins vers 1600 » dans *Annales E.S.C.*, t. 31, mars-avril 1976, p. 362-388 ; A. Soman (avec la collaboration d'Elisabeth Labrousse), « Le Registre consistorial de Coutras, 1582-1584 » dans *Bulletin de la Société du protestantisme français*, t. 126, 1980, p. 193-228 ; Raymond A. Mentzer, Jr., « The Calvinist reform of morals at Nîmes » dans *Sixteenth century journal*, t. 18, n° 1, 1987, p. 89-115.
4. Ces affaires seront exposées de façon plus détaillée dans un ouvrage actuellement en préparation : « La Grande chasse aux infanticides (1540-1791) : trois mille Françaises pendues ».
5. Chacun sait qu'une déposition pouvait se modifier, parfois radicalement, lors du récolement du témoin et de sa confrontation avec l'accusé. Même dans son état primitif, par ailleurs, elle ne représente parfois qu'une série de réponses à une liste de questions dressée par le plaignant à l'intention de chaque témoin. Dans une instruction menée devant l'officialité de Paris (Arch. nat. Z^{1o} 111, 6 octobre 1621, Nicolas Du Douyt) j'ai retrouvé cinq de ces listes, par exemple : « Plaise à monsieur

l'official interroger Mathurin Maras sur ce qui s'ensuit, premierement sy, estant ung jour venu à Paris avec Me Nicolas Du Douyt... »
La découverte de la réalité des faits, au-delà des sources ou même en dépit des sources, nécessite une grande ingéniosité, comme Natalie Zemon Davis en fait preuve dans son ouvrage sur le procès du faux Martin Guerre (à Toulouse en 1560). Voir sa contribution à la publication collective : N.Z. Davis, J.-C. Carrière et D. Vigne, *Le Retour de Martin Guerre*, Paris, Laffont, 1982. Le professeur Davis expose les bases de sa méthode dans un article à paraître prochainement : *The American historical review*, t. 93, juin 1988.
6. Instruction au Châtelet (Arch. nat., Y 10020, 20 mars 1703) ; arrêts du Parlement des 7 mars et 28 avril (X^{2A} 521) ; écrous à la Conciergerie (Paris, Arch. de la Préfecture de police, A^{B} 82, fol. 122 et 135) et au Grand Châtelet (*ibid.*, A^{B} 170, fol. 54[v]). Le vice de forme se trouve précisé à la fin de l'arrêt du 7 mars : « enjoint ausdits prevost et lieutenant d'Anthony d'observer l'ordonnance du mois d'aoust mil six cent soixante-dix et, conformememnt à icelle, en procedant à la confection des informations, de faire declarer aux tesmoins non seulement s'ils sont parens, alliés ou domestiques, mais aussy s'ils sont serviteurs ou non des parties, suivant l'article cinq du titre six de ladite ordonnance... »
7. Voir la note précédente.
8. Selon l'édit de 1557 (n.s.), recel de grossesse assorti d'accouchement clandestin constituait la preuve concluante d'un infanticide prémédité, cependant (depuis 1619 environ) le Parlement exerçait sa clémence lorsque le cadavre ne présentait pas de signes de violence. Par arrêt du 28 avril 1703 (X^{2A} 521), il condamna Marie Hanault à *omnia citra mortem* (tout en-deça de la mort) : la fustigation, la flétrissure et le bannissement perpétuel du ressort avec confiscation des biens.
9. Voir l'excellente thèse de 3e cycle d'Alexandre Mericskay, « Le Châtelet et la répression de la criminalité à Paris en 1770 » (Paris-IV, 1984).
10. Arch. nat. Y 10040, 24 avril 1731. Le rapport médical estime son âge à « trente ans ou environ ». Comme beaucoup d'inculpées d'infanticide, Anne Huyard ne cesse de se rajeunir au cours de son procès, dans une tentative de s'acquérir la sympathie de la justice : lors de son interrogatoire au Châtelet elle ne se donne que 22 ans, et 18 seulement quand elle est sur la sellette devant le Parlement (X^{2A} 1095, 29 mai 1731).
11. Le Parlement condamna Anne Huyard à la pendaison (X^{2A} 683, arrêt du 29 mai 1731). Cf. ci-dessus à la note 8.
12. Dans deux cas (1621, 1742) le témoin le plus essentiel, le mieux informé, se cache, sans qu'on lui fasse la moindre assignation à comparaître. A quelle époque le témoignage cesse-t-il d'être spontané et devient-il une obligation civique ? La question mérite une recherche par sondages dans les archives judiciaires des XVIIIe - XIXe siècles.

XII

LA DÉCRIMINALISATION DE LA SORCELLERIE EN FRANCE*

LA CHASSE AUX SORCIERS : EST ET OUEST

Dans une société sédentaire, où le procès criminel selon la loi n'est pas encore l'unique voie admise pour l'exercice de la vengeance, subsistent certains outrages à la sensibilité commune dont le châtiment ne paraît pas devoir revenir au seul Pouvoir. La lésion subie par le groupe semble telle qu'elle exige un rite de purification avec une participation plus vaste, qui prend la forme du lynchage. Dans le Sud des États-Unis, jusqu'en plein milieu du XXe siècle, le Noir qui tuait un Blanc, ou qui violait une Blanche, s'exposait – et lui-même le savait à l'avance – à la vindicte, ou de la partie lésée ou de ceux qui en avaient la mission coutumière. Nous devons à la plume de William Faulkner de remarquables tableaux d'une petite ville du Mississippi engagée dans cette besogne collective (« la plus sauvage, la plus sanglante des injustices ») : tableaux ne manquant pas d'affinités avec la situation du sorcier de l'époque Moderne qui avait franchi des bornes placées sans doute depuis la nuit des temps (1). Et d'autant

(*) La matière du présent article fera l'objet d'analyses plus détaillées dans notre thèse d'État actuellement en préparation. En attendant, nous renvoyons le lecteur à plusieurs de nos travaux déjà parus, fondés sur des recherches moins complètes mais toujours valables :

1977 – « Les Procès de sorcellerie au Parlement de Paris (1565-1640) » dans *Annales E.S.C.*, t.32, pp.790-814 ;

1978 – « Procès pour homicide d'une sorcière au XVIIe siècle » dans *L'histoire* n°1, mai 1978, pp.74-75 ;

1980 (a) – « Aux origines de l'appel de droit dans l'Ordonnance criminelle de 1670 » dans *XVIIe siècle*, t.32, pp.21-35 ;

1980 (b) – « Deviance and criminal justice in western Europe, 1300-1800 : an essay in structure » dans *Criminal justice history*, t.1, pp.3-28 ;

1981 – « La Sorcellerie vue du Parlement de Paris au début du XVIIe siècle » dans les *Actes du 104e Congrès national des Sociétés savantes (Bordeaux, 1979), Section d'histoire moderne et contemporaine*, 2 vol., Paris, Bibl. nat., t.2, pp.393-405 ;

1984 – « La justice criminelle au XVIe et XVIIe siècles : le Parlement de Paris et les sièges subalternes » dans les *Actes du 107e Congrès national des Sociétés savantes (Brest, 1982), Section de philologie et d'histoire jusqu'à 1610*, Paris, Bibl. nat., t.1, pp.15-52 (une première version en anglais parue dans *Crime and criminal justice in Europe and Canada*, éd. Louis A. Knafla, Waterloo, Canada, 1981, pp.43-75).

Les documents cités sont tous conservés aux Archives nationales.

Mes remerciements les plus vifs vont à Nicole Huet, à Yves-Marie Bercé et à Denis Crouzet pour leur aide inappréciable au cours de la rédaction.

1. Wm. Faulkner, *L'intrus (Intruder in the dust)*, chap.3, éd. Folio, p.95 ; cf. *Sanctuaire*, où il s'agit d'un Blanc accusé à tort de viol et de meurtre, violé à son tour puis brûlé. Le souvenir de la sorcière lynchée perce dans quelques œuvres littéraires du XIXe siècle : Sir Walter Scott, *La Prison d'Edimbourg (The Heart of Midlothian)* (1818), chap.40 ; *La Sorcière de Jasmin*, publié par E. Le Roy Ladurie, Paris, 1983 ; Arrigo Boito, livret de l'opéra *La Gioconda* (1876), 1er acte.

plus que la justice semblait indifférente à l'inculpation – ou, si elle l'entérinait, elle percevait des frais exorbitants, offrait au criminel trop d'échappatoires de la chicane, de la fuite ou d'une clémence notoire en cas d'appel au Parlement.

En 1564 le présidial de Poitiers passa outre à l'appel de quatre sorciers (trois hommes, une femme) et les fit brûler vifs ; et au président d'Aventon de s'en expliquer: « On avoit envoyé absous auparavant d'autres Sorciers appellans, qui depuis avoient infecté tout le pays, et que le peuple se mutinoit » (2). Puisqu'il en était ainsi, tout devenait licite, voire nécessaire : depuis la vengeance personnelle ou familiale jusqu'à l'utilisation à des fins para-légales de l'appareil judiciaire et de son rituel, lui-même parfois dérivé de coutumes populaires. En novembre 1640 à Belval-en-Argonne, des paysans traînèrent Catherine Le Moyne par les chemins criant « Desorcelle ma vache ! » – avant de la tuer d'un coup de carabine. A Juniville (Rethélois) en 1587, lors d'une baignade solennelle de sorciers qui tourna à la violence, le maire Pierre Quinquet ne put dompter la foule furieuse : l'un de ses concitoyens le menaça, « s'il vouloit soustenir les sorciers, que on le jeteroit en l'eaue luy-mesmes » ; puis sans autre forme de procès, la populace dressa un bûcher pour Guyot Girard, coupable selon ses voisins de seize envoûtements. La même année et toujours dans la même région, on lyncha à Somme-Yèvre une sorcière dénoncée par deux de ses enfants au pied de la potence : deux officiers et deux particuliers furent chargés « d'avoir emprisonné en une cave deffuncte Ysabeau La Nayanne, femme de Jehan Piort, icelle menée ignominieusement et violamment à l'estang dudict Sommyevre, precipitée en icelluy par deux diverses fois, luy avoir bruslé les piedz et usé d'aultres cruaultez soubz pretexte qu'ilz disoient estre sorciers, desquelz excedz ladicte Ysabeau soit decedée quelques jours apres ». Le Parlement remonta à Pierre de Villiers que, « comme eschevyn, il le debvoit empescher » ; et l'échevin de protester « qu'il ne pouvoit empescher le peuple, que s'il les veult empescher, il dist estre luy-mesme jeté en l'eaue » (3)... Jean Bodin en tira la conséquence :

> C'est doncques chose bien fort salutaire à tout le corps d'une Republique de rechercher diligemment et punir severement les Sorciers : autrement il y a danger que le peuple ne lapide et Magistrats et Sorciers : comme il est advenu depuis un an à Haguenone pres ceste ville de Laon, que deux Sorcieres qui avoient merité justement la mort, furent condamnées, l'une au foüet, l'autre à assister : mais le peuple les print, et les lapida et chassa les officiers. (4)

Alors que les autres démonologues de l'époque ne s'y arrêtaient guère, le lynchage figure au premier plan dans l'ouvrage de Bodin. Sans doute en reçut-il une vive impression quand il assista au procès de Jeanne Harvillier à Ribemont (près de St-Quentin) en 1578 – procès qui l'incita à écrire sa *Démonomanie* : « Il fust presque impossible de garder les paysans de la ravir des mains de justice pour la brusler, craignans qu'elle rechapast » (Préface). La leçon s'imposait : seule la fermeté des magistrats à prononcer des peines rigoureuses pouvait éviter les actes de violence sommaire, scandale suprême aux yeux de la justice. Bodin, résidant à Laon, se serait ainsi figuré la chasse aux

2. J. Bodin, *De la démonomanie des sorciers*, 1580, Préface.

3. Le Moyne : X2B 1224, 5 août 1645 (Jean Boyer) ; X2A 1010, 2 oct. 1645 ; X2A 278, 7 oct. 1645. Girard : X2A 956, 30 mai 1588 (Nicolas Leger) et 29 août 1588 ; X2B 157, 31 mai 1588; X2B 158, 29 août 1588 ; voir le récit du lynchage, publié dans notre article, 1977, p.809. La Nayanne : X2A 956, 8 et 9 juil. 1588 ; X2B 158, 9 juil.1588 ; X2B 159, 1er sept. 1588 (mandat d'arrêt contre huit autres responsables du malheur).

4. *Démonomanie*, IV,i.

sorciers, que l'historien ne s'en étonnerait guère. Car le lynchage pour fait de sorcellerie était un problème particulièrement grave dans cette région : formant une bande étroite de territoire le long des anciennes frontières du royaume, de St-Quentin à Langres, puis s'étendant vers Troyes.

Huit ans de recherches dans les archives du Parlement de Paris, couvrant la période 1540-1670, m'ont permis de dresser la liste de 1 254 individus prévenus de sorcellerie et 97 de magie, à l'encontre desquels la Haute Cour passa un jugement définitif ou interlocutoire, plus 593 autres poursuites dans l'énorme ressort parisien, connues soit indirectement soit à travers d'autres sources (5). Une centaine de procès pour sorcellerie démontrent des abus grossiers dans la première instruction devant les tribunaux subalternes. Ici l'on rencontrait des concussions lors des saisies, des connivences des magistrats avec les parties civiles, voire l'intéressement personnel des officiers passant outre aux récusations ; là il s'agissait de charges frivoles, de mauvais traitements, d'emprisonnements prolongés, d'extorsions de dénonciations, de privations des droits de défense, comme de menacer le prévenu pour le faire désister d'un appel interjeté... Laissons de côté toute la gamme des abus qui peuvent se rencontrer, bien que moins fréquemment, dans d'autres types d'affaires, pour ne retenir ici que les cas qui relèvent du lynchage : le meurtre rituel et collectif d'un criminel supposé, sans jugement régulier, souvent avec la complicité ou la participation passive de la magistrature – situation très exceptionnelle propre à la sorcellerie. A part le crime d'hérésie pendant les guerres de Religion, nous n'en avons jamais retrouvé un seul exemple pour un autre délit de droit commun. Sur les vingt lynchages repérés, seize se produisirent dans l'extrême Est du ressort.

année	siège (département actuel)	incident
1567	Montrichard (Loir-et-Cher)	Jeanne Charbonnier appliquée à la torture, sans forme de procès, puis lynchée par une foule le lendemain
1579	Haguenone (ou Saguenone : non identifié – près Laon)	deux femmes lapidées, après peine légère (source: Bodin)
1582 (?)	Champguyon (Seine-et-Marne)	Étiennette Le Piffle tourmentée et noyée, sa fille violée
1586	Ceton (Orne)	Claire Riant s'évade de la prison, reprise avec telle violence qu'elle est morte deux jours après, son cadavre brûlé à une potence
1587	Reims (Marne)	Poncette, veuve d'Adam de Laistret, rouée de coups de pierre pendant l'épreuve de l'eau

5. S'ajoutent à ces chiffres, 49 appelants décédés en la Conciergerie et 69 cas marginaux où la sorcellerie/magie n'intervient qu'en arrière plan en combinaison avec d'autres charges... Une telle liste est-elle représentative ? Non pas, certes, de la pratique de la sorcellerie dans les campagnes. La répartition géographique en est fort inégale. Alors que les départements actuels des Ardennes et de la Haute-Marne envoyèrent, à eux deux, 15 % des appelants à Paris, le Sud et Sud-Est du ressort (Haute-Vienne, Creuse, Puy-de-Dôme, Cantal, Loire, Haute-Loire, Rhône) n'en comptent que 5 %. La vallée de la Loire et le Poitou sont moyennement représentés ; en revanche, la Mayenne et la Vendée, adjacentes mais écartées des grandes routes, n'y figurent guère (1 %, ces deux départements). Rappelons au demeurant que l'appel au Parlement n'était nullement limité aux cas présentant un quelconque vice de forme : dès le début du XVIIe siècle il est de droit pour toute peine afflictive en matière de sorcellerie et il n'y a aucune raison de présumer que les femmes n'appelassent pas aussi régulièrement que les hommes. Sur 521 procès de sorcellerie non portés au Parlement, il y eut 193 hommes (37 %) et 266 femmes (51 %) – 62 étant de sexe inconnu.

1587	Condé-les-Autry (Ardennes)	baignade et tourments en prison : deux femmes mortes sur le lieu ; Julienne Durant et Catherine Barbault meurent en arrivant à la Conciergerie
1587	La Neuville-au-Pont (Marne)	baignade : Didier Ferret et Jeanne Magré morts en prison ; Jean Jaquemin et Jean Husson s'évadent, puis périssent (lynchés ?)
1587	Juniville (Ardennes)	Guyot Girard brûlé par la foule après baignade
1587	Somme-Yèvre (Marne)	Isabeau La Nayanne tourmentée après baignade, morte de ses blessures
1588	Senuc (Ardennes)	Marson Faverel soustraite à la justice, tourmentée et brûlée vive
1588	Viel-St-Rémy (Ardennes)	Jeanne Mithouard pendue et brûlée de nuit ; sa sœur Marguerite « jectée dans ung sac à l'eaue »
1594	Dinteville (Hte-Marne)	Jeanne Simoni baignée, puis tourmentée par le feu, morte trois jours après, son cadavre brûlé
1602	Château-du-Loir (Sarthe)	Julienne Du Lieu brûlée par la soldatesque
1615	Juzennecourt (Hte-Marne)	une femme « assommée par la commune et apres bruslée »
1615	Sexfontaines (Haute-Marne)	Claudine Jeunesse lapidée en la présence de ses filles
1619	Pargny-sous-Mureau (Vosges)	la nommée Clervault : « la justice l'a tuée à coups de pierre »
1629	Humes (Haute-Marne)	Marguerite Gillot et sa fille Antoinette Humblot lapidées
1637 (?)	Viviers-sur-Artaut (Aube)	Jeanne Clement et deux hommes (dont Claude Marson) baignés, tourmentés et brûlés à l'instigation du seigneur
1640	Belval-en-Argonne (Marne)	Catherine Lemoyne baignée puis fusillée, en la présence des magistrats
1641	Bragelone (Aube)	Barbe Jolly et son fils Roch Guillaume baignés, tourmentés, assommés ; le cadavre de Jolly jeté dans un puits

La lapidation, le bûcher, la noyade, voire un viol rituel (ultime humiliation !) ; pénétrer dans la prison ou assommer la victime sous prétexte d'une évasion manigancée : autant d'expressions classiques de la fureur populaire. Ajoutons à ce triste catalogue, de nombreuses atrocités perpétrées par les seuls officiers de justice, sans la participation du peuple : telle « la question du feu » à Gien, qui entraîna la mort de cinq hommes (vers 1600) ; telle l'exécution, nonobstant appel, de plusieurs centaines de victimes dans le Vermandois et les Ardennes (1593-1601). Ajoutons encore une quinzaine d'homicides commis par des individus ou par les membres d'une même famille, dont quelques uns revêtent la forme d'un lynchage privé (6). Encore n'apercevons-nous que la partie émergée du vaste iceberg de la violence illégale contre les sorciers. Car elle ne laissait d'ordinaire pas de traces écrites, au contraire : comme toute autre affaire criminelle, elle ne venait à la connaissance du Parlement que s'il se trouvait

6. C'est la destinée de plusieurs sorcières dans les contes de fées des frères Grimm : le procès criminel n'est pas inconnu (par ex., « La Lumière bleue »), cependant le plus souvent on les tue tout simplement (par ex., « Hansel et Gretel », « Les Deux frères », « Le Tambour »). Cf. notre article : 1978). Rappelons d'autre part la violence quotidienne exercée pour obliger les sorciers à pratiquer leurs désenvoûtements (cf. notre étude : 1981, pp.398-399).

un plaignant, public ou particulier, suffisamment fort pour affronter les responsables, au risque de représailles sur les lieux. Aussi les parents des victimes essayaient-ils rarement d'entamer une poursuite, en assumant de lourds frais ou en cherchant l'appui d'un tribunal supérieur (7).

Notre liste de lynchages fait valoir le rôle néfaste joué par l'épreuve de l'eau – grand spectacle public consistant à jeter le « candidat », pieds et mains liés, dans la rivière, dans l'étang ou dans le fossé du château. S'il surnageait, il était sorcier. Cette pratique invétérée s'avérait d'autant plus indéracinable que les accusés eux-mêmes demandaient à être baignés, y voyant malgré les risques une chance de prouver leur innocence auprès des voisins et de démontrer, une fois pour toutes, que leurs guérisons par simples et par oraisons n'avaient rien de diabolique. Parmi de nombreux exemples champenois, nous en citerons deux des plus pittoresques. A This, en raison « du grand nombre de sorciers qu'il y avoit au pays, le peuple mesmes les prand et les jete en l'eaue pour en faire l'experience » ; Léon Chauderon « estant en chemin devisant avec autres, y en eust ung de leur compagnie qui luy dict qu'il estoit sorcier et qu'il feroit bien de s'en purger ; il respond qu'il le vouloit bien et, de faict, il ce despouille et ce faict jecter en l'eau ». Et en 1623, le Parlement interrogea une vieille femme de La Neuville-au-Pont, siège déjà frappé de sanctions il y avait trente-cinq ans de cela :

– Si elle se baigne quand il faict chauld ?
– A dict que non.
– Pourquoy elle a demandé estre baignée au mois d'octobre ?
– A dict que, si elle eust pensé qu'yl y eust du mal, elle ne l'eust faict (8).

La baignade ne cessait d'inquiéter les hautes autorités à cause de la violence qu'elle déclenchait, spécialement dans l'Est, à en juger par la réaction du Parlement : la presque totalité des sièges subalternes sanctionnés s'inscrivent sur la carte dans un rayon de cinquante kilomètres autour de Vouziers (9).

Il en allait de même pour une autre pratique para-judiciaire spécifique des procès de sorcellerie : chercher avec de longues épingles une marque, insensible et exsangue, empreinte sur le corps du vrai sorcier en témoignage de son pacte avec le Diable. Cette épreuve donnait lieu à maints abus, surtout quand elle était pratiquée par des « connaisseurs de sorciers » tel Jean Minard, bourreau de Rocroi, qui exerça longtemps ce métier supplémentaire des deux côtés de la frontière des Pays-Bas, avant de se

---

7. Citons à titre d'exemple le lynchage arrivé à Champguyon vers 1582. Jean Le Piffle, frère de la victime et tuteur de ses enfants mineurs, intenta un procès contre dix auteurs du crime, dont un écuyer, un laboureur, deux cordonniers, un charpentier et un hôtelier. Quatre ans plus tard, le juge royal de Sézanne, d'intelligence avec les accusés, prononça une sentence d'absolution. Le Piffle en appela au Parlement et réussit enfin en 1587 à obtenir son concours actif ; mais les lyncheurs avaient quitté le pays et le procès demeura sans suite (X2A143, fol.18 et 177v, aux Grands Jours de Troyes en 1583 ; X2B146, 21 juil. 1586 ; X2A1395 et X2B1098, 13 juin 1587).

8. This : X2A 1395 et X2B 1099, 26 mars 1588. La Neuville-au-Pont : X2A 987, 28 nov. 1623, Alix Ratiere.

9. En 1587-1588, outre les cinq épreuves par immersion qui se sont soldées par des lynchages – dans le département actuel de la Marne : Verzenay, Condé-sur-Marne, Hans ; dans la Meuse : Evres ; dans les Ardennes : Brieulles-sur-Bar, Sorcy-Bauthémont, Jandun, This, Givry, Buzancy. En 1593 : Villemaur-sur-Vanne (Aube). En 1623 : La Neuville-au-Pont (Marne) et Son (Ardennes). En 1644 dans les Ardennes : Bégny, Savigny-sur-Aisne, La Besace, La Berlière, Aouste.

faire envoyer, par arrêt du Parlement en 1603, aux galères à vie... La piqûre pour la marque diabolique, comme la baignade et le lynchage, était caractéristique de la chasse aux sorciers dans la France de l'Est.

La vallée de la Loire, le Maine et le Perche ont fourni chacun une affaire de lynchage au dossier de la sorcellerie. En se déplaçant vers l'Ouest, cependant, l'historien des XVIe et XVIIe siècles a le sentiment d'entrer dans une autre aire juridique où le long processus de canalisation de la vindicte vers les tribunaux semble être plus avancé. Pareille généralisation est fondée sur une lecture sérielle des « audiences » du Parlement : séances consacrées au règlement de vices de forme, incompétences de juridiction, récusations et malversations. Dans ces registres les sièges du Poitou et de la vallée de la Loire occupent une place nettement dominante. On dirait que les magistrats les plus marquants se complaisaient à embarrasser leurs rivaux à force de chicane : attitude devant en principe favoriser la découverte des procès abusifs, pourtant en matière de sorcellerie ceux-ci n'étaient pas nombreux.

Le zèle des chasseurs de sorciers dans la France de l'Ouest se manifestait par des actions de la maréchaussée jugeant prévôtalement, c'est-à-dire, en dernier ressort, sans déférer à l'appel. Or, la sorcellerie n'avait jamais fait partie des « cas prévôtaux » comme le faux monnayage ou les vols qualifiés (sacrilège, avec effraction, à main armée...) ; la Haute Cour repoussait systématiquement toute demande visant à modifier le statut de la sorcellerie. Nous avons cité l'exemple, raconté par Bodin, de quatre sorciers exécutés prévôtalement à Poitiers en 1564. Un jugement du même genre frappa François Champion au Mans en 1585 ; le Parlement suspendit et semonça le juge (10). Enfin, entre 1596 et 1602, la question fut débattue dans les sièges du Poitou et de la Basse Marche limitrophe ; voici une liste sommaire des arrêts qui suivirent (11):

arrêt	siège envisagé	faute et/ou dispositif
16 sept. 1596	Niort	sorciers jugés prévôtalement, 10 à 12 exécutés sans appel ; enjoint de « juger les proces de ceux qui se trouveront accusez du crime de sortilege à la charge de l'appel»
16 févr. 1598	Poitiers	« deffenses... de prononcer par jugement souverain et en dernier ressort es matieres criminelles..., sinon es cas qui leur sont attribuez par les ordonnances, reglemens et arrestz d'icelle court » (la sorcellerie non explicitée)
28 août 1598	Niort	sentence prévôtale de bannissement perpétuel à l'encontre de Thibaut Girard, accusé de sorcellerie ; il se rend appelant à Paris : « deffenses audit vi-senechal (prévôt des maréchaux)... de prendre cognoissance du crime de sortilege »

10. X2A 1394, audience du 25 janv. 1586 ; cf. ci-dessous aux notes 28 et 50.

11. Les six arrêts sont classés, respectivement : X2B 177, 182, 185, 190, 191 ; X2A 154, fol.30v. Cf. *Discours sommaire des sortileges, venefices et idolatries, tiré des procez criminels jugez au siege royal de Montmorillon en Poitou, la presente année 1599*, s.l.n.d., in-8° (dédicace datée le 13 nov. 1599 ; Bibl. nat., Rés. R. 2443). Deux incidents semblables, à la même époque, pour faits autres que de sorcellerie : à Clermont-Ferrand en 1598 ; à La Flèche en 1600. Encore en 1643, le présidial de Poitiers chercha auprès du chancelier la permission de procéder sommairement aux exécutions de sorciers (voir *Lettres et mémoires adressés au chancelier Séguier (1633-1649)*, publié par R. Mousnier, Paris, 1964, p.636).

12 juil. 1599	Bellac	prévôt ajourné : « deffenses... de prandre jurisdiction et cognoissance du crime de sortillege ny d'autres crimes desquelz la cognoissance ne luy est attribuée par les edictz et ordonnances »
15 oct. 1599	Montmorillon	le siège demande permission de procéder prévôtalement contre deux prêtres-sorciers : « deffenses audit prevost provincial de Montmorillon et aultres prevost[s]... de faire executer les sentences et jugementz qu'ilz donneront contre les accusez de crime de sorcellerie et prononcer en dernier ressort, ains leur enjoinct deferer à l'appel qui sera interjecté de leursdits jugemens, mesmes faire entendre aux condamnez par eulx qu'ilz pourront interjecter appel de leursdites sentences, dont ilz inscriront acte au pied d'icelles »
10 mai 1602	Poitiers	Jean Hay appliqué à la question et condamné (pour sorcellerie) aux galères à perpétuité par sentences prévôtales ; ajournements personnels contre le juge et un conseiller (suite non retrouvée)

La demande formulée par la maréchaussée de Montmorillon exprime clairement les deux principaux griefs contre l'appel : d'une part, « la surseance sembleroit une impunité au peuple » ; d'autre part, « l'incommodité de la conduite des prisonniers [à Paris] en cas d'appel, à cause qu'il ne se trouvoit deniers en la recepte des amendes ». Effectivement, le coût de la conduite des appelants, à la charge des fermiers des amendes des lieux, provoquait souvent des empêchements contre le droit d'appel : pour les villes éloignées de la capitale il fallait débourser de trente à cinquante écus pour chaque appelant – l'équivalent d'un troupeau de quarante à soixante-quinze brebis – sans compter les frais éventuels du retour si la sentence venait à être confirmée. En l'occurrence, le Parlement donna exécutoire de cent écus contre le receveur de Montmorillon pour faire amener les deux prêtres : et il imposa une nouvelle règle renforçant la probabilité des appels à l'avenir.

LES REVENDICATIONS DES DÉMONOLOGUES ET LA RÉPONSE DU POUVOIR

Les démonologies contemporaines de la chasse aux sorciers témoignent toutes d'une frustration face à l'inertie de l'institution judiciaire : nonchalance attribuable, laissent-elles entendre, à la politique du Parlement de Paris. Comment, s'exclament les auteurs, refuser de se rendre à l'évidence du danger qui plane sur la Chrétienté ? Le vol nocturne au sabbat, le pacte avec le Diable et les maléfices perpétrés par les sorciers seraient incroyables s'ils n'étaient pas attestés par « d'infinis procès » (Bodin, III,iii). Le grand nombre de procès avec leurs révélations ahurissantes constituent une démonstration irréfutable, cependant la répression demeure toujours dérisoire, entravée par la difficulté d'établir la preuve légale de tant de méfaits infernaux et sournois. Chacun sait que la divination et la guérison par moyens diaboliques sont tellement répandues que, « de mille [sorciers], à peine qu'il y en ait un puny » (Bodin, IV,iii). « Il semble ainsi que nous soyons déjà au temps de l'Antéchrist, puisque parmi les marques que l'on donne de son arrivée, celle-ci est l'une des principales, à savoir que la sorcellerie, alors, règnera sur le monde entier » (12). « Pour faire cesser l'ire

12. Henri Boguet, *Discours exécrable des sorciers,* Lyon, 1602, Préface, citée d'après la réédition, Paris, 1980.

de Dieu sur tout un peuple », on a devoir d'extirper cette maudite race ; et si les règles mesurées de la dénonciation, du témoignage, de l'interrogatoire et de l'appel en empêchent trop souvent les condamnations méritées, il faut faire de la sorcellerie un crime excepté de ces règles : par exemple, admettre la délation anonyme, promettre l'impunité aux complices éventuellement accusateurs, interroger le prévenu sans la présence d'un greffier (Bodin, IV,i). Certains songent à une autre solution du problème et réclament la création de tribunaux d'exception, tel celui qui, en 1634, envoya Urbain Grandier au bûcher.

Tot ou tard, si faudra passer par là, qu'en cette France soient établis certains Inquisiteurs de tels gens, pour en faire la justice... car à cela nous contraignent plusieurs duchés et contrées si infectées de cette croupissante peste, et déjà par trop échauffées de ce feu infernal, lequel tacitement rampant par les détroits du pays Rethelois, Savoisien, Auvergnat, Poitevin, Rhodelois, de Limoges, Lorraine, Languedoc, Provence, Gascogne, et presque partout autre part, saura mieux embraser toute la France(13).

Comment jauger le poids et la portée de cette littérature ? D'une part, elle revendique unanimement une chasse de grande envergure à l'instar de certains États du Saint Empire ; mais aucune voix française ne s'élève pour y répondre, ni par l'imprimerie ni par le manuscrit. D'autre part, les pamphlets, discours et traités ne sont pas, en fait, très nombreux et leurs auteurs criards sont tous – à une seule exception possible faite pour le cas de Pierre de Lancre, conseiller au Parlement de Bordeaux – de la couche moyenne de la magistrature, alors que le sommet du Pouvoir refuse de se laisser convaincre. Le cardinal de Guise, martyr de Blois, par exemple, oublie tous ses différends politiques avec le Parlement de Paris et lui prête son concours actif pour mettre une sourdine à des recherches fanatiques de sorciers là où il est haut justicier (évêché de Reims, abbaye de St-Rémi). En 1587 il envoie son représentant à Givry afin de soustraire dix-huit accusés à la rage populaire et de les transporter à Reims. Il procède de la même façon dans le cas de Jean Malicet à Condé-sur-Marne et fait évoquer son procès au Parlement. Ses officiers poursuivent les lyncheurs de Juniville, les destituent de leurs charges et les bannissent ; trois ans après, ils les dénoncent pour effraction de ban avec récidive, invoquant la coopération de la justice royale afin de les prendre au corps (14). Un demi-siècle plus tard, lors d'une nouvelle chasse aux sorciers dans la même région, d'Estampes de Valençay, archevêque de Reims, s'en plaint au chancelier et demande qu'on dépêche un commissaire ; tandis que la justice seigneuriale du duc de Guise à Rumigny prononce une sentence de destitution contre les magistrats d'Aouste, coupables d'une baignade illégale, et commande à tous les officiers dépendant de la baronnie de Rumigny de se comporter « conformement aux arrest[s] de ladite Cour » de Parlement (15).

---

13. Pierre Nodé, *Déclamation contre l'erreur exécrable des maléficiers, sorciers, enchanteurs, magiciens, devins...*, Paris, 1578, cité par Michel Meurger, introduction (1979) à la réimpression de J. Bodin, *De la démonomanie*, éd. 1587 (Gutenberg Reprints). Cf. Boguet, « Instruction pour un juge en fait de sorcellerie » (1610), article 2.

14. Givry : « Ayant monsieur le cardinal archevesque de Reims eu advertissement de la grande quantité des sorciers quy estoient es terres du sieur cardinal de Guise, il commanda à son procureur general fiscal de faire faire informer. Et parce qu'il y avoit plusieurs lieux esquelz il se failloit transporter, le bailly St-Remy-de-Reims estant malade, monsieur le cardinal donna sa commission à Me Rodolphe Carré pour se transporter sur les lieux, ce qu'il faict. S'en va à Givry. Il treuve xviii accusez de sorcellerye, les interroge et les admeyne au bailliage St-Remy pour les juger » (X^{2B} 1099, 19 mars 1588, « Joly pour Jehan Grignet »). Ce même Rodolphe Carré témoigna, semble-t-il, contre Regnault Rousset, prévôt-fermier de Juniville (X^{2A} 956, 30 mai 1588). Condé-sur-Marne : X^{2B} 1099, 18 juin 1588 ; X^{2B} 158, 1er août 1588. Juniville : X^{2B} 157, 31 mai 1588 ; X^{2B} 165, 7 déc. 1591.

15. *Lettres... au chancelier Séguier*, pp.636-637. Aouste : X^{2A} 277, 10 mai 1645.

Contrairement à ce qui se passe dans l'Empire, les puissants seigneurs de France n'octroyent ni primes ni subventions en faveur des poursuites menées à bonne fin (16). Les groupes dirigeants en France semblent avoir moins peur de la sorcellerie que des désordres nés de la chasse... On a souvent vu, dans cette extraordinaire poussée de répression, l'effet d'une sensibilisation opérée du haut vers le bas dans l'échelle socio-culturelle. Ne serait-il pas plus exact de considérer les démonologues comme des alliés de la petite magistrature dans une tentative vaine de sensibiliser le Pouvoir ?

Non pas que les grands robins fussent tous d'accord, loin de là. La courbe d'arrêts du Parlement accuse des oscillations dues en partie au roulement tous les trois mois du personnel affecté à la chambre criminelle. Il est même possible qu'une méfiance vis-à-vis des procès de sorcellerie soit l'opinion minoritaire, avant d'avoir le dessus dans les Tournelles de la St-Martin de 1587, de la Chandeleur et de Pâques 1588 – et de le perdre pour une dizaine d'années pendant les dernières guerres de la Ligue. Les péripéties de l'évolution au sein du Parlement sont malaisées à suivre : on connaît la composition de chaque Tournelle mais, après 1555, les votes ne sont plus enregistrés ; et les audiences rapportées en détail sont juste suffisantes pour permettre quelques aperçus de ce qui se passe derrière la façade d'unanimité qu'affiche traditionnellement la Cour en matière criminelle. Les hauts magistrats ne s'expriment pas publiquement sur la question, le roi non plus. Ils ne trouvent même pas nécessaire de statuer sur la sorcellerie – avant l'ordonnance de 1682, quand la grande crise appartient depuis longtemps au passé. Le débat, par conséquent, est sans commune mesure : d'un côté, les revendications diffusées par l'imprimerie ; de l'autre côté, le Pouvoir judiciaire silencieux. Afin de remettre les démonologies dans leur propre contexte rhétorique, nous sommes obligés de rétablir la moitié du dialogue qui nous a échappé jusqu'à présent : la jurisprudence des cours souveraines, en particulier de la Haute Cour parisienne.

Cette jurisprudence se reconstitue à travers quelque quatre mille actes – arrêts, interrogatoires, audiences, écrous, procès-verbaux – retrouvés dans sept cent registres ou cartons d'archives (1540-1670). Avant d'en aborder l'analyse sommaire, il convient de distinguer la sorcellerie et la magie, car le Pouvoir réagissait différemment selon le cas.

Les termes sont interchangeables jusqu'à un certain point, ce qui rend hasardeux tout essai de définition (17). Le magicien commet parfois des actes de sorcellerie et il est souvent désigné comme sorcier. En revanche, si le sorcier pratique aussi la divination, il exerce une activité qui tient, strictement parlant, de la magie. La différence essentielle réside dans le rapport avec le Diable. La magie est une *science* puisée dans des livres écrits en langues anciennes. Fort de son savoir le magicien invoque des diables dans l'intention de les *dominer*, de leur faire révéler des choses au-delà de la connais-

16. Dans le Cambrésis, au Luxembourg, en Lorraine – hors du royaume – des chercheurs ont retrouvé des centaines de procès de sorcellerie, non pas dans les fonds judiciaires mais dans les *comptes* : autant de pièces justificatives pour toucher un remboursement de frais. Rien de tel en France. Nous ne connaissons qu'un seul exemple isolé : les comptes des ducs de Nevers n'existent plus mais, dans l'inventaire conservé à la Bibl. nat. (V^c Colbert 284, p.2810), il est mention des frais d'exécution de trois sorciers à St-Brisson (Nièvre) en 1558 (référence communiquée par Mme Bertrand-Debard de Châtillon-sur-Loire).

17. Voir A. Soman, 1981. Cf. R.-L. Wagner, *Sorcier et magicien, contribution à l'histoire du vocabulaire de la magie*, Paris, 1939.

sance humaine : comment déterrer des trésors cachés, comment guérir des maladies, comment se procurer les faveurs des femmes... Le sorcier, par contre, se *donne* au Diable, comme un ouvrier se donne à son maître. En échange il obtient le pouvoir de mal faire, de se venger de ses ennemis : de donner la mort ou la maladie aux gens et à leur bétail ; dans le cas d'un sort non mortel, il met à rançon pour apporter une guérison.

Au XVIe et au XVIIe siècles, le sorcier appartenait presque toujours au monde rural ; il était, ainsi que la plupart de ses victimes, de condition modeste. Inversement, le magicien exerçait en ville et ses méfaits portaient atteinte à la bourgeoisie, à la Cour et, pis encore, à l'Église, parce qu'il fallait obligatoirement un prêtre complice pour consacrer ses livres et ses caractères. Tandis que les classes dirigeantes ne se sentaient que rarement menacées directement par la sorcellerie, elles craignaient les intrigues de la magie : mésalliances, escroqueries de milliers de livres, impiétés de toute espèce. Rien de surprenant, par conséquent, à ce que les deux crimes fussent considérés diversement. Dès 1493 une ordonnance royale proscrivit les magiciens (« charmeurs, divineurs, invocateurs de mauvais et damnés esprits, nigromanciens ») et leurs clients, sans souffler mot des « empoisonneurs » (autrement dit « sorciers ») ajoutés pour la première fois par la législation de 1682. Pierre de l'Estoile, proche parent de présidents et conseillers du Parlement, ne s'intéressait guère aux exécutions de vieilles sorcières, mais il s'indignait fort contre « ceste vermine » de magiciens « tousjours demeurée libre et sans estre recherchée, principalement à la Cour » (18). Seule la magie, et non la sorcellerie, était un « cas royal » (19). Dans l'analyse qui suit nous avons tenu compte de cette distinction capitale.

LE DISCOURS DU PARLEMENT

Les débuts (de 1540 à 1587) – Les archives du Parlement sont assez lacunaires pour les deux premières décennies de notre série, mais de toute évidence les procès de sorcellerie ne sont pas nombreux : 39 cas seulement retrouvés jusqu'en 1571, dont deux arrêts de mort. L'année 1572 se solde par une pointe aiguë (20 appelants), suivie de huit années de calme relatif (7 affaires par an en moyenne) et ce n'est qu'en 1581 que la courbe des appels commence à osciller autour d'une vingtaine annuelle de procès. A partir de 1572, cependant, la jurisprudence du Parlement se révèle plus dure qu'auparavant : 13 % des appelants condamnés à mort et plus du tiers appliqués à la question.

Rappelons ici que la torture telle qu'elle était pratiquée dans le ressort parisien ne ressemblait nullement à l'image noire communément reçue. Nos recherches à ce sujet, tous crimes compris, font valoir des taux d'aveux étonnamment bas : 8,5 % vers 1540 et 2,3 % au début du XVIIe siècle ; en matière de sorcellerie, sur un total

18. Ordonnance du 20 juillet 1493, publiée par F.A. Isambert et al., *Recueil général des anciennes lois françaises*, 29 vol., Paris, 1821-1833, t.11, pp.252-258 ; elle fut complétée, en 1560, en 1579 et en 1628, par d'autres actes concernant l'astrologie judiciaire (voir N. de Lamar, *Traité de la police*, 4 vol., Paris, 1705, t.1, p.529). L'Estoile, *Mémoires-journaux*, 13 août 1604 et 26 février 1587.

19. Une audience du 24 juillet 1609 est formelle sur ce point. L'avocat du roi Le Bret résume ainsi une affaire de revenant évoquée à Moulins : « C'est assavoyr si ce crime est royal. Cecy est une idolatrye et negromancye... Il n'est seulement question de sortillege... Le juge a peu evoquer parce que le prebstre [est] accusé d'avoir aydé à faire venir cest esperit, quy est une pure nigromancye » (X2B 1101, feuille d'audience cotée des noms des procureurs « de Longuement et Bauldry »).

VENTILATION DES ARRETS DU PARLEMENT POUR FAIT DE SORCELLERIE

	1540–oct.1587	oct. 1587–mai 1610	mai 1610–1670	Total
Appelants	265	479	510	1 254
Condamnés à mort	32 (12,1%)	58 (12,1%)	13 (2,5%)	103 (8,2%)
Relaxés	91 (34,3%)	166 (34,7%)	262 (51,4%)	519 (41,4%)
Appliqués à la question	91 (34,3%)	86 (18,0%)	8 (1,6%)	185 (14,8%)

de 185 applications de la question préparatoire (1548-1650), une seule provoqua des aveux qui vouèrent la victime au bûcher. Pareille modération, en France, est sans aucun doute l'un des principaux facteurs ayant empêché la chasse aux sorciers de suivre le modèle horrifiant du Saint Empire (20). Au cours du XVe et la première moitié du XVIe siècles, la procédure criminelle française s'était déjà éloignée de l'ancienne théorie des preuves légales qui n'admettait que le témoignage et l'aveu, ce dernier cédant progressivement une large place à la preuve matérielle. Or, justement, le crime de sorcellerie se prêtait mal aux pièces à conviction, une petite minorité seulement des procès-verbaux de perquisition faisant état de graisses pour s'envoler au sabbat, de poudres venimeuses pour jeter des sorts, de recettes ou de caractères magiques. Aussi le Parlement avait-il recours au procédé traditionnel, bien que tempéré, de la torture afin de compléter les témoignages contradictoires et peu concluants, ou de voir plus clair dans les aveux prétendument volontaires, rétractés par la suite. Pour s'assurer que l'ordalie se pratiquât avec toutes les précautions voulues, le Parlement, au long du XVIe siècle, s'est graduellement réservé à lui seul les applications à la torture : le dernier renvoi en province pour la question eut lieu en 1603.

Du reste, le nombre restreint des procès abusifs parvenus à la connaissance de la Cour – huit seulement retrouvés – ne préfigurait guère la crise qui éclata dans les Ardennes dans l'été 1587.

La prise de conscience (1587-1610) – Soudain, le Parlement se voit saisi d'un afflux d'affaires ardennaises démontrant des abus spécifiques de la sorcellerie : lynchages, baignades, poursuites tellement nombreuses qu'elles dépassent toute vraisemblance. Qu'un village se décide à se débarrasser de son sorcier (avec sa maisonnée infectée) – de deux à la limite –, cela se comprend. Par contre, quand le seul siège de Givry s'en prend à dix-huit, quand le juge de Brieulles-sur-Bar parle de « vii^{m} vii^{c} lx sorciers » dans son voisinage, indubitablement il s'agit d'autre chose que de justice. « Y a ung mal en la Champaigne », dit le procureur général du roi, Jacques de La Guesle, « s'est qu'on estime la pluspart des habitans sorciers » (21) : conjoncture

20. Voir notre article : 1984. Quant à la torture *préalable* – appliquée aux condamnés à mort afin d'obtenir les noms de leurs complices – son usage très limité à l'encontre des sorciers aurait également contribué à réduire le nombre de dénonciations par « réaction en chaîne » caractéristiques des procès allemands. Sur 103 sorciers exécutés par arrêt du Parlement, à 6 seulement fut appliquée la question préalable : 3 en 1572, 1 en 1580 et 2 en 1593.

21. X2A 1395, 18 juin 1588, Jean Malicet.

Figure 1.

Le Parlement de Paris et la sorcellerie (magie exclue)

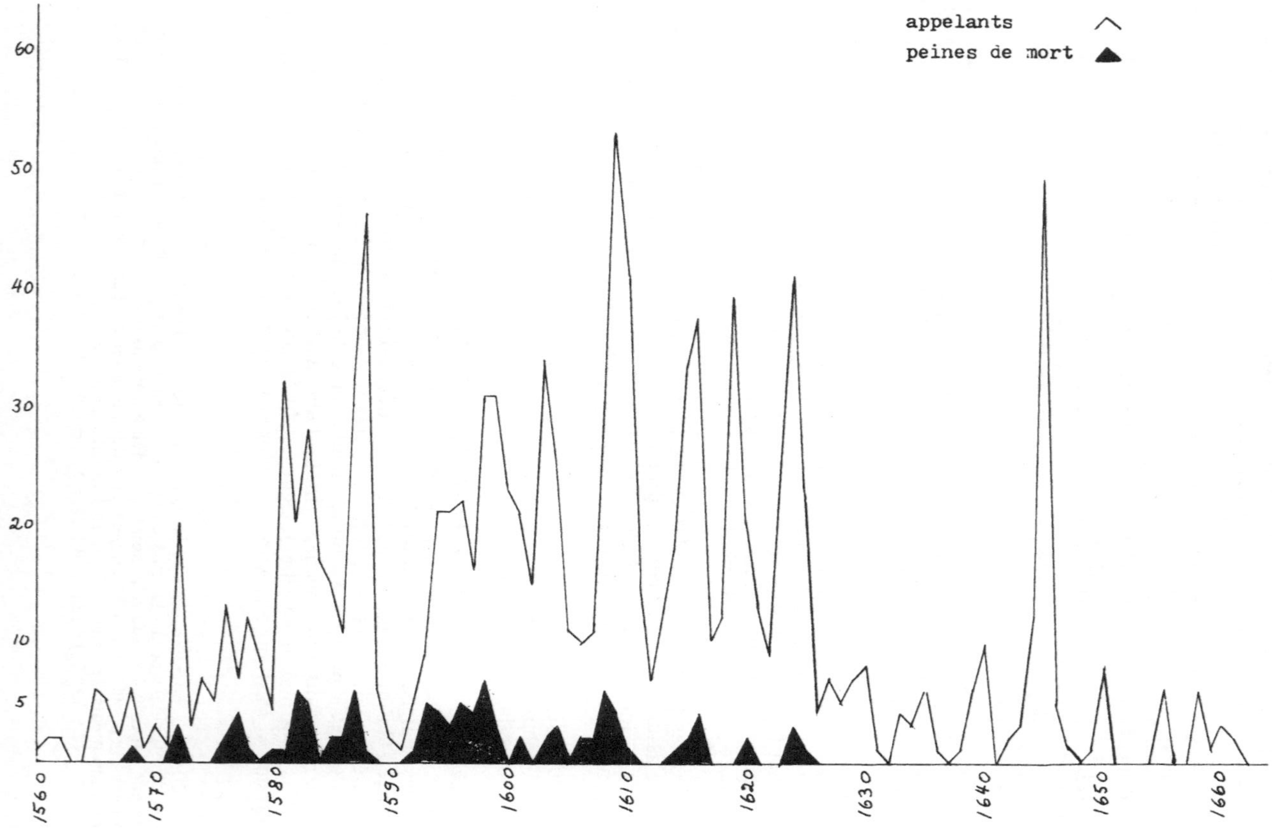

Figure 2.

La torture et la peine de mort pour fait de sorcellerie : taux par périodes quinquennales

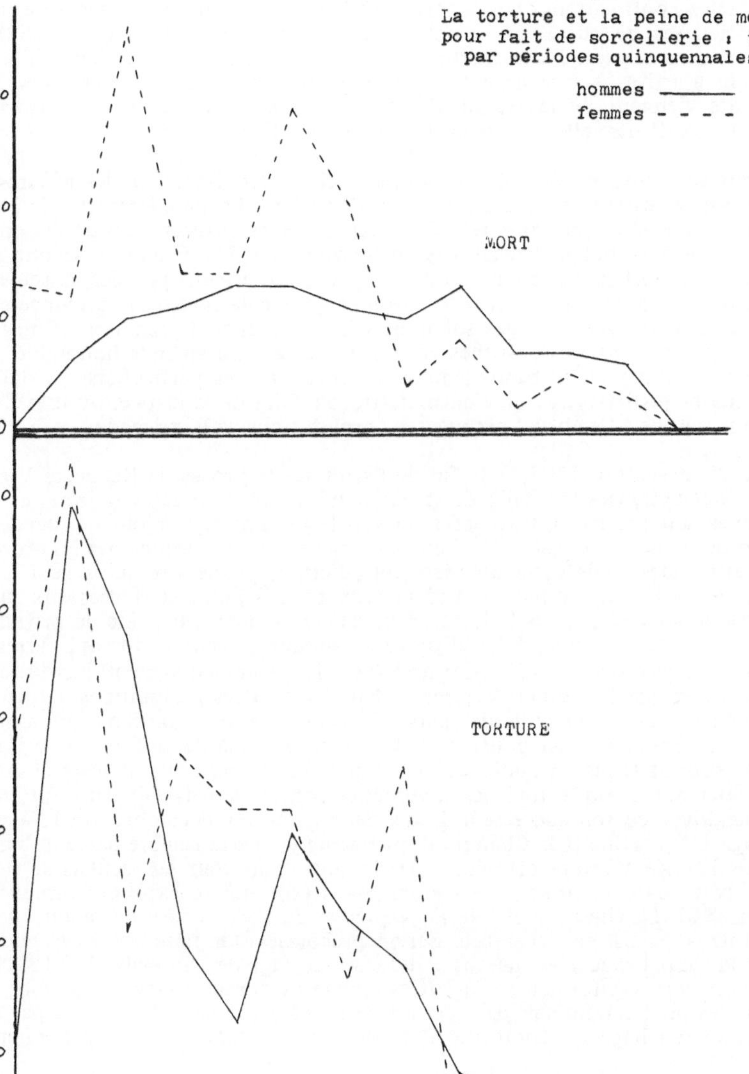

dangereuse où des gens peu scrupuleux ont l'habitude de régler leurs comptes, d'accaparer de belles confiscations. Les archives du Parlement conservent traces de plus de cinquante accusés de sorcellerie lynchés ou exécutés sans appel (1587-1588), ne représentant sans doute qu'une fraction du total. Ceux qui ont la chance d'appeler commencent à arriver à Paris en octobre 1587 : en l'espace de quatorze mois, 36 des 60 appelants viennent de la région affectée, 26 ayant été victimes de procédures intolérables : six d'entre elles mourront tôt après en la Conciergerie.

La Cour se trouve en face d'une double tâche : prononcer sur les affaires dont elle est saisie, et essayer de mettre fin aux désordres. La première est relativement simple : les survivants sont tous relaxés – car des vices grossiers lors de l'instruction en première instance obligent à innocenter les victimes (22). Quant au second aspect du problème, le Parlement fait ce qu'il peut : sans un effectif policier, la seule arme est le châtiment exemplaire, et encore faut-il se garder de pousser la province entière à la révolte ouverte. Vingt sièges subalternes sont frappés de sanctions : magistrats suspendus, ajournés, parfois destitués et condamnés à faire amende honorable ; quelques peines de fouet et de bannissement à l'encontre des particuliers ; « deffenses aux habitans et justiciables... de s'entremettre du faict de la justice, ny user de contraincte et menasses à l'endroict des juges » ; prohibitions de la baignade.

Dès le 29 décembre 1587, à la fin de l'arrêt sur le procès de Rennette Vignette, la Cour « faict deffenses [au bailli de Hans] de permettre faire essay et jecter en l'eaue les personnes soubsonnées ou accusées de sortileige, ains luy enjoinct proceder à la confection de leurs proces selon les formes ordinaires et prescriptes par les ordonnances ». Quatre jours après cette première interdiction qui ne vise qu'un seul tribunal subalterne, le Parlement énonce une règle générale : il fait « deffenses aux juges et tous aultres de jecter les accusez de sortilege dans la riviere, sur peine de privation de leurs estatz, et ordonne que, à la diligence du procureur general du roy, l'arrest sera leu et publié par les sieges » (23). Cet arrêt ne fait pas immédiatement jurisprudence ; il ne s'en trouve pas la moindre référence dans trois autres prohibitions à titre local, intervenant au courant du mois de mars 1588, ni dans une quatrième prononcée en septembre. Le Parlement est pourtant bel et bien en voie de se forger une jurisprudence. Les propos tenus en audience, le 5 mars 1588, par l'avocat général Antoine Séguier anticipent presque tous les arguments contre la baignade figurant dans le fameux plaidoyer de son successeur Louis Servin, du 1er décembre 1601, à propos du lynchage à Dinteville près Chaumont en Bassigny : texte célèbre parce qu'imprimé à Paris dès l'année suivante et réédité par la suite dans tous les recueils de ses *Plaidoyez*. A cette date le principe est établi, sans être encore exprimé formellement. En janvier 1601 La Guesle parle de l'« espreuve de l'eau, chose deffendue par plusieurs arrestz » ; puis, en décembre, Servin préconise « de faire une regle pour l'advenir » et la Cour l'exauce en faisant « defenses au juge de Dinteville et à tous autres juges de ce ressort, conformément à autres arrestz cy-devant donnez en pareille cause, en jugeant les procez criminels des accusez de sortilege, d'user d'espreuves par eau ». Cependant le lynchage de Dinteville date de 1594, il faut donc un précédent plus

---

22. Ce principe se détache nettement des réprimandes faites en 1602 à Me Pierre Danjou et à Me Charles Lecoq : l'accusé « estant mort [des abus de la torture], il avoit acquis l'absolution et l'honneur des siens » ; « l'innocence luy estoyt acquise par sa mort » (X^{2A} 965, 16 déc. 1602).

23. X^{2A} 956, 2 janvier 1588, Marguerite Palentin, de La Neuville-au-Pont (Marne) : texte cité d'après le dispositif en bas de l'interrogatoire sur la sellette ; l'arrêt est aujourd'hui perdu.

ancien et, en 1604, le procureur général du roi insiste sur le dispositif du 2 janvier 1588 cité plus haut : « en l'an cinq cens quatre-vingtz-sept (*sic*) fut donné arrest notable en la Cour, portant deffences à tous juges de faire telles espreuves. Cest arrest, à sa diligence, a esté enregistré à tous les greffes de la province de Champaignes » (24).

L'interdiction générale de la baignade, du 1er décembre 1601 – quoiqu'appliquée de façon irrégulière – marque une date capitale dans la lutte du Parlement contre les abus des procès de sorcellerie. Elle est suivie, en 1604, par l'arrêt d'une deuxième mesure lourde de conséquences pour l'avenir : l'appel de droit. La genèse de l'une comme de l'autre remonte à 1588.

Pour faire une bonne justice on a besoin de bons juges, toutefois dans l'Est de la France on a coutume d'en faire élection chaque année à tour de rôle parmi les plus riches laboureurs du village. Il arrive par conséquent qu'un petit tribunal soit pourvu de magistrats – non seulement échevins, mais aussi bailli et procureur fiscal – ignorant toute notion de pratique. Antoine Thomas, « cocq de la parroisse » de Soignolles-en-Brie, est « juge du lieu », bien qu'il ne sache même pas signer son nom (25). Le 1er et le 11 mars 1588, deux arrêts du Parlement tentent de remédier à cette situation auprès de deux sièges seigneuriaux ardennais – Brieulles-sur-Bar et Condé-les-Autry – en leur défendant de juger les procès sans la présence des « plus anciens et fameux advocatz du siege royal [le] plus proche ». Cette mesure ne va pas assez loin selon les gens du roi (le procureur général et ses deux avocats généraux) et, le 18 mars, ils en proposent une des plus radicales : « Qu'il soit enjoinct aux juges des provinces de desferer à leurs jugemens pour le regard des sorciers, soit qu'il n'y ayt appel de leurs jugemens, et que [les accusés] soient amenez » directement au Parlement (26).

On ne saurait assez souligner l'originalité d'une telle démarche. Jusqu'ici la Cour s'était bornée à réagir contre des obstacles mis au droit d'appel ; elle connaissait, de temps à autre, un appel exceptionnellement interjeté par le procureur fiscal (27) ; mais l'appel d'office s'appliquant à toute une catégorie de criminels, préconisé en mars 1588, était sans précédent. Pour lors – à moins de deux mois de la journée des Barricades – la Cour n'était pas prête à aller jusque là, mais l'idée trouverait

---

24. X2B 1099, 5 mars 1588, affaire Poncette Delamet, de Jandun (Ardennes), texte commençant : « Robert, pour l'appelant contre l'intimé ». X2A 152, fol.126-128, 8 janv. 1601 (l'affaire de Gien). *Arrest de la Cour de Parlement donné en l'audience de la Tournelle le premier jour de decembre 1601...*, Paris, Jean de Heuqueville, 1602, 74 pp. (Bibl. nat., Rés. R.2444). X2A 160, fol.351 v-352, 24 juillet 1604.

25. Antoine Thomas : archives de l'officialité de Paris, Z1-0 111, confrontations des 5-6 octobre 1621 à Me Nicolas Du Douyt. Voir le plaidoyer pour les officiers de St-Urbain-sur-Marne (Hte-Marne), X2A 168, 5 mai 1607, affaire Bertheline Legroux ; leur avocat ne cherche pas à leur trouver des excuses :« Il peult estre que les juges n'ont esté sy bien instruictz que l'on eust peu desirer ». Cf. L'interrogatoire de Nicolas Tasté , naguère juge de Monthois (Ardennes), X2B 1182, document non daté, classé : « 23 - 1617 » :

– Enquis s'yl a esté noury à la pratique,
– A dict que non.
– Pourquoy donques il a esté esleu officier ?
– A dict qu'on en eslit tous les ans et qu'yl l'a esté à son tour.

26. X2A 956, texte cité intégralement dans notre article : 1980 (a), p.25.

27. Nous avons rencontré trois exemples seulement d'un pareil appel : X2A 910, 22 février 1554, Perrette Hatier (incendie et homicide de sa fille) ; X2A 938, 1er juillet 1572, Jeanne Noyret (sorcellerie) ; X2A 951, 8 février 1583, Jeanne Bonnet (sorcellerie).

un nouveau champion, outre le procureur général La Guesle, en Louis Servin, nommé avocat général en 1589. Déjà, en 1586, on l'avait entendu plaider dans l'affaire de François Champion du Mans : « Les appellations sont au lieu des asiles, et le Parlement estably en ceste ville est comme une franchise et represente les villes de refuge esquelles les enfants de Dieu se retiroient quant ilz estoient poursuiviz » (28).

Au fur et à mesure de l'essor de la Ligue en 1588, les poursuites contre les lyncheurs de sorciers commencent à ralentir. Avec les événements de Noël à Blois, le climat d'opinion se modifie brusquement. En mai 1589 Louis Dorléans, avocat général du Parlement ligueur, plaide en *faveur* de la baignade et recommande un retour à la rigueur : « En ce miserable temps la sorcellerye est entrée en ce royaulme et est le crime si frequent et si libre qu'il merite quelque indignation » (29). Le Parlement de la Ligue, quasiment isolé à Paris, connaît le taux le plus élevé d'arrêts de mort pour fait de sorcellerie – 7 sur 26 (27 %) – alors que le pourcentage des appelants relaxés fléchit jusqu'à 23 %. Après la reddition de Paris en 1594 et jusqu'en 1599, le taux d'élargissement reste très bas mais celui des bûchers retombe à 18 % malgré un record de sept peines de mort en 1598. En même temps intervient la série d'arrêts précités sur les exécutions prévôtales en Poitou : elle aboutit, le 15 octobre 1599, à une ordonnance de la Cour à l'intention des prévôts des maréchaux, de « faire entendre aux condamnez par eulx qu'ilz pourront interjecter appel ».

Les choses en sont là quand la Cour s'attaque, coup sur coup, à trois grands scandales qui cristallisent la jurisprudence : 1) – le siège royal de Gien s'en prend à Me Zacharie Caillart, magistrat « vaillant de xx^{m} escus » et, s'efforçant d'extorquer une dénonciation, soumet Jean Bouteroux aux ordalies de la piqûre et de la baignade, puis lui applique « la question du feu » dont il meurt (1600-1602) ; 2) – les nombreuses exécutions sans appel « ès confins de Picardie et de Champagne » et le procès contre le bourreau de Rocroi (1601-1603) ; 3) – le lynchage en 1594 à Dinteville (1601-1604). Dans le premier et le troisième cas il est question de la baignade, dans tous les trois de l'appel de droit.

Lors d'un interrogatoire du 13 décembre 1600, on impute, entre autres choses, à Me Pierre Danjou, avocat du roi à Gien, « qu'il y a v hommes executez à mort, sans les interpeller d'en appeler », et le procureur général conclut « qu'il a deu advertir les pauvres accusez d'appeler, suivant l'ancienne usance, et les a deu provoquer d'appeler » (30). (Par les mots « ancienne usance » La Guesle cherche à légitimer une innovation, à une époque où toute nouveauté est *a priori* mauvaise.) Un an plus tard, le 1er décembre 1601, après le célèbre plaidoyer de Servin sur l'affaire de Dinteville, la Cour prononce un arrêt général : la baignade est défendue partout dans le ressort parisien ;

---

28. Voir ci-dessus, n.10. L'érudition et la sagacité de Servin étaient fort appréciées par les plus grands philologues et juristes de son époque. Voir la lettre de J. Scaliger à I. Casaubon, du 2 août 1598, dans Scaliger, *Epistolae omnes*, Francfort, 1628 ; Salvo Mastellone, *La Reggenza de Maria de' Medici*, Florence, 1962, pp.53, 83, 96.

29. X^{2}A 1396, 3 mai 1589, affaire de la veuve Vernesson, de Buzancy (Ardennes). Tout semble indiquer une affinité entre la Ligue et les magistrats chasseurs de sorciers : par exemple, Pompée de Vignolles, lieutenant du Mans, et Pierre Danjou, avocat du roi à Gien. Plaidant pour ce dernier, Chouart s'exprime de la même façon que Dorléans : qu'il n'avait fait que ce « qu'il debvoit à Dieu, au roy et à ses subjectz en ce païs miserablement vexez et travaillez de telle maniere de gens » (X2A 152, fol. 126-128, 8 janvier 1601).

30. X^{2}A963. Voir l'extrait de l'interrogatoire, publié dans notre article : 1980 (a), pp.26-27.

et il est désormais interdit à un accusé de sorcellerie de se désister de son appel une fois interjeté. Le 9 juin 1603, le Parlement condamne Jean Minard, bourreau de Rocroi, aux galères perpétuelles et, le 20 juin suivant, impose l'appel automatique sur le siège d'Aubenton pour toute peine « de mort ou de la question ou aultre peine inflictive du corps » en matière de sorcellerie ; la règle concernant le désistement d'appel est réitérée à titre local (31). Enfin, le lynchage de Dinteville donne lieu à un arrêt général, du 24 juillet 1604, par lequel les accusés de sorcellerie bénéficieraient de l'appel de droit :

Ayant esgard aux conclusions [du] procureur general, [la Cour] a faict et faict inhibitions et deffences à tous juges, et mesmes aux prevostz des mareschaulx, de ce ressort de juger le crime de sortilege en dernier ressort ; enjoinct à tous substitutz et procureurs fiscaulx d'avertir les accusez de se porter appellans des jugemens qui seront contre eulx donnez portant condamnation de mort ou aultre peyne inflictive de corps, et où les accusez n'en vouldroient appeller, leur enjoinct la Cour s'en porter appellans, et permet à toutes personnes appeller pour les accusez ; enjoinct ausdictz juges deferer ausdictes appellations et envoyer les prisonniers avec leurs proces es prisons de la Conciergerie, pour estre par ladicte Cour faict droict sur ledict appel ainsy qu'il appartiendra ; et sera ce present arrest leu et publié à tous les sieges de ce ressort, à ce que aulcuns n'en pretendent cause d'ignorance (32).

Ces clauses sont virtuellement identiques à celles de l'arrêt général mieux connu, du 27 juin 1624 (33), mais elles se trouvent à la fin d'un texte concernant un cas particulier et n'ont pas été appliquées avec la même volonté. Pendant vingt années, l'arrêt de 1604 n'est jamais, à notre connaissance, cité comme précédent. Au contraire, plusieurs textes suggèrent qu'il est resté lettre morte : telle une feuille de la main de Louis Servin préparant ses conclusions sur une affaire de sorcellerie arrivée en 1608 à Herry dans le Sancerrois. L'avocat général relève deux phrases d'un procès-verbal d'exécution : « – Interpellée si elle vouloit appeller, – Respondit qu'elle n'a rien à dire et qu'elle prendra la mort en gré ». Ce qui incite le juriste à conclure « qu'il soit enjoinct aux juges de Sancerre, et autres, de faire interjeter appel quant les condamnez ne le vouldroient faire » – comme si rien n'était de l'arrêt de 1604. Et il en va de même quand le Parlement impose, à simple titre local, l'appel de droit à Gurgy-le-Château (non loin de Dinteville) en décembre 1609 (34).

Que la nouvelle législation sur l'appel et la baignade soit appliquée ou non, les années 1600 à 1604 constituent un tournant pour les procès de sorcellerie. Après 1599, le taux d'arrêts de mort fléchit jusqu'à 8,5 % et la prépondérance féminine disparaît : de 1582 à 1599, 33 femmes et 20 hommes sont condamnés au bûcher ; de 1600 à 1610, 8 femmes et 14 hommes (voir les figures 1 et 2). Les premières années du XVIIe siècle voient également un revirement décisif dans les applications à la question : de 1587 à 1604, 23 % des appelants sont torturés (avec une majorité féminine) alors que de 1605 à 1610 le taux n'est que de 5,6 % (une femme et sept

31. Voir A. Soman, 1977, p.814, n.34, pour un extrait de l'arrêt du 20 juin 1603. Minard et les juges d'Aubenton avaient touché plus de sept livres pour chaque personne piquée, extorqué des dénonciations et mis de nombreux accusés à rançon.

32. X2A 160, fol. 351v-352v.

33. Voir l'analyse de cet arrêt par R. Mandrou, *Magistrats et sorciers en France au XVIIe siècle*, Paris, 1968, pp.344-345.

34. X2B 1100, 13 décembre 1608, affaire Antoine Thibault, et notes ci-jointes (exceptionnellement conservées). Voir notre article : 1980 (a), p.27, n.23, pour l'extrait de l'arrêt du 14 décembre 1609.

hommes). Le déclin de la torture intervient six mois après le premier arrêt général sur l'appel d'office.

La sorcellerie décriminalisée (de 1610 à 1624 et au-delà)

Nous aurions pu clore, en 1600 ou en 1605, la période de prise de conscience, ou la prolonger jusqu'à l'arrêt sur l'appel de droit en 1624. L'assassinat d'Henri IV paraît toutefois inaugurer une phase de décriminalisation accélérée. Le régicide a pour effet immédiat de reporter l'attention de la justice sur les crimes de lèse-majesté, aux dépens notamment des procès de sorcellerie (35). La courbe (fig.1) retrouve le niveau faible de 1605-1607, avant l'afflux d'appelants de la Marne supérieure en 1608-1610. Ce niveau reste constant malgré des pointes en 1615-1616 (chasse importante encore dans le Bassigny), en 1619 (procès englobant de nombreux appelants de Mâcon et de trois sièges du Nivernais) et en 1623-1624 (nouvelle chasse dans les Ardennes). Pendant la décennie 1610-1620 le taux d'exécution n'est que de 4,1 % (contre 10,8 % au cours des cinq années précédentes) ; celui des applications à la question – tombé soudainement en 1605 – baisse encore jusqu'à 2,7 % (contre 5,6 %) ; tandis que les relaxes montent de 36 à 43 %. De surcroît, le Parlement, au lieu de renvoyer les relaxés sauf plus ample information, ou de transformer leurs causes criminelles en procédures civiles, commence à prononcer quelques arrêts d'absolution ou décharge de l'accusation, avec dommages et intérêts. On en trouve deux exemples exceptionnels, en 1602 et en 1607 ; après 1610, 16 % des appelants élargis seront innocentés. Les jugements les plus rigoureux frappent de préférence les appelants masculins : pour la question, six hommes et une femme ; pour le bûcher, sept hommes et six femmes dont trois exécutées avec leurs maris !

Cette jurisprudence atténuée en matière de sorcellerie s'affirme, pendant plus de dix ans, sans éclat ni nouvelles mesures, sans sanctions prises à l'encontre des cours subalternes – hormis l'arrêt du 14 janvier 1620 qui impose l'appel automatique au siège seigneurial de Cheny (près d'Auxerre), comme on avait déjà fait pour Aubenton en 1603 et Gurgy-le-Château en 1609. Puis, avec la multiplication des appelants en 1623, Louis Servin parle de nouveau de l'appel obligatoire : « L'on a faict le proces à des accusez de sortilege que l'on pretend avoir esté executez à mort sans appel, ce qui ne se doibt faire, estant une mauvaise forme contre les arrestz de la Cour ». Et le Parlement entre dans une nouvelle phase d'activité réglementaire. En l'espace de trois mois, la peine de mort pour fait de sorcellerie est soumise à l'appel automatique, auprès de trois sièges de la région ardennaise ; l'un des arrêts va jusqu'à étendre le champ d'application à l'ensemble du ressort (36). Peu de temps après, l'arrêt général du 27 juin 1624 reprend presque mot pour mot les termes de celui de 1604 – avec cette différence fondamentale que, pour la première fois, le texte constitue un acte à part entière que la Cour fait imprimer, et applique avec détermination.

---

35. Voir le tableau de notre article : 1977, p.796.

36. Servin : X2A 218, 9 décembre 1623, affaire Marguerite Lhuillier, de Laferté-sur-Aube (Hte-Marne). Appel de droit : 9 janvier 1624, à Ville-sur-Tourbe (Marne) ; 26 janvier 1624, à Vaux-en-Dieulet (Ardennes) « et à tous autres [juges] de ce ressort » ; 7 mars 1624, à Chaumont-Porcien (Ardennes) ; plusieurs textes sont cités dans notre article : 1980 (a), pp.27-30. En même temps la Cour rappelle à deux autres sièges l'interdiction de la baignade : 12 décembre 1623, à La Neuville-au-Pont (Marne), et 23 janvier 1624, à Son (Ardennes).

L'appel d'office coïncide avec l'avènement au pouvoir de Richelieu et avec la mise en place d'autres réformes centralisatrices. Il coïncide aussi avec la dernière application à la question, décrétée le 10 janvier 1624, et le dernier arrêt de mort, le 14 juillet 1625, pour fait de sorcellerie (37). La Cour continuera de prononcer quelques peines de mort à l'encontre des magiciens (en 1626, 1632 et 1635) mais désormais le crime de sorcellerie sera décomposé en deux délits passibles, l'un comme l'autre, de peines *citra mortem* : les histoires de sabbat et autres propos diaboliques seront traités sous le chef de blasphèmes, les sorts et maléfices comme des escroqueries de charlatans (« affronteurs », selon le langage de l'époque) (38).

Que la sorcellerie soit effectivement décriminalisée, on n'en peut point douter. L'appel de droit provoque une chute spectaculaire du nombre d'appelants : alors que la moyenne annuelle depuis 1605 (pointes exceptées) se situait à onze, de 1626 à 1640 elle tombe à quatre. Dans un premier temps – de 1624 à 1630 – le taux de relaxe s'élève prodigieusement à 71 % : 54 % des hommes et 83 % des femmes ! Par la suite (1631-1640), les cours subalternes se seraient adaptées au nouvel ordre, de sorte que le pourcentage d'élargis retombe à 41 %.

Une seule pointe vient interrompre la courbe descendante des appelants ; elle est liée à une flambée de poursuites qui traverse une grande part de l'Europe occidentale en 1644-1645. Dans le ressort de Paris les Ardennes sont sérieusement affectées, envoyant 48 des 61 appelants de ces deux années (32 de deux villages : Savigny-sur-Aisne et La Berlière). Pourtant la mortalité des paniques ardennaises continue à décroître : les archives portent la trace de 52 exécutions illégales en 1587-1588, et de 19 en 1623-1624 ; la flambée de 1644 n'entraîne apparemment pas de morts et se limite aux baignades et bannissements abusifs. La Cour applique les sanctions habituelles à l'encontre de sept seigneuries de la région : magistrats ajournés, rappels de la législation concernant la baignade, la piqûre et l'appel de droit.

Peut-être le caractère limité de cet ultime paroxysme ardennais est-il en partie attribuable aux peines devenues draconiennes contre les lyncheurs de sorciers dans la région entre Langres et Troyes. En 1630, le fermier des amendes d'Humes se voit condamné à neuf ans de galères pour avoir déconseillé une poursuite légale contre deux femmes – « Il cousteroit bien de l'argent à faire le proces » – de sorte qu'elles furent lapidées à mort. Et en 1641 les trois principaux magistrats de Bragelone sont pendus en Grève. Peu après, en 1647, quand le lynchage à Viviers-sur-Artaut vient tardivement à la connaissance du Parlement, le seigneur, le procureur fiscal et un particulier sont déclarés contumax et pendus en effigie (39). Quoi qu'il en soit, les concentrations de procès abusifs ne se rencontrent plus ; deux incidents seulement : en 1660 et en 1667, à St-Blin et à Laferté-sur-Aube, respectivement, dans le Bassigny.

Passé le cap de la crise de 1645, il n'y a que cinquante appelants en vingt-cinq années. Les procès sont sporadiques et espacés, cependant que la silhouette du berger-

---

37. Exceptions tardives isolées : un homme appliqué à la question préparatoire en 1650 ; 2 hommes exécutés en 1691.
38. Cf. notre article : 1981.
39. Humes : X^{2A} 993 et X^{2A} 237, 30 janvier 1630. Bragelone : X^{2A} 1006, 30 juillet 1641 ; X^{2A} 269, 2 août 1641 ; X^{2B} 1331, 3 août 1641. Viviers-sur-Artaut : X^{2B} 491, 3 mai 1646 ; X^{2A} 1012, 15 juillet 1647 ; X^{2A} 281, 19 juillet 1647.

sorcier se dessine de plus en plus nettement : ils constituent 31 % des prévenus à partir de 1655 et huit sur onze sont bel et bien des « bergers de Brie » – préfigurant ainsi les fameux procès de la fin du XVIIe siècle qui amenèrent le Parlement à prononcer, en 1691, deux arrêts de mort, les premiers depuis 1625.

RÉFLEXIONS SUR LA DÉCRIMINALISATION

Ainsi le Parlement de Paris avait-il refusé l'exigence des démonologues qui réclamaient la création d'un crime d'exception. Au lieu de faciliter les poursuites, la Cour s'engagea dans le sens opposé et les prétendus suppôts de Satan furent les seuls à bénéficier de l'appel obligatoire, avant l'extension de cette protection à l'ensemble du délictuel par la grande Ordonnance criminelle de 1670. Compte tenu des frais extrêmement lourds de conduite d'un appelant à Paris, l'appel d'office était plus qu'un garde-fou contre l'abus ; il dissuadait d'entamer un procès en première instance.

Il semble invraisemblable, pourtant, que le seul Parlement ait pu imposer sa conception de l'ordre contre la volonté des populations rurales, même à cette époque de christianisme post-tridentin. Le duel d'honneur n'a jamais cédé devant les menaces répétées d'édits royaux et de châtiments exemplaires, tout au long de l'Ancien Régime. Si la haine des sorciers avait été un sentiment aussi fondamental que l'honneur, le barrage mis à la voie légale eût provoqué un débordement dans les voies de l'illégalité. Or, ce n'a pas été le cas : le tarissement des procès de sorcellerie s'accompagna d'une décrue de la violence. Le lynchage aurait donc été en grande partie le corollaire des procès et non un recours face à une institution judiciaire d'un accès redevenu difficile... (40) Comme dans le Sud des États-Unis, la *lynch law* régna en France à peine un siècle. Par la suite, la populace et les justices locales ne participaient plus aux homicides motivés par l'envoûtement (de tels meurtres arrivent parfois encore de nos jours).

Selon une vieille tradition historiographique, la décriminalisation de la sorcellerie aurait été la suite d'une révolution mentale : une nouvelle vision « scientifique » de la causalité d'où était progressivement exclue l'intervention quotidienne, divine ou diabolique. Les lettrés ne croyaient plus au monde des merveilles et la justice faisait la sourde oreille aux plaintes populaires désormais repoussées comme un effet funeste de la superstition et de la crédulité... Mais le Parlement de Paris avait déjà parcouru la majeure partie de ce chemin, au tout début du XVIIe siècle, bien avant que les grands débats de l'Age de la Raison aient commencé le procès de la superstition. En cela il est fascinant de comparer l'expérience française avec celle de deux autres puissants États européens : l'Espagne et l'Angleterre.

Le cas espagnol nous est mieux connu depuis la publication de l'excellent ouvrage de Gustav Henningsen relatant la confrontation en Navarre entre la chasse aux sorciers et le tribunal de l'Inquisition établi à Logroño (41). Après un premier foisonnement de bûchers au début du XVIe siècle, l'Inquisition – autorité suprême en matière de foi – tenait la bride haute aux cours laïques : les exécutions cessent, jusqu'à la panique survenue des deux côtés des Pyrénées en 1608 (la même panique qui fut l'objet de la

40. Interprétation à préférer aux hypothèses par nous précédemment avancées.

41. G. Henningsen, *The witches' advocate : basque witchcraft and the spanish Inquisition (1609-1614)*, Reno (Nevada), 1980.

célèbre commission du Parlement de Bordeaux, envoyant Pierre de Lancre et Jean d'Espaignet dans le pays de Labourd). Avec ses procédures méticuleuses et lentes, le tribunal de Logroño se trouva vite inondé de près de deux mille affaires de sorcellerie. Les rapports de l'inquisiteur Alonso de Salazar, récemment découverts, exposaient que, paradoxalement, le désordre était causé par l'accueil que faisait la justice aux dénonciations. Le débat fut intense mais bref. Par son Instruction de 1614, la *Suprema* ordonna en effet à ses gens de battre en retraite et le calme se rétablit : l'autodafé de Logroño en 1610 (onze peines de mort dont cinq en effigie) fut le dernier à frapper des sorciers. Bien entendu il y eut des protestations de la part des cours séculières : en 1616-1619, par exemple, l'Inquisition dut mettre fin à de nouvelles épidémies de poursuites en Catalogne et aux environs de Bilbao, mais l'Espagne ne connut plus de procès légitimes. De l'autre côté de la frontière, en Labourd, les choses se sont-elles passées de la même façon, c'est possible. Car des documents espagnols nous apprennent que la commission bordelaise fit volte-face en 1610-1611, rejetant toute accusation dépourvue de preuves matérielles (42).

L'Angleterre s'ajouta aussi, semble-t-il, aux pays d'Europe occidentale qui décriminalisèrent la sorcellerie vers 1610. D'importantes lacunes dans les archives empêchent de faire le bilan des procès à l'échelon national, néanmoins le comté d'Essex offre un échantillon bien documenté avec quelques 300 poursuites aux *Assizes* entre 1560 et 1680. Malgré toutes les différences juridiques, le rythme d'accusation et les taux de condamnation (peines de mort probables, réclusions) sont étonnamment proches de ceux du Parlement de Paris. La période de grande sévérité se situe entre 1572 et 1605 ; après 1610 les procès se raréfient et le jury ne condamne qu'exceptionnellement. La chasse sensationnelle de 1645 mise à part, la dernière peine de mort intervient en 1626 (43). Après cette date, les procès de sorcellerie sont en plein reflux ; de même qu'en France les scandales, rares mais retentissants, de possession démoniaque prennent le relais dans le discours public et aiguillonnent le débat autour du surnaturel.

Il serait téméraire de formuler une hypothèse trop précise. Les études sur l'ancienne justice criminelle en sont à leurs débuts ; les travaux parus jusqu'à présent s'appuyent sur des fonds d'archives trop disparates pour permettre des élans d'imagination en histoire comparée ; à peine entrevoyons-nous les premiers jalons d'une problématique commune. En revanche, les procès de sorcellerie constituent un cas à part : aucun autre aspect de l'ancienne criminalité n'a autant retenu l'attention des historiens. La riche documentation recueillie peut sans doute éclaircir les rapports entre justice et justiciables – question primordiale – et autoriser quelques hypothèses.

Le synchronisme des décriminalisations que nous venons d'évoquer est remarquable surtout par le fait qu'il se rapporte aux trois seules nations embryonnaires de l'Europe à la charnière des XVIe et XVIIe siècles. La France, l'Espagne et l'Angleterre se différenciaient des autres pays, non seulement par leur unité géographique et leur puissance administrative et fiscale, donc militaire, mais également par une légitimité particulière du Pouvoir sensible dans ses relations avec le peuple. Que la justice criminelle ait pu

42. *Ibid.*, pp.22, 317, 388, 497 n.52. Concernant l'incidence du lynchage en Navarre, voir pp. 203-225.
43. Alan D.J. Macfarlane, *Witchcraft in Tudor and Stuart England*, Londres, 1970, chap.3 et graphiques 1-3, pp.26, 27, 58.

en être affectée, semble une évidence. A l'inverse, l'absence d'État serait-elle un élément d'explication de la persistance, pendant plus d'un demi-siècle, des chasses aux sorciers dans les fragments de l'ancienne Lotharingie ? – en Écosse à peine émergée de la barbarie ? (44) Avant d'y répondre, force nous est de réfléchir sur l'image du roi haut-justicier et sur le rôle du Pouvoir centralisateur vis-à-vis d'une institution judiciaire nécessairement décentralisée.

Poussons plus loin encore nos réflexions et repensons la longue évolution que représente l'affermissement pluriséculaire de la justice criminelle devenant une alternative, et aux transactions infra-judiciaires aléatoires, et aux « furies vengeresses qui regardent perpetuellement et en pitié les miseres des hommes » (45). Cette justice, du moins en France, n'a rien à voir avec l'image stéréotypée d'une machine répressive – l'un des mythes noirs qui s'attachent toujours à l'Ancien Régime : image perpétuée par une attention excessive portée aux rares crimes énormes qui venaient défrayer la chronique d'une seigneurie moyenne une fois ou deux, pas plus, au cours d'un siècle. Dans une société sans effectif policier ni budget administratif sinon dérisoires, la justice ne disposait que d'un seul moyen de contrainte : la saisie des biens. Il s'ensuit que les inculpés dans leur très grande majorité appartenaient aux possédants : noblesse, bourgeoisie, paysannerie aisée ; elles seules étaient capables de compenser les frais de leurs condamnations par amendes et confiscations. Le petit peuple, de par sa pauvreté, restait à l'abri des poursuites devant les tribunaux et les communautés se débarrassaient à l'occasion de leurs démunis intolérables, par le procédé simple et peu coûteux du bannissement sommaire. L'analyse d'un quelconque fonds bailliager fait apparaître maints procès en injures, coups et blessures, homicides, fraudes – qui sont la prolongation en justice de conflits entre gens relativement prospères. Depuis longtemps les historiens ont souligné la sous-représentation du vol – jusqu'au XVIIIe siècle quand les villes commencèrent à être dotées de forces policières dignes de ce nom. De ces origines médiévales à la mort du Roi-Soleil, la criminalité apparente ne présente qu'un rapport tangentiel avec la criminalité réelle.

Cependant l'institution judiciaire ne cessa d'évoluer, de se régulariser, de prendre une place plus sûre dans la vie conflictuelle. Nos recherches sur la jurisprudence criminelle du Parlement de Paris vers la fin du règne de François Ier en ont décelé plusieurs indications : accroissement important du nombre d'appels, disparition de peines et mutilations médiévales, modération de la torture – indices d'une meilleure sécurisation et d'une sensibilisation à la douleur. Derrière le langage sévère mais rassurant de la législation royale se cachait une tendance très nette à la clémence, tant au niveau subalterne qu'au sommet. Les droits de la défense supprimés par l'Ordonnance de Villers-Cotterets (1539) ne pouvaient être qu'illusoires en milieu rural ; le secret de l'instruction inquisitoriale protégeait d'un danger beaucoup plus réel, pour les accusés comme pour les plaignants : la subornation de témoins. Cette modification de la

---

44. Sur l'Écosse, voir l'ouvrage de notre brillante et regrettée collègue Christina Larner, *Enemies of God : the witch hunt in Scotland*, Londres, 1981... Aux Pays-Bas protestants, relativement indemnes de la panique, les exécutions cessèrent vers 1610. Quant à la Suède, faut-il la rattacher, à cet égard, à l'Europe orientale qui connut tardivement ses chasses aux sorciers, à partir de la seconde moitié du XVIIe siècle ?

45. Servin, plaidant sur l'affaire François Champion, X^{2A} 1394, 25 janvier 1586. Voir notre article : 1980 (b). Cf. Nicole et Yves Castan, « Recours, besoin et sens de la justice devant l'institution judiciaire française au 18e siècle » dans *Histoire, Économie et Société*, n° 3, 1982, pp.361-367.

procédure criminelle fut possible grâce à la consolidation de l'appel direct au Parlement : garantie contre la chicane, la malversation et le faux zèle (46).

Telle était la justice criminelle au moment où la vague de démonisme déferlait à ses portes... Reprenons maintenant le fil de nos conjectures.

Au Moyen Age, les procès de sorcellerie impliquent régulièrement des personnalités, soit dans le rôle d'accusé, soit dans celui de victime. Le XVIe siècle voit fleurir les procès entre paysans. Précédemment, l'Europe avait subi la tempête d'un best-seller : le *Malleus maleficarum* (1487, avec quatorze éditions avant 1520). Quelle que fût son « influence », ses milliers de lecteurs témoignent d'une intelligentsia déjà apeurée – et des contrées entières glissent dans les affres de l'obsession satanique. Contre le pullulement de sorciers, un bruyant appel à la justice se fait entendre : les cours subalternes y répondent. De nombreux seigneurs, pensant faire œuvre méritoire, délient leurs bourses pour défrayer des poursuites sur leurs terres. Ailleurs des particuliers, semblablement motivés, acceptent volontiers de se constituer parties formelles, alors que de petits magistrats, enthousiastes et peu expérimentés, contournent les règles de la procédure, ferment les yeux sur des violences – vraies séditions – qu'ils devaient réprimer.

L'intolérable, selon le Parlement, c'est la complicité des officiers de justice, au *nom* de la justice. Comment supporter que des représentants de la paix publique – seuls représentants dans les campagnes, à moins d'une intervention armée – prêtent la main à la panique et sèment le désordre ? Pendant les guerres de Religion, plus particulièrement dans les années 1580, la dignité de la magistrature semble, justement, chanceler : le thème revient continuellement dans les plaidoiries relatives aux homicides et autres crimes :

On ne [peut] assez honorer et respecter les officiers du roy, et signamment ceulx de la justice, qui sont ses organes, ses yeux, sa bouche et ses mains par lesquelz veoir et pourveoir à tout, par lesquelz il prononce et execute ses ordonnances, ses reglemens et ses jugemens en l'estendue de son royaulme et sur tous ses subjectz.

Comme il n'y a rien qui maintienne tant les republiques que les loix et magistratz, aussy n'y a rien qui apporte plus grand affoiblissement à l'Estat que le mespris et contemnement de l'un et l'autre.

Combien que toute republicque consiste en ung respect que le peuple doibt porter, tant en general que en particullier au magistrat, toutesfois les choses sont arrivées à tel degré d'insolence que l'on ne veult plus faire de differance entre le magistrat et le commun peuple, chose laquelle procede de la dissimulation et connivence que l'on apporte au delict (47).

Cette préoccupation a vraisemblablement influencé la réaction du Parlement devant la chasse ardennaise de 1587. Dès le premier lynchage de notre liste – à Montri-

46. Voir notre article : 1984. Rappelons qu'au XVIe siècle la justice ecclésiastique française ne connaissait que les seuls crimes commis par le clergé régulier et séculier.

47. Respectivement : l'avocat Joly, X2A 1394, 8 février 1586, affaire Mathurin David ; Martin, X2A 1392, fol.202 v, 3 mars 1582 ; Pasquier, X2A 1394, 19 juillet 1586. Cf. le plaidoyer du procureur général Bourdin, du 10 septembre 1562, à propos de l'affaire de Meaux, publié par Paul Guérin, « Délibérations politiques du Parlement et arrêts criminels au milieu de la première guerre de Religion (1562) » dans *Mémoires de la Société de l'histoire de Paris et de l'Ile de France*, t.40, 1913, p.12.

chard en 1567 – il est question de « dissimulation du délit » : on suspend pour cinq ans le procureur du roi parce qu'il « n'a faict informer des exces [= violences] et qu'il a transigé les exces » (48). Mais pire encore, s'exclament nos avocats :

La faulte la plus insigne que puissent commectre les juges est d'emploier leur puissance et leur authorité à vanger leurs querelles et exercer leurs passions.

Les anciens ont dict qu'il n'y a poinct de plus grande injustice que quand, soubz le masque de justice, on faict contenance d'exercer justice..., encores est l'injustice plus grande quant ung juge se venge des inimitiez particulieres aux despens d'un faulx pretexte de justice (49).

C'est précisément la vindicte qui est en cause dans l'affaire François Champion, exécuté prévôtalement au Mans en 1585. Servin y lance sa belle formule, « les appellations sont au lieu des asiles » et, poursuivant :

Le crime de venefice [entendez sorcellerie] n'est comprins entre les cas prevostaux... car ce qui est advenu en la personne du deffunct Champion... seroict à craindre en toutes petites villes, en toutes autres [personnes] que l'on vouldroict accuser de ce crime, assavoir que les officiers des justices inferieures se vengeroient de leurs ennemis soubz pretexte de leur puissance [pour faire du mal] (50).

Servin souligne là tout le danger que représentent les poursuites massives pour sorcellerie : faute d'aveux, la charge n'est guère susceptible de preuve et en conséquence se prête aux plus graves malversations. A la veille de la crise de 1587, le Parlement, déjà alerté, se fie à la banalisation de l'appel pratiquée au cours du XVIe siècle – au point de dire : « S'est une entreprinse sur l'authorité de la Court et mesmes sur l'humanité, d'avoir faict brusler la femme [Claire Riant]... pardessus l'appel » (51). Le grand afflux d'appelants des Ardennes donne tort à cette confiance. Les gens du roi, maintenant persuadés que les abus sont indissociables des procès, réclament l'appel de droit pour fait de sorcellerie. Trente-six ans s'écouleront avant que leur vœu soit pleinement exaucé, mais dès 1604, l'appel obligatoire est arrêté ; appliqué définitivement en 1624, le coût prévisible des procès décuple subitement, aussi l'accueil des cours subalternes aux plaintes d'envoûtements, naguère chaleureux, se refroidit-il. La chasse aux sorciers entravée, la pratique retrouve son état du début du XVIe siècle : décriminalisation s'il en fut !

Le Parlement de Paris intervint un peu plus tard que l'Inquisition espagnole : la conjoncture politique en 1588 ou en 1610 était peu propice à une aussi tranchante mesure. Les motifs de la décriminalisation anglaise, sans être jamais explicités, étaient sans doute similaires. Dans ces trois pays qui ont mis une fin précoce à la chasse aux

---

48. $X^{2}A$ 931, 30 juillet 1568, Me Georges Dubois.

49. Respectivement : l'avocat Baussan, $X^{2}A$ 1395, 10 janvier 1587, affaire Charles Pallu ; Pasquier, $X^{2}A$ 1394, fol. 167 v, 13 avril 1585. Cf. l'avocat Pommeraie, plaidant sur une exécution nonobstant appel : « entre les plus grandes et signalées inhumanitez est celle qui est commise et exécutée *specie potestatis aut magistratus* » ($X^{2}B$ 1095, 22 août 1573, affaire Coutanceau).

50. $X^{2}A$ 1394, 25 janvier 1586. Cf. plus haut, à la n.28. Le juge Pompée de Vignolles, ajourné, dit pour excuse : « La police et gens de la ville crioyent tous que la justice en fust fete » et « s'il y a de la faulte, que c'estoit en pensant bien faire » ($X^{2}A$ 954, 29 mars 1586).

51. $X^{2}A$ 1395, 24 février 1587 : le lynchage à Ceton. Cf. la feuille d'audience sur l'affaire Champion ($X^{2}B$ 1098, 18 janvier 1586) : d'après l'avocat général Jacques Faye, « il est crime de leze-majesté de passer outre par-dessus les recusations ».

sorciers, la justice s'auréolait d'une majesté insolite, qui faisait justement défaut en Allemagne et ailleurs où les poursuites durèrent encore un bon demi-siècle (52).

Notre hypothèse, étayée pour le cas français par des recherches sérielles dans les archives judiciaires, se heurte au discours public et imprimé. Mais une telle contradiction est typique en période de décriminalisation : le Pouvoir déploie immanquablement une éloquence destinée à rassurer la population et à éviter qu'elle ne se sente abandonnée aux criminels. Au-delà de 1624, les rares condamnations pour fait de sorcellerie la dénonçaient bruyamment, alors que, derrière ce langage officiel, la justice cessait de recevoir les plaintes des victimes d'envoûtement. Avec la réduction radicale du nombre de procès, la violence s'évanouissait.

Souvent citée comme preuve des torts et insuffisances de l'ancienne justice, la chasse aux sorciers a été, en réalité, une rude épreuve honorablement surmontée. De cette épreuve naquit l'appel d'office, généralisé en 1670 à tout crime de droit commun : la clef de voûte d'une justice digne d'estime.

52. Notre interprétation rejoint, sur plus d'un point, celle de Erik Midelfort, *Witch hunting in southwestern Germany (1562-1684)*, Stanford (California), 1972.

XIII

TRENTE PROCES DE SORCELLERIE DANS LE PERCHE (1566-1624)

Selon une longue tradition historiographique, «la grande chasse aux sorcières» des XVIème - XVIIème siècles constitue le phénomène capital de l'histoire de la sorcellerie en Europe occidentale. Comment les pays ornais ont-ils vécu le temps des bûchers ? Dans quelle mesure leur expérience a-t-elle été typique de l'ensemble des provinces françaises ? Y avait-il des caractères originaux propres à la région, et, éventuellement, lesquels ?

A ces questions je ne puis apporter que des éléments de réponse. Car le département actuel de l'Orne se trouvait, à l'époque, divisé: la majeure partie du territoire ressortissait au Parlement de Rouen, alors que le seul Perche (les bailliages royaux de Mortagne et de Bellême, avec leurs sièges subalternes tant royaux que seigneuriaux) ressortissait à Paris. Les archives du Parlement normand n'ont pas encore fait l'objet de recherches systématiques pour le sujet qui nous intéresse. Mais depuis dix ans, j'ai effectué, dans le fonds criminel du Parlement parisien, un dépouillement quasiment exhaustif de toutes les affaires de sorcellerie qui y ont laissé trace (1).

De 1540 à 1670: 1 481 procès pour faits de magie et de sorcellerie, portés directement à la connaissance du Parlement (la très grande majorité en appel), plus 674 affaires repérées indirectement à travers les mêmes sources. Laissant de côté les procès à l'encontre des magiciens (le Perche n'en est pas affecté) et les affaires marginales, les totaux se ramènent à 1 288 et 554, respectivement, pour la seule sorcellerie... Mes recherches ont plus que décuplé les 156 procès connus antérieurement.

La Haute Cour prononça sur 13 cas provenant du Perche ornais: 1 homme et 12 femmes dont 4 condamnées à mort. Si l'on y ajoute les contrées percheronnes situées dans les départements actuels de la Sarthe (Montmirail) et de l'Eure-et-Loir (Nogent-le-Rotrou), on dénombre 2 hommes et 14 femmes dont 5 périrent sur le bûcher.

D'emblée, ces chiffres ne présentent rien d'extraordinaire: une prépondérance féminine écrasante, avec un taux d'exécution de 25 %. Dans le contexte de l'ensemble du ressort, pourtant, pareil profil est tout à fait exceptionnel et, en annexant au Perche quelques sièges avoisinants –la Ferté-Bernard, Vibraye et Saint-Calais (du Maine), le Temple (du Vendômois), Bonneval (du Dunois) et Pontgouin (du Thymerais)– on arrive à délimiter une petite région

(1) En annexe à cet article: Notice biographique et bibliographique concernant M. A. Soman

factice mais homogène, accusant un caractère extrêmement original.

LA SORCELLERIE DANS LE RESSORT PARISIEN

	ressort de Paris	Perche ornais	l'ensemble du Perche	région factice
appelants	1 288	13	16	31
autres cas	554	4	4	5
TOTAL	1 842	17	20	36

Dans cette région, 29 femmes sur 31 appelants, alors que, dans l'ensemble du ressort, le pourcentage féminin varie entre 40 et 50 %, sauf à l'Est où il peut atteindre 60 à 70 %. Et surtout, notre région restreinte n'englobe pas moins de 11 sorcières pendues et brûlées, sur un total de 58 femmes condamnées à mort par arrêt du Parlement. Un bûcher pour vingt appelantes dans l'Est; un pour sept dans le reste du ressort; mais dans notre petite région curieuse, plus d'un bûcher pour trois: ce qui représente près de 20 % des sorcières exécutées légalement ! (Note: au total, 46 appelants-sorciers sont brûlés, soit 7 %.)

Nulle part ailleurs ne s'annonce un pareil déséquilibre entre l'un et l'autre sexe. Les 6 appelantes-sorcières de l'Auxerrois/Senonais/pays d'Othe (région plus importante) sont toutes condamnées à mort: un seul homme; mais 4 appelants sur 10 sont de sexe masculin, c'est-à-dire la moyenne pour l'Est. Inversement, le Sancerrois, pays de poursuites intensives, accuse une forte concentration masculine de 71 %: 46 hommes, dont 10 peines de mort, et 19 femmes dont 6 suppliciées. Le Perche se distingue toujours par le très faible rôle joué par les hommes: les sorciers percherons sont tous deux relaxés; aucun sorcier exécuté plus proche qu'à Laval, Saumur ou Orléans.

Outre les onze femmes exécutées par arrêt du Parlement, il y en eut une, Claire Riant, «lynchée» à Ceton, dans le saillant sud-est de l'Orne. Bien que le terme soit anachronique, le phénomène qu'il désigne est bien attesté à l'époque; le meurtre rituel et collectif d'un criminel supposé, sans jugement régulier, souvent avec la complicité ou la participation passive de la magistrature. J'ai retrouvé traces de 20 «lynchages» pour fait de sorcellerie, 17 dans l'Est du ressort et 3 seulement dans l'Ouest: à Montrichard (Loir-et-Cher) en 1567, à Ceton en 1586, et à Nogent-sur-Loir (Sarthe) en 1602. L'affaire de Ceton nous est racontée par l'audience du 14 février 1587, sur la plainte de Jean Robbe, mari de la victime. Voici ce qui s'est passé(2)

La justice seigneuriale de Ceton fait arrêter la femme Robbe et un prêtre nommé Simon Jores (ce qui ajoute un troisième homme pour notre région). Celui-ci, élargi sous sa caution juratoire, se constitue volontairement prisonnier au bailliage royal de Bellême pour s'en plaindre. Le fil de son procès se perd; son nom ne réapparaît plus dans le dossier de la sorcellerie. Quant à Claire Riant, elle est condamnée à être brûlée. Elle appelle de la sentence. Les officiers passent outre et la mènent au supplice où elle appelle de nouveau, cette fois publiquement, donc: «on la rameyne en la prison. Trouvant les portes ouvertes, elle sort pour se venir rendre en la Conciergerie du Palais». (Comment les portes se seraient-elles trouvées ouvertes si ce n'est que son évasion fût manigancée afin de justifier la suite ?) «On court après. Est tant excédée (brutalisée) qu'elle meurt 2 jours après. On l'enterre en plain champs et, depuis, elle est desterrée et at(ach)ée morte à une potence pour estre bruslée». Le mari en fait informer –l'un des déposants est le bourreau lui-même– et fait parvenir l'information dans les mains du procureur général du roi, lequel y voit «une entreprinse faicte à l'authorité de la Court et sur l'humanité». Le Parlement décrète ajournement personnel contre le juge, le procureur fiscal et le greffier, tandis qu'il défend à Jean Robbe de transiger avec les lyncheurs pour ses dommages et intérêts. Deux mois plus tard, Me Étienne Peuveret, bailli, et Bertrand Blaisot, greffier, font leurs comparutions. Mais la suite de l'affaire ne laisse pas de traces écrites: les sanctions à l'encontre des malversations sont généralement distribuées de manière officieuse.

Le 30 juin 1609, Me Robert Chantebois (ou Chaudebois), prévôt des maréchaux du Perche, répond devant le Parlement sur diverses concussions dont il est chargé, parmi lesquelles: Michelle Corneille, «accusée de sortilège, a composé à huit livres qui furent baillez (données) au greffier.–Dict qu'il ne répond pas du greffier (3).

Cet incident (s'il est vrai) et le «lynchage» de Ceton mis à part, les procès de sorcellerie dans notre région se déroulèrent dans une légalité presqu'exemplaire: aucun procès abusif; aucun recours à l'épreuve par immersion dans l'eau froide; un seul cas où l'accusée subit la recherche de la marque diabolique. La baignade et la piqûre pour la marque ont été deux aspects des procès de sorcellerie particulièrement réprouvés par le Parlement, défendus à maintes reprises à partir de 1588.

La torture ne fut appliquée à aucun des prévenus avant de prononcer un jugement définitif en première instance: les quatre condamnées à la question ont toutes appelé. En cela aussi les tribunaux subalternes du Perche se sont conformés à la jurisprudence de la Haute Cour qui, au long de la seconde moitié du XVIème siècle, s'est réservé progressivement l'usage de la torture, avec un taux dérisoire d'aveux: pour l'ensemble du ressort, sur un total de 185 appelants pour crimes de sorcellerie et de magie, une femme seulement avoua et fut condamnée à mort (4). De nos 31 appelants, neuf femmes subirent la question à Paris: à deux on appliqua la «présentation» de la question (ordalie psychologique sans douleur corporelle); à trois, la «présentation avec extension»; à quatre, la question modérée. Ces neuf cas se soldèrent par une relaxe, sept bannissements à temps et un bannissement à vie. Par conséquent, les onze peines de mort prononcées par le Parlement ne durent rien à la torture. Elles se fondèrent sur des aveux «librement» proférés devant les juges des lieux. (Dans deux cas, une lacune dans les interrogatoires empêche de l'affirmer absolument mais le fait est à présumer.) Une douzième femme, Raouline Chartier, avait également avoué, cependant son décès dans la Conciergerie (1587) anticipa un bûcher plus que probable. Ceux et celles qui n'ont jamais varié en leurs dénégations, quel que soit le poids des charges, se voyaient tous relaxés ou condamnés à de moindres peines motivées par des maléfices bien attestés, le plus souvent par des témoignages sur des guérisons propres à la sorcellerie.

Quoi de plus normal que ces femmes cherchent à faire croire au Parlement qu'elles étaient victimes de tourments qui leur auraient arraché des aveux ? Par exemple, Raouline Chartier: «Luy a-on faict beaucoup de mal, luy jectant des cendres chauldes sur elle, la battant oultrageusement... jusques au sang pour luy faire acroire choses quy n'estoient véritables». Marguerite Gueve en 1596 «a dict que on luy a faict dire ce que l'on a voullu, crainte de la question où l'on l'auroyt voullu mettre». Mais le Parlement, connaissant bien ses officiers subalternes, ne prenait pas toujours au sérieux ces reproches stéréotypés (dans d'autres régions ils donnèrent lieu à enquêtes et parfois sanctions, à l'encontre des magistrats).

La justice, dans notre région ne s'empressa guère à poursuivre les sorciers: conclusion suggérée par le taux très élevé de peines capitales et par le faible taux de relaxes. Il est même arrivé que la Haute Cour taxe de tiédeur le lieutenant général du Perche, Rodolphe Faguet. En 1596 il fait le procès de Charlotte Chrestien et sa fille Marguerite Gueve qui dénoncent deux autres femmes comme sorcières. Rodolphe Faguet se contente du procès en main, sans inquiéter les nouvelles accusées. Le Parlement trouve nécessaire de lui ordonner de «faire et parfaire le procès aux nommées la Pascotte et la Ratte, nonobstant oppositions ou appellations quelconques et sans préjudice d'icelles, jusques à sentence définitive inclusivement, sauf exécution s'il en est appellé» (5). Le lieutenant général s'exécute: à la fin du mois de mars suivant il prononce une sentence de mort contre la Pascotte et l'envoie appelante à Paris (la Ratte se serait peut-être sauvée du pays). A force de persister en ses dénégations, elle s'en tire avec un arrêt de bannissement à vie. Et le Parlement d'ajouter au bas de son interrogatoire: «enjoindre au juge de viser plus diligement à la confection des procès criminelz» (6). Une telle réprimande est unique dans le dossier de la sorcellerie.

Autre indice de la relative légalité des procès percherons: les documents ne font mention que d'une seule exécution sur place sans que la victime ait pu (ou voulu) faire appel. A Pontgouin en 1601, on fit le procès de trois femmes. La veuve Briant avoua avoir assisté au sabbat. Avant de mourir, elle dénonça deux autres veuves réputées sorcières qui seraient allées avec elle à l'assemblée du Diable. Ces dernières protestèrent de leur innocence: la justice de Pontgouin prononça une sentence de question extraordinaire et les envoya appelantes à Paris. Le Parlement les condamna à la présentation de la question et à un an de bannissement.

L'exécution sans appel de la veuve Briant fut l'unique incident de ce genre dans notre région. C'est fort peu. Dans le ressort de Paris, les non-appelants exécutés furent au moins deux, voire trois fois plus nombreux que les 104 sorciers mis à mort légalement après appel. Car le simple fait de conduire un appelant jusqu'à la capitale coûtait souvent plus cher que tout le reste du procès, et des officiers peu scrupuleux faisaient leur possible pour décourager les appels. Dès 1588, le parquet du Parlement, réagissant contre un grand nombre de procès abusifs dans les Ardennes, proposa de rendre l'appel obligatoire pour crime de sorcellerie. A peine préconisée, cette jurisprudence fut brusquement interrompue par l'emprise de la Ligue sur le Parlement de Paris. Mais avec le rétablissement de la paix (vers 1600-1605), l'appel devint presqu'automatique; le Parlement cessa pratiquement d'employer la torture à l'encontre des sorciers; les jugements les plus sévères tendaient désormais à frapper les hommes plutôt que les femmes.

Les démonologues, porte-paroles et alliés des couches inférieures de la magistrature, revendiquaient unanimement une chasse aux sorciers de grande envergure à l'instar de certains États du Saint Empire. Par contre, le sommet du Pouvoir –le Parlement, le haut clergé, les puissants seigneurs– avait moins peur de la sorcellerie que des désordres nés de la chasse: le «lynchage», l'exécution sommaire, la chicane, la malversation et le faux zèle. En 1623-1624, nouvelle panique ardennaise: la Haute Cour, par un arrêt général du 27 juin 1624, reprit l'ancien projet vieux de trente-six ans: l'appel de droit fut désormais la loi, ce qui avait pour effet de décriminaliser la sorcellerie. Les procès tarirent définitivement.

La courbe des procès percherons suivit assez fidèlement la politique du Parlement. Après 1604, il n'y eut que 4 affaires, dont 3 appelants relaxés, la dernière en 1624, excepté un procès pour vol en 1642, où la sorcellerie n'entra que marginalement (7).

Alors que les archives criminelles du Parlement de Paris constituent une source richissime pour l'étude de la jurisprudence, et globale et régionale, elles se prêtent moins bien à des enquêtes ethnographiques. Les notes prises sur le vif lors des interrogatoires sur la sellette et, éventuellement, les procès-verbaux de question, permettent parfois au chercheur de dégager les principales inculpations. Elles ne sauraient toutefois remplacer les informations des premiers procès ni les confrontations des prévenus avec les témoins à charge, lesquelles, seules, autorisent une analyse profonde des affaires. Les premiers procès sont aujourd'hui presque tous perdus. Les archives de l'officialité de Paris et du bailliage de Saint-Germain-des-Prés nous en conservent une petite poignée; Bodin, de Lancre et d'autres démonologues publièrent quelques extraits des premières instructions: rien, malheureusement, qui concerne le Perche. Par conséquent, à la question: de quelle sorcellerie s'agit-il ? nous ne pouvons répondre que de façon très générale.

A la lumière des documents parisiens, la sorcellerie en pays percheron ne semble pas très différente de celle rencontrée dans les autres régions. Le sorcier est censé aller au sabbat et se vouer au Malin. Citons, par exemple, l'interrogatoire de Françoise Truchet en 1599:

> Y avoit un homme noir. A renoncé à Jésus Crist, cresme et baptesme... Le Diable l'a merquée pour la recognoistre et luy donna un coup de baguette sur l'espaule droite... Dansoit dans un cerne...

D'autres racontent le fameux baiser au cul du «bouc». Le Diable promet à ses fidèles des richesses et le pouvoir de faire du mal, le plus souvent par le moyen «des poudres pour nuire à ses voisins», «des poudres pour jeter sur les bestes pour les faire mourir». De telles poudres ne sont pas à confondre avec des poisons ordinaires: il suffit de les mettre sur l'épaule de la victime ou «sur le seuil de l'huis». Voici l'extrait des aveux de Charlotte Chrestien en 1596:

> – Sy elle congnoist Mathrie Morynet... dicte la Pascotte ? Sy elle est sorcière ? et sy ce fut elle qui getta de la pouldre à une nommée la Coucheresse ?
>
> – A dict avoir ouy dire que ladicte Dubois dite la Pascotte est sorcière, laquelle fut trouver la respondante jusques en sa maison, et luy dist ses motz: «Allons, veulx-tu venir ? Je m'en vois chez la Coucheresse». Alla la respondante avec ladicte Pascotte quelque peu de chemyn et fut présente que ladicte Pascotte laissa de la pouldre sur la table de ladicte Coucheresse, disant qu'elle luy avoit faict ung déplaisir mais qu'elle s'en vengeroit.

Armé de son pouvoir maléfique (dont le schéma sabbat/poudre n'est peut-être qu'une représentation symbolique), le sorcier est en mesure d'entreprendre une carrière de racketteur. On n'ose guère lui refuser ce qu'il demande:

Sy elle a pas demandé une paire de soulliers et, soubz voile que on ne les luy vollut bailler, les ensorcella et, de faict, lesdites deux filles ont tousjours esté depuis malades ?

Si Marie Lemaire reffusa pas luy donner du pain et du beure, soubz ce pretexte l'eust pas ensorcellée ?

A cognu Guillaume La Vigne. –Interrogée si elle l'ensorcela pour l'avoir chassée de sa maison.

Firmin Doisedieu ayant refusé des choux à sa fille, sur ce qu'elle rencontra la servante de Doisedieu, elle luy dist que son maistre s'en repentiroit.

Dans le cas d'un sort non mortel, la seule personne censée capable de le lever est le sorcier qui l'a jeté. La victime peut s'adresser au devin pour diagnostiquer la maladie et confirmer ses soupçons envers le responsable; peut-être arrivera-t-elle à obtenir quelque soulagement. Mais le pouvoir magique du devin est inférieur à celui du vrai sorcier et ses remèdes directes inefficaces quand il s'agit d'ensorcellements graves; aussi le devin fournit-il à son client une méthode surnaturelle, destinée à contraindre le coupable à effectuer une guérison. Renée de Triquière (en 1586) aurait dit à Jean Chevalier «que s'estoit (Etiennette) Pellegey qui l'avoit ensorcellé sa femme et qu'il failloit, pour la desorceller, que ceste femme luy ostat une cinture d'herbe qu'elle luy bailleroit». L'accusée proteste «Qu'elle est femme de bien et ne sçauroit secourir personne».

La sorcellerie actuelle consiste en une lutte à distance entre deux forces occultes: celle du désenvoûteur et celle du sorcier. Dans la société bien plus violente du XVIème siècle, cette lutte était menée face-à-face, entre l'ensorcelé et son ennemi: une guérison marchandée à l'amiable, si le prix demandé était modeste, cependant l'affaire demeurait dans la mémoire collective et faisait l'objet de témoignages lors d'un éventuel procès.

Sy elle a baillé du let boully à la femme de Jean Grond, dont elle a esté mallade un moys ? et luy en ayant baillé d'autres, a esté guerye ?

Remonstré qu'elle a des secretz pour faire hommes malades et les guerir.

Les tesmoins ont rapporté les menasses et, apres, une mulle est morte. Les enfants ont esté malades et n'ont esté gueris que par elle respondante... Qu'elle leur bailla du laict bouilly et depuis sont bien portez.

Tout le village conte qu'elle pouvoit desorceler et qu'elle les ensorcela.

Jeanne Texier a dict qu'elle l'a guerye du sort qu'elle luy avoit baillé.

Remonstré qu'elle a tourné à l'entour de la maison et a guery un homme malade. Philibert Richeux a dict que son pere

estant malade, le mal luy tomba aval le visage et puis sur les doigts et les ongles, et fut guery.
Sy elle n'a pas donné du pain bys à la fille d'Hery ? et sy (ils) n'ont pas esté chez elle (pour la guérison) ?
Sy elle n'a pas ensorcellé un cheval ? et sy elle n'a pas marchandé des cochons de laict ?

De telles guérisons, susceptibles de preuve par témoignage, équivalaient à autant de pièces à conviction pour crime de sorcellerie, bien que le Parlement ne semble pas avoir condamné à mort sans s'assurer d'un aveu.

Il va de soi que l'institution judiciaire présente un modèle simplifié d'un phénomène infiniment complexe. Après tout, sa tâche n'était pas de constituer un dossier ethnographique, mais de réunir des preuves légales d'un crime notoirement difficile à prouver. Ce qui ne veut pas dire, toutefois, que les sorcières fussent des boucs émissaires, victimes d'une répression de la sexualité. On pendait, à l'époque, les hommes bigames; on brûlait pour faits d'homosexualité masculine et de bestialité. En revanche, les femmes ayant épousé deux maris vivants ne se voyaient frappées que de peines légères; le lesbianisme (réprouvé, certes) ne donnait pas lieu à des inculpations; le châtiment réservé aux prostituées se limitait, habituellement, à l'éviction du quartier; seul l'infanticide (cas spécial) était passible de la mort. La répression des déviances sexuelles comme de la criminalité en général –sorcellerie comprise (sauf dans l'extrême Est du royaume)–visait plus particulièrement les hommes et non les femmes.

La criminalité apparente ne donne qu'un très mauvais reflet de la criminalité réelle. Le nombre de prévenus ne correspond jamais à l'incidence effective de tel ou tel comportement délictuel dans la population: il tient à des facteurs juridiques et surtout à la **volonté** de pousuivre, à plus forte raison lorsque l'institution judiciaire est décentralisée comme elle l'était aux XVIème-XVIIème siècles.

Le Perche a traversé l'époque de «la grande chasse aux sorcières» sans guère dévier de la stricte légalité. La trentaine d'inculpés –avec leurs propos diaboliques proférés publiquement, leurs maléfices vérifiables– représente la fraction visible de l'ensemble des pratiques magiques qui agitaient le pays, ressenties par toute la population comme intolérables pour la paix des communautés. Au fond, ces procès n'étaient ni déraisonnables ni irrationnels –pas plus que toute pénalité criminelle. Dès la fin du XVIème siècle on commença à considérer le remède comme pire que le mal et le Parlement finit par trouver le moyen de décriminaliser la sorcellerie. Les envoûtés n'avaient plus de recours facile à la justice.

Comme il arrive d'ordinaire dans le cas de telles décriminalisations, on prit l'habitude de se moquer des niaiseries de la justice d'autrefois, ainsi que d'en exagérer les effets néfastes (8) (confondant volontiers l'histoire des sorciers en France avec l'expérience belge. lorraine, franc-comtoise et allemande). C'est rassurant –illogique mais rassurant.

LE PERCHE ET PAYS LIMITROPHES: procès de sorcellerie (1566-1624)

XIII

NOTES

1 - Le lecteur souhaiterait peut-être consulter certains de nos travaux antérieurs: «Les Procès de sorcellerie au Parlement de Paris (1565-1640)», dans **Annales E.S.C.**, t. 32,1977, p. 790-814; «La Sorcellerie vue du Parlement de Paris au début du XVIIème siècle», dans **Actes du 104ème Congrès national des Sociétés savantes (Bordeaux, 1979), Section d'histoire moderne et contemporaine**, 2 vol., Paris, 1981, t. II, p. 393-405; «La Justice criminelle aux XVIème et XVIIème siècles: le Parlement de Paris et les sièges subalternes», dans **Actes du 107ème Congrès national des Sociétés savantes (Brest, 1982), Section de philologie et d'histoire jusqu'à 1610**, 2 vol., Paris, 1984, t. I, p. 15-52; «La Décriminalisation de la sorcellerie en France», dans **Histoire, économie et société**, 4ème année, 1985, N° 2, p. 179-203.
2 - Arch. nat., X2A 1395 et X2B 1098.
3 - X2A 971.
4 - D'après deux sondages exhaustifs, le taux d'aveux sous la torture à Paris (tous crimes compris) fut de 8,5 % vers 1540 et de 2,3 % au début du XVIIème siècle.
5 - X2B 177, arrêt du 12 décembre 1596.
6 - X2A 959, 12 juin 1597. Nous avons retrouvé, dans les audiences du Parlement, deux textes qui fourniraient peut-être un fond de scène pour ce qui apparaît comme nonchalance en matière de sorcellerie. Le premier date de 1581 et parle de «la difficulté qui est au pays du Perche de trouver juges pour punir ceulx qui sont accusez» (X2A 1392, fol. 267). Le second est tiré d'un plaidoyer de Jacques Faye, avocat général du roi: «Les divisions de trois des principaulx juges de Mortaigne tiennent en convulsion tous les habitans dudit (pays). Les juges sont neutres et ne doibvent cognoistre personne, et neantmoins les juges de Mortaigne font toute la tempeste au païs, et ne cesseront de troubler le païs jusques à ce que la Court ait delegué quelcun de messieurs pour se transporter sur les lieux et y donner bon ordre, estant chose tres necessaire» (X2A 1395, audience du 2 janvier 1587, affaire Charlotte Daybon). Ces désordres se seraient-ils prolongés jusqu'en 1596, date du premier procès de sorcellerie à Mortagne ?
7 - Voir les résumés des procès figurant à l'Annexe.
8 - Nulle trace dans les archives, par exemple, des trente sorciers prétendument brûlés au Mans en 1572.

ANNEXE

Les Procès de sorcellerie dans le Perche et pays limitrophes

Appelants

1566 - à St-Calais: Michelle Jacquelin, femme de François Rousselet, laboureur à Montaillé; prévenue d'avoir «baillé à plusieurs personnes des morceaulx pour les guerir»; condamnée à faire amende honorable.

Appel: appliquée à la question modérée; élargie sauf plus ample information, avec «deffenses de se mesler de medecine».

1581 - à la Ferté-Bernard: Sébastienne Denyan, «agée de 80 et plus», femme de Denis Nepveu, boulanger à Boëssé-le-Sec; chargée d'avoir opéré plusieurs envoûtements et guérisons; s'est trouvée marquée à l'épaule; condamnée à être pendue et brûlée avec question préalable (pour la révélation de ses complices), à 150 livres d'amende.

Appel: question modérée des «menottes», bannie 5 ans du duché du Maine.

1582 - au Theil-sur-Huisne: Jullette Challocin, femme de René Yguard dit le Lipault. Le cahier de plumitifs d'interrogatoires sur la sellette faisant défaut pour l'année judiciaire 1581-1582, on ignore les chefs d'accusation. Selon l'arrêt elle est chargée de «sorcellerie, malefices, empoisonnemens, abjurations execrables et autres cas». Condamnée à être pendue et brûlée, à 60 livres d'amende et aux dépens.

Appel: confrontée avec Jeanne Leroy (cas suivant); sentence confirmée hormis les dépens (nota: il était interdit de condamner aux dépens, à moins d'une partie civile); renvoyée pour son exécution.

1582 - à Nogent-le-Rotrou: Jeanne Leroy dite la Bossue, femme de Noël Gosselin. Selon l'arrêt elle est convaincue de «sorcelleries, empoisonnemens, malefices, meurdres, blasphemes, execrations, variations, parjuremens, rebellions à justice...» Condamnée à être brûlée vive avec question préalable.

Appel: confrontée avec Jullette Challocin (cas précédent); condamnée à être «étranglée à un poteau, son corps mort réduit en cendres», avec question préalable; renvoyée; le bailli de Nogent enjoint d'envoyer son P-V d'exécution.

1586 - au Temple (Loir-et-Cher): Etiennette Pellegey, couturière, femme de Jean Galloyer: chargée d'avoir jeté un sort mortel à une parente, Noëlle Aucher (ou Hocher), de la maisonnée de Paul Galloyer (qui est partie civile dans ce procès); indiquée par une devineresse (cas suivant) comme la sorcière responsable de l'envoûtement de la femme de Jean Chevalier; condamnée à être pendue et brûlée.

Appel: le Parlement décrète prise de corps contre la devineresse; six semaines plus tard, les deux femmes sont confrontées; Pellegey appliquée à la présentation de la question avec extension; bannie 3 ans du duché de Vendômois.

1586 - Renée de Triquiere, damoiselle, dite la Medecine, native de Cellé, veuve de Jean Bridet, sieur de La Forêt, remariée à Boursay, guérisseuse et devineresse de mère en fille; elle aurait indiqué Etiennette Pellegey (cas précédent) comme l'envoûteuse de la femme Chevalier; arrêtée par décret du Parlement, la confrontation est inconcluante (Pellegey ne la reconnaît que par ouï-dire et elle prétend qu'il y a dans le pays une autre devineresse surnommée la Médecine); élargie «avec deffenses de se plus ayder de la medecine».

1587 - à St-Calais: Sainte Tigeu, célibataire demeurant à Valennes; chargée d'avoir ensorcelé les enfants de Jean Simon et de Pierre Crosneau; confesse devant le juge être allée au sabbat avec sa sœur et Raouline Chartier (cas suivants); les 3 femmes sont condamnées à la pendaison et à 300 livres d'amende, solidairement.

Appel: elle veut rétracter ses aveux mais la sentence est confirmée; renvoyée pour son exécution, le juge enjoint d'envoyer le P-V.

1587 - à St-Calais: Louise Tigeu, de Valennes, sœur de la précédente, veuve de Mathurin Hermenaut (ou Emerault); **idem.**

1587 - à St-Calais: Raouline Chartier, originaire du Mans, veuve de Mathelin Bellet, demeurant à Valennes, «vieille»; chargée et condamnée comme les deux précédentes.

Appel: elle est la première des 3 à être interrogée sur la sellette et prétend que ses aveux avaient été extorqués par des tourments; elle meurt en la Conciergerie quelques jours plus tard.

1596 - à Mortagne-au-Perche: Charlotte Chrestien, veuve de Jean Gueve (ou Geve); prévenue avec sa fille (cas suivant) d'avoir ensorcelé Marie Lemaire et aidé la Pascotte à jeter un sort mortel sur une nommée la Coucheresse de St-Denis-sur-Huisne; confesse devant le juge de Mortagne être sorcière et être allée au sabbat; condamnée à être pendue et brûlée.

Appel: sentence confirmée; renvoyée à Mortagne pour son exécution; enjoint au juge de «faire et parfaire le procès aux nommées la Pascotte et la Ratte» (voir plus loin).

1596 - à Mortagne-au-Perche: Marguerite Gueve (ou Geve), fille de la précédente; elle ne se donne que 12 ans (erreur manifeste, car l'âge de la majorité pour la peine capitale était de 14 ans); accusations et jugements **idem.**

1597 - à Mortagne-au-Perche: Matrie Morinet dite la Pascotte, veuve de Pasquier Dubois, de Courcerault (ou St-Denis-sur-Huisne); chargée par le procès de Charlotte Chrestien et Marguerite Gueve, le Parlement ordonne au juge de Mortagne de lui faire son procès; accusée d'avoir ensorcelé Boissel (devenu sourd), la femme d'Adrien Coteuil, plusieurs vaches, d'avoir appris la sorcellerie de sa mère; condamnée à être pendue et brûlée avec question préalable.

Appel: la Cour ordonne au juge de Mortagne d'envoyer le P-V d'exécution de Charlotte et Marguerite; elle s'y trouve chargée de l'ensorcellement de la Coucheresse mais elle nie être sorcière; appliquée à la question modérée, elle persiste en ses dénégations; bannie à vie du Perche.

1598 - à Vibraye: Bastienne Maillard dite Gazelle, 70 ans, veuve de Louis Gazeau; confesse au premier procès être allée au sabbat, avoir ensorcelé Laurent Boutry et le fils d'un nommé Roger; condamnée à être pendue et brûlée.

Appel: sentence confirmée; renvoyée pour l'exécution.

1598 - à Vibraye: Mathurine Gazeau, fille de la précédente; confesse au premier procès être allée trois fois au sabbat et avoir ensorcelé Laurent Boutry; on lui représente «deux pouldres, l'une noire et l'autre grise. –Dict que ce n'estoit que des terres et confesse qu'elle leur dist (aux Boutry) qu'elle avoyt donné le sort»; condamnée à être pendue et brûlée et à 60 livres solidairement avec sa mère.

Appel: sentence confirmée; renvoyée pour l'exécution.

1598 - à Vibraye: Marguerite Gigou dite la Bazouine, veuve de Mathelin Bazouin; dénoncée par les 2 précédentes; nie être allée au sabbat mais confesse une vision diabolique; condamnée à l'amende honorable, au fouet, au bannissement pour 5 ans et 18 livres d'amende.

Appel: sentence réformée: condamnée à assister à l'exécution des 2 précédentes, à faire amende honorable pour ses «crimes», bannie un an de la châtellenie de Vibraye et 6 livres d'amende; renvoyée avec les autres.

1599 - à Bellême: Françoise Truchet, d'Igé, veuve de Jean Liberge, mère de 4 enfants; des accusations de sorcellerie planent autour de Manchon (voir plus loin), on se plaint à la dame de la Motte-Ferrant qui envoie quérir Françoise Truchet afin d'y voir plus clair; elle avoue être sorcière et être allée au sabbat, dénonce Manchon et Françoise Ceron; chargée en outre d'avoir fait mourir Colas Barbier, Pierre Belanger, François Courtin, ainsi que de sorts jetés sur des vaches et de plusieurs guérisons diaboliques; condamnée à être pendue et brûlée avec question préalable et à 60 livres d'amende.

Appel: sentence confirmée hormis la question préalable; renvoyée pour son exécution.

1599 - à Bellême: Marie Liberge, 7 ans, fille de la précédente; interrogée par la dame de La Motte-Ferrant, elle avoue que sa mère l'avait menée au sabbat (elle revient plus tard sur ses aveux); condamnée à assister au supplice de sa mère et à 6 coups de fouet, avec «defenses de faire cy-apres aulcun acte de sortilege ou venefice, sur peine de la vie».

Appel: élargie et ramenée à Igé par le messager.
1599 - à Bellême: François Manchon, 55 ans, veuf, étainier hugenot à Igé; dénoncé par Françoise Truchet, il prétend qu'on lui en veut à cause de sa religion: condamné à être pendu et brûlé avec question préalable et à 60 livres d'amende.
Appel: relaxé sauf plus ample information.
1599 - à Bellême: Françoise Ceron, d'Igé, femme de Pasquier Massot (ou Majot); dénoncée comme le précédent par Françoise Truchet; condamnée **idem**.
Appel: relaxée sauf plus ample information.
1599 - à Bonneval (Eure-et-Loir): Marguerite Nourry, 30 ans, femme de Oudin Cheroyeulx, mère de 4 enfants; confesse au premier procès être sorcière et avoir ensorcelé René Joubert, Pierre Maleure et d'autres; condamnée à être pendue et brûlée.
Appel: le Parlement confirme la sentence et ajoute l'amende honorable; renvoyée pour son exécution.
1601 - à Nogent-le-Rotrou: Anne Girard, «plus de 80 ans», veuve de Clément Denis; «mescrue de faire des sorcelleries et enchantemens» dont un seul précisé, à l'endroit de Guillaume La Vigne; condamnée à être pendue et brûlée avec question préalable, amende de 100 livres.
Appel: lors de son interrogatoire sur la sellette, «à cause qu'elle est malade et decrepite, ne pouvant parler, a esté renvoyée sans l'interoger plus amplement»; bannie 5 ans du bailliage et envoyée à l'Hôtel-Dieu, amende de 30 livres.
1601 - à Pontgouin (Eure-et-Loir): Jeanne Festu, veuve de Guillaume Gillot (assesseur de la taille) du village de St-Eliph; réputée guérisseuse et devineresse, dénoncée par la veuve Briant pour assistance au sabbat; condamnée à la question extraordinaire.
Appel: présentation de la question; bannie un an du pays.
1601 - à Pontgouin: Simone Nicolle, sage femme, veuve de Thomas Hervé de St-Eliph; soupçonnée d'avoir jeté un sort contre le nommé Petit qui garda son lit pendant six mois; dénoncée avec la précédente par la veuve Briant; sentence de question extraordinaire.
Appel: présentation de la question et arrêt **idem**.
1602 - à Mortagne-au-Perche: Jacqueline Giroux, originaire de Normandie, veuve de Nicolas Larminier de Bazoches-sur-Hoëne; 20 témoins déposent qu'elle est sorcière et qu'elle aurait envoûté les enfants d'un nommé Hebert; condamnée à la question extraordinaire.
Appel: présentation de la question avec extension; bannie 2 ans du pays et de Paris.
1603 - à Ste-Gauburge-Ste-Colombe: Denise Lepage dite la Va-jouirre, femme célibataire mère de 4 enfants; accusée par sa propre fille de l'avoir amenée au sabbat où elle aurait reçu 5 sols du Diable (elle pré-

tend que la justice aurait extorqué cette dénonciation); prévenue en outre d'ensorceler et puis guérir; condamnée à la pendaison et 100 livres d'amende.

Appel: bannie 9 ans du lieu et de Paris.

1604 - à Mortagne-au-Perche: Marthe Collet, veuve d'Henri Cuvier (ou Cunier) de Courgeon; sa mère réputée sorcière; elle serait allée au sabbat et y aurait amené sa fille (cas suivant); accusée d'avoir jeté un sort mortel sur une femme 18 ans auparavant, d'avoir ensorcelé Jeanne Texier et de l'avoir guérie, d'avoir envoûté Firmin Loisedieu (ou Doisedieu); condamnée à être brûlée vive avec question préalable, amende de 600 livres (solidairement avec sa fille).

Appel: question modérée: bannie 5 ans du Perche et de Paris.

1604 - à Mortagne-au-Perche: Madeleine Cuvier (ou Cunier), 17 ans, fille de la précédente; accusée d'être allée au sabbat et d'avoir ensorcelé une vache à Macé Maurice; condamnée à être pendue et brûlée avec question préalable, amende pécuniaire avec sa mère.

Appel: présentation de la question avec extension: bannie 5 ans du Perche et de Paris.

1608 - à La Ferté-Bernard: Julienne Guede, veuve de Sébastien Hauteuil; avait fait 4 enfants depuis la mort de son mari; confesse «s'estre donnée à un homme noir qui luy bailla des poudres pour jeter sur les bestes pour les faire mourir»; le messager de la ville en aurait perdu 8 chevaux; condamnée à être pendue et brûlée.

Appel: sur la sellette, elle prétend d'abord que ses aveux avaient été extorqués par des tourments, puis elle «confesse qu'elle meyt le linge que le Diable luy avoit baillé sur le seuil de l'huis, mais ne sçavoit pourquoy c'estoit fait et ne l'a mis en intention que ses chevaulx mourussent»; sentence confirmée; renvoyée pour l'exécution.

1613 - à Mortagne-au-Perche: Françoise Chastellier dite Manaude, demeurant à Feings; «ne fut jamais mariée, ne sçayt quel aage elle a»; accusée par Jeanne surnommée Pharaon de l'avoir menée au sabbat; chargée par Philibert Richeux d'avoir apporté une guérison superstitieuse à son père malade; soupçonnée en outre de la mort d'une chèvre, de 3 chevaux; condamnée à la question extraordinaire.

Appel: elle reproche à l'instigateur de son procès de lui en vouloir, «ayant un (lopin) de terre parmi les siennes»; admonestée et élargie.

1623 - à St-Calais: Michelle Trouillet, femme de Lucas Guillocher. François Hery l'ayant traitée de sorcière, elle fait publier une monition afin de le poursuivre pour injures; Hery rétorque en se constituant partie civile contre elle pour crime de sorcellerie, la chargeant d'avoir envoûté la fille d'Hery, ainsi qu'un cheval; condamnée à faire amende honorable, à être pendue et brûlée, 200 livres de réparations civiles, 150 livres d'amende et aux dépens.

Appel: absoute avec 25 livres dommages et intérêts (les dépens du procès et de l'appel incombent donc à Hery).

1624 - à Montmirail: Jean Vallée dit le Médecin, laboureur à la Bazoche-Gouët, marié avec 5 enfants, «50 ans et plus»: accusé d'avoir dansé au sabbat, il prétend «qu'il a eu quelque vision et, apres avoir faict le signe de la croix, ne veid plus rien»: condamné à faire amende honorable, au banissement perpétuel et à 150 livres d'amende.

Appel: relaxé.

Cas marginal

1642 - à Mortagne-au-Perche: Jeanne Lemaire, servante et concubine de François Biron (ou Le Broncq) prevenu de blasphèmes et de vol, envoyé aux galères 3 ans: elle est accusée principalement de lui avoir «aydé à faire des volz», marginalement de la sorcellerie: condamnée au fouet et au bannissement perpétuel.

Appel: le fouet devant la porte de la Conciergerie et bannie 3 ans du Perche.

Autres cas

1586 - à Ceton: Claire Riant «lynchée» (voir ci-dessus).

1586 - à Ceton: Me Simon Jores, prêtre, arrêté avec la précédente et élargi sous sa caution juratoire.

1596-1597 - à Mortagne au Perche: «La Ratte» chargée par le procès de Charlotte Chrestien et Marguerite Gueve; détails inconnus; le Parlement ordonne au juge de Mortagne de lui faire son procès, sans suite (elle se serait absentée à temps).

1601 - à Pontgouin (Eure-et-Loir): la veuve Briant; reconnaît avoir assisté au sabbat; dénonce deux autres femmes; condamnée à mort et exécutée sans appel.

1608 - Michelle Corneille, poursuivie par le prévôt des maréchaux du Perche, elle aurait composé à 8 livres.

NOTICE BIOGRAPHIQUE/BIBLIOGRAPHIQUE

Alfred SOMAN, né en 1934 à New York, docteur en histoire (Université de Harvard, 1968), depuis 1975 chargé de recherche au C.N.R.S. où il prépare une thèse d'État: «Sorcellerie et magie devant le Parlement de Paris, 1540-1670». Il est auteur de plus de vingt articles sur l'ancienne justice, dont le plus récent paru dans **Histoire, Économie et Société**, T. 4, 1985, p. 179-203: «La Décriminalisation de la sorcellerie en France».

XIV

LE RÔLE DES ARDENNES DANS LA DÉCRIMINALISATION DE LA SORCELLERIE EN FRANCE*

1587 ne fut pas une année de peste dans l'Est de la France mais l'été se révéla dur pour le bétail. Dans la région Champagne-Ardennes, chevaux, vaches et brebis mouraient mystérieusement. Si une ferme était épargnée, sa voisine était lourdement atteinte. Et le peuple commença à murmurer qu'il y avait là sorcellerie.

Le prône dominical tendait à attiser ces peurs : sermons sincères mais trop zélés, prononcés non pas tant par les curés de village que par des prédicateurs itinérants (jacobins et jésuites) qui instillaient une conscience religieuse nouvelle dans les campagnes. L'Apocalypse n'avait-elle pas prédit que la venue de l'Antéchrist serait précédée par une prolifération d'hérétiques et de sorciers ? Avec l'éclatement de la chrétienté causé par la Réforme la prédiction semblait se réaliser : les hérétiques pullulaient ; Henri III n'avait pas d'enfant ; l'héritier du trône était le Béarnais huguenot. Et si la province de Champagne était demeurée massivement catholique, le roi se montrait plus occupé à traiter avec sa noblesse réformée qu'à la réduire. Vingt-cinq années de guerre civile intermittente avaient ravagé la France et l'avaient laissée vulnérable aux attaques de la puissance espagnole.

Maints sermons attribuaient l'état déplorable de la France déchirée à la faillite morale des Français eux-mêmes. La Bible enseignait clairement : "Tu ne souffriras pas qu'une sorcière vive" (Exode 22, 18). Pourtant les villageois avaient appris par expérience qu'intenter le procès à un sorcier et aboutir à une condamnation n'était pas chose facile : il fallait apporter la *preuve* des charges, même si chacun savait qui étaient les sorciers, ou en tout cas qui étaient certains d'entre eux. "Brûlez-les pour commencer (tel était le message des prédicateurs) et quand Dieu verra son pauvre peuple dans l'affliction, fidèle à ses commandements, il prendra pitié de nous et nous portera secours. Aucune aide ne peut venir de Dieu à moins que les fidèles ne montrent qu'ils veulent s'aider eux-mêmes. La perte de cette volonté est un signe manifeste de damnation".

Le cardinal de Guise, archevêque de Reims, désapprouvait un tel discours. Lui et son frère, Henri duc de Guise, étaient à la tête de la Ligue qui tentait de forcer le roi à une alliance contre les protestants, ou bien à assurer la succession royale aux Guises qui se flattaient de descendre de Charlemagne. Mais comme principal seigneur terrien dans les Ardennes – seul le roi disposait de revenus plus importants – le cardinal n'entendait pas laisser ses villageois s'emparer de l'appareil judiciaire. Sur ce point il était l'allié du roi.

Au-delà de la frontière orientale du royaume s'étendait le Saint Empire au titre prestigieux, en réalité une fédération de principautés quasi sans cohésion politique. Là il était plus facile de poursuivre les sorciers, le code pénal de 1532 ayant créé un "crime excepté" : les maléfices étaient désormais passibles de mort ; on pouvait d'ailleurs appliquer jusqu'à trois reprises à la torture (la redoutable estrapade généralement) pour extorquer des aveux et beaucoup de seigneurs remboursaient les frais des procès et des bûchers, encourus par les villages dans leur effort d'éliminer ces suppôts de Satan. Dans le royaume de France, au contraire, aucun statut ne définissait la sorcellerie : elle demeurait un délit de droit commun, tel le vol, l'homicide, l'assassinat ou l'incendie volontaire.

Une accusation d'incendie, par exemple, était extrêmement difficile à prouver. Le tissu d'évidence commençait avec un conflit avéré, un ultimatum ou une menace lancée publiquement, comme "je te chaufferai les puces". Parfois un témoignage attestait la présence de l'accusé sur le lieu du sinistre. Mais à moins que deux témoins irrécusables aient surpris effectivement le coupable une torche enflammée ou un seau de braises à la main, ou que l'accusé ait avoué librement son méfait, le magistrat ne pouvait pas prononcer la peine entière. En principe, lorsque les indices constituaient une forte présomption de culpabilité, la tradition juridique permettait le recours à la torture afin de boucler la preuve ; mais le Parlement de Paris n'autorisait plus les cours subalternes à appliquer à la question laquelle se pratiquait de façon si modérée dans la capitale (depuis deux siècles l'estrapade était illégale) que le taux d'aveux en était de trois pour cent seulement (1). Ceux qui n'avouaient pas se voyaient relaxés ou bannis.

Si l'incendie volontaire était difficile à démontrer, la sorcellerie, elle, était presque impossible à prouver. Comment produire des témoins d'un acte aussi peu perceptible que celui de jeter un sort ? La loi semblait avoir pour but de protéger le criminel et d'empêcher que justice fût faite. Afin de désentraver la justice on aurait pu modifier la loi, redéfinir le crime, rendre moins exigeantes les règles du témoignage et accroître la rigueur des peines. Presque tous les Etats d'Europe promulguèrent de nouvelles ordonnances contre la sorcellerie au XVIème siècle. La France constitua une exception notable.

Toutefois, même en l'absence d'une nouvelle législation, la définition du crime tendait à se modifier insensiblement, l'action publique cherchant une faille dans l'armure de la défense. A l'origine les procès de sorcellerie mettaient l'accent sur les maléfices jetés sur des personnes, des animaux, des récoltes. Alors que les maléfices n'étaient guère susceptibles de preuves en droit, il était paradoxalement plus facile de condamner pour apostasie : adoration du Malin. L'assitance aux fameux Sabbats n'était peut-être qu'une hantise collective, elle se prêtait néanmoins, mieux que les sorts, aux témoignages oculaires. Aussi un aspect secondaire de la sorcellerie européenne prit-il le devant de la scène dans ce drame macabre, plus particulièrement devant les tribunaux des Etats impériaux : torture d'un suspect jusqu'à ce qu'il avoue sa présence à la danse diabolique et dénonce d'autres participants ; ceux-ci à leur tour soumis à la question pour en obtenir des dénonciations plus larges et ainsi de suite. Au pire les procès de sorcellerie avec leurs réactions en chaîne ne conservaient qu'un très vague rapport avec les maléfices, ouvrant par conséquent la boîte de Pandore losque le peuple prenait prétexte de la panique pour un réglement général de comptes.

Le cardinal se soucia quand, non seulement sur ses terres ardennaises, où il était responsable de l'administration de la justice, mais aussi dans le duché voisin du Rethélois, les magistrats locaux commencèrent à découvrir la "preuve" de la prolifération de sorciers dans la région – 7 760 ("vii^{m} vii^{c} lx") selon le juge de Brieulles-sur- Bar (2) : la dignité de la justice française était menacée. Pas question, pourtant, d'envoyer des soldats maintenir l'ordre : une mesure aussi inconsidérée aurait risqué de pousser la province entière à la révolte et de créer un appui local à une invasion des Espagnols.

Au lieu de cela le cardinal désigna Me Rodolphe Carré comme magistrat chargé de le représenter en cette occurrence : aller dans les villages inculper ces juges subalternes qui faisaient les procès aux sorciers sans respecter les règles d'une bonne procédure. Dès que possible les suspects en instance de jugement devaient être éloignés de leurs communautés et tranférés à Reims ou Paris, où des esprits moins échauffés décideraient de leur sort. Cette tactique, à Givry, sauva dix- huit prévenus du bûcher (3), mais quand Carré arriva à Juniville il était trop tard, Guyot Girard avait déjà été lynché par ses voisins.

Bien que les documents d'Archive nous renseignent sur la mort de Guyot Girard, on ignore presque tout de sa vie. Il était sans doute un de ces devins-guérisseurs assez typiques. Il est vrai que pour la plupart, ces personnages étaient de sexe féminin, cependant quand les hommes se livraient à une telle activité, ils l'exerçaient d'habitude à plus grande échelle, se faisant d'autant plus remarquer et s'exposant donc à des poursuites.

Dans presque tous les villages il se trouvait un ou deux habitants réputés jouir de pouvoirs occultes : pouvoirs souvent héréditaires se transmettant de mère en fille et de père en fils. En général les paysans français vivaient en assez bons termes avec leurs sorciers, gens utiles avec lesquels il valait mieux s'entendre. Les devins aidaient à retrouver des objets perdus ou volés ; les guérisseurs s'y connaissaient en simples et en formules pour conjurer le mal (leurs méthodes de guérison procuraient probablement d'aussi bons résultats que celles des docteurs formés à l'école des orthodoxies médicales de l'époque).

Depuis plus de trois siècles maintenant l'image de marque d'une personne "éclairée" en France (comme ailleurs dans le monde occidental) est de refuser toute créance à la sorcellerie et de la considérer comme un ramassis de superstitions. Faire autrement c'est déroger à son appartenance à la classe instruite. Les historiens de "la chasse aux sorcières" se sont accoutumés à parler d'innocentes victimes accusées de crimes imaginaires – en perdant de vue que quand les voisins croient tous aux sorts et accordent à une personne des moyens surnaturels, cette croyance par elle-même confère un extraordinaire pouvoir à l'individu ainsi distingué, le mettant en mesure d'exercer un racket sur ceux qu'il effraie. Catherine Lemoine, lynchée à Belval-en-Argonne, avait l'habitude de demander l'aumône, menaçant ceux qui refusaient de la lui donner : "Va, tu t'en repentiras" grommelait-elle et le malheur frappait la maison d'où elle était partie les mains vides (4).

Certains individus tiraient largement avantage de leur réputation diabolique, mais c'était là un jeu dangereux. Un maréchal ferrant de Moyencourt (Somme) se fit piéger en train de négocier des polices d'assurance contre les envoûtements au prix de dix écus par contrat : un contrat pour le client terrorisé (avec lequel il avait joué au chat et à la souris), un autre pour sa femme et sa famille (5). On intenta un procès au maréchal ferrant et on le condamna à mort. D'abord il reconnut son commerce avec le Diable, puis changea d'avis et fit appel au Parlement de Paris, où la peine capitale fut confirmée : la pendaison suivie de l'incinération de son cadavre sur un bûcher. Il est difficile de lui accorder beaucoup de sympathie ; c'était un criminel et il connaissait les risques qu'il prenait en s'engageant dans cette voie. D'autres sorciers qui n'avouaient jamais avoir adoré le Diable, mais contre lesquels existait une forte présomption de *maleficium*, se voyaient bannis, les uns pour quelques années, les autres à vie. La modération de la torture en France entraînait la rareté des aveux et par conséquent celle des exécutions (6).

Le cas de Guyot Girard était complètement étranger à cette procédure légale. Son "procès" représentait précisément ce que le cardinal de Guise tentait d'éviter, puisqu'il ne pouvait que discréditer les justices locales qui (en l'absence de toute force policière autre que dérisoire) constituaient l'unique rempart contre le désordre.

Girard fut arrêté et chargé de seize envoûtements pratiqués depuis plus de dix ans. Un de ses adversaires les plus véhéments, Nicolas Léger, laboureur aisé, l'accusait d'avoir jeté le sort mortel qui aurait tué sa première femme et leurs enfants. Dans l'instruction faite par le représentant du cardinal, Léger apparaît comme le principal meneur de l'affaire. Après coup, Léger soutint qu'il n'avait fait que suivre les ordres du maire Pierre Quinquet, et d'autres échevins qui, à leur tour, protestèrent qu'ils avaient été poussés à agir par Léger et la foule – faute de quoi ils auraient été accusés de complicité avec un sorcier et encouru le risque de se faire lyncher avec lui.

Quoi qu'il en soit, la population entière de Juniville était rassemblée sur les bords de la Retourne quand Girard fut soumis à "l'épreuve de l'eau". (Aujourd'hui la rivière n'est plus qu'un gros ruisseau : le niveau de l'eau a baissé dans la région et beaucoup de rivières où l'on baignait autrefois les réputés sorciers ont tout juste assez d'eau pour se mouiller les pieds ; au XVIème siècle la Retourne était sans aucun doute bien plus profonde qu'actuellement.)

La baignade consistait à jeter un suspect, poignets et chevilles liés, dans une rivière, un étang ou les fossés d'un château, en l'attachant à une corde qui, s'il coulait, permettait de le sortir de l'eau avant qu'il ne se noie. Seul un innocent devait aller au fond, l'eau étant le symbole de la pureté et du baptême. Un sorcier, qui se serait vendu au Diable et aurait renié son baptême, surnagerait.

Toute l'Europe rurale accordait foi à l'épreuve de l'eau. Beaucoup de gens offraient spontanément de s'y soumettre – pour prouver leur innocence à leurs voisins (voire aussi à eux-mêmes) (7) – mais la cérémonie était mal vue des magistrats de Paris et de leurs alliés comme le cardinal. C'était un vestige des ordalies anciennes : épreuve du combat singulier, épreuve du feu... qui avaient cours avant que les méthodes modernes d'instruction les aient rendues caduques. Jeter un sorcier à l'eau sentait la superstition, une lutte avec le Malin sur son propre terrain (avec le risque d'être le jouet du Malin) (8). Le pire était que cela tournait trop souvent au cirque champêtre et la foule surexcitée échappait à tout contrôle.

Tambour battant, on ligota Guyot Girard et on le jeta dans la Retourne. Nicolas Léger tenait la corde et le maire Quinquet avertit : "que chacun se tienne à sa place à peine d'un écu". Mais lorsque Girard surnagea, Léger se dévêtit et se jeta à l'eau. Par trois fois il essaya de l'enfoncer ; trois fois Girard revint à la surface.

"Le sorcier ne va pas au fond" hurla la foule. "Voyons s'il brûle ou non". Les lyncheurs avaient déjà tout ce qu'il leur fallait comme preuve de la culpabilité de Guyot Girard. La suite ne fut qu'une parodie sanglante de justice.

Le châtiment légal pour un sorcier convaincu était la pendaison, puis on brûlait le corps. Depuis quarante ou cinquante ans la justice française n'envoyait plus au bûcher des condamnés vivants, bien qu'elle ait continué parfois à pratiquer le simulacre de ce supplice traditionnel. Une sentence pouvait certes préciser que la victime sentirait les premières flammes avant d'être pendu ; en fait elle était miséricordieusement étranglée avant qu'on mît la torche aux fagots. Guyot Girard pourtant ne bénéficia d'aucune mesure de grâce : on le couvrit de paille et de menu bois qu'on enflamma. Le feu symbolisait la victoire du village sur le Malin, impuissant pour sauver son sorcier. Alors seulement – vivait-il encore ? – Girard fut pendu à la potence.

Quand plus tard Rodolphe Carré interrogea Léger sur le rôle déterminant qu'il aurait joué de bout en bout dans le lynchage, le laboureur s'excusa : après l'épreuve de l'eau, le prisonnier avait tenté de s'évader et le hasard avait fait qu'en courant il s'était jeté sur lui. Léger serait innocent de toute préméditation, sa mise en avant dans l'exécution populaire étant purement fortuite. Que ce fût vrai ou non, toujours est-il qu'une fois le calme rétabli et lorsque Rodolphe Carré commença à poser des questions embarrassantes, le village avait besoin d'un bouc émissaire et Nicolas Léger était tout désigné.

Il y avait un deuxième bouc émissaire qui faisait aussi bien l'affaire : Regnault Roussel, le receveur des amendes. Car il y avait eu un autre vilain incident à Juniville à peu près en même temps. Les documents sont peu précis quant aux détails mais il semble qu'un nommé Mylas, exécuté pour sorcellerie dans un village voisin, avait dénoncé la veuve Gillette Prevost de Juniville. Roussel n'attendit pas que les chefs d'accusation soient étayés par une information d'office ; il l'avait fait pendre par les pieds jusqu'à ce qu'elle avoue. Bien qu'elle se fût retractée, on la condamna à mort ; elle fit alors appel au Parlement de Paris.

Pour appeler d'une sentence criminelle il n'était nullement nécessaire d'alléguer un quelconque vice de forme, il suffisait de déclarer "j'en appelle" : le siège subalterne était alors obligé d'expédier le prisonnier à Paris et c'était une dépense énorme. Une condamnation légale à l'encontre de Gillette Prevost aurait coûté au village l'équivalent de soixante à quatre-vingts vaches pour faire confirmer sa sentence et la ramener à Juniville pour l'exécution. Aucun autre pays d'Europe n'avait un système de contrôle de ses tribunaux aussi coûteux mais aussi efficace.

Le Parlement de Paris était connu pour son extrême rigueur lors d'une atteinte portée aux droits des appelants. Le maire de Juniville comprit qu'il avait les mains liées ; Roussel ne le comprit pas (ou ne voulut pas le comprendre) : sous prétexte que la veuve avait renoncé à son droit d'appel, il la fit exécuter. La foule ne joua aucun rôle dans sa mort, il ne s'agissait donc pas tout à fait d'un lynchage, mais le moins qu'on puisse dire est que son procès avait été abusif.

Léger et Roussel passèrent en jugement à Reims devant la justice du cardinal, dont le ressort englobait tout son vaste domaine ardennais. Ils furent tous deux reconnus coupables d'homicide et condamnés à être pendus. Le maire de Juniville, le procureur fiscal, le maître d'école (qui était aussi le greffier), un sergent et deux particuliers se voyaient condamnés à assister à l'exécution, à faire amende honorable, et à être bannis pour cinq ans de la région. La sentence déclara les quatre officiers incapables à l'avenir de tenir charge de judicature.

Seuls Léger et Roussel firent appel : les six autres considéraient peut-être qu'ils s'en étaient bien tirés. L'appel était une arme à double tranchant : une sentence de tribunal inférieur était ordinairement adoucie, mais elle pouvait tout aussi bien être aggravée. En fait il était sans importance que les autres condamnés fissent appel ou non, puisque la Haute Cour n'allait pas examiner le cas de deux accusés sans entendre les six autres. Léger et Roussel bénéficièrent de la clémence habituelle du Parlement. Au lieu de les faire pendre, les magistrats parisiens les condamnèrent à l'amende honorable à Reims : "témérairement, indiscrètement et contre la forme de justice ils ont de leur autorité privée, baigné plusieurs personnes prétendus sorciers et usé de cruauté et sévices envers eux" ; à être fustigés de verges par les rues et bannis de la province pour neuf ans. Le Parlement frappa de peines semblables (hormis le fouet) le maire et le procureur fiscal : ils devaient, eux aussi, faire amende honorable pour "avoir assisté à voir baigner lesdites personnes et souffert que les excès et cruautés leur on été faits", puis s'exiler également pour neuf ans ; pareille peine infamante entraînait tacitement la destitution de leurs offices. Les quatre autres s'en tirèrent à moindres frais : assister à l'amende honorable de leurs complices, tête nue et à genoux, et acquitter solidairement une amende pécuniaire de vingt écus (9).

Il y eut au moins six autres lynchages cette année-là et plus de cinquante personnes exécutées illégalement pour sorcellerie dans un rayon de quarante kilomètres autour de Juniville (lynchages, dans le département actuel des Ardennes, à Condé-lès-Autry, à Senuc et à Viel-St-Rémy ; dans la Marne, à Reims, à la Neuville-au-Pont et à Somme-Yèvre : voir la Carte II). Cette vague de poursuites scandaleuses causa un grand souci au Parlement : "y a un mal en la Champagne" dit le procureur général du roi, Jacques de la Guesle, "c'est qu'on estime la plupart des habitants sorciers" (10). Aussi la Haute Cour parisienne prit-elle promptement quatre décisions destinées à mettre fin au désordre : punir les magistrats responsables (en veillant à ne pas provoquer de répercussion) ; relaxer les victimes des procès abusifs, sans tenir compte des preuves retenues contre elles ; proscrire l'épreuve par immersion ; rendre l'appel obligatoire dans tous les cas de sorcellerie (11). La quatrième mesure était des plus radicales, n'ayant pas de précédent et il fallut des années avant qu'elle soit arrêtée formellement, en partie parce que la situation politique se dégrada rapidement.

En mai 1588 le Ligue chassa le roi de Paris (la journée des Barricades). A Noël Henri III prit sa revanche en faisant assassiner le duc et le cardinal de Guise à Blois. En août suivant c'est le régicide de St-Cloud. La France plongea de nouveau dans la guerre civile pour une décennie.

A peine la paix rétablie qu'en 1601 un nouveau scandale parvint à l'oreille du procureur général du roi :

> En la prévôté de Ribemont, Rocroi et ès villages et lieux des environs, depuis quelque temps en ça, on aurait fait exécuter à mort plus de trois cent personnes accusées de crime de sorcellerie, sans avoir procédé à l'encontre d'eux par les voies ordinaires et accoutumées en justice, ains [*au contraire*] seulement par visitations et épreuves [de piqûre cherchant la marque diabolique prétendument imprimée sur le corps des vrais sorciers], s'étant entremis à ce faire un nommé Jean Minard, exécuteur des sentences criminelles de la justice de Rocroi, lequel faisait lesdites visitations, présents les maire et échevins dudit Rocroi qui en délivrent procès-verbaux et tirent salaire. Et d'autant que telles procédures sont extraordinaires et grandement préjudiciables aux sujets du roi, aucuns [*certains*] desquels ont été travaillés par géhennes et tourments et autres exécutés à mort nonobstant les appellations par eux interjetés, [le procureur général] a requis commission pour informer...

Le Parlement décréta prise de corps contre le bourreau de Rocroi, instruisit son procès et l'envoya, en 1603, aux galères perpétuelles. Par surcroît, il a fait

> inhibitions et défenses aux juges desdits lieux de faire passer outre à l'exécution de leurs sentences de condamnation de mort ou question contre les prévenus

dudit crime au préjudice des appellations ; et où ils ne se porteront pour appelants, enjoint ladite Cour aux substituts dudit procureur général, procureurs fiscaux ou greffiers desdits hauts justiciers d'appeler desdites sentences pour et au nom desdits condamnés et iceux envoyer prisonniers avec leurs procès par-devers ladite Cour, à peine d'en répondre en leurs propres et privés noms et privation de leurs charges... (12)

Ce fut la première application, à titre local, de l'appel d'office et marqua la fin des abus dans le Nord des Ardennes. La région demeura plutôt tranquille jusqu'en 1623, lorsque se produisit une autre vague générale de panique. Cette fois-ci le climat politique était favorable et le Parlement trancha définitivement : en 1624 l'appel devint enfin automatique pour toute condamnation de sorcier et pour l'ensemble du ressort (soit la moitié du royaume d'alors) ; le taux de relaxes pendant les sept années suivantes fut de deux sur trois ; le nombre des causes s'effondra brutalement. La sorcellerie avait été effectivement décriminalisée (13). L'ultime sorcière à être exécutée selon les formes légales dans le ressort de Paris fut Catherine Bouillon en 1625 (à Orléans).

Les procès de sorcellerie ont pris fin de bonne heure en France, non parce que les gens ont cessé de croire aux phénomènes occultes et à leurs conséquences néfastes, mais parce que le Pouvoir central a considéré ces procès comme scandaleux et incompatibles avec la dignité de la justice royale. Les démonologues et leurs partisans avaient surgi des rangs moyens et inférieurs tant du clergé que de la magistrature. Là où le Pouvoir était faible les zélés pouvaient agir à leur guise et des milliers de justiciables ont été torturés jusqu'à l'aveu et expédiés au bûcher. C'est ce qui s'est produit en Ecosse et dans beaucoup de territoires du Saint Empire, non seulement dans les principautés germaniques mais aussi dans quelques provinces francophones non encore incorporées dans le royaume de France : le Franche-Comté, la Lorraine, le département actuel du Nord, une bonne tranche du Pas de Calais... Ces procès ont continué jusqu'à tard dans le XVIIème siècle en Europe occidentale et se sont étendus notamment au Massachusetts et à la Suède avant d'exploser, au XVIIIème siècle, dans l'Est de l'Europe. Mais là où le Pouvoir était assez fort pour résister aux pressions – en Angleterre, en France, en Espagne – il y eut relativement peu de procès et, dès 1625, ils appartenaient à un passé révolu, bien avant qu'il soit devenu de bon ton de mépriser la peur des sorciers.

Cependant la croyance à la sorcellerie, même si elle est moins répandue qu'il y a quatre siècles, a la vie dure encore aujourd'hui. Les sorciers eux-mêmes sont (et ont sans doute toujours été) des personnages vagues et indistincts ; l'on ne peut les saisir qu'au travers des activités des voyants et des désenvoûteurs qui revendiquent le pouvoir de détourner les sorts et de les rendre inoffensifs, ou mieux encore, de les retourner contre le sorcier qui les a lancés (14). En août 1985 j'ai assisté à un colloque dans l'Ouest de la France (15) où plusieurs de ces désenvoûteuses tentèrent de convaincre un groupe de sceptiques, spécialistes des sciences sociales, de la réalité du Mal qu'elles combattaient. Pourquoi, voulaient-elles savoir, est-il impossible de traduire de tels malfaiteurs en justice ? La réponse se trouve dans l'histoire de Guyot Girard et de centaines de ses pareils. De rudes épreuves ont appris à la Justice que, pour éviter des abus de procédure, un crime qui n'est pas susceptible de preuves légales doit être traité comme s'il n'était pas un crime du tout.

Dans cette grande prise de conscience reconstituée d'après les archives du Parlement, les Ardennes ont tenu le rôle de vedette (16). Pareille conclusion saute aux yeux lorsqu'on regarde la Carte II où j'ai fait figurer les violences populaires pratiquées à l'endroit des sorciers (ou présumés tels) : lynchages publics (avec la complicité plus ou moins ouverte de la magistrature locale), meurtres et incendies (à titre privé), voies de fait... Il est vrai que la région la plus affectée s'étendait vers le Sud pour englober le Bassigny, la Bourgogne et la Champagne troyenne, cependant la première panique ardennaise de 1587-1588 (Carte III) a été l'événement capital de l'histoire de la sorcellerie en France. C'est elle qui provoqua une réaction décisive au sein du Parlement de Paris, incitant les gens du roi à préconiser, dès 1588, l'appel d'office au profit des condamnés. L'affaire du bourreau de Rocroi donna lieu à la première application de l'appel automatique et la deuxième vague de poursuites, en 1623-1624 (Carte IV), étendit cette mesure à tout le ressort, entraînant une chute spectaculaire et permanente dans le nombre des procès. (Quarante-six ans plus tard, par l'Ordonnance criminelle de 1670, l'appel de droit dépassait le cadre des seuls procès de sorcellerie pour s'appliquer à l'ensemble des crimes et délits de droit commun.) Entre temps, la mortalité liée aux crises ardennaises n'a jamais cessé de diminuer : celle de 1587-1588 comporta 52 exécutions illégales ; celle de 1623-1624, 19 seulement ; l'ultime paroxysme, en 1644-1645 (Carte V), donna lieu à quelques baignades défendues mais ne laissa apparemment pas de morts. Force nous est de reconnaître le triomphe du Parlement sur les tendances centrifuges des petites justices frontalières. (La Carte VI donne une vue d'ensemble, avec adjonction des procès hors périodes de crise.)

Pourquoi les Ardennes ? Dans l'état actuel de nos connaissances, il serait téméraire de tenter une réponse globale à cette question mais je suis en mesure d'en fournir deux éléments : le premier concerne la très faible implantation des bailliages royaux dans la région ; le second insiste sur la vigilance exercée par les archevêques de Reims qui, en tant qu'abbés de St-Rémi, étaient, et de loin, les plus grands propriétaires fonciers ardennais.

Partout en France les sièges de justice royale constituaient une force régulatrice auprès des milliers de cours seigneuriales. Ils tranchaient dans d'innombrables causes de compétence juridique et de récusation, et ils prêtaient leur personnel expérimenté aux petits tribunaux lors du jugement des affaires criminelles – ce qui n'arrivait normalement que de loin en loin. Leur concours était d'autant plus nécessaire que les offices de la magistrature villageoise n'étaient pas vénaux comme dans l'Ouest : en Champagne le corps des échevins remplissait à tour de rôle les charges de maire (juge) et de procureur fiscal, le plus souvent pour un an seulement. Beaucoup d'entre eux n'avaient reçu aucune formation juridique : il pouvait s'agir, au reste, d'analphabètes incapables de signer les documents. C'est donc des coqs de village (qu'on a tort aujourd'hui de considérer comme appartenant à l'Elite) qui, influencés par ce qui se passait au-delà des frontières belge, luxembourgeoise et lorraine, pensaient, au mieux, faire œuvre méritoire en purgeant leurs communautés de la sorcellerie ; au pire, ce n'était qu'un prétexte pour dominer et rançonner leurs justiciables.

Or, justement, le réseau royal s'arrêtait à la circonférence de la région ardennaise – Laon, Ribemont, Reims, Châlons, Ste-Menehould, Vitry-le-François – hormis deux tout petits bailliages : Rethel et Mouzon restés quasiment muets dans les crises successives de sorcellerie (17). Au minimum cinquante-deux villages du département actuel des Ardennes ont poursuivi des sorciers, de 1570 à 1647 ; la plupart entre eux n'ont jamais entamé d'autre procès criminel tout au long de la période. Il n'y a pas de quoi s'étonner si leurs procès de sorcellerie s'avérèrent abusifs.

L'absence de la justice du roi ne laissait pourtant pas de vide du Pouvoir dans les Ardennes. En racontant le lynchage de Juniville j'ai souligné l'intervention du cardinal car, sans lui, l'affaire ne serait jamais venue s'inscrire dans les archives du Parlement. Il y eut deux autres cas semblables où ses actions ont été explicites, ainsi sans doute que d'autres où son influence se sera manifestée en sourdine. Un demi-siècle plus tard, c'est un de ses successeurs, d'Estampes de Valançay, archevêque de Reims, qui avertit le chancelier Séguier dès le début d'une nouvelle panique ardennaise. Je cite, pour terminer, le texte intégral de sa remarquable lettre de 28 juillet 1644 (18) :

> Monsieur,
>
> Depuis quelques mois, il s'est glissé de grands désordres en quantité de paroisses de mon diocèse vers la frontière à cause de certaines personnes que l'on veut faire passer pour sorciers. On les maltraite, on les chasse, on les assomme, on les fait brûler et prend-on cette coutume de lier ceux que l'on a envie de soupçonner et de les jeter en l'eau et s'ils nagent au-dessus, c'est assez, sont des sorciers ; cet abus est si grand qu'il s'en trouve jusques à trente et quarante en une seule paroisse, ainsi faussement accusés (19). Je dis faussement parce qu'il en est venu à moi que j'ai confessés et à qui j'ai donné la confirmation qu'i[ls] sont très innocents. C'est un prétexte duquel se servent ceux qui désirent venger leurs passions ou qui veulent impunément s'emparer du bien de leurs voisins et il leur est très aisé dans cette persécution si générale. J'ai cru, Monsieur, qu'il était de ma conscience et de mon devoir de vous donner avis de ces désordres qui se multiplient tous les jours parce que les petits juges subalternes, sans autre forme de procès et sans prendre connaissance de cause, condamnent à mourir sur simple conjecture. Vous me permettrez, s'il vous plaît, de vous dire qu'il serait bien à propos d'envoyer sur les lieux un commissaire, Maître des Requêtes ou autre, sage et prudent, pour prendre connaissance de ces affaires-là et en user suivant vos ordres et sous votre autorité afin d'empêcher ces abus et prévenir les malheurs et les accidents qui en arrivent de jour à autre. J'ose vous supplier très humblement d'y avoir égard pour le bien du public et de me croire, s'il vous plaît
>
> Monsieur,
>
> Votre très humble et obéissant serviteur.
> L. d'Estampes, archevêque, duc de Reims.

Son langage est celui du rationalisme du milieu du XVIIème siècle, mais son intervention s'inscrit dans une tradition qui remonte à plus de cinquante ans et que nous avons vue agir dès 1587.

CARTE I

La France en 1610 : le ressort du Parlement de Paris

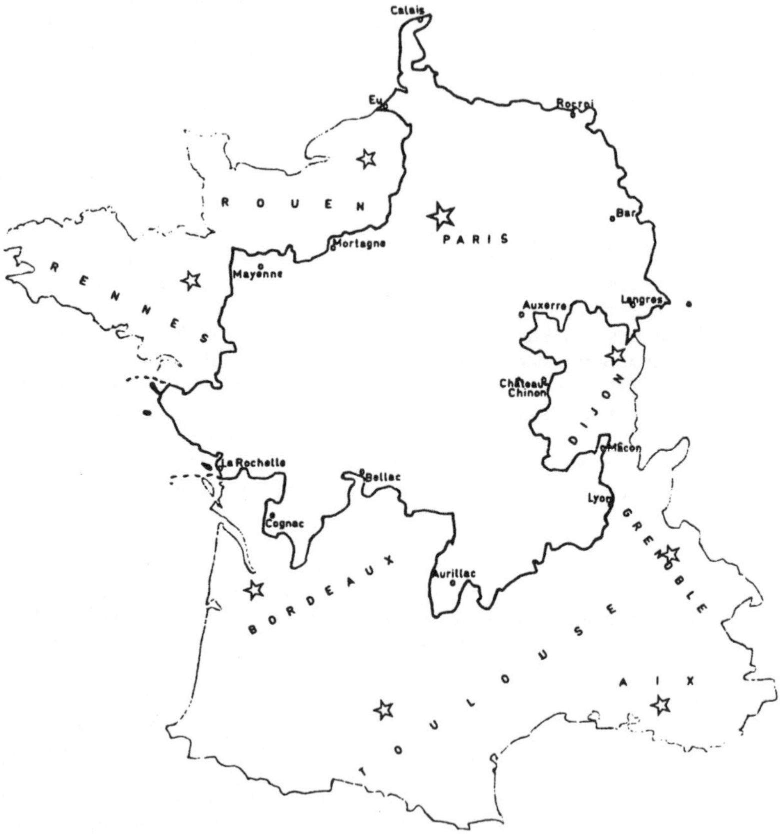

CARTE II

Violences populaires à l'encontre des sorciers
dans le ressort du Parlement de Paris (1540-1670)

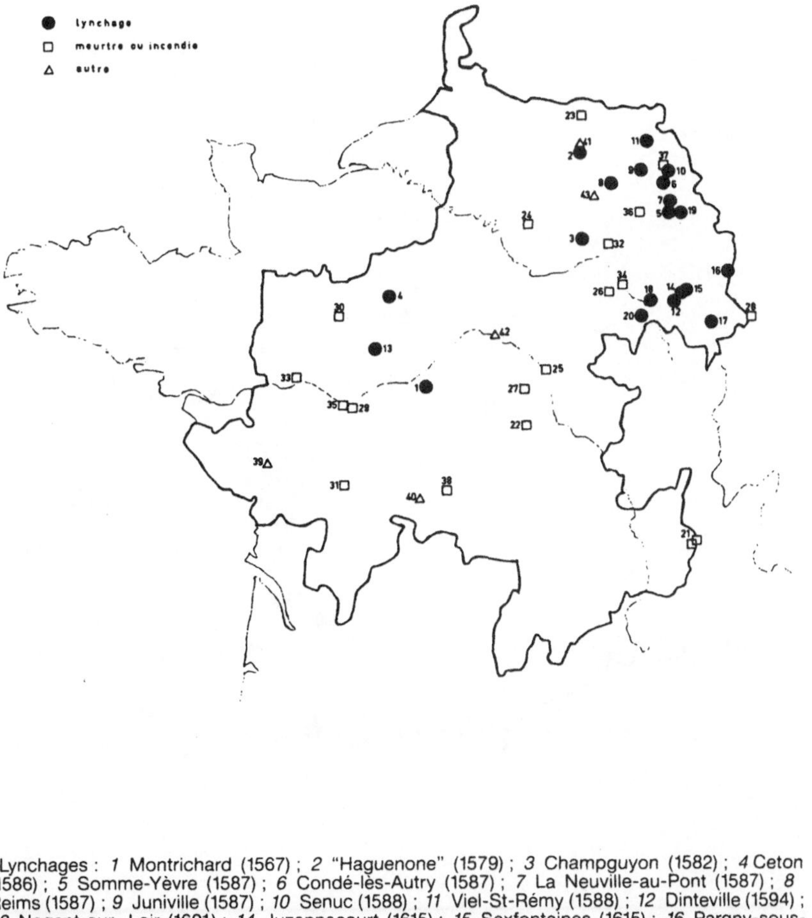

Lynchages : *1* Montrichard (1567) ; *2* "Haguenone" (1579) ; *3* Champguyon (1582) ; *4* Ceton (1586) ; *5* Somme-Yèvre (1587) ; *6* Condé-lès-Autry (1587) ; *7* La Neuville-au-Pont (1587) ; *8* Reims (1587) ; *9* Juniville (1587) ; *10* Senuc (1588) ; *11* Viel-St-Rémy (1588) ; *12* Dinteville (1594) ; *13* Nogent-sur- Loir (1601) ; *14* Juzennecourt (1615) ; *15* Sexfontaines (1615) ; *16* Pargny-sous-Mureau (1619) ; *17* Humes (1629) ; *18* Viviers- sur-Artaut (1635) ; *19* Belval-en-Argonne (1640) ; *20* Bragelone (1641).

Meurtres et incendies : *21* Lyon (1542 et 1551) ; *22* Vornay (1578) ; *23* Guise (1586) ; *24* Condé-St-Libaire (1587) ; *25* Neuvy-sur- Loire (1589) ; *26* Maraye-en-Othe (1593) ; *27* La Chapelotte (1594) ; *28* Châtillon-sur-Saône (1598) ; *29* Chinon (1604) ; *30* Conlie (1609) ; *31* Lusignan (1610) ; *32* Salon (1610) ; *33* Angers (1613) ; *34* environs de Troyes (1621) ; *35* Avoine (1621) ; *36* environs de Châlons-sur-Marne (1624) ; *37* Olizy (1641) ; *38* St-Benoît-du-Sault (1665).

Autres voies de fait : *39* Ste-Cécile (1596) ; *40* Brigueil-le- Chantre (1599) ; *41* Laon (1608) ; *42* Châteauneuf-sur-Loire (1639) ; *43* Châtillon-sur-Marne (1587).

CARTE III

Poursuites pour faits de sorcellerie
dans la région ardennaise : la crise de 1587-1588

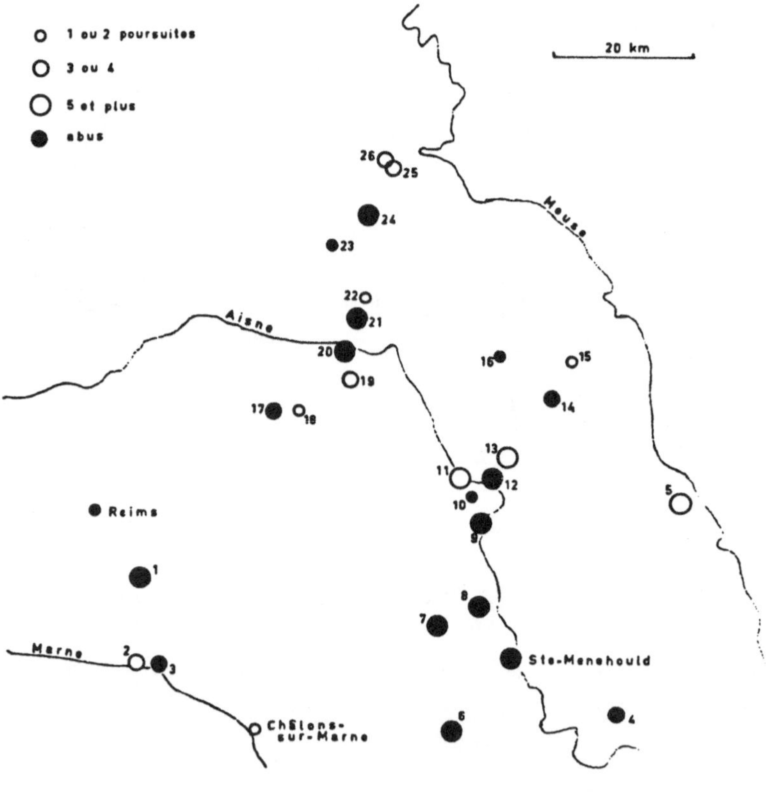

1 Verzenay ; *2* Tours-sur-Marne ; *3* Condé-sur-Marne ; *4* Evres ; *5* Dannevoux ; *6* Somme-Yèvre ; *7* Hans ; *8* La Neuville-au-Pont ; *9* Condé-lès-Autry ; *10* Montcheutin ; *11* Vaux-lès-Mouron ; *12* Senuc ; *13* Grandpré ; *14* Buzancy ; *15* Vaux-en-Dieulet ; *16* Brieulles-sur-Bar ; *17* Juniville ; *18* Bignicourt (procès à Laon) ; *19* Vaux-Champagne ; *20* Givry ; *21* Sorcy-Bauthémont ; *22* Chesnois-Auboncourt ; *23* Viel-Saint-Rémy ; *24* Jandun ; *25* This ; *26* St-Marcel.

Total : 134 poursuites.

CARTE IV

Poursuites pour faits de sorcellerie
dans la région ardennaise : la crise de 1623-1624

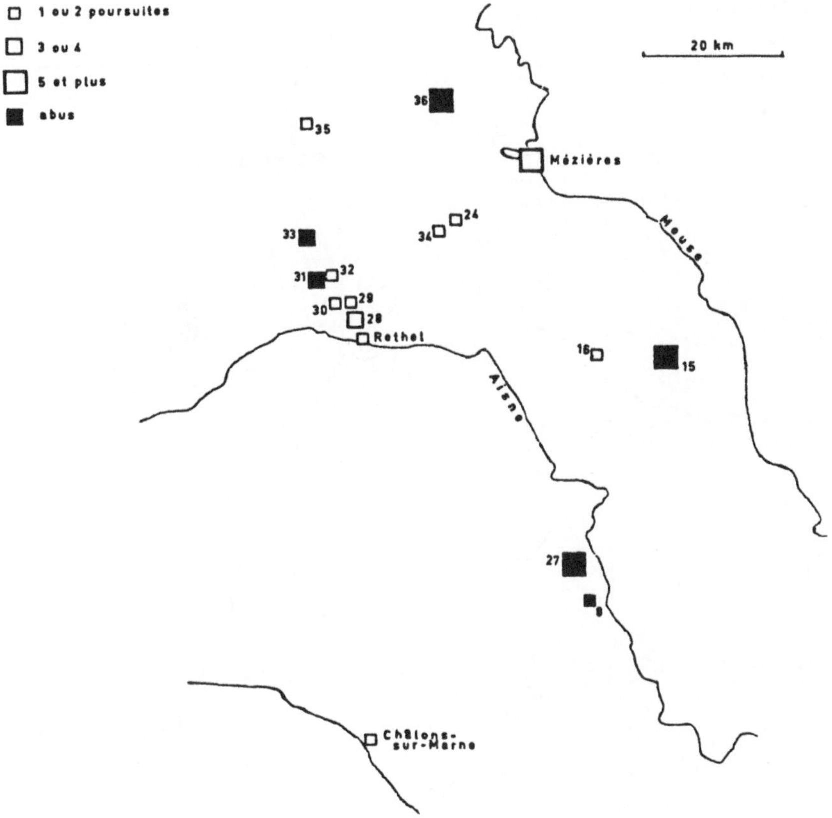

Nota : numérotation continue avec la Carte III.

8 La Neuville-au-Pont ; *15* Vaux-en-Dieulet ; *16* Brieulles-sur- Bar ; *24* Jandun ; *27* Ville-sur-Tourbe ; *28* Sorbon ; *29* Arnicourt ; *30* Inaumont ; *31* Son ; *32* Hauteville ; *33* Chaumont-Porcien ; *34* Launois-sur-Vence ; *35* Rumigny ; *36* Rimogne.

Total : 49 poursuites.

CARTE V

Poursuites pour faits de sorcellerie
dans la région ardennaise : la crise de 1644-1645

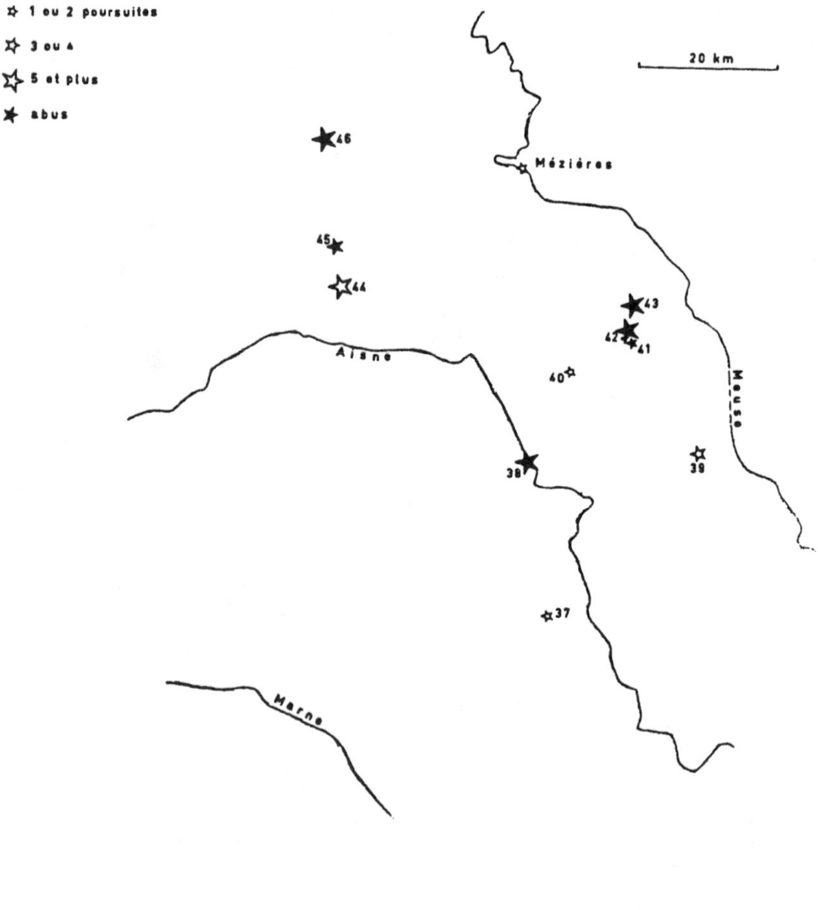

Nota : numérotation continue avec les Cartes III et IV.

37 Dommartin-sous-Hans ; *38* Savigny-sur-Aisne ; *39* Bantheville ; *40* Châtillon-sur-Bar ; *41* Oches ; *42* La Berlière ; *43* La Besace ; *44* Sery ; *45* Bégny ; *46* Aouste.

Total : 71 poursuites dont 27 à Savigny-sur-Aisne.

CARTE VI

Poursuites pour faits de sorcellerie
dans la région ardennaise : vue d'ensemble (1570-1647)

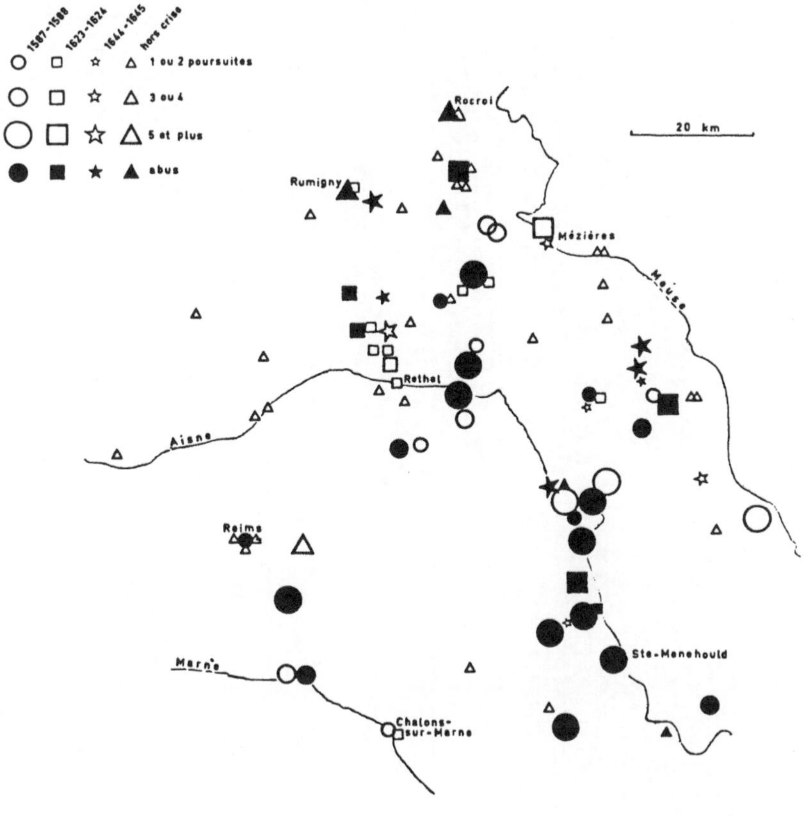

Communes du département des Ardennes ayant poursuivi des sorciers en dehors des trois crises principales : Acy-Romance (1609) ; Biermes (1610) ; Chagny (1647) ; Le Châtelet-sur-Sormonne (1593) ; Chémery-sur-Bar (1570) ; Cheveuges-St-Aignan (1627) ; Donchery (1603 et 1615) ; Harcy (1593) ; Launois-sur- Vence (1624) ; Logny-Bogny (1575) ; Murtin-et-Bogny (1593) ; Novion-Porcien (1615) ; Rocroi (1593 et 1601) ; Servion (1610) ; Le Thour (1574) ; Tremblois-lès-Rocroi (1593) ; Vieux- lès-Asfeld (1609).

XIV

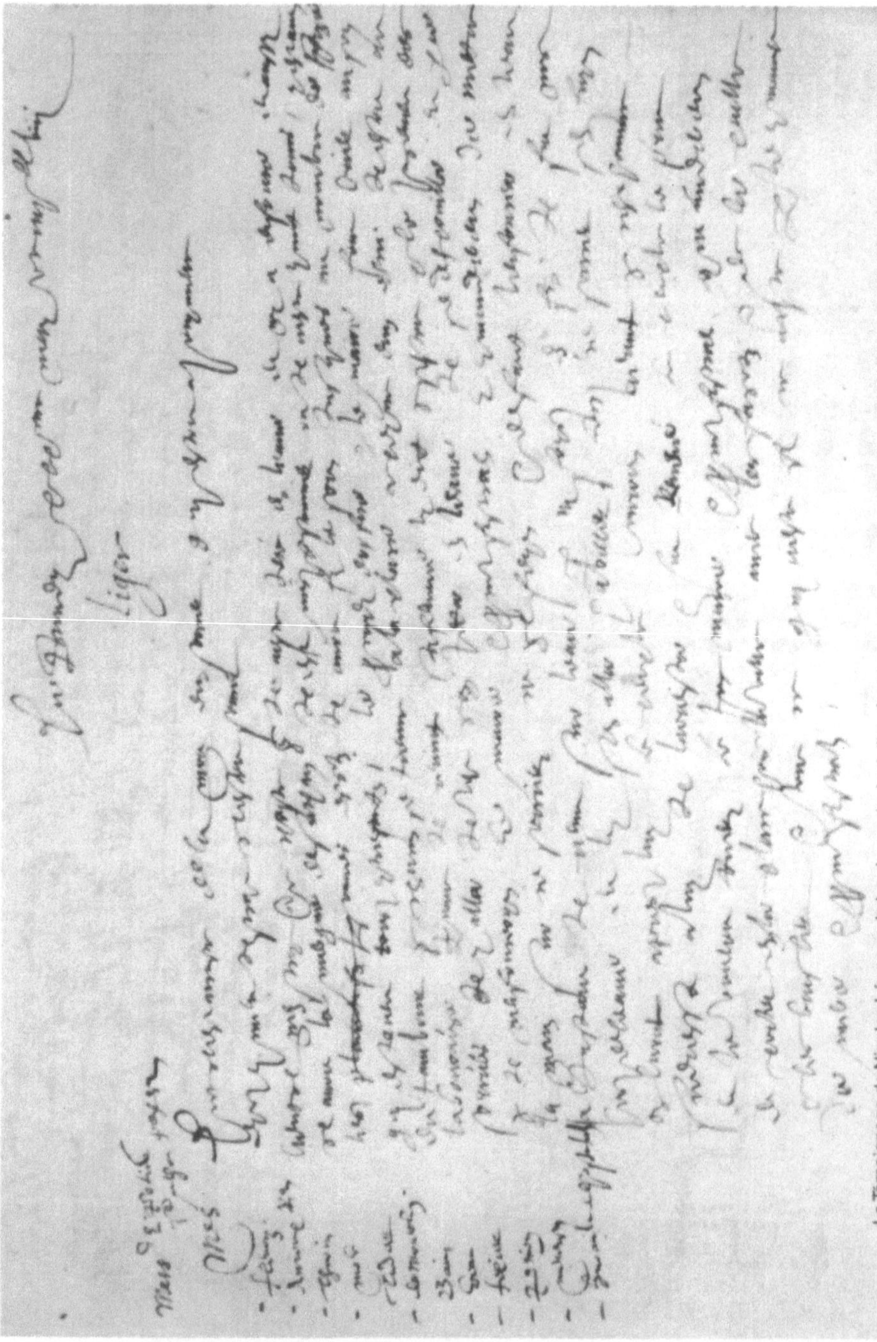

Le Témoignage de Nicolas Léger sur le lynchage de Juniville. Archives nationales, X^{2A} 956, 30 mai 1588 (transcription : annexe, nº 2)

ANNEXE

Transcription des documents sur l'affaire de Juniville

Les pièces d'instruction dressées en première instance n'ont jamais été conservées au greffe du Parlement de Paris, qui les renvoyait systématiquement aux sièges d'origine (X^{2A} 1201 et suiv.). La documentation qui survit sur un procès en appel consiste essentiellement en trois éléments : les écrous à la Conciergerie du Palais (ci-dessous, n° 1 et 4 - des extraits seulement) ; les notes prises sur le vif lors des interrogatoires sur la sellette (n° 2 et 5) ; les arrêts, soit interlocutoires (n° 3), soit définitifs (n° 6), soit sur requête (n° 7). J'ajoute à ce dossier l'interrogatoire sur un lynchage plus tardif mais du même type que celui de Juniville (n° 8). Les transcriptions reproduisent l'orthographe, souvent flottante, des manuscrits ; suivant la pratique habituelle j'ai apporté une ponctuation moderne ainsi qu'un minimum d'accents.

Les lecteurs désireux de s'informer plus avant sur le déroulement d'un procès criminel au Parlement peuvent consulter : Elisabeth Labrousse et Alfred Soman, "La Querelle de l'antimoine : Guy Patin sur la sellette", Histoire, économie et société, *t. 5, 1986, p. 31-45.*

1. *Registre d'écrou de la Conciergerie du Palais (la prison du Parlement), du 7 avril 1588 (Paris, Archives de la Préfecture de Police, A^B 10, fol. 165^V) :*

Regnauld Roussel, fermier des amandes de Junyville, natif et demeurant aud. lieu de Junyville,

et

Nicollas Léger dict Mauldrot, laboureur, natif dudict lieu de Junyville et y demeurant, amenez prisonniers des prisons de Reins comme appellans du bailly de Reins ou son lieutenant de la mort pour homicide et aultres cas à eulx imposez...

2. *Plumitif d'interrogatoires sur la sellette, du 30 mai 1588 (Arch. nat., X^{2A} 956) :*

Note : le conseiller Anroux ayant rapporté le procès, c'est le président Nicolas Potier qui interroge les appelants en pleine séance de la Chambre criminelle. A la différence des interrogatoires ordinaires, le dialogue est continu, sans égards pour le greffier qui griffonne de son mieux dans un style et d'une écriture quasi sténographiques (cf. l'illustration).

Liger

--Dict qu'il est accusé de la mort d'un sorcier quy estoit à Jonyville.

--Enquis comment il sçayt qu'il estoit sorcier,

--A dict qu'il n'en sçayt autre chose que il a esté jeté en l'eaue et n'y a enfoncé, et aussy qu'il avoit la merque de Sathan. Il est mis prisonnier, où il a esté huict jours, y estant les [*biffé* : plainctifz] personnes esquelz il aura faict le sort jusques au nombre de seize, quy estoient tous contrefaictz. Le procureur d'office et le maire font ouïr au son du tambour que chacun se tienne à la place, à peyne d'un escu. Il estoit au labouraige. Quant il revint sa femme luy dict que s'estoit pour le jugement des sorciers. Il y alla. Il veyt que on jecta en l'eaue. Il se despouilla et, parce que il n'enfonceoyt, le maire et le procureur fiscal luy commanderent de mettre la main sur ce sorcier, ce qu'il feyt, et de faict l'enfoncea en l'eau. A l'instant il revint sur l'eau par iii fois. Enfin il fut mis hors de l'eaue, et luy s'en aller habiller. Lors ce sorcier s'enfuyt. On curut apres luy. Le peuple couroit [*sic* : croyoit] adunc que cest homme s'adressa à luy. Il l'arresta, et fut remené. Le peuple le print et le voulut tuer. Le [*biffé* : ju(ge)] maire et procureur fiscal commanderent de porter en la place hors la ville, avec les fagotz et de la paille pour les brusler. Et tout ce quy a esté faict, ce a esté par le commandement du mere et procureur fiscal.

Gerault Roussel

--Dict qu'il est laboureur de Jonynville.

--Remonstré qu'il a faict executer une femme nonobstant l'appel, faisant plus que le juge n'a voulu ny peu faire, et luy a faict bailler la question en sa maison.

--A dict qu'il ne l'a faict et, ayant la femme renoncé à son appel, elle fut executée. Et y a iii quy l'ont accusé quy en sont plus coulpables que luy-mesmes ; et y en a ung quy a esté repris de justice.

--Remonstré que parce que Quinquet luy a soustenu,

--A dict que c'est luy quy en est cause et, quant à luy, n'y a onques pensé. Et ce Rodolphe Carré feyt executer ung prisonnier à mort nonobstant son appel, et en apert par l'acte qu'il a en main.

--S'il estoit pas present quant la femme a esté executée ?

--A dict qu'il estoyt present mais il ne parla oncques de faire passer outre et noyer, oncques que la femme en ayt appellé.

--Remonstré qu'il y a iii tesmoins quy luy ont soustenu,

--A dict qu'il les a reprochez, l'un qu'il estoit fermier des amendes et, comme tel, qu'il con[c]luera mal, et qu'il estoit larron public ; et que l'ayant trouvé jouant aux cartes, il le feyt condamner en amende. Blaise, l'espargneur [*sic* : le peigneur] il l'a aussy reproché de ce qu'il l'a aussy faict condamner.

led. Rousset remandé

--Remonstré que l'on a travaillé la femme nommée Prevost à la maison,

--A dict que ung nommé Mylas, qui a esté executé et accusa lad. femme disant qu'il y avoyt de la pouldre en son logis ; et de faict, le lendemain le maire alla aux voisins, les appela, disant que Pierre (?) Mila avoyt accusé lad. femme. Entra adonc avec Quiqué peu apres, comme ilz se pourmenoyent. Entendit qu'elle crioyt. S'avança, l'huis estant à moictié cloz, et veid que ceste pauvre femme estoyt pendue par-dessus les bras, et dist au maire comme ilz faisoient cela à ceste pauvre femme.

--Remonstré que c'estoit luy qui poursuivoyt cela, d'aultant qu'il estoyt recepveur des amendes.

--Dict que le maire l'y mena, qui est nommé Pierre Quiquet. Que le juge de Reims et greffier luy veulent mal, d'aultant qu'il vouloit soustenir qu'ilz avoy[en]t faict executer la femme nonobstant son appel. Et le manda querir, luy demanda de l'argent.

N'ont esté expediez.

S[r] Anroux

3. *Arrêt interlocutoire du Parlement, du 31 mai 1588 (X[2B] 157) :*

Veu par la Court le proces criminel faict par le bailly de l'abbaye St-Remy de Reins, à la requeste du procureur fiscal de l'archevesché-duché de Reins, à l'encontre de Regnault Rousset, prevost-fermier de Juninville, Nicolas Ligier dict Maudrot, prisonniers es prisons de la Conciergerie du Palais, Pierre Quinquet, maieur-fermier, Nicolas Gouverneur, procureur d'office, Estienne Leroux, greffier, Pierre Nicolet le jeune, sergent en la justice dud. Jouninville, Blaise Mathelin et Claude Haillardeau, prisonniers es prisons St-Remy ; la sentence donnée aud. proces, par laquelle, pour les cas contenuz aud. proces, lesd. Rousset et Ligier auroient esté condamnez à estre penduz et estranglez en la potence du marché au bled de lad. ville de Reins, ung jour de marché, icelluy tenant, leurs biens declarez acquis et confisquez à quy il apartiendroit, sur iceulx preallablement prinse la somme de cent cinquante escuz sol d'amende applicable au seigneur de Juniville, et encores sur ceulx dud. Rousset, les interestz et despens ; et lesd. Pierre Quinquet, Gouverneur, Le Roux, Nicolet le jeune, Mathelin et Haillardeau condamnez assister à lad. execution, ayans chacun d'eulx la corde au col, et chacun desd. Quinquet et Gouverneur en cinquante escuz, Nicolet en dix escuz, Leroux en quatre escuz d'amende, à tenir prison jusques à plain payement, et encores iceulx Quinquet, Gouverneur, Leroux, Nicolet le jeune, Mathelin et Aillardeau bannis pour cinq ans dud. bourg de Juniville, terres et seigneuries desd. archevesché et abaye St-Remy-de-Reins, à eulx enjoinct garder leur ban à peyne de la vie, déclaré lesd. Quinquet,Gouverneur, Leroux et Nicollet incapables de jamais tenir aulcun office en justice, et ceulx à present par eulx tenuz, vaccans et impetrables ; de laquelle sentence lesd. Rousset et Ligier auroient appellé (*) ; oyz et interrogez en lad. court iceulx Rousset et Ligier sur leurs causes d'appel et cas à eulx imposez ; oy aussy le procureur general du roy, lequel se seroit porté appellant a minima de lad. sentence pour le regard desd. Quinquet, Gouverneur, Leroux, Nicolet le jeune, Mathelin et Haillardeau, requis estre tenu pour bien rellevé et droict luy estre faict sur sond. appel ; et tout consideré ;

Lad. Court a receu et receoit led. procureur general appellant de lad. sentence pour le regard desd. Quinquet, Gouverneur, Leroux, Nicolet le jeune, Mathelin et Haillardeau, et avant faire droict sur led. appel et proceder au jugement dud. proces pour le regard desdictz Rousset et Legier, a ordonné et ordonne que lesd. Quinquet, Gouverneur, Leroux, Nicolet le jeune, Mathelin et Haillardeau seront amenez prisonniers es prisons de la Conciergerie pour ester à droict, et à faulte de les pouvoir aprehender, adjournez à trois briefz jours à son de trompe et cry public, à comparoir en lad. Court, leurs biens saisis et commissaires y establis jusques ad ce qu'ilz ayent obey ; enjoinct lad. Court au substitud du procureur general à Reins tenir la main à l'execution du present arrest, quy sera faict par vertu de l'extraict d'icelluy par le premier des huissiers de lad. Court, ou sergent royal, sur ce requis.

[s.] N. Potier [s.] Anroux

4. *Registre d'écrou de la Conciergerie du Palais, du 12 juin 1588 (A[B] 10, fol. 182[r]) :*

Pierre Quinquet, mayeur, fermier au bourg de Juneville en Champaigne, demeurant aud. lieu,
Nicollas Gouverneur, procureur d'office dud. Juneville et y demeurant,
Estienne Le Roux, greffier en lad. justice, demeurant aud. lieu,
Pierre Nicollet le jeune, sergent en la justice dud. Junivelle et y demeurant,
Blaize Mathelin, paigneur de layne, natif et demeurant aud. lieu,
et
Claude Hallardeau, vivandier, natif et demeurant aud. lieu, amenez prisonniers des prisons de Chasteau-de-Portenne et des prisons de Bonnesepmayne...

5. *Plumitif d'interrogatoires sur la sellette, du 29 août 1588 (X2A 956) :*

Leger

--S'il a cogneu Girard ?
--Dict qu'il a esté tué à la foulle du peuple.
--Remonstré que c'est luy quy est cause de sa mort, ayant apris que s'estoit luy quy avoit faict mourir sa femme et ses enffans ; et l'estoit si bien que, à sa suscitation, le peuple s'esleva de telle façon.
--A dict que s'est Le Gouverneur, quy est procureur fiscal et cappitaine de Junyville, à la suscitation duquel cela est advenu, et quy a faict faire tout ce quy a esté faict au deffunct. Et prouvera qu'il y a eu proces-verbal faict par Nicolas Le Gouverneur et les capitaines (?) mais ilz ne l'ont voulu mectre entre les mains de la justice.
--Remonstré qu'il a conduict le deffunct en l'eaue, l'a flamboyé et pendu,
--A dict qu'il conduisoit, à la vérité, la corde de l'essay, et est convaincu par tesmoins mais s'est faulsement, et se trouvera par le proces-verbal que ce n'est luy.

Regnault Roussel

--Est laboureur de Junyville et estoit recepveur des menues amendes.
--Qu'est devenu Guyot Girard ?
--Dict que la commune l'a pris et l'a faict mourir.
--S'il a pas esté querir le tambour ?
--A dict qu'il ne l'a oncques faict que par le commandement du bailly de Rens, quy le feyt parler à monsieur le cardinal.
--Remonstré qu'il estoit present quant il fut jeté en l'eaue,
--A dict que lorsqu'il y fut jeté en l'eaue, il n'eut aulcun mal. Et incontinent s'en retourna en son logis : ne l'a veu flamboyer, et n'y estoit aussy quant il fut trayné hors la ville.

Pierre Quiquet

--Dict qu'il est maieur de Junyville.
--Remonstré que, comme mayeur, il a faict sonner le tambour pour amasser le peuple,
--A dict qu'il ne l'a faict, et qu'il y a de cappitaines à Junyville, et n'y estoit pas.
--S'il estoit pas present lorsqu'on feyt l'espreuve en l'eaue ?
--A dict qu'il estoit aux champs avec le greffier et à son retour il veyt le peuple assemblé.
--Remonstré qu'il debvoit empescher le peuple de s'assembler,
--A dict qu'il veyt ung homme en l'eaue quant il passa par- dessus le pont. Il voulut empescher le peuple. Luy dist que, s'il vouloit soustenir les sorciers, que on le jeteroit en l'eaue luy-mesmes.
--Remonstré qu'il y a une autre charge, d'une femme quy fut accusée d'estre sorciere, et parce qu'il y eut ung homme quy dist qu'elle avoit de la pouldre de sorcier, il y alla avec Roussel et feyt pendre ceste femme par les pieds.

Nicolas Gouverneur

--Dict qu'il est laboureur, que depuis ung an monsieur le cardinal l'a faict procureur fiscal.
--S'il a pas faict assembler le peuple au son du tambour, et a faict [*biffé* : noyer] jeter Girard en l'eaue ?
--A dict qu'il estoit lors aux champs.
--Qu'est devenu ung proces-verbal quy fut faict lors de ceste emeute ?
--A dict qu'il n'y en a eu de faict.

Nichollet, sergent

--S'il a pas esté avec la commune prendre Girard et le faire jeter en l'eaue ?
--A dict qu'il n'y estoit.
--Remonstré qu'il est chargé d'avoir mené ung prisonnier en la maison d'une femme, chercher des pouldres, et l'avoir faict pendre par les piedz,
--A dict qu'il n'y estoit.

Estienne Leroux

--Dict qu'il a esté maistre d'escolle au bourg.
--S'il a pas esté present à ung amas de peuple quant on jeta Girard en l'eaue ?
--A dict qu'il estoit lors à ung jardin avec iii hommes d'eglise, et ne veyt autre chose que le tirer de l'eaue.
--A dict que [un blanc].

Blaise Mathelin

--Pourquoy il est prisonnier ?
--Dict que s'est [*biffé* : par le] pour avoir baigné des sorciers par le commandement de Quiquet et Le Gouverneur, et estoit present et a aydé à le jeter en l'eaue. Ce faict, l'a mis es mains de la justice.

Claude Allardeau

--Dict qu'il a jeté par le commandement du peuple. A jeté les hommes sorciers de [en] l'eau, et ce a esté le mere et procureur fiscal, quy y ont esté forcez par le peuple.

--S'il a esté present quant il fut flamboyé ?

--A dict que non et que, quant ilz l'eurent baigné, Gerard, Roussel leur en admena ung autre pour [un blanc].

Arresté, quant à Liger et Roussel, amende honorable, corde au col, fustiger et bannir ix ans ; Quinquet, Gouverneur : amende honorable, et eulx quatre, ung seul pour le tout, en C escus d'amende à monsieur le cardinal ; les iiii autres assister seullement et en vingt escuz d'amende.

Sr Anroux

6. *Arrêt définitif du Parlement, du 29 août 1588 (X^{2B} 158) :*

Veu par la Court... [même texte que le document 3, jusqu'à l'astérisque], arrest du trente-ungiesme jour de may dernier passé, par lequel le procureur general auroit esté receu appellant de lad. sentence pour le regard desd. Quinquet, Gouverneur, Le Roux, Nicolet le jeune, Mathelin et Haillardeau, et avant faire droict sur sond. appel ordonné qu'ilz soient amenez prisonniers es prisons de la Conciergerie du Palais ; lettres de pardon obtenues par lesd. Leger, Quinquet, Gouverneur, Le Roux et Nicollet, données à Paris le septiesme jour de may dernier passé, signées par le Conseil, Desbaleu, et scellées, avec la requeste attachée à icelles tendante affin que lesd. lettres leur fussent enterinées ; oyz et interrogez en lad. Court lesd. Rousset et Leger sur leurs causes d'appel, et lesd. Quinquet, Gouverneur, Leroux, Nicolet, Mathelin et Haillardeau sur les cas à eulx imposez et contenuz aud. proces ; et tout considéré ;

Il sera dict que lad. Court, sans avoir esgard ausd. lettres de pardon, de l'effect et enterinement desquelles a debouté et deboute lesd. Leger, Quinquet, Gouverneur, Le Roux et Nicolet, a mis et mect les appellations et sentence de laquelle a esté appellé au neant, sans amende, et pour les cas contenuz aud. proces a condamné et condamne lesdictz Roussel, Leger, Quinquet et Gouverneur à faire amende honorable au siege du balliaige de lad. abaye St-Remy-de-Reins, à jour de plaidz iceulx tenans, estans testes, piedz nudz, en chemises et à genoux, et chacun d'eulx tenans en leurs mains une torche de cire ardente du poix de deux livres, ayans lesd. Rousset et Leger la corde au col, illec dire et declarer, assavoir lesd. Leger et Roussel, que temerairement, indiscretement et contre la forme de justice, ilz ont, de leur authorité privée, baigné plusieurs personnes pretenduz sorciers, et usé de cruaulté et sevices envers eulx, et lesd. Quinquet et Gouverneur d'avoir assisté à veoir baigner lesd. personnes et souffert que les excedz et cruaultez leur ont esté faictz, dont ilz se repentent et demandent pardon à Dieu, au roy et à justice ; ce faict, lesd. Roussel et Leger battuz et fustigez nudz de verges, ayans lad. corde au col, par les carrefours et lieux accoustumez en lad. justice, et apres les a bannis et bannist du balliaige de Vermandois et de la justice St-Remy pour le temps et espace de neuf ans, à eulx enjoinct garder leur ban à peyne de la hart ; et outre a condamné et condamne lesd. Roussel, Leger, Quinquet et Gouverneur, ung d'eulx seul pour le tout, en cent escuz sol d'amende envers le seigneur de Juniville, et vingt-cinq escuz sol envers Thomas Henry, gendre de deffunct(e) Gillette Prevost ; et quant ausd. Leroux, Nicolet, Mathelin et Haillardeau, lad. Court les a condamnez et condamne assister à lad. amende honorable, estans testes nues et à genoux, et ung d'eulx seul pour le tout, en vingt escuz envers led. sieur de Juniville, à tenir prison par les dessusd. jusques à plain payement ; et pour faire mectre ce present arrest à execution, a renvoyé et renvoye lesd. prisonniers par-devant led. bailly de l'abbaye St-Remy-de- Reins.

[s.] N. Potier [s.] Anroux

Note : les écrous de la Conciergerie nous apprennent que le renvoi a eu lieu le 3 septembre.

7. *Arrêt sur requête, du 7 décembre 1591 (X^{2B} 165) :*

Veu par la Court la requeste presentée par le procureur fiscal au bailliage de l'abbaïe Sainct-Remy-de-Reins, contenant que, par arrest d'icelle du xxix[e] jour d'aoust mil v[c] iiii[xx] viii, Regnault Rousset, Nicolas Liger dict Maverot, Pierre Quinquet et Nicolas Gouverneur auroient esté, entre aultres choses, banniz des bailliages de Vermandois et de Sainct-Remy pour le temps et espace de neuf ans et à eulx enjoinct de garder leur ban sur peine de la hard, nonobstant laquelle injoinction, ilz ne dellaissoient de demourer et resider ausd. bailliages et mesmes en la justice dud. Sainct- Remy, où ilz auroient, depuis ledict temps, encores commis aultres crimes et delictz où le publicq auroit grand et notable interest ; requeroit, actendu les contraventions faictes par lesd. Rousset, Leger dict Maverot, Quinquet et Gouverneur audict arrest, luy permectre iceulx faire prendre et aprehander au corps au cas qu'ilz soient trouvez au-dedans desd. bailliages de Vermandois et Sainct-Remy ne gardant leurdict bannissement, pour estre contre eulx proceddé ainsy qu'il appartiendroit suivant et conformement aud. arrest ; veu aussy ledict arrest du xxix[e] aoust v[c] iiii[xx] viii ; conclusions du procureur general du roy, et tout considéré ;

Ladicte Court, aiant esgard à ladicte requeste, a permis et permect audict suppliant faire prendre et aprehander au corps lesdictz Rousset, Leger dict Maverot, Quinquet et Gouverneur, au cas qu'ilz soient trouvez demourans et residantz dedans lesdictz bailliages de Vermandois et Sainct-Remy, pour leur estre leur proces faict et parfaict sur les contraventions par eulx faictes audict arrest et n'avoir gardé le bannissement porté par icelluy, et sera le present arrest executé par vertu de l'extraict d'icelluy par le premier des huissiers de ladicte Court ou sergent roial sur ce requis.

[s.] De Nully [s.] P Michon

(*sans suite*)

8. *Interrogatoire d'office de Jean Boyer, inculpé pour sa participation dans le lynchage de Catherine Lemoine à Belval- en-Argonne (Marne), du 5 août 1645 (X[2B] 1224) :*

Du 5 aoust 1645

Pardevant nous [ ] de Paris, conseiller du roy en sa cour de Parlement et commissaire de par icelle en ceste partye,

Avons faict extraire des prisons de la Consiergerye du Palais Jean Boyer, sergent royal aagé de 39 ans ou environ, demeurant à Belleval, estant de present prisonnier es prisons de la Consiergerye, lequel, apres serment par luy faict de dire vérité,

--Interrogé s'il a cogneu Catherine Le Moyne, natifve de Lorraine, demeurant à Belleval,

--A dict que ouy.

--Interrogé en quele reputation elle estoit aud. lieu de Beleval,

--A dict l'avoir cogneue de reputation pour une putain, une maquerelle et que l'on l'a cogneue dans le pays pour une sorciere.

--Interrogé s'il a veu en elle quelque chose de particulier quy ayt donné (1) lieu à dire qu'elle estoit sorciere,

--A dict qu'elle demandoit l'omosne dans le vilage et, lorsque l'on ne la luy donnoit pas, elle disoit : "Va, tu t'en repentiras" et dès le lendemain, ou quelque temps apres, elle faisoit mourir des enfans, faches ou chevaux de la maison où elle avoit mandyé. Et quand (2) il y avoit quelqu'un d'indisposé dans la maison, soit personne ou bestiaux, qu'en la payant bien, et mettant la main sur la partye malade, elle les guerisoit.

--Interrogé quelz enfans et bestiaux elle a faict mourir, et à quy ilz apartenoyent,

--A dict qu'elle a faict mourir deux ou trois enfans à Claude Regnault qui estoit musnier, les ayant touché de la main meurtriere, à Hubert Gilquin, et plusieurs vaches et bestiaux à plusieurs particuliers dud. vilage de Beleval, comme aussy à Charles Sarcré et Jean La Verge, Pierre Jacquot, Georget (?) Anthoine et aultres.

--Interrogé sy luy respondant, aveq Jean La Verge, André Jacquot et Hubert Gilquin, habitans dud. Belval, n'ont pas esté au logis de lad. Le Moyne, le dimanche deux septembre 1640, entre la huit à neuf heure du matin et, l'ayant faict sortir d'iceluy, ne l'avoyent pas menée sur la chaussé de l'estain de Beleval, disant qu'elle estoit sorciere et qu'il en faloit faire l'espreuve,

--A dict que ouy et que sça est à la suitte du complot qu'on en avoit faict avec tous les habitans dans l'eglize, faisant la garde à cause des enemis de l'Estat.

--Interrogé s'il n'a pas battu et frapé lad. Le Moyne, exitté sa femme et plusieurs aultres à la maltraicter, disant qu'elle avoit faict mourir sa vache et estoit cause qu'ilz ne mangeront plus de fromage,

--A dict que non.

--Interrogé sy, l'ayant faict despouiller sur la chaussé de l'estain et luy ayant lyé les mayns avec les piedz, ils ne l'a pas plongée, aveq d'autres (?), trois foys dans l'aue dud. estaing, ayant une corde sous le bras,

--A dit que sça est Claude Mulot quy luy a lié les pieds avec les mains. Qu'elle a esté jettée dans l'eaue par Jean La Verge, Pierre Jacquot, Hubert Gilquin et aultres, et que luy respondant, de verité, l'avoit une foys retiré de l'eaue par la corde à laquelle elle estoit atachée, de crainte qu'elle ne se noyast.

--Interrogé sy, l'ayant retirée de l'eaue, il n'a pas dict que, ladicte Le Moyne n'ayant point esté au fond de l'eaue, elle estoit sans difficulté sorciere et que, pour en avoir l'espreuve toute entiere, il y faloit la jecter dans le feu pour voir sy elle brusleroit,

--A dict n'avoir jamais parlé de cela, mais que les parolles ont esté dictes par Pierre Aubry et par Claude Paquiere. Qu'ilz avoyent porté une botte de paille sur ladicte chaussé, où il ne luy fut faict aucun mal.

--Interrogé s'il n'a pas aydé à la conduire et pouser dans ung feu de paille que fut faict dans le vilage dud. Beleval, et s'il n'a pas alumé led. feu,

--A dit que non et, au contraire, estoit pour lors à la messe.

--Interrogé sy, des coups qu'il a donné aveq plusieurs particuliers, et mesme d'ung coup d'arquebuze qu'il luy fut tiré lors [p]ar Sacré, elle [n'est] pas deceddée (3) sur le chemyn en sa presence,

--A dict n'avoir baillé aucun coup à ladicte deffunte Le Moyne, ny exité personne à ce faire, mais que le coup d'harquebuze fut tiré par Jean La Verge, ayant ladicte Le Moyne pour lors une hart au col, par laquelle elle estoit tirée par Pierre Jacquot et sa femme, qu'ilz frapoyent sur elle avec un batton, luy disant : "Desorcelle ma vache", et que tout cela fut faict en la presence de Charles Sacré et Claude Pageux, et Pierre Aubry et plusieurs aultres estoyent presens.

--Interrogé s'il sçayt pas si, pour raison de cest asasignat, son proces luy a esté faict, et à quelques aultres ; et que, par jugement du bailly de Beleval, il a esté condamné à la mort,

--A dict que ouy et que ce proces a esté faict à la poursuitte de Charles Sacré, le procureur fiscal, et Pierre Aubry, fermier [et] mere dud. Belleval, pour ce mettre à couvert dud. asasignat ; qu'il[s] ont sucité des tesmoins à deposer contre luy respondant.

--Interrogé quel subjet led. Sacré et Aubry avoyent à faire deposer contre luy accusé,

--A dict que led. Sacré et Pierre Aubry sont ses haineux mortelz il y a longtemps, d'aultant qu'il a plaidé contre eux par-devant les esleus de Chalons et le prevost de Pasavant pour la taille et argent dont ilz luy estoyent redevable.

--Interrogé s'il s'en veult raporter aux tesmoins qui ont esté contre luy ouys es informations,

--A dict que non.

Lecture à luy faicte du present interrogatoire, a persisté en ses reponces (4) et a signé.

[s.] De Paris
J. Boyer.

(1) Le ms. (raturé et corrigé) porte : "ayt peuvent avoir donné".

(2) Le ms. porte : "qu'ilz".

(3) Le ms. porte : "tire lors elle ar Sacré pas deceddée".

(4) Le ms. porte : "a persisté en icelle sa reponce".

NOTES

(*) La première partie de cet article parut en octobre 1986 dans la revue *Natural history*, t. 95, n° 10, p. 5-16 : A. Soman, "Witch lynching at Juniville" (© The American Museum of Natural history, 1986). La version française que voici a été réalisée avec l'aimable collaboration de Martine Illaire.

(1) Sur la torture, voir mon article, "La Justice criminelle au XVIème-XVIIème siècles : le Parlement de Paris et les sièges subalternes", *Actes du 107ème Congrès national des Sociétés savantes (Brest, 1982) Section de philologie et histoire jusqu'à 1610*, Paris, 1984, t. I, p. 15-52, plus particulièrement p. 38-49.

(2) X2A 956, 29 février 1588, audition d'Antoine Martinet, juge de Brieulles-sur-Bar, ajourné par arrêt du 31 octobre 1587 (X2B 153). J'ai publié l'extrait de son arrêt du 1er mars 1588 (X2B 156), dans "Les Procès de sorcellerie au Parlement de Paris (1565-1640)", *Annales E.S.C.*, t. 32, p. 790-814 (à la p. 810). Tous les documents cités, sauf mention contraire, se trouvent conservés aux Archives nationales.

(3) X2B 1099, 19 mars 1588 ("Joly pour Jehan Grignet") : plaidoyer de l'avocat Chouart. Pour une autre affaire dans laquelle le cardinal est intervenu, voir le procès de Jean Malicet de Condé-sur-Marne : audience du 18 juin 1588 (X2A 1395 et X2B 1099) ; arrêt d'évocation du 1er août (X2B 158) ; plumitif d'interrogatoire sur la sellette, du 6 septembre (X2A 956) ; procès-verbal de la question modérée, du 9 septembre (X2B 1330) ; arrêt d'élargissement, du 10 septembre (X2B 159).

(4) X2B 1224, 5 août 1645, interrogatoire de Jean Boyer, inculpé de l'homicide (en 1640) de Catherine Lemoine (publié ici dans l'Annexe, n° 8). Cf. l'arrêt : X2A 278, 7 octobre 1645.

(5) J'ai publié le témoignage de Sébastien Baraban (X2A 954, 26 juin 1586) dans "La Sorcellerie vue du Parlement de Paris au début du XVIIe siècle", *Actes du 104ème Congrès national des Sociétés savantes (Bordeaux, 1979) Section d'histoire moderne et contemporaine*, Paris, 1981, t. II, p. 393-405 (à la p. 405).

(6) Des dépouillements exhaustifs ou peu s'en faut, allant de 1565 à 1670, n'ont livré que 103 arrêts de mort prononcés par le Parlement de Paris - 57 sorcières et 46 sorciers - dont un seul concerne le département actuel des Ardennes : Jeanne Poussart du Châtelet-sur-Sormonne (X^{2A} 149, fol. 22, 7 décembre 1593). Nota : le fonds du Parlement, malgré son laconisme souvent frustrant, permet, à partir de 1565, de chiffrer la totalité des procès portés devant la Haute Cour, d'autant qu'une rare lacune dans l'une des trois séries parallèles (écrous, plumitifs, arrêts) est facilement comblée à l'aide des deux autres.

(7) A This, en raison, "du grand nombre de sorciers qu'il y avait au pays, le peuple les prend et les jette en l'eau pour en faire l'expérience" ; Léon Chauderon "étant en chemin devisant avec autres, [il] y en eut un de leur compagnie qui lui dit qu'il était sorcier et qu'il ferait bien de s'en purger ; il répond qu'il le voulait bien et, de fait, il se dépouille et se fait jeter en l'eau... dans la rivière de Meuse... présents cinq cent personnes et plus..." (X^{2A} 1395, 26 mars 1588).

(8) Voir le célèbre plaidoyer de Louis Servin, avocat général du roi, du 1er décembre 1601, imprimé dans toutes les éditions de ses *Plaidoyez*. Cf. la feuille d'audience sur l'affaire de Jandun, du 5 mars 1588 (X^{2B} 1099, commençant "Robert pour l'appelant"), où l'on arrive à déchiffrer quelques fragments de phrase dans les conclusions de l'avocat général (et futur président) Antoine Séguier : "contender avec le Diable... ce ne peult estre que par la cause naturelle ou par le Diable...".

(9) Un arrêt sur requête, du 7 décembre 1591 (X^{2B} 165) fait remarquer la poursuite, pour effraction de ban, engagée par le procureur fiscal de St-Rémi-de-Reims (la justice du feu cardinal) contre les quatre lyncheurs exilés. Les documents sur l'affaire de Juniville se trouvent transcrits ci-dessous dans l'Annexe (n° 1 à 7). Tel un paléontologue qui reconstitue un même animal d'après des fossiles dispersés, j'ai nourri mon récit du lynchage de Juniville en empruntant certains détails (par exemple, "le sorcier ne va pas au fond, voyons s'il brûle ou non") à l'interrogatoire de Jean Boyer (Annexe, N° 8).

(10) X^{2A} 1395, 18 juin 1588 (cité à la note 3).

(11) Le 18 mars 1588, "les gens du roi ont requis qu'il soit enjoint aux juges des provinces de déférer à leurs jugements pour le regard des sorciers, soit qu'il n'y ait appel de leurs jugements, et qu'ils (les accusés) soient amenés (à Paris) ; et que commission leur soit délivrée pour informer des appellations interjetées auxquelles l'on n'a déféré, et faire apporter les procès et monitions ; et faire apporter les minutes des procès jugés, ores qu'il n'y ait appel" (X^{2A} 956).

(12) Arrêts des 28 novembre 1601 (X^{2B} 204 - les deux citations) et 9 juin 1603 (X^{2B} 213). Le tribunal le plus fautif était celui d'Aubenton et Rumigny (un seul siège ressortissant au duché de Guise) : le Parlement sanctionna le juge et le procureur fiscal par une suspension punitive de six mois (arrêt du 20 juin 1603, *ibid.*). La presque totalité des victimes de Minard - tous sauf huit environ - habitaient du côté néerlandais de la frontière. Cf. Robert Muchembled, *La Sorcière au village*, Paris, Julliard/Gallimard, 1979, p. 91 et 238.

(13) Voir mon article, "La Décriminalisation de la sorcellerie en France", *Histoire, économie et société*, t. 4, p. 179-203.

(14) Voir les travaux de Jeanne Favret-Saada : *Les Mots, la mort, les sorts*, Paris, Gallimard, 1977 ; *Corps pour corps : enquête sur la sorcellerie dans le Bocage* (avec Josée Contreras), Paris, Gallimard, 1981.

(15) A cette occasion j'ai présenté une communication sur "Trente procès de sorcellerie dans le Perche, 1566-1624" (publiée dans *L'Orne littéraire*, n° 8, 1986, p. 42-57) : le contraste avec l'expérience ardennaise est saisissant.

(16) Je rappelle que les archives judiciaires locales ont toutes disparu. Il n'en reste à Charleville-Mézières que quelques épaves provenant du bailliage de Sedan (hors du royaume) ; pour la justice française il faut s'adresser au fonds du Parlement.

(17) Rethel figure sur la Carte IV mais il s'agit de la justice seigneuriale du duc de Nevers. Le bailliage royal est intervenu après coup dans les affaires de Jandun (1587) et de Savigny-sur-Aisne (1644).

(18) Bibl. de l'Institut, ms. Godefroy 273, fol. 238, publié par Roland Mousnier, *Lettres et mémoires adressés au chancelier Séguier (1633-1649)*, Paris, 1964, p. 636-637.

(19) Vingt-sept accusés dans le seul village de Savigny-sur- Aisne : la première sentence de relaxe prononcée au bailliage royal de Rethel est du 29 juillet, lendemain de cette lettre de l'archevêque, ce qui n'est peut-être pas une coïncidence (X^{2A} 276, arrêt du 10 janvier 1645).

XV

Decriminalizing Witchcraft: Does the French Experience Furnish a European Model?

The Lessons of Serial Research

There are two distinct ways of approaching the decriminalization of witchcraft (or of any other social offense for that matter). One is to treat the question as a problem in intellectual or legal history and concentrate on the public debate; the other is to examine the record of court decisions. The two methods yield very different results. The first tends to focus attention on the latter half of the seventeenth century as the turning point for witchcraft trials in western Europe; the second, when applied to certain countries—England, France, the United Provinces—pushes the phenomenon backward in time to the early years of the seventeenth and even, in the case of Spain, to the first quarter of the sixteenth century.

The reason for this discrepancy is that official pronouncements of judicial institutions are seldom intended as forthright explanations of jurisprudence. More frequently they constitute a façade, a false front to reconcile popular opinion to measures and decisions which would otherwise be unacceptable. For a modern analogy, consider the futile legislation still largely unrepealed, although rarely enforced, concerning soft drugs. Rational discourse on the issue is effectively blocked; medical evidence is ignored; and journalists of all persuasions tirelessly rehearse the standard argument that a marijuana cigarette is the first step on the dismal road to a heroin habit—whereas common sense suggests that the chief link between the two is the legal prohibition itself. (My comparison is less farfetched than might at first appear; the odium reserved for the witch in early modern times is, today, directed against the drug dealer, held responsible for an inordinate proportion of all the ills of society, including acts of political terrorism which his profits are alleged to finance.)

The English witchcraft act of 1604 was clearly more stringent than the statute of 1563.[1] It was, moreover, promulgated in the first year of the reign

Figure 1. The Parlement of Paris and the Home Circuit Assizes (Essex): 5-Year Totals

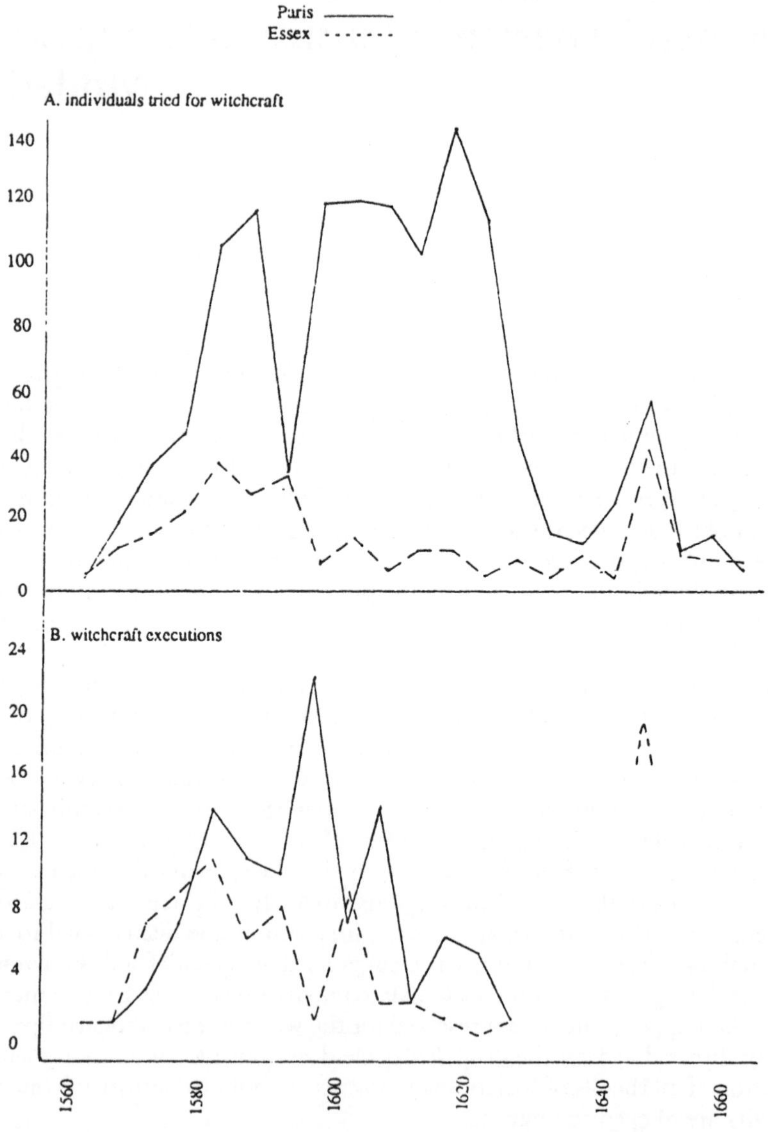

SOURCE FOR ESSEX: A.D.J. Macfarlane.

Figure 2. Witchcraft Trials in the Parlement of Paris: Percentage of Appellants Tortured/Executed (5-year periods)

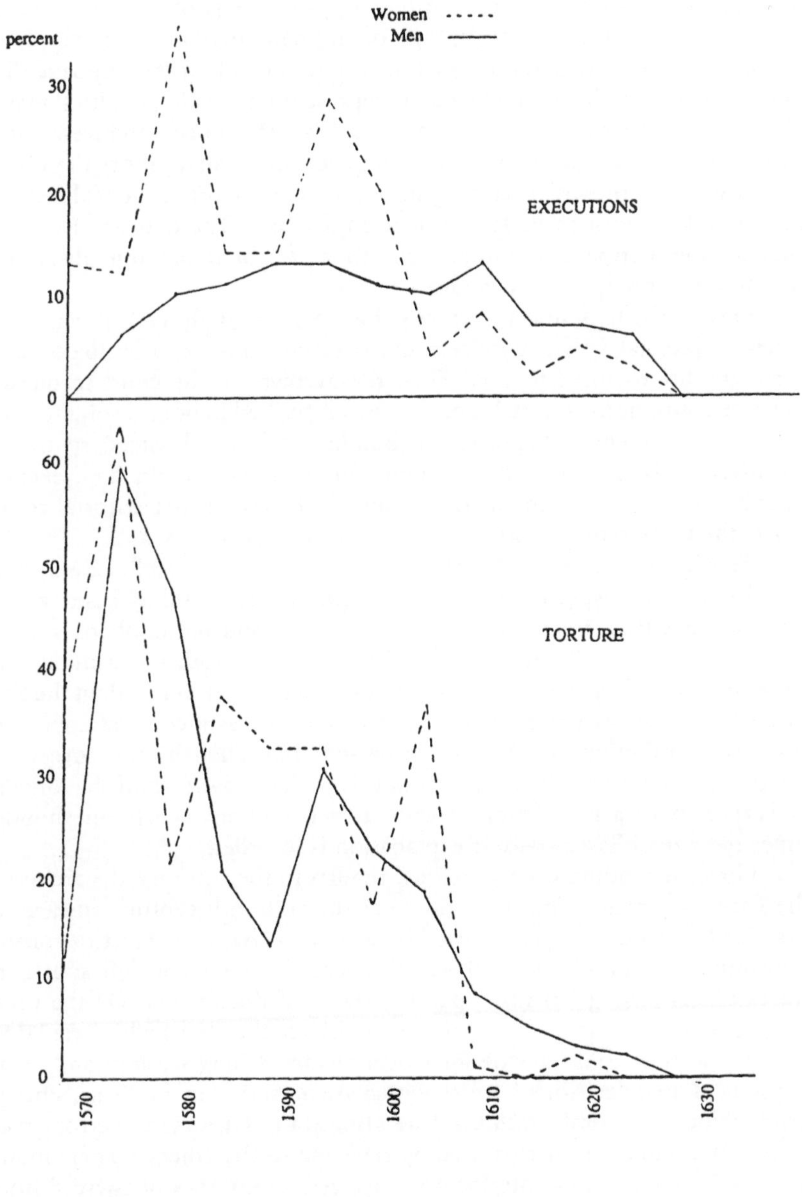

of James I, who as James VI of Scotland had personally instigated a witch hunt in 1590–1591 and published a *Daemonologie* in 1597. Nevertheless, a glance at Alan Macfarlane's graph of probable executions for witchcraft in the county of Essex indicates that judges (and juries) of the Home Circuit assizes, instead of taking advantage of the new legislation to step up the tempo of prosecutions and convictions, were moving in the opposite direction. The sharp drop in the curve representing death penalties may be slightly exaggerated owing to a gap of a few years in the archives, but the surviving records indicate only six more executions, never more than one in any given year, the last occurring in 1626—not counting the isolated Matthew Hopkins episode in 1645 (nineteen deaths).[2] The downturn was both sudden and permanent, tantamount to a *de facto* decriminalization of witchcraft in England. (See Figure 1.)

Obviously, it is not always possible to chart with such precision the course of judicial activity with respect to a given crime. In order to do so, two basic conditions must be met. First, the archives of the court in question must be continuous or nearly so, the cases inscribed in bound volumes or on rolls of parchment (as opposed to bundles of loose dossiers) so that exhaustiveness is not in doubt. Second, this tribunal should have exclusive jurisdiction over the crime being examined; the larger its territorial competence, the more representative will be the results of the research.

The Essex assizes meet both conditions reasonably well. Lesser courts could not try a suspected witch on a capital charge, and as Essex was the only county where witches were prosecuted in significant numbers, it may be taken, not as typical but as indicative of English judicial attitudes. The Parlement of Paris satisfies the first criterion—far better in fact than the Essex assizes—but not, apparently, the second, since it was a court of appeal and primary jurisdiction was widely dispersed. Inasmuch as the core of my argument is based on the decisions of this judicial giant—half the kingdom of France, with a population of eight to ten million (nearly one hundred times the size of Essex)—some explanation is in order.

Notwithstanding widely credited reports to the contrary, the archives of the Paris Parlement, from the middle of the sixteenth century onward, are practically intact. Any person tried on a serious charge (subject to corporal punishment or public infamy) was physically present and left substantial traces of his passage in three parallel series of documents: (1) the prison ledgers of the Conciergerie; (2) the notebooks of the clerks who jotted down as much as they could during interrogations in plenary session; and (3) the registers of final decisions *(arrêts),* which are preserved in duplicate, since the original loose-leaf drafts *(minutes)* are also extant. Lacunae and errors in one series can be filled in or corrected by referring to the others.[3] There may be additional documents—interlocutory decrees, summaries of lawyers' briefs, procès-verbaux of torture, formal interrogations in judges' chambers—but the three main series suffice to compile a virtually definitive list of all witchcraft defendants who came before the Parlement. We know the name and address of each appellant, his professional or marital status, the name of the lower court, the sentence passed in first instance, the length of his incarceration in the Paris prison, whether or not he was tortured, and the ultimate disposition of his case by the high court.

Objections have been raised that my list cannot be exhaustive, given the common practice of burning the trial papers with the convicted witch in order to obliterate every last trace of so execrable a crime. To assert this is to confuse a theatrical gesture with reality. In the first place, the Parlement only very infrequently gave such an order.[4] In the second place, what was burned, if anything, was the *copy* of the original written procedure sent with the appellant to Paris. Certainly the Parlement did not bother to rip pages out of its bound registers or efface individual entries. In any event, the copies of the trial papers were never an integral part of the Paris archives (as they were at Toulouse); they were routinely sent back to the lower courts, and if none of them has survived locally their loss is ascribable, not to some "nasty habit" on the part of French judges, but to the extremely poor conservation (in this part of France) of *all* primary criminal archives dating back as far as the sixteenth and early seventeenth centuries.[5]

The archives of the Parlement of Paris do not contain a single complete witchcraft procedure—formal complaint, depositions of witnesses, interrogations, confrontations of witnesses and the accused; and while this may be infinitely disappointing to historians interested in the anthropology of rural witchcraft accusations, it hardly justifies their peremptory dismissal of a truly magnificent corpus of documents. Although shorn of most of the descriptive detail one might have hoped to find, it compensates for its skeletal nature by its comprehensiveness. Moving back and forth among the three parallel series it is possible to reconstruct the total record (within an estimated five percent) of the Parlement's jurisprudence with respect to witchcraft—1,272 defendants (1565–1670), 103 of them condemned to death (57 women, 46 men), 185 individuals subjected to torture or the threat of torture (one confession only), etc.

But what is the relationship between these 1,272 cases and the mass of witchcraft trials that were never appealed to the Parlement? Were we to ask this question concerning any other crime—arson, for example—it would be unanswerable. We are in luck, however, for it was the witch panic of 1587 that caused the high court to redefine its appeal procedure and embark upon a course toward statutory judicial review, first (in 1604) for witchcraft, then (in 1670) for all crimes tried in the common-law courts of the realm. (Since I have already told this story, my recapitulation here is limited to its most salient features.[6])

The crisis of 1587–1588 convinced the Parlement of the fundamental incompatibility of witchcraft accusations and the standards of legal proof basic to the dignity of French justice. Village judges in the region of Champagne-Ardennes were relying far too heavily on the dubious practice of "swimming" suspects on the slightest evidence, and these unseemly public spectacles often terminated in lynchings. Chain-reaction denunciations and summary executions created a situation in which villagers could pervert the functions of the courts and utilize them to settle private scores. The problem confronting the Paris magistrates was not an easy one in an era when there were neither police forces worthy of the name, nor effective administrative links between the central authorities and the far-flung provinces. To put a stop to the abuses the only means at hand were judicial. Furthermore, unless the Parlement went about its task with great circumspection, it ran the risk of alienating the local courts and driving them into open revolt. The institutions of French justice had not yet matured to the point where an immediate and definitive response to the crisis was practicable. The high court could ban with a stroke of the pen all further trials by water (January 1588), but it would take years of reiteration and steady application before the prohibition could be fully integrated into the jurisprudential tradition.

The same is true of a second measure (March 1588)—a proposal to make all witchcraft convictions subject to automatic appeal. Although, strictly speaking, there was no precedent for such a ruling, it was the logical extension of a policy successfully pursued in the 1550s and 1560s as the Parlement increasingly arrogated to itself alone the right to use torture (simultaneously reducing the confession rate to under three percent). Appeals more than doubled between 1540 and 1572, despite the enormous expense incurred by the lower courts. Typically it cost the equivalent of fifty to one hundred cows to send an appellant in person to the capital (as opposed to the much cheaper practice current in the Spanish Low Countries, for example, where only the written procedures were forwarded to the higher jurisdiction).[7]

Enactment of the proposal was delayed, however, by a political upheaval. The upstart junior magistrates of the Catholic *Ligue* purged the Parlement and drove the conservative "old guard" into temporary exile; Paris was under military siege for five years. But as soon as the situation returned to normal after 1594, the high court lost no time in manifesting its determination. Certain tribunals of the *maréchaussée* (summary courts with jurisdiction over vagabonds, soldiers, recidivists, and specified crimes exempted from common law) tried to claim that witchcraft was a *crimen exceptum* and therefore not subject to appeal. The Parlement blocked this insurgency in a series of decisions (1596–1602).[8] Simultaneously (1600–1604), three crucial cases of abusive witchcraft prosecutions generated a string of texts establishing unequivocally the principle of obligatory appeal. We must not be misled by the fact that none of these rulings was publicized. A serial reading of the Parlement's jurisprudence leaves no doubt that the campaign for automatic appeal coincided with an initial decriminalization of witchcraft, especially for *women*. (See Figure 2.)

Over the next twenty years the sorcery case load remained near its maximum level as the high court dredged up trials that were formerly escaping its surveillance (over two-thirds of the appeals came from primary courts that had not been heard from before)—until, in 1624, the moment was ripe to take the final step. The 1604 ruling was re-enacted almost verbatim and this time sent to the printer. The effect, in combination with an acquittal rate of over seventy percent, was spectacular. Within a few years, prosecutions dried up at the source. The average annual number of appellants declined from more than twenty to less than four, and there is no evidence that the localities, obstructed by the Parlement, resorted to illegal methods and popular violence. The panic of 1644–1645 is the exception that proves the rule; a handful of villages in the Ardennes violated the interdiction on trial by water, but there were no lynchings reported. The success of the 1624 decriminalization and the manner in which it was achieved can only be explained if we give due weight to the unpublicized legislation of twenty years earlier.[9]

When the witchcraft statistics for the Paris Parlement and the Chelmsford assizes are plotted on a single graph (Figure 1), and allowance is made for gaps in the English record, the similarities are little short of astonishing for two regions so radically different in religion, in political organization, and in legal tradition. The starting point circa 1560 and the panics of 1644–1645 were fairly general phenomena in western Europe and are easier to explain than the simultaneous decriminalizations of 1604 and the cessation of death penalties in 1625–1626—far in advance of any shift in the "climate of opinion" that could rationalize such changes in jurisprudence. The coincidence is fascinating, but it should be set in the context of other decriminalizations which took place at roughly the same time—the United Provinces (around 1600), the archbishopric of Bremen (1603), and Geneva (1626), to mention only a few.

Our perception of the chronology is often obscured by a tendency to overemphasize certain belated episodes which interrupted the course of jurisprudential tradition long after the essential decriminalizations. The six witches executed by the Spanish Inquisition at Logroño in 1610 were the first to suffer the death penalty since the 1520s. I have already mentioned the Matthew Hopkins hunt in 1645, after an interval of nineteen years; like the spate of executions at Salem, Massachusetts, during the absence of the governor in 1692, it occurred in a partial political vacuum. In the jurisdiction of the Parlement of Paris, sixty-six years elapsed between the burning of Catherine Bouillon in 1625 and the execution of two shepherd-sorcerers in 1691. (The trial of Urbain Grandier at Loudun in 1634 was not the work of

Parlement of Paris: Interrogation of a Witchcraft Appellant, 1579 (extract)

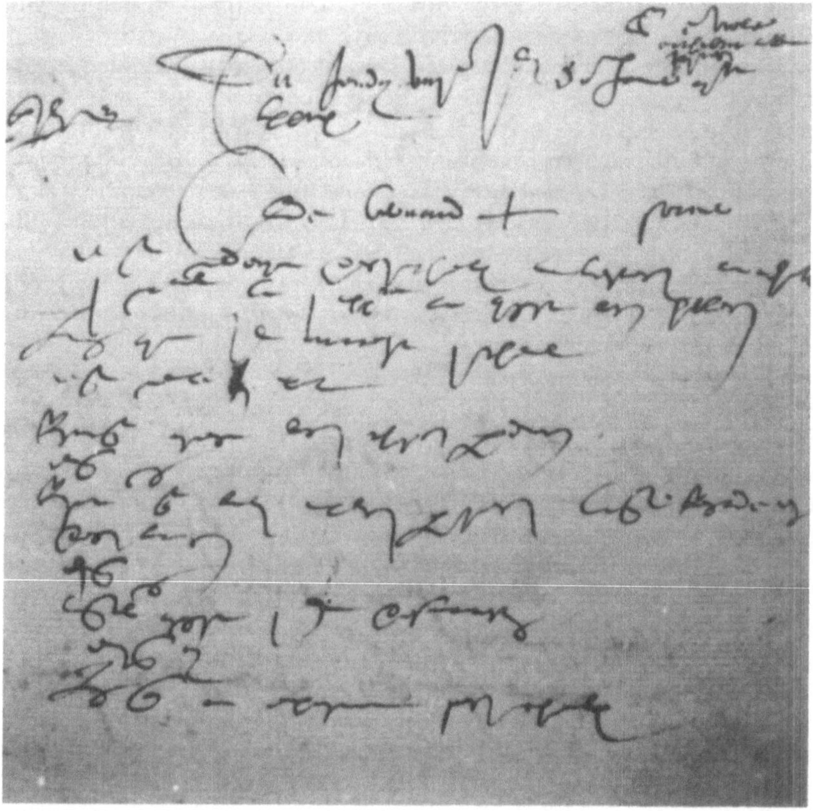

Extract from Archives Nationales, document x2A 948.

transcription of the text in the illustration

Du jeudy viiie jour de janvier M v^c lxxix
Claude Bernard, appelant de la mort sorcier

Dict qu'il [est] medecyn des chevaulx et bestes. A esté un mareschal et un appothicaire, et cognoist les herbes.
Interrogé comment il occist (?) un cheval,
Dict qu'il ne l'a faict point.
Remonstré qu'il enseigne les choses perdues,
Dict que non.
Remonstré qu'il a dict plusieurs paroles et qu'il regarde en des livres,
Dict que non.
S'il cognoist une femme Desmasson?
Dict que oy.
Interrogé qui a empoisonné ses chevaulx.

English translation

Thursday, 8 January 1579
Claude Bernard [sentence of lower court:] death witch

Said he is a horse- and sheep-doctor. Has been a farrier and an apothecary, and is knowledgeable about herbs.
Q. How did he kill a horse?
A. He did not do it.
Q. He practices divination for lost objects.
A. No.
Q. He pronounced various words, and he consults magic manuals.
A. No.
Q. Does he know a woman [named] Desmasson?
A. Yes.
Q. Who poisoned her horses?

the Parlement, which would never have convicted him on such flimsy evidence, but of an *ad hoc* tribunal.) In the Genevan Republic, no witches were condemned to death from 1626 until the isolated case of Michée Chauderon in 1652. These aftermaths were all brief and self-contained, and may be contrasted to the protracted series of outbreaks in Franche-Comté (in the Holy Roman Empire); the Parlement of Dôle executed thirteen witches in 1629–1633, one in 1643, four in 1653, and twenty-two in 1658–1661.[10]

Another factor contributing to a relative neglect of the earlier decriminalizations is the sheer weight of research quite naturally concentrated on areas where witchcraft trials were most numerous and went on longest; record survival is better and the documents—this is certainly true of France—much easier to read. In consequence, a majority of explanatory models take the latter part of the seventeenth century as the norm and dismiss for one reason or another the previous decriminalizations as exceptions. My purpose here is to suggest an alternative perspective.

Elites and Local Magistrates

Almost all historians today conceive of witch hunting as an activity imposed upon the peasantry by the "elite." The trouble with this formulation is that it ignores both the multiplicity of elites and the diversity of their interests. In France the zealous faction within the magistracy turns out to have been a rabble of parvenu village judges, many of them barely literate, particularly in eastern France where they did not own their offices, and control of their professional qualifications was inadequate. During the 1580s, this social "class" tended to adhere to the Catholic *Ligue* in opposition to the *politiques* of the Gallican Parlement and the higher ranks of royal administration; and yet, on the witchcraft issue, the top leadership of the *Ligue* was on the other side of the ideological divide. The cardinal of Guise, in 1587–1588, was working quietly hand in glove with his ostensible enemies in the Parlement in an effort to stamp out indiscriminate witch trials. He could not afford to do so openly, or he would have risked alienating one of his bases of support. His interventions therefore took the form of forestalling his own local magistrates and transferring the suspects to Reims or Paris, where they were all acquitted.[11]

With the possible exception of the duke of Nevers, none of the great landowning nobility gave encouragement to witch hunters. As for the church, the zealots were concentrated in the itinerant preaching orders rather than among the resident curates, who had a permanent stake in the peaceful continuity of village life. The episcopacy like the nobility eschewed the social turbulence attendant upon massive witchcraft prosecutions. Nicolas de Thou, bishop of Chartres and younger brother of the First President of the Parlement of Paris, showed admirable restraint in handling a potentially explosive situation: Thiphaine Cornu had not only bewitched her employer, she had also attended the devil's sabbath. In 1574 the bishop averted a trial in return for her promise to quit the diocese.[12]

What is left, then, of the so-called witch-hunting "elite"? The answer is two provincial parlements—Rouen and (to a lesser extent) Pau—where the issue became bound up with rearguard struggles for local autonomy, and two demonologists: Jean Bodin and Pierre de Lancre. The latter was a councilor in the Parlement of Bordeaux and wrote a self-laudatory account of his exploits in the Labourd in 1609–1611—a book that has too often been taken at face value. Spanish evidence analyzed by Gustav Henningsen suggests a different interpretation, namely that President Jean d'Espaignet was appointed to accompany de Lancre for the precise purpose of acting as a brake upon his over-enthusiastic junior colleague.[13] And Bodin, although his intellectual stature was universally recognized, saw his career grind to a halt. He never rose higher than a middling office as prosecutor in the royal subalternate court at Laon, where he was evidently a minority voice. During his tenure there (1575–1596), he apparently did not have the pleasure of convicting a single witch. The grounds for this surmise are double: on the one hand, no cases were appealed to the Parlement;[14] on the other, not one of the trials cited by Bodin himself in his *Démonomanie* (first edition 1580, second edition 1587) came from the *bailliage* or the *présidial* of Laon. Clever rhetoric makes them seem like many more, but a careful count of his examples drawn from the jurisdiction of the Parlement of Paris reduces them to twenty-five—six from the environs of Laon, including two from the neighboring royal court at Ribemont. The chief magistrate of Ribemont, Antoine de Louen, had been sharply reprimanded in 1576 for his abusive conduct of a witchcraft trial—a fact which did not deter Bodin from adducing him several times as one of the subalternate judges whose "experience in such matters" was deserving of better consideration.[15]

It is hardly surprising that Bodin rose no higher in the ranks of the judiciary. An interesting parallel is afforded by the career of Henri Boguet, witch hunter and demonologist in Franche-Comté long before this province became part of France. As soon as Boguet began to aspire to a seat in the Parlement of Dôle, he found it prudent to withdraw his best-selling *Discours des sorciers* (1602) from the press; the last edition was in 1611.[16] Unlike Boguet, Jean Bodin remained intransigent. His obsession with witches, in combination with reports of his disbelief in Christ, contributed to an unsavory posthumous reputation.[17] I have seen a 1645 interrogation in which the examining magistrate, a councilor in the Parlement of Paris, seems to have mistaken the *Démonomanie* for an illicit treatise on magic.[18]

A prophetic, eschatological strain runs through Bodin's writings from his *Six livres de la république* (1576) to his 1590 pamphlet defending the Catholic *Ligue*.[19] To rid the world of sorcery—one of the avatars of the beast of the Apocalypse—he would have demolished many of the safeguards so carefully built into French judicial procedure. He would have encouraged anonymous denunciations and plea bargaining, admitted the testimony of convicted or self-confessed criminals (in other words, fellow participants at the sabbath), and dispensed with the mandatory presence of a court clerk when a judge questioned the accused. This was the program of the book he had the impertinence to dedicate to Christophe de Thou, First President of the Parlement of Paris.

Montaigne, a retired president of the Parlement of Bordeaux, clearly had Bodin in mind when he wrote in his essay "On the Lame" (III, xi): "The witches in my neighborhood go in danger of their lives if we follow the advice of each new author who comes along and gives substance to their fantasies." Witchcraft confessions carry us beyond the ken of human understanding. Either treat them as symptoms of madness or leave them strictly alone. "After all, it is putting a very high price on our conjectures when they serve to burn a man at the stake." Within a few decades after those words were penned (1585), a majority of the high Paris magistracy had come to agree with Montaigne, the royalist, rather than with Bodin, the *Ligueur*.[20]

Across the Channel, Shakespeare regaled his audiences with a benevolent magician in *The Tempest*, and a trio of caricature witches in *Macbeth*. He also gave them, in passing, a witchcraft trial—or rather a magic trial more in keeping with the exalted social status of his characters. Black-skinned Othello has wooed the daughter of a Venetian patrician, who complains to the doge: "She is abus'd, stol'n from me, and corrupted/ By spells and medicines bought of mountebanks;/ For nature so preposterously to err,/ Being not deficient, blind, or lame of sense,/ Sans witchcraft could not. . . . I therefore vouch again/ That with some mixture powerful o'er the blood,/ Or with some dram conjur'd to this effect,/ He wrought upon her" (I, iii). To which the doge replies:

> To vouch this, is no proof,
> Without more certain and more overt test
> Than these thin habits and poor likelihoods
> Of modern seeming do prefer against him.

"Modern" in this usage (according to the *Oxford English Dictionary*) means trite or commonplace—so Shakespeare was not expressing quite the same idea as Montaigne (of whom he was an avid reader). They were nevertheless in complete agreement about the poor quality of legal evidence being presented in trials for preternatural wrongdoing. One is struck by the timeliness of this passage in *Othello*. The play was first performed around 1604, the year of the second English witchcraft law. Serial research now shows that statute to have camouflaged, intentionally or otherwise, a major shift in jurisprudence.

Similar research in the French archives indicates that the worst excesses of witchcraft prosecutions are attributable to rural magistracies of the easternmost provinces, the *coqs du village* (cocks of the village walk) whose ascendancy over their neighbors was often of very recent date. They were among the beneficiaries of the redistribution of wealth and indebtedness attendant upon the rapid inflation of the sixteenth century, and their zeal is quite understandable. Witchcraft was, and still is, a causal explanation of a classic situation in autonomous agrarian communities—an uncanny increase in worldly prosperity enjoyed by peasant X while peasant Y suffers a corresponding decline in his fortunes. X and his family seem to be draining vitality from Y and his kin. Suspicions of deviltry arise and engender countersuspicions. The tension smoulders without ever being expressed directly, for witchcraft is a subject one simply does not talk about![21] X continues to prosper, becomes an *échevin* (alderman) and in due course accedes to local judicial office. He and his peers are surrounded by mistrust. They walk in continual dread that someone among their less fortunate adversaries is trying to bewitch them. Every practitioner of occult healing is suspect. In these circumstances a trial serves three overlapping functions: (1) a meritorious act to purge God's world of the servants of Satan; (2) a blow struck against their enemies both actual and potential; and (3) a legitimation of their social advancement.

Before this situation could erupt in a wave of witch trials, there were several obstacles to be surmounted. The prosecutions had to be financed, and the notorious difficulties of obtaining a legal conviction had to be bypassed. Cooperation from the local *seigneur* was useful but not indispensable. The lord normally paid the costs of criminal trials when there was no private prosecutor. He did so through the agency of his tax farmer for judicial revenues; the higher the expenses, the less the lord received for this "farm." In most cases, however, the receiver of fines was an inner member of the local elite, closely related to the judge and/or the public prosecutor, and he could, if sufficiently motivated, foot the bill himself. Whether it was he or the *seigneur* who paid, their overriding interest was to conduct the trials as expeditiously as possible.

But the crime of witchcraft was always irreconcilable with traditional standards of legal proof. How could there be any witnesses to an intangible act like the casting of a supernatural spell? Acts of magical healing were subject to eyewitness testimony—and these in fact formed the substance of most incriminating depositions—but *maleficium*, no. In order to prosecute witches cheaply and efficiently the crime needed to be redefined and the rules of evidence relaxed. In other words, witchcraft had to be made a *crimen exceptum*. Learned demonological theory came to the rescue and found ready acceptance within the ranks of subalternate magistrates. If witches were an organized cult of devil-worshipers who congregated regularly, eyewitness testimony was once again relevant: Y saw Z at the sabbath. The intrusion of the sabbath into witchcraft trials does *not* attest its penetration and absorption into local folklore, as many historians contend. What it attests is the suitability, convenience, and admissibility of the concept for the purpose of litigation. (The two formulations are not mutually exclusive: notions of the sabbath are indisputably present in folk beliefs; but the distinction is capital for a sound interpretation of *all* judicial documents.)

Where the sabbath was allowed to make its entrance into the courtroom it drew in its wake a number of ancillary shortcuts to conviction—trials by water, prickings for the devil's mark, routine recourse to torture to obtain confessions, and the suborning of adolescents to testify against their elders. Charlatan witch finders made quick profits from bribery and corruption.[22] These practices degraded the judicial system, not only in the eyes of posterity but also in the eyes of contemporary elites. The larger and/or better organized states (e.g., England, France, Spain, and sixteenth-century Denmark) were reluctant to accept sabbath denunciations as legal evidence. In these countries, the capacity of the central authorities to withstand the pressure exerted from below depended on two factors: (1) the strength of political/administrative institutions, and (2) the social distance separating local magistracies from high justiciaries whose vision was wider and whose principal concern was to safeguard the dignity of the entire judicial apparatus.

The archives of the Parlement of Paris tell an eloquent story of a struggle to combat the centrifugal tendencies of the lower courts—particularly in villages and small towns—and of institutional innovation to achieve this goal.[23] Recalcitrant magistrates from the primary jurisdictions were consistently summoned and interrogated in the same tone of contempt employed in dealing with common criminals. "Who taught you to throw witchcraft suspects into the water?"—this question was addressed in February 1588 to an Ardennes judge alarmed by rumors of 7,760 witches in his district.[24] "There is a madness in the province of Champagne," exclaimed the king's solicitor-general the following June; "they think nearly everyone is a witch."[25] Although they were alive to the dangers of erudite magic, the Paris magistrates were too urban, too urbane, too far removed from village squabbles to be thrown off course by fears of peasant witchcraft. When, in 1597, one of their own number began to behave violently and claim his household was bewitched, the Parlement stripped him of his office and declared him insane.[26] A few years later a petty royal officer from Gien begged the court not to let "formalities" stand in the way of retribution for "so impious a crime against God's Honor." He was suspended and saddled with the costs of the trial he had instigated.[27] For the Parlement, the best bulwark of God's Honor was the inviolability of legal procedure. The right to appeal to the king's highest court was no mere formality; it was the direct linear descendant of the ancient right of sanctuary on hallowed ground.[28]

One of the most scandalous cases to come before the Paris court was a rash of illegal executions in the borderlands of northeastern France and the Spanish Netherlands. The hangman of Rocroi, Jean Minard, was earning handsome fees as a witch pricker. In the summer of 1601 he claimed to have found the mark of the devil on 274 people "whom he examined and [afterwards] executed by sentence of justice."[29] On November 28th of that same year, the Parlement issued a warrant for his arrest, charged him with "conspiracy and collusion in the death of more than two hundred persons," and sent him to the galleys for life. Although only eight of his victims had been subjects of the king of France, it was a French court, not the Archdukes nor the magistrates of Liège who put a stop to his nefarious practices.[30]

France, Spain, and England, the "great powers" of sixteenth-century Europe, occupy one end of the broad spectrum of early-modern witch hunting. The other end of the spectrum may be typified by the tiny ecclesiastical territory of Ellwangen, where chain-reaction denunciations led to more than 300 executions between 1611 and 1618, and where we find an explosive mixture of all the baleful ingredients for a holocaust. The principality was completely autonomous in justice and did not allow appeals to higher authorities in criminal cases. Instead, it conformed to imperial legislation by consulting and receiving encouragement from the legal faculties of Ingolstadt and Freiburg im Breisgau. Erik Midelfort has stressed, and rightly so, the dangers of seeking advice from law professors without practical experience as magistrates or as administrators.[31] They may have constituted part of the "elite" in southwestern Germany, but in social prestige they cannot be compared with the councilors of the Parlement of Paris, who would have ridiculed the idea that they should seek opinions from the universities. The very notion betrays the absence of the kind of elites which, in the more developed countries of western Europe, were responsible for an early end to massive witchcraft prosecutions. Indeed, it was the political underdevelopment of most regions of the Holy Roman Empire that made it the "heartland of the witch craze."

An Ellwangen very nearly occurred in the province of Labourd at the Atlantic end of the French Pyrenees. The panic was fomented in 1608 by a subalternate judge and the commander of the local royal soldiery. But within two years the Parlement of Bordeaux had managed to gain control of the situation and restore order. It utilized the same subterfuge employed by the cardinal of Guise in the Ardennes in 1587, namely to undermine the initial leaders of the witch hunt by outdoing them in zeal; to make a credible display of force by burning a few hapless victims at the stake—they would have been burned anyway—and then transport the rest to Bordeaux (where in fact we do not know what became of them).[32] Short of an armed invasion of the province, which was unthinkable, this was the only plan that had any chance of success. And if the surviving sources make the episode look like an anti-witch crusade launched by the king himself, that was exactly the effect intended; otherwise the scheme would have failed. (Concurrently, on the other side of the Pyrenees, the tribunal of the Spanish Inquisition at Logroño was following the same general strategy to extricate witchcraft suspects from the hands of an enraged population.[33])

Another Ellwangen did take place at Bouchain, the smallest jurisdiction in the Spanish Netherlands and a personal possession of the Archdukes. In the town of Bouchain (with a population less than 1,000) and six nearby villages, there were twenty-two trials in 1610, fifty-nine in 1611, twenty-two in 1612, twenty-one in 1613, twelve in 1614, fifteen in 1615, and twelve more from 1616 to 1619. Over a period of ten years, ninety men, women and children were condemned to death. At first glance it might appear that Archdukes Albert and Isabella deliberately created this debacle. They had promulgated an ill-considered edict against witches in 1592, tried to moderate its effect in 1595, and returned aggressively to the charge in 1606. Early in 1611, when the panic had barely gotten under way at Bouchain, they granted permission to the local notables to raise a loan to meet the mounting expenses of the prosecutions.[34] But appearances are deceptive, and it is inconceivable that any sane ruler, whatever his ideological commitments, would have allowed mayhem and ruination to continue year after year on his own family lands—unless he was powerless to stop the slaughter.

The destiny of an ineffectual monarch is to be the plaything of his subjects. Prolonged witch hunting is as good a barometer as any for measuring weakness in a state.

Summary and Conclusion

One of the great advantages of serial research is that it provides a solid frame of reference for decoding the rhetoric that inevitably obfuscates such ticklish issues as the punishment of criminals. Legislative acts and specific demonstrations of force often mean the opposite of what they seem to imply; factitious collections of documents usually turn out to be tendentious. Serial research replaces these cryptic utterances in their proper context.

As witchcraft studies have progressed, three major archival deposits have now been exploited serially—the Spanish Inquisition, the Parlement of Paris, and the indictment rolls of English assizes. All three recount the same graphic tale of judicial restraint imposed from above—the first two directly, the third by inference and analogy. Instead of regarding these three cases as peripheral or exceptional, I am suggesting that they be made central to a new perspective that may, in time, result in the formulation of a general explanatory model for the decriminalization of witchcraft (the first stage of which was a declassification of the crime as a capital offense punishable by death).

Testing and refining the proposed model, country by country, or region by region, must be the work of specialists competent for each circumscription. It would be rash on my part to attempt to reinterpret the results of other scholars' research. My hypothesis, however, finds at least provisional confirmation in a number of areas. It strikes me as significant that witchcraft trials were fiercer and more protracted in underdeveloped Scotland than in politically sophisticated England; and that King James VI should have lost his interest in demonology when he added the English crown to his diadem.[35] On several occasions the dukes of Württemberg were instrumental in preventing or terminating local witch panics. Midelfort's book on southwestern Germany is liberally sprinkled with examples of minor public officials, and/or their wives, denounced as devil-worshipers; they were members of the social group which, according to my theory, sought to quell suspicions that its accession to prominence had been accomplished by unnatural means.[36] In Sweden and in the duchy of Bavaria, the worst disorders took place during periods of disturbance in the power nexus linking particular localities to the administrative centers.[37] The bulk of Hungarian witchcraft trials occurred between the end of the Turkish occupation (circa 1690) and the mid-eighteenth century, when the enlightened Empress Maria-Theresa forbade further prosecutions.[38]

The two apparent exceptions to the suggested model are Denmark and the northern Netherlands. In the former, in 1617, it was King Christian IV himself who loosened the legal restrictions established in the previous century and plunged his country into a maelstrom of witch hunting; it took eight years before control could be reasserted. In the United Provinces, the virtual cessation of witch burnings after the 1590s was achieved by a *decentralized* judiciary.[39] I am nevertheless impressed by the antithetical tendencies of the two conjunctures: the Dutch, on the eve of independence and an era of stunning national brilliance, were giving unambiguous proof of the vigor of their institutions; whereas, in 1617, Denmark stood on the threshold of political and economic collapse.

Prolonged witch hunting is as good a barometer as any for measuring weakness in a state.

Notes

A preliminary version of this essay was presented at an international conference on "Witch Beliefs and Witch Hunting in Central and Eastern Europe" (Budapest, 6–9 Sept. 1988). I wish to thank Gábor Klaniczay for inviting me to participate in the conference, and Marijke Gijswijt-Hofstra for enabling me to discuss my ideas with a group of Dutch scholars (Amsterdam, 20 Jan. 1989).

1. Alan D. J. Macfarlane, *Witchcraft in Tudor and Stuart England* (London, 1970), 15; cf. Jean Delumeau, *La Peur en Occident* (Paris, 1978), 355–57.
2. Macfarlane, 26 and 58. Note that the figures for the late 1590s are also depressed because of lacunae in the archives.
3. The prison records begin on 12 July 1564 (Paris, Archives de la Préfecture de Police, A^{B} 1 *et seq.*) and run continuously to the end of the Ancien Régime with

only the following exceptions: lacunae of 6 weeks (Jan. - Feb. 1569), 13 months (Nov. 1573 - Dec. 1574), and 3 years (Nov. 1644 - Nov. 1647); documents in very poor condition between March and Oct. 1566, late Jan. and early Feb. 1578, and from Oct. 1650 to May 1651.

The earliest fragments of the *plumitifs* of interrogations (Archives Nationales [cited herein as Arch. Nat.], X^{2A} 907–1154) go back to the 1540s. From Nov. 1552 to Nov. 1584, the run is 85 percent extant and in excellent condition. Missing: the calendar year 1555, Jan. - Aug. 1558, Nov. 1562 - Oct. 1563, Nov. 1581-Oct. 1582; also the "vacation" months of Sept. and Oct. (often a separate notebook) for 1559, 1565, 1576, 1578, 1580, and 1584. From Nov. 1584 through Oct. 1790, the series is nearly intact with the exception of several dozen cases (1615–19) heard in the *Seconde Tournelle,* which was a temporary creation (a few days or a few weeks) when the press of business was too great for the First Chamber to dispatch. *Secondes Tournelles* for 1599–1604, 1609–15, and 1619–24 have been preserved (X^{2A} 961, 972, and 983); other fragments for 1578–79 and 1584 have been located, misclassified, in cartons X^{2B} 1096 and 1098. The missing notebook for 1615–19 accounts for 17 of the 23 witchcraft *plumitifs* I have failed to find. The remainder must have been scribbled on loose sheets of paper, now lost; from time to time, one of these turns up in the series of *instructions* conducted by the Parlement (X^{2B} 1174 *et seq.*). The volume of *plumitifs* for the judicial year 1609–10 is at the Bibliothèque Nationale (Ms. fr. 10951).

Finally, the *arrêts:* the series of bound registers has only small gaps between Nov. 1539 and Sept. 1571 (Arch. Nat., X^{2A} 89–140), then a major lacuna (only 6 registers for the next 28 years) fortunately covered by the *minutes.* When the series of registers picks up again in Nov. 1599, it is continuous except for Nov. 1601 to April 1602, March - June 1610, Jan. - April 1623, and Nov. 1645 - April 1646. As for the cartons of *minutes,* they are lacunary until March 1561 (X^{2B} 28), become increasingly more consistent, and after May 1566 the gaps are very few indeed: Jan. - May 1578, Aug. 1584, and April 1586.

The impracticability of these archives is an enduring myth of French historiography. Their size, their confusing classification, and the absence of tables or indexes (until the 18th century) have always discouraged intensive exploitation. The prison records, however, constitute an invaluable guide to the court documents of the 16th and 17th centuries. Long neglected (because not housed in the Archives Nationales), they dispel most of the legendary terrors of research.

4. Of a total of 103 death penalties for witchcraft (1568–1625), only 2 *arrêts* specified that the trial papers be burned. The ratio was slightly higher for erudite magic (2 out of 12 executions, 1572–1635), and much higher for cases of sodomy: 39 out of 76 capital punishments for bestiality (1540–1668), and 20 out of 43 for homosexual sodomy (1559–1668). Also burned symbolically were a number of trials for blasphemy, libel, and lese majesty.
5. See Robert Mandrou, *Possession et sorcellerie au XVIIe siècle* (Paris, 1979), 8, 13–14; Robert Muchembled, *La Sorcière au village* (Paris, 1979), 238; and Muchembled, *Sorcières, justice et société aux XVIe et XVIIe siècles* (Paris, 1987), 250. One primary court for which the *minutes* of the original trials are fairly well preserved for 1609–74 is the *bailliage* of Saint-Germain-des-Prés (Arch. Nat., Z^2 3418 *et seq.*). As it was an urban jurisdiction, its witchcraft cases were limited to divination (not a capital crime). Bundle Z^2 3459, however, does include at least one full criminal trial *(minute)* notwithstanding the parlement's order "que le procès sera bruslé" (X^{2A} 254, 17 Jan. 1636, Cosme Mairenté).

6. A. Soman, "La Décriminalisation de la sorcellerie en France," *Histoire, économie et société* 4 (1985): 179–203 (the initial note presents a selected bibliography of my previous articles on the subject). See also "Witch Lynching at Juniville," *Natural History,* 95: 10 (Oct. 1986): 6–15, and the expanded French version with maps and documents "Le Rôle des Ardennes dans la décriminalisation de la sorcellerie en France," *Revue historique ardennaise,* 23 (1988): 23–45. For a regional study in sharp contrast to the Ardennes, see "Trente procès de sorcellerie dans le Perche (1566–1624)," *L'Orne littéraire* 8 (1986): 42–57.
7. On appeals and torture, see A. Soman, "La Justice criminelle au XVIe et XVIIe siècles: le Parlement de Paris et les sièges subalternes," in *Actes du 107e Congrès national des Sociétés savantes (Brest, 1982), Section de philologie et d'histoire jusqu'à 1610,* 2 vols (Paris: Bibliothèque Nationale, 1984), 1: 15–52. Cf. the system of judicial control in Luxembourg: Marie-Sylvie Dupont-Bouchat, "La Répression de la sorcellerie dans le duché de Luxembourg aux XVIe et XVIIe siècles," in M.-S. Dupont-Bouchat, W. Frijhoff and R. Muchembled, *Prophètes et sorciers dans les Pays-Bas, XVIe–XVIIIe siècle* (Paris, 1978), 95.
8. In addition to the 6 *arrêts* listed in my article, "La Décriminalisation" (pp. 184–85), there was a seventh, still more emphatic, affecting the *maréchaussée* of Laon (X^{2A} 155, fol. 73, 17 Aug. 1602).

   A 1557 edict made infanticide a *crimen exceptum* in the sense that two indices of presumptive guilt were redefined as *proof* of guilt. It is surely significant that similar legislation was never enacted with respect to witchcraft.
9. Arson was another crime notoriously difficult to prove and which therefore lent itself to the perversion of justice for settling private scores. As witchcraft began to be decriminalized in France there was a veritable boom in arson appeals, starting around 1609 and ending in the mid-1630s, as persistently low conviction rates eventually discouraged arson litigation in the primary courts. See the graph on p. 26 of my article, "La Justice criminelle." The geographical distribution of arson and witchcraft appeals shows considerable overlap. On arson scares in Germany, see the splendid chapter by Bob Scribner, "The *Mordbrenner* Fear in Sixteenth-Century Germany: Political Paranoia or the Revenge of the Outcast?" in *The German Underworld: Deviants and Outcasts in German History,* ed. Richard J. Evans (London and New York, 1988), 29–56.
10. Gustav Henningsen, *The Witches' Advocate: Basque Witchcraft and the Spanish Inquisition (1609–1614)* (Reno, 1980), 22. The Inquisition in Spain faced * the persistent problem of preventing illegal witch trials by lay jurisdictions (ibid., 388). On Geneva and Dôle, see E. William Monter, *Witchcraft in France and Switzerland* (Ithaca and London, 1976), 208–20.
11. See "La Décriminalisation," 186, and my 2 articles on the Ardennes (cited above, n. 6). Here is a translation of one of the key texts: "The cardinal-archbishop of Reims, having received reports of the great number of witches in his domains, ordered his chief prosecutor to conduct an inquiry. And because there were several places to visit, and his judge was sick, the cardinal commissioned Me Rodolphe Carré to go out to the villages, which he did. He went to Givry and found 18 persons accused of witchcraft, interrogated them and conducted them to Reims for judgment" (X^{2B} 1099, 19 March 1588, "Joly pour Jehan Grignet"). Note that this was the cardinal's defense when he was sued by 3 of the 18, who regarded him as an enemy instead of a friend. It is also noteworthy that Rodolphe Carré seems to have masqueraded as a witch hunter; or perhaps he *was* one, and for this very reason he suited the cardinal's purpose.

(See "Le Rôle des Ardennes," 39.) On witchcraft and the Catholic *Ligue*, see below, n. 27.

12. Bibl. Nat., Ms. Dupuy 488, fols. 21–24.
13. Henningsen, *The Witches' Advocate*, 23–24, 130–31, 317, 497 n. 52. The bickering style of de Lancre's second book, *L'incrédulité et mescréance du sortilège plainement convaincue* (1622), shows him to have been hopelessly out of tune with dominant judicial attitudes.
14. The illegal, summary trial of Mariette Molin took place in 1601, 5 years after Bodin's death. See the *arrêt* of 17 Aug. 1602 (cited above, n. 8), which raises the possibility that the constabulary of Laon may have denied other witchcraft defendants their right to appeal, perhaps even during Bodin's lifetime.
15. *De la démonomanie des sorciers* (ed. 1587), Bk. III, ch. 5, p. 165v: "la verité ne peut mieux estre congnue que par les juges bien experimentez en telles choses par le moyen des procez qu'ils font." De Louen is cited ibid., 163v–164r, and Bk. IV, ch. 4, p. 211 (twice). On the trial of Nicolas (or Claude) Watier, for which de Louen was suspended, admonished and then reinstated, see X^{2A} 945, 20 Jan. and 23 Feb. 1576; X^{2B} 88, Nos. 79 and 269.
16. Monter, *Witchcraft in France and Switzerland*, 69–74.
17. Pierre de l'Estoile, *Mémoires-journaux*, 12 July 1608.
18. X^{2B} 1224, 22 Aug. 1645, interrogation of François Prehu by Nicolas de Quelain (unfoliated):

   . . .

   —Interrogé s'yl n'est pas vray que luy respondant a eu des libvres de magie,
   —A dict qu'yl n'en eust jamais aulcun.
   —Interrogé s'yl n'a pas donné le libre d'Agrippa, la Demonomanie de Bodin et la Clavicule de Salomon audict [Mathurin] Truillier [pendu à Rennes en 1643],
   —A dict que non.
   —S'yl n'a jamais eu cognoissance desdicts libvres?
   —A dict qu'yl n'a jamais veu lesdicts libvres sinon qu'yl a veu le traicté du libvre d'Agrippa de la Vanité des sciences, et avoit leu la Republique de Bodin.
   —Interrogé s'yl n'a pas cogneu, par les sciences desdicts libvres, l'art de magie par laquelle il pouvoit esperer toutes les choses qu'yl se pouvoit imaginer dans les conditions de la faculté de l'evocation des espritz,
   —A dict que non et qu'yl ne sait que s'est de cela.

   . . .

   —S'yl n'est pas vray que luy respondant . . . a eu plusieurs libvres de magie de Bodin? . . .
   —A dict qu'yl n'eust jamais aulcun libvre de magie, ny aultre mauvais, ne cognoistre ledict Bodin, ne sçavoir quel il est ny d'où il est.

   . . .

   —Interrogé s'yl n'a pas eu cognoissance dudict deffunt Bodin et un nommé Bouessé,
   —A dict que non et ne savoit d'où ilz sont, ny l'un ny l'aultre.

   . . .

19. *Lettre de Monsieur Bodin* (Paris, 1590), 17: "J'avois aussi escript en ma Republique que non seulement aux Monarchies et Royaumes l'année 63 estoit climaterique, mais aussi pour le regard de la personne des Princes. Et que le feu Roy [Henri III] estoit à bien conter depuis Pharamons jusques à luy le soixante et troisiesme en ordre." According to Etienne Pasquier, Bodin was the first to make this prediction. See E. Pasquier, *Lettres historiques pour les années 1556–1594*, ed. D. Thickett (Geneva, 1966), 447; and Denis Crouzet, *La*

Violence au temps des troubles de religion (vers 1525–vers 1610) (thèse de doctorat d'Etat, Université de Paris-IV, 1988), 1250–51. Cf. Rev. 12: 12: "Woe to the inhabiters of the earth and of the sea! for the devil is come down unto you, having great wrath, because he knoweth that he hath but a short time."

20. Crouzet's magisterial thesis analyzes the witch panics of 1587 in northeastern France as part of the same spirit of "eschatological anguish" which characterized the *processions blanches* that crisscrossed the province of Champagne in 1583 (*La Violence,* 1231–37). In this respect the triumph of Crown and Parlement over the *Ligue* necessitated a rejection of the mental world of witch hunters.
21. Jeanne Favret-Saada, *Let Mots, la mort, les sorts: la sorcellerie dans le Bocage* (Paris, 1977), English tr., *Deadly Words* (New York and Cambridge, 1981); J. Favret-Saada and J. Contreras, *Corps pour corps: enquête sur la sorcellerie dans le Bocage* (Paris, 1981). I am grateful to Mme Favret-Saada for the many hours of discussion in which we compared the results of our respective research.
22. For example, at Pau in 1670–1671. See Mandrou, *Magistrats et sorciers,* 443, 459–63; additional docs. in Arch. Nat., H 1691 (I am obliged to Albert N. Hamscher for this ref.).
23. As early as 1586, Louis Servin (*avocat général du roi* from 1589 to 1626) was counsel for the defense in a trial to rehabilitate the memory of François Champion, executed summarily at Le Mans the previous year on charges of poisoning and magical healing. Servin argued strenuously and successfully against the assertion of the local court that poisoners, like other assassins, had no right to appeal. Grant that contention, said Servin, and "what happened to Champion is likely to recur in other *small towns,* to anyone accused of this crime" (emphasis added). X^{2A} 1394, 25 Jan. 1586, unfoliated: "ce qui est advenu en la personne du deffunct Champion . . . seroict à craindre en toutes petites villes [et] en toutes autres que l'on vouldroict accuser de ce crime, assavoir que les officiers des justices inferieures se vengeroient de leurs ennemis . . ."
24. X^{2A} 956, 29 Feb. 1588, Antoine Martinet.
25. "Y a ung mal en la Champaigne, s'est qu'on estime la pluspart des habitans sorciers" (X^{2A} 1395, 18 June 1588, case of Jean Malicet).
26. For the case of Jean Duval, councilor in the Parlement, see X^{2A} 959, 2 Oct. 1597; X^{2B} 181, same date; X^{2A} 959, 13 Oct. 1598; X^{2B} 186, 15 Oct. 1598; X^{2B} 188, 24 April 1599. On the distinction between witchcraft and magic, see Soman, "La Décriminalisation," 187–88.
27. X^{2A} 965, 16 Dec. 1602, Me Pierre Danjou ("Supplie la Court ne regarder tant aux formalitez qu'au fonds . . . parce que le crime est si impie et contre l'honneur de Dieu"); X^{2A} 156, fols. 103r–104r. Danjou was reputedly a vehement *Ligueur* (X^{2A} 152, fol. 127r). So, too, was Pompée de Vignolles, the judge who presided over the mistrial of François Champion (see above, n. 23).
28. "Les appellations sont au lieu des asiles, et le Parlement estably en ceste ville est comme une franchise et represente les villes de refuge esquelles les enfants de Dieu se retiroient quant ilz estoient poursuiviz" (Louis Servin's 1586 speech, cited above, n. 23).
29. Muchembled, *La Sorcière au village,* 91.
30. *Arrêt* of 28 Nov. 1601 (X^{2B} 204); interrogations of 13 May (X^{2B} 1179), 16 May (X^{2A} 965) and 28 May 1603 (X^{2A} 961); *arrêt* of 9 June 1603 (X^{2B} 213).
31. H. C. Erik Midelfort, *Witch Hunting in Southwestern Germany (1562–1684)* (Stanford, 1972), 98–112; see also his excellent short article, "Heartland of the

Witchcraze: Central and Northern Europe," *History Today* (Feb. 1981), 27–31.

32. The Bordeaux archives were destroyed by fire in 1710. On the cardinal of Guise, see above p. 10.
33. Gustav Henningsen commented at the Budapest conference that the Inquisitors of Logroño resorted to this stratagem, not once, but repeatedly.
34. Muchembled, *Sorcières, justice et société,* 207–26 and 227–48. A conflation of these two essays was published in *Annales E.S.C.*, 41 (March–April 1985): 288–305: "L'autre côté du miroir."
35. Christina Larner, *Enemies of God: the Witch-hunt in Scotland* (London, 1981), 31 and *passim.*
36. Midelfort, *Witch Hunting,* 135, 161, 191 (on the role of central authorities); and 93, 107, 128–29, 137, 151, 156, 157, 192 (on local officials accused).
37. Bengt Ankarloo, *Trolldomsprocesserna i Sverige* (2d ed.; Stockholm, 1984), 324–39 (English summary); and Wolfgang Behringer, *Hexenverfolgung in Bayern* (Munich, 1988). In Bavaria the larger political units discontinued witch burnings earlier than the smaller territories.
38. Gábor Klaniczay, "Hungary: The Accusations and the Universe of Popular Magic," *Early Modern European Witchcraft: Centres and Peripheries,* ed. B. Ankarloo and G. Henningsen (Oxford U. P., in press); and Klaniczay, "Decline of Witches and Rise of Vampires in 18th-Century Habsburg Monarchy," *Ethnologia Europaea* 17 (1987): 165–80.
39. * Jens Chr. V. Johansen, "Denmark: The Sociology of Accusations," *Early Modern Witchcraft,* ed. Ankarloo and Henningsen; and *Nederland betoverd. Toverij en hekserij van de veertiende tot in de twintigste eeuw,* ed. Marijke Gijswijt-Hofstra and Willem Frijhoff (Amsterdam, 1987; English trans. forthcoming), especially the articles by Janny Steenhuis on Utrecht (pp. 40–56), P. Gerbenzon on Groningen and Friesland (pp. 124–32), and Charles M. A. Caspers on Peelland (pp. 173–82).

CORRIGENDA ET ADDENDA

I

I 791, ligne 6: les sacs des procès n'ont pas été détruits mais renvoyés aux sièges d'origine. Cf. XIV 39.
I 794, ligne 7: les exorcismes à Loudun continuèrent jusqu'en 1638.
I 796, ligne 10: pour "90%", lire: "50%".
I 799, lignes 10–2: le taux de sorcières par rapport aux sorciers a été de deux sur trois dans l'Est du ressort, une sur trois dans l'Ouest (cf. XIII 43).
I 804, ligne 22: Bodin "modéré": pour une meilleure appréciation, cf. XV 11–2.

II

II 31, note 2: voir l'excellent article de Robin Briggs sur les procès en Lorraine: "Witchcraft and popular mentality in Lorraine, 1580–1630", dans Brian Vickers (éd.) *Occult and scientific mentalities in the Renaissance*, Cambridge, 1984, p. 337–49.
II 36, ligne 12: pour "90%", lire: "50%".
II 40, ligne 8: pour "in Berry", lire: "at Gien".
II 41, ligne 10: pour "one percent", lire: "three percent".

IV

IV 23, note 4: la communication des Castan a été publiée. Voir XI 108 n. 3.
IV 24, note 6: pour "one percent", lire: "three percent".

V

V 194 n.: voir XI 108 n. 3.

VI

VI 23, ligne 4: pour "Affoux", lire: "Joux". L'arrêt du 16 août 1546 (X^{2A} 98, fol. 588–92), retrouvé ultérieurement, raconte la suite de cette affaire.
VI 24, ligne 38: pour "l'Aisne", lire: "les Ardennes".

VII

VII 23, lignes 6–11: cf. Jonathan Dewald, *The Formation of a provincial nobility: the magistrates of the Parlement of Rouen, 1494–1610*, Princeton, 1980, p. 316–7. Le pourcentage des appels provenant de la ville de Rouen et de ses environs baissa de 44% en 1548–1549, à 13% en 1604–1608.

VII 25, ligne 25: pour "Affoux", lire: "Joux".

VII 33, lignes 16–21: chiffres corrigés: onze applications à la question préalable (4 en 1572, 2 en 1577, 1 en 1580, 1 en 1582 et 3 en 1593); 23 questions préalables éliminées (1576–1626).

XV

XV 19, note 10: référence à ajouter: cf. E. William Monter, *Frontiers of heresy: the spanish Inquisition from the basque lands to Sicily*, Cambridge University Press, 1990, p. 255–275.

XV 22, note 39: voir en outre l'ouvrage récent de Jens Christian V. Johansen, *Da Djævelen var ude . . . Trolddom i det 17. århundredes Danmark*, Odense Universitetsforlag, 1991 (avec un résumé en français, p. 307–315).

Bibliographie annexe:

travaux de l'auteur, non compris dans ce recueil

1970 – "Pierre Charron: a revaluation", dans *Bibliothèque d'Humanisme et Renaissance*, t. 32, p. 57–79.

1971 – "The London edition of de Thou's *History*: a critique of some well-documented legends", dans *Renaissance quarterly*, t. 24, p. 1–12.

1972 – *De Thou and the "Index": letters from Christophe Dupuy (1603–1607)*, Genève, Droz, "Etudes de philologie et d'histoire", N° 26, 108 p.

1973 – "The Theatre, diplomacy and censorship in the reign of Henri IV", dans *Bibliothèque d'Humanisme et Renaissance*, t. 35, p. 273–288.

1976a – "Deux grandes sources d'archives encore inexploitées pour l'étude de la censure au XVIe siècle en France", dans *Comité des travaux historique et scientifiques: Bulletin philologique et historique (jusqu'à 1610), année 1974*, Paris, Bibl. nat., 1976, p. 81–89.

1976b – "Press, pulpit and censorship in France before Richelieu", dans *Proceedings of the American philosophical society*, t. 120, N° 6, p. 439–463.

1978a – "Het Parlement van Parijs en de grote Heksenjacht (1565–1640)", dans *Tijdschrift voor criminologie*, t. 20, p. 186–202.

1978b – "Procès pour homicide d'une sorcière au XVIIe siècle", dans *L'Histoire*, N° 1, mai 1978, p. 74–75.

1981 – "Criminal jurisprudence in Ancien-Régime France: the Parlement of Paris in the sixteenth and seventeenth centuries", dans Louis A. Knafla, éd., *Crime and criminal justice in Europe and Canada*, Waterloo, Ontario, p. 43–75.

1982 – "L'infra-justice à Paris, d'après les archives notariales", dans *Histoire, économie et société*, t. 1, p. 369–375.

1986 – "Witch lynching at Juniville", dans *Natural history*, t. 95, N° 10 (octobre), p. 6–15 et p. 108.

1988 – "Remission and retribution in sixteenth-century France" (recension: Natalie Z. Davis, *Fiction in the archives: pardon tales and their tellers in sixteenth-century France*, 1987; trad. fr., *Pour sauver sa vie: les récits de pardon au XVIe siècle*, Paris, 1988) dans *Criminal justice history*, t. 9, p. 231–239.

1992 – "Sur la fin des sorciers au XVIIe siècle", dans *La Vie, la mort, la foi: mélanges offerts à Pierre Chaunu*, sous presse.

INDEX